成唯識論釋

——第三輯

平實導師 著述

ISBN 978-626-7517-07-9

執著離念靈知心爲實相心而不肯捨棄者，即是畏懼解脫境界者，即是畏懼無我境界者，即是凡夫之人。謂離念靈知心正是意識心故，若離**俱有依**（意根、法塵、五色根），即不能現起故；若離**因緣**（如來藏所執持之覺知心種子），即不能現起故；復於眠熟位、滅盡定位、無想定位（含無想天中）、正死位、悶絕位等五位中，必定斷滅故。夜夜眠熟斷滅已，必須依於**因緣**、**俱有依**緣等法，方能再於次晨重新現起故；夜夜斷滅後，已無離念靈知心存在，成爲無法，無法則不能再自己現起故；由是故言**離念靈知心是緣起法**、**是生滅法**。不能現觀離念靈知心是緣起法者，即是未斷我見之凡夫；不願斷除**離念靈知心常住不壞之見解**者，即是恐懼解脫無我境界者，當知即是凡夫。

——**平實導師**

如聖教所言，成佛之道以親證阿賴耶識心體（如來藏）爲因，《華嚴經》亦說**證得阿賴耶識者獲得本覺智**，則可證實：證得阿賴耶識者方是大乘宗門之開悟者，方是大乘佛菩提之眞見道者。經中、論中又說：證得阿賴耶識而轉依**識上所顯真實性**、**如如性**，能安忍而不退失者即是**證真如**、即是大乘賢聖，在二乘法解脫道中至少爲初果聖人。由此聖教，當知親證阿賴耶識而確認不疑時即是開悟眞見道也；除此以外，別無大乘宗門之眞見道。若別以他法作爲大乘見道者，或堅執**離念靈知**亦是實相心者，則成爲實相般若之見道內涵有多種，則成爲實相有多種，則違**實相絕待**之聖教也！故知宗門之悟唯有一種：親證第八識如來藏而轉依如來藏所顯眞如性，除此別無悟處。此理正眞，放諸往世、後世亦皆準，無人能否定之，則堅持離念靈知意識心是眞心者，其言誠屬妄語也。

——**平實導師**

目次

自序……001
第一輯：
第一篇　唯識性
第一章　略說唯識性——萬法皆唯有識
第一節　緒　言……001
第一目　造論者爲玄奘菩薩……006
〔以下《成唯識論》卷第一〕
第二目　歸敬如來及僧團以及利樂有情……023
第三目　緒說造論之緣由……037
第四目　造論緣由——爲救迷謬唯識理之二大類四種人……061
第二節　總論萬法之由來——眞我
第一目　首先寄問徵起……075

第二目　廣破我、法實有……………………………………085
第三目　我法皆是內識阿賴耶所變………………………………094
第四目　我法的存在是阿賴耶識的自心現量……………………102
第五目　辨外境之有無……………………………………………114
第六目　廣破外相分六塵境實有…………………………………120
第七目　摧破三種我見……………………………………………136
第八目　以思慮及作用破外道眞我………………………………145
第九目　以眞我有無所緣境而破外道……………………………149
第十目　有我見者不能證眞我如來藏……………………………152
第三節　我見破已再破我執
第一目　我執的種類及俱生我執…………………………………155
第二目　分別我執…………………………………………………160
第三目　我執的緣起是五取蘊……………………………………164
第四節　再辨眞我與假我——眞我與無我
第一目　首破執有五陰中的眞實我………………………………169

第二目　唯有本識阿賴耶的常與自性可免過失……………174
第三目　破虛空、數論、勝論外道……………178
第五節　有眞我如來藏方能有涅槃的實證
第一目　涅槃即是第八識如來藏……………183
第二目　總破凡外所執五陰中的眞實法……………190
第二章　依唯識性破諸外道眞我及部派佛教聲聞僧
第一節　破數論外道的眞我
第一目　三事及大等法皆非實有常住……………193
第二目　破斥數論外道的體相是一……………200
第三目　破數論外道的總相別相是一或多……………207
第四目　破數論外道大等二十三法皆生滅法……………209
第二節　破勝論外道邪執
第一目　破勝論外道的六法實有說……………213
第二目　別破實與德常住說——先破實的常住……………220
第三目　別破實與德常住說——次破德的常住……………227

第四目　破勝論外道的有……230
第五目　破勝論外道的同異……233
第六目　破勝論外道的和合……237
第七目　結歸於一切法唯識而破和合……240
第三節　破大自在天等第三類外道
第一目　破大自在天爲有情的生因……245
第二目　再破七種外道所計……250
第四節　破聲論外道……252
第五節　破極微外道
第一目　色法無常亦不能自行合聚……255
第二目　物質不得單獨成就色身的因果……260
第三目　物不能自己和合成果地色……263
第六節　綜論諸法無我而歸結四種外道法本質
第一目　再破數論外道等……268
第二目　再破勝論外道等……271

第三目　破無慚外道等……274
第四目　破邪命外道等……277
第七節　別破小乘部派佛教僧眾與極微外道
第一目　再破部派佛教諸聲聞僧所說的色法實有……281
第二目　再破極微外道與聲聞諸部凡夫僧……286
第三目　極微色法必有方分……289
第四目　五識所了知的五塵是阿賴耶識所變……295
第五目　再破新薩婆多部外五塵實有的邪見……310
第六目　極微是識所變假說爲有……317
第七目　法處所攝色更非實有……324
第八目　從表色無表色與思心所的關聯證明一切法唯識……334
第三章　論不相應行法及無爲法非實有
第一節　不相應行法非實有
第一目　得非實有……345
第二目　由得虛妄破異生性實有……356

第三目　眾同分非實有……364
第四目　破命根實有……371
第五目　二無心定及無想異熟皆非實有……385
〔以下《成唯識論》卷第二〕
第六目　名身乃至無常等七法皆非實有性……396
第七目　聲聞僧的四相齊興難……404

第二輯：

第八目　破流轉定異勢速次第實有……001
第九目　破定異實有……007
第十目　破名句文身實有……010
第十一目　破不相應行中的「相應」爲實有……025
第二節　破無爲法實有
第一目　總破無爲法實有……028
第二目　破虛空無爲實有……033
第三目　六無爲法區分爲二種……039

第四目　破擇滅無爲乃至眞如無爲實有……044
第五目　破外凡所執識外實有法……052
第四章　論識的法執行相
第一節　法執有二種……061
第二節　先論俱生法執種類……064
第三節　法執斷位……068
第四節　法執亦應歸結於唯識……076
第五節　破外道及二乘所執離識實我實法……081
第六節　會釋外人所難……089
第七節　破能詮所詮眞實有……099
第八節　實我實法皆應結歸第八識……106
第五章　一切法唯識的能變與所變
第一節　三種能變識總說……113
第二節　因能變與果能變……124
第三節　異熟性之因……134

第四節　異熟之因果……138

第二篇　唯識相

第六章　廣陳能變識三相

第一節　初能變識行相等

第一目　舉頌總說……145

第二目　初能變識的自相……156

第三目　初能變識是命根等之所依……166

第四目　攝持一切種子故名阿賴耶識……172

第五目　總說種子義及因果……178

第二節　諸法的因緣——種子與諸法之關係

第一目　種子實有與原因……184

第二目　種子的三類與三性……189

第三目　種子的新熏本有之分別……195

第四目　破分別論者……222

第五目　依三乘種子遮障之有無建立種姓……241

第三節　眞假異熟及熏習之義
第一目　種子的六種自性相……248
第二目　所熏四義……271
第三目　能熏四義……281
第四目　重釋熏習之義……288
第七章　異熟識的四緣與四相
第一節　異熟識的行相與所緣
第一目　不可知的執受與處……294
第二目　不可知之了……303
第三目　異熟識之所緣……307
第二節　沒有異熟識外的所緣境
第一目　覺知心的所緣都是異熟識所變……314
第二目　識變的見分緣於識變的相分……317
第三節　內識所變的四分
第一目　異熟識所變二分都是現量……325

第二目　見分等總有四分……329
第三目　見分等四分的所緣有內外差別……333
第四目　萬法唯心故能緣……341
第四節　不可知執受的處與了
第一目　五陰色心及器世間皆識所變……350
第二目　內識能變之辨義……356
第三目　諸種子亦是異熟識之所緣……363
第四目　有根身亦是異熟識之所緣……367
第五節　內識所變十有色處等即是所了
第一目　諸有色法皆識所變……371
第二目　異熟識不以見分作為所緣……375
第三目　因位異熟識只緣色法不緣見分……381
第六節　再敘不可知之義
第一目　何謂不可知？……384
第二目　異熟識的所緣唯證乃知……386

〔以下《成唯識論》卷第三〕

第八章　異熟識自性之總相與別相
第一節　異熟識與五遍行心所
第一目　異熟識與五遍行心所相應……389
第二目　五遍行義之一——觸……391

第三輯：

第三目　五遍行義之二——作意……001
第四目　五遍行義之三——受……005
第五目　五遍行義之四——想……012
第六目　五遍行義之五——思……014
第二節　異熟識之行相
第一目　異熟識之三受門……021
第二目　異熟識不與五別境相應……033
第三目　異熟識是無覆無記性……037

第四目　五遍行不得成爲受熏持種者……047
第五目　五遍行不受熏持種之辨義……057
第三節　阿賴耶識心體常住
第一目　阿賴耶識非斷非常……063
第二目　過去未來非實有……082
第三目　會違辨理……097
第四目　第八識阿賴耶性的伏斷位次……108
第五目　阿羅漢位通三乘果……112
第六目　諸地菩薩皆是阿羅漢……117
第七目　再陳諸地皆阿羅漢義……128
第八目　捨阿賴耶識之正義……133
第九目　阿賴耶識有種種名……138
第十目　滅阿賴耶識義……151
第十一目　第八識的有漏性與無漏性位次……155
第九章　第八識心體實有

第一節　以五教十理印證第八識實有
第一目　舉聖教說有阿賴耶識……165
第二目　第八識的功能……178
第三目　第八識所顯示的涅槃無始恆有……195
第四目　第八識取名阿賴耶的原因……200
第五目　誰能證解阿賴耶識……203
第六目　《解深密經》等證明阿賴耶識實有……211
第七目　大乘諸經眞是佛說……221
第八目　聖彌勒菩薩七義證有阿賴耶識……224
第九目　部派佛教經中亦說有第八識……235
第十目　由正理故證有第八識……248
第十一目　破部派佛教說無第八識的謬理……258
第十二目　再證有第八阿賴耶識……283
第十三目　萬法歸結於第八異熟識……299
第二節　別從他義證有第八識

第一目　由能持壽與煖證有第八識……314
第二目　別引經教證有阿賴耶識……323
第三目　破大乘異說……330
第四目　若無第八識即有死位漸捨識難……337
第五目　別舉聲聞經教證有阿賴耶識……345
〔以下《成唯識論》卷第四〕
第三節　由四食及心所等證有第八識
第一目　破部派佛教六識論的錯誤……351
第二目　由無心定證有異熟識亦破六識論……377
第三目　由心所法證明無心定中實有第八識……394

第四輯：

第三目　由心所法證明無心定中實有第八識（續前輯第三目）……001
第四目　無心定縱有意識時其三性爲何？……015
第五目　由染淨心所證有第八識……021
第六目　由清淨道證有第八識……038

第十章　論第二能變識——意根
第一節　第二種能變識意根之行相
第一目　意根的總相——恆審思量……055
第二目　意根依阿賴耶識方得存在及運轉……069
第三目　七轉識的三種所依……076
第四目　因緣依——種子依及辨正……083
〔以下《成唯識論》卷第五〕
第五目　俱有依——增上緣依及辨正……093
第六目　末那識的俱有依……131
第七目　開導依——等無間緣依……174
第八目　開導依辨疑……189
第九目　以五難論破聲聞僧的開導依邪說……198
第十目　回正論中再論末那識的所依……209
第十一目　末那識之所緣及辨義……212
第二節　第二能變識的自性

第一目　意根的自性恆、審、思量……237
第二目　意根染俱相應的心所……249
第三目　末那識與餘心所相應及辨義……263
第四目　末那識心所門正訛辯論……293
第五目　意根的受相應門……311
第六目　末那識的三性門……319
第七目　末那識的所繫門……322
第三節　末那識的伏與斷
第一目　末那識的伏斷位次……327
第二目　末那識伏斷位次會違……338
第三目　以三乘修義解釋意根的分位行相……352
第四節　證有第七識意根
第一目　爲何說有第七識意根……372
第二目　別顯意根實有之正理……382
第三目　由不共無明的種類證有意根……397

第五輯：

第三目　由不共無明的種類證有意根（承前第三目未完部分）……001
第四目　依二定差別證有意根……007
第五目　依我執證有第七識意根……017
第六目　諸識歸結於八識心王……025
第十一章　論第三能變識
第一節　第三能變即是識陰六識
第一目　先舉頌說第三能變識的定義……037
第二目　釋六識自性……039
第三目　六識和合能了一切法……046
第四目　六識所依根塵互異之經論依據……053
第二節　六識以了別境界爲行相
第一目　六識了別六塵境界……057
第二目　六識的善等三性……062
第三目　六識的善等三性辨義……067

第三節　六識的心所門
第一目　頌說六識與五十一心所相應……083
第二目　解釋六識心所相應門……084
第三目　結說六識與五十一心所相應……093
第四目　六識心所的善染相應……103
第四節　六識的三受門
第一目　六識的三受與善染相應……107
第二目　六識三受與善染相應之辨義……112
第三目　六識與五受相應……116
第四目　六識的五受辨義……128
第五目　六識三受得否同起之論辯……145
第十二章　重辨六位心所
第一節　五遍行總說、五別境分說
第一目　再敘五遍行……151
第二目　次敘五別境的欲心所……165

第三目　五別境的勝解心所……177
第四目　五別境的念心所……184
第五目　五別境的定心所……190
第六目　五別境的慧心所……198
第七目　再遮止五別境爲遍行法……201
第八目　五別境心所可以並生……204
第九目　心王心所有無的分別……215
第十目　五別境的五受相應門……222
〔以下《成唯識論》卷第六〕
第二節　六識相應的善位心所
第一目　善十一心所總說……228
第二目　善十一心所分說之一——信……235
第三目　善十一心所分說之二——慚、愧……242
第四目　善十一心所分說之三——無貪、無瞋、無癡……253
第五目　善十一心所分說之四——精進、輕安、不放逸……268

第六目　善十一心所分說之五——行捨與不害……285
第七目　善心所辨義……296
第八目　諸心所別作論議……303
第九目　再述輕安之理……321
第十目　善十一的五受相應門……326
第三節　六識相應的六根本煩惱
第一目　根本煩惱貪、瞋、癡、慢、疑……331
第二目　根本煩惱之末——惡見……346
第三目　辨正十根本煩惱的自性與行業……366
第四目　十根本煩惱與三毒相應……373
第五目　根本煩惱的相應識……386
第六目　十煩惱與五受相應……389
第七目　十煩惱與五別境如何相應？……399
第八目　十煩惱與善等三性之相應……401
第六輯：

第九目　十煩惱的三界所緣門……001
第十目　十煩惱有學無學等所攝……020
第四節　心所法之第五位——隨煩惱總說
第一目　隨煩惱有二十……042
第二目　隨煩惱分說——小十隨煩惱……047
第三目　隨煩惱分說——中二隨煩惱……069
第四目　隨煩惱分說——大八隨煩惱……081
第五目　重釋〈唯識三十頌〉義……125
第六目　隨煩惱十四門分別……130
〔以下《成唯識論》卷第七〕
第五節　心所法之第五位——不定心所
第一目　總說不定心所及辨義……166
第二目　不定心所的諸門分別……188
第三目　不定心所與楞伽五法之關聯……195
第四目　不定心所之善等三性……217

第五目　不定心所之見修所斷……230
第六節　心與心所綜合判攝
第一目　六位心所之自性……242
第二目　心與心所非一非異……251
第十三章　六識現起分位
第一節　六識隨於外緣而現起
第一目　總說六識的現起……259
第二目　六識的共同所依……262
第三目　六識和合俱轉……264
第二節　六識起滅分位
第一目　意識與五識的起緣差別……268
第二目　意識於五位間斷……272
第三目　意識起滅的論辯……276
第四目　再論二無心定中意識的起滅……285
第三節　無想定

第一目　無想定有三品差別……288
第二目　無想定歸屬於第四禪……291
第四節　滅盡定
第一目　滅盡定之自性無漏……296
第二目　滅盡定之現起……306
第三目　滅盡定現起之辯論……316
第五節　六識現起之違緣及辯論
第一目　六識現行之違緣……327
第二目　六識現行之辯論……332
第十四章　八識心王綜合分別
第一節　八識有不同自性而可多少俱轉……339
第二節　八識和合爲一有情……342
第三節　六識功能之釋疑……350
第四節　八識心王非一非異之關係……356
第十五章　廣解八識心王三種能變相

第一節　一切法唯識所變
第一目　見分與相分皆識所變……369
第二目　重述見分相分皆識所變……373
第三目　所執我法皆識所變……378
第四目　凡外之問難與相見道菩薩之四智……388
第五目　相見道菩薩必有四智……401
第六目　五識亦緣自識所變五塵……404

第七輯：

第二節　一切法唯識即是中道
第一目　我與法皆第八空識所變生……001
第二目　世事不違一切法唯識……008
第三目　萬法非識所變違背聖教……013
第四目　一切法唯識所變方符空義……020
第五目　色等諸法皆第八識所變……026
第六目　現量境界的色等諸法唯識所變……032

第七目　夢中及覺醒位的六塵都是內識所變……036
第八目　外取他心即名外道……039
第九目　異境亦是唯識所變……042
第十目　結歸一切法唯識所變……053
第三節　一切法唯識釋諸妨難
第一目　釋萬法非識所生之違理難……058
第二目　第八識種變生一切諸法……067
第四節　一切法唯識藉四緣而生
第一目　諸法生緣總有四種——其一因緣……074
第二目　諸法緣生之第二緣——等無間緣……085
第三目　成佛時的無漏要在何地開始生起？……094
第四目　意根得與第八識於三界九地作等無間緣……100
第五目　意識與三界九地境界容作等無間緣……105
第六目　諸法緣生之第三緣——所緣緣……112
第七目　第八識的所緣緣……117

第八目　七轉識的所緣緣……121
第九目　諸法緣生的第四緣——增上緣……124
第十目　無漏三根中的未知當知根……133
第十一目　無漏法的已知根及具知根……152
〔以下《成唯識論》卷第八〕
第五節　別引傍論
第一目　分別依因有十因十五處……158
第二目　十因歸於二因所攝……180
第三目　四緣的依處及十因、二因互攝……193
第四目　五果由諸依處得……202
第五目　十因四緣多少得果……217
第六節　正論三緣之生、現、分別義
第一目　辨種子生現行……220
第二目　佛地第八識遍緣一切諸法……241
第三目　萬法結歸阿賴耶識所成……245

第十六章　萬法皆由阿賴耶識變生
第一節　外緣亦不離內識——二取習氣
第一目　由內識出生外緣……249
第二目　生死流轉的原因是二取習氣……256
第三目　二取習氣及業種習氣別相……265
第四目　生死流轉之原因……277
第二節　十二有支的分支列名
第一目　十二有支判攝——能引支……281
第二目　十二有支判攝——所引支……295
第三目　依主伴等差別假說前後……305
第四目　十二有支判攝——能生支……311
第五目　十二有支判攝——所生支……318
第六目　十二有支立支辨難……334
第三節　十二有支的發業與潤業等
第一目　發業無明與潤業愛取……341

第二目　發業與潤業之問難……347
第三目　二世一重因果……355
第四目　十二有支立支廣解……362
第五目　十二有支之見修所斷……380

第八輯：

第六目　十二有支何受相應？……001
第七目　十二有支與四緣多少相應……011
第八目　十二有支攝歸惑業苦……021
第四節　生死相續——一切法唯識
第一目　二種生死的因與緣皆唯識變……028
第二目　結歸一切法唯識……053
第五節　解諸妨難——所知障能助無漏生死
第一目　無漏業行非因煩惱障起……057
第二目　分段生死及變易生死之區分……072
第三目　業習氣與二取習氣皆不離識……078

第十七章　三種自性性及違教難之辨

第一節　釋三種自性性
第一目　舉頌略釋三自性義……0 8 7
第二目　解釋頌文……0 9 5
第三目　遍計所執性辨難……1 0 0
第四目　遍計所執之自性……1 4 3
第五目　遍計所執性之行相……1 5 0
第六目　釋依他起性……1 7 2
第七目　釋圓成實性……1 7 6
第八目　圓成實性與依他起性非一非異……1 9 2
第九目　依圓成實性證實依他起性……2 0 0
第十目　三自性不離心與心所……2 2 0
第二節　六無為與三自性之判攝
第一目　虛空等六無為之判攝……2 2 9
第二目　三自性與七真如之相應……2 3 3

第三目　三自性與六法之相攝……241
第四目　三自性與相等五事之相攝……244
第五目　三自性與所詮等五相之相攝……259
第六目　三自性與四種眞實之相攝……263
第七目　三自性與四諦之相攝……269
第八目　三自性與三解脫門之相攝……283
第九目　三自性與二諦之相攝……287
第十目　三自性與凡聖智境之相攝……292
第十一目　三自性之假實議論……296
第十二目　三自性不一不異……302
〔以下《成唯識論》卷第九〕
第三節　釋違教難
第一目　藉問起頌……305
第二目　釋三無性義——釋第二十三頌義……315
第三目　釋三無性義——釋第二十四頌義……325

第四目　釋三無性義——釋第二十五頌義……331
第五目　三自性依第八識眞如而顯……334
第六目　三無性非了義法……342

第三篇　唯識位

第十八章　入唯識位中
第一節　總說唯識五位
第一目　能修學唯識的二類種姓……347
第二目　總說唯識位有五……356
第三目　悟入唯識五位總說……372
第二節　釋資糧位
第一目　資糧位的行相……380
第二目　煩惱障與所知障釋義……394
第三目　所知障八識相應門……402
第四目　所知障之三性分別……405

第九輯：

第五目　所知障辨義……001
第三節　所知障的見修所斷分別
第一目　所知障的分別起與任運起……005
第二目　證眞如必須有福德與智慧資糧支持……008
第三目　資糧位之退與不退……018
第四節　再述加行位的實修前提
第一目　初學頌文略說加行位……024
第二目　細說加行位……026
第三目　煖位……037
第四目　頂位……041
第五目　忍位……044
第六目　世第一法……048
第七目　合說四加行……052
第八目　加行位是安立法……055
第九目　加行位仍未證眞如……063

第十目　加行位未證眞勝義諦……071
第十九章　通達位的分位與轉依
第一節　次說通達位——含攝眞見道位與相見道位
第一目　通達位總說……081
第二目　通達位中的眞見道……088
第三目　眞見道辨違……100
第二節　見道之義及說明位次
第一目　通達位之函蓋……107
第二目　解說通達位所函蓋之二種見道……114
第三目　眞見道位再辨違……126
第三節　相見道位
第一目　相見道釋義之一——非安立諦……130
第二目　非安立諦辨疑……142
第三目　相見道釋義之二——安立諦……149
第四目　相見道依眞見道建立……167

第四節　後得無分別智與六現觀
第一目　後得智有無見分與相分？……176
第二目　眞相見道與六現觀相攝……191
第三目　二種見道具足圓滿時方爲通達位……202
第五節　修道位的轉依唯識性
第一目　修道位的行相……209
第二目　見道後的轉依……229
第三目　轉依的實質是唯識眞如……232
第二十章　修道位——十地修道位中的二種轉依
第一節　十地各有應證的眞如
第一目　總說十地中的勝行、斷障、證眞如……241
第二目　釋十地之行相……243
第三目　十地有十勝行……272
第四目　十度波羅蜜多之業性……295
第五目　十地之境界性……306

第六目　十地十眞如的不增不減……315
第七目　十度的前後次第不可更易……326
第二節　十度的實修方法等
第一目　十度修行有五種實修方法……331
第二目　十度波羅蜜多互攝……333
第三目　十度波羅蜜的五果……340
第三節　十度與三種增上學的互攝
第一目　十度與三學互攝總說……342
第二目　十度與增上定學互攝……345
第三目　十度與增上慧學互攝……349
第四目　增上三學含攝十度……355
第五目　十度於唯識五位中的有漏無漏現種相攝……359
第六目　菩薩道六度萬行分爲三大階段……363
第四節　十地應斷十重障之義
第一目　釋十重障……370

第二目　十地斷障粗重即是斷二十二愚——初地所斷二愚……385
第三目　異生性障本質唯所知障攝……391
第四目　二地應斷邪行障及其二愚……407

第十輯：

第五目　三地應斷闇鈍障及其二愚……001
第六目　四地應斷微細煩惱現行障及其二愚……010
第七目　五地應斷於下乘般涅槃障及二愚……019
第八目　六地應斷粗相現行障及二愚……025
第九目　七地應斷細相現行障及二愚……031
第十目　八地應斷無相中作加行障及二愚……035
第十一目　九地應斷利他中不欲行障及二愚……041
第十二目　十地應斷於諸法中未得自在障及二愚……048
第十三目　成佛時應斷俱生二障微細種及二愚……055
（以下《成唯識論》卷第十）
第五節　十一障由二障所攝及會違等

第一目　煩惱障之伏與斷……062
第二目　所知障之伏與斷……068
第三目　十一障之頓斷與漸斷……080
第四目　斷障之無間解脫……089
第六節　十地之中要證十眞如
第一目　十地十眞如之定義……095
第二目　二轉依果歸結於四因之實修……115
第七節　六種轉依位別
第一目　損力益能轉……117
第二目　通達轉……120
第三目　修習轉……123
第四目　果圓滿轉……128
第五目　下劣轉……130
第六目　廣大轉……132
第八節　四種轉依義別

第一目　能轉道……135
第二目　轉依智之正義……141
第三目　所轉依……146
第四目　所轉捨……150
第五目　所轉捨辨義……160
第九節　所轉得
第一目　所轉得之初——本來自性清淨涅槃……170
第二目　所轉得之二三四……177
第三目　所轉得判位……182
第四目　所轉得辨義……185
第五目　所轉得辨義會違……194
第六目　釋無住處涅槃……199
第七目　轉依果之無爲判攝……201
第八目　其餘無爲的判攝……207
第九目　所知障不障二乘涅槃之修證……214

第十節　所生得——四智心品
第一目　大菩提是所生得……………………………219
第二目　四智心品之一——大圓鏡智………………224
第三目　四智心品之二——平等性智………………229
第四目　四智心品之三——妙觀察智………………234
第五目　四智心品之四——成所作智………………236
第六目　四智心品總攝佛地無漏有爲功德…………240
第七目　四智心品依八識心王而有…………………242
第八目　論大圓鏡智之證得位次……………………246
第九目　論平等性智…………………………………252
第十目　論妙觀察智…………………………………255
第十一目　論成所作智………………………………259
第十二目　四智心品常住不滅………………………263
第十一節　四智心品之辨義
第一目　大圓鏡智所緣境界…………………………266

第二目　平等性智的所緣……272
第三目　妙觀察智的所緣……277
第四目　成所作智的所緣……279
第五目　四智心品之緣境作用……282
第六目　總結四智自性……286

第二十一章　究竟位

第一節　佛地究竟位的行相

第一目　舉頌略說……291
第二目　究竟位的行相……296
第三目　四智心品皆屬無漏性……298
第四目　智依識有……301
第五目　如來地所有功德歸攝於無漏性……310
第六目　佛地轉依果的不思議善常安樂……318
第七目　佛地轉依果即是第八無垢識……331

第二節　諸佛的法身有三種身

第一目　第一種法身——自性身……336
第二目　第二種法身——受用身……339
第三目　第三種法身——變化身……342
第四目　眞如等五法含攝三身……343
第五目　再辨四智與三身……352
第六目　他受用身及化身並非實有……365
第七目　如來三身功德各異……371
第八目　如來三身自利利他……376
第九目　三身所依土之差別……378
第十目　諸佛三身身土所化有同有異……386
第十一目　身土的能變與所變……391
第十二目　以見分相分之同異說明萬法唯識……397
第三節　結願……405
附錄：世親菩薩〈唯識三十頌〉本文……415

自序

「一心說，唯通八識」，是唯識學界有名的標語，意謂：「若主張人們都各只有一心時，則只能名爲阿賴耶識一心；但阿賴耶識一心之說法唯通八識心王之理，餘說不通。」然而時至末法之二十世紀末的佛教界，宣稱證悟、已得阿羅漢果的大法師、大居士們，竟然已經無人能懂了。

二十世紀末以教禪聞名的中國兩岸所有大法師們，往往開示曰：「靜坐到離念而在心中都無語言文字時，即是大悟徹底。」例如平實初始弘法之時，臺灣最先以教禪及主持禪七聞名的北部某大法師，甫聞平實所度弟子告知：「人有眞心與妄心，要把眞心找出來，就能眞的了知實相而發起般若眞智。」此大法師竟當場質疑：「人們都只有一個心，哪來的二個心？」竟不信人類同有妄心、眞心。

平實之弟子後時舉說此事時，平實當場答曰：「人類豈止兩個心？總共有八個識呢！《成唯識論》具載分明。」於是有人請求講解《成唯識論》，以明八識正理，是故平實定下日期開始宣講《成唯識論》，時在一九九六年二月六日，於中信局佛學社始講；此起每週於中信局、石牌、建國北路三處同時分別講授，每週各宣講一次；一九九七年新春過後不久，將三處同修們合聚於臺北市中山北路六段某巷地下室正覺同修會初成立時之會址，每逢週二講授一次，於一九九九年十一月九日講授完畢。

此論宣說之當時並未限制聽者必須有證悟等資格，如是前後歷時三年九個月簡要講授圓滿，具足宣說八識心王之理；當然也同時演述了本論中十大論師對於眞如法性、三自性、十因、四緣、五果及增上緣中之二十二根，以及諸心所法，十地各斷一障二愚、得二種智……等百法正義，兼及玄奘對十大論師正訛諸說所作的教判；證明二十世紀末中國所有佛教大法師對佛法之不解，錯將外道常見法認作佛法，墮入離念靈知識陰境界中，故名末法時期。

如是不解佛教眞實法教的事實，非唯臺灣或大陸，乃至全世界佛教其實皆亦如是，證明 佛所預記末法時期眞實無訛。然而深究唯識增上慧學之眞旨，即是《華嚴經》中所說「**三界唯心、萬法唯識**」之眞實理，謂有情的五陰身心包含十八界等法以及所有心所，乃至器世間等，全部都是第八識如來藏阿賴耶識之所變生；所別者，唯有各自變生如十八界，或共同變生如器世間及外六塵。

三界唯心者，十方三界有情的五陰、十八界（含一切有情覺知心所觸知的內六塵），皆唯由各各自有之如來藏阿賴耶識之所變生；三界器世間之任何一個世界，也都是由同一個銀河系世界等共業有情全部的如來藏共同變現成就，包括外六塵。一切法唯識者，謂三界萬法皆唯八識心王和合運作方得成就；由於所見六塵都是自識如來藏所變生故，隨於各個不同有情的所見即有不同。若因業障而有身障者，不得具足八識心王，則少一識或少多識，萬法不得具足成就；十方三世一切世間莫非如此，故曰：「三界唯心、一切法唯識。」

非唯華嚴、唯識等諸經如是說，乃至般若之實證亦是以第八識眞如作爲所證，是故《大般若波羅蜜多經》卷五九七云：「又，舍利子！蘊、處、界等三世之相非深般若波羅蜜多，蘊、處、界等三世之相所有眞如、不虛妄性、不變異性、如所有性，是深般若波羅蜜多。」眞如即是第八阿賴耶識之別名，亦是第八識的法性，是故《大般若波羅蜜多經》卷五六九〈法性品第六〉說：「天王當知！眞如名爲無異、無變、無生、無滅，自性眞實，以無諍故說名眞如，如實知見諸法不生。諸法雖生，眞如不動；**眞如雖生諸法，而眞如不生，是名法身**。」如是以眞如之名指涉第八識心體，並且說明眞如第八識即是法身，能生諸法，是諸法的所依身故。

然八識心王歸結之，唯是阿賴耶識一心，亦名如來藏、異熟識、無垢識，再無他心異法也。謂七轉識皆存在並生活及運行於阿賴耶識中，由阿賴耶識之種子支援方得生住異滅、世世不斷。非但七轉識如是，乃至五色根亦復如是，故說有情之世世五陰十八界等身心，無始劫來不曾外於阿賴耶識心體，始終都由阿賴耶識所含攝。然而八識心王運作之時和合似一，若從表相觀之，竟然似是唯有能覺能知之意識一心；若究其實，總有八識，缺一不可，是故唯識增上慧學中便有此說：「**一心說，唯通八識。**」實乃出於通達《起信論》者之所說也。

復次，宣說一切法相皆來自八識心王之理，依此正理而成立法相唯識宗；然「法相唯識宗」之建立，並非始於唐玄奘大師，而是始於其弟子窺基一代之佛教界，亦非窺基之所建立；所以者何？謂玄奘大師之所弘傳、之所建立者，乃全面性之佛法，具足三乘菩提，並非唯有增上慧學唯識一脈故。玄奘自身亦因所說屬於全面性的整體佛法，是故不曾起意自立宗派，弟子窺基法師自亦深知其理。

後時有人以法相宗或有宗之名，稱呼此一宗派；或以慈恩宗命名之，然窺基本意必然無意建立宗派；意謂佛法不宜割裂而分宗立派，執著其中一法而建立宗派者，其實皆有過失。亦謂慈恩宗所說是七轉識及五色根、六塵都由第八識所生，萬法函蓋器世間等，皆唯八識心王之所生、所顯；並廣敘八識心王及所生諸法互相關聯之正理，兼及三乘菩提之實證，而非單單止於宣說諸法法相，亦非單取第八識眞如或某法、或戒律、或般若密意以建立宗派而已；是故所涉始從二乘解脫道，中則實相般若，末及唯識一切種智，具足三乘菩提，然而佛教界名之爲佛教中之一宗，實有偏頗。

此外玄奘於此論中所說之法又復詳說人我空、法我空之正理，教導眾生求斷我執與法執，斷除煩惱障及所知障，兼攝三乘菩提；是故悉將萬法收攝於空性心如來藏阿賴耶識中，故說「能取空、所取空」，如是詳細顯示能取之七轉識見分及所取之五色根與六塵等相分萬法，悉是空性心如來藏中之法，都攝歸於空性心中；則能取之七轉識及所取之色陰等十一法，乃至諸所有煩惱等心所及善十一法，全都攝屬於空性如來藏心之內。如來藏既名空性而非三界有，如是弘揚如來藏妙法之道場，他人焉得謂之爲有宗？又如來藏既含攝諸法相、名相，然自身從來離諸法相、名相，《佛藏經》中名之爲「**無分別法、無名相法**」，焉得謂爲法相宗？

復有後人以唯識宗之名指稱此宗，亦有過失，謂此宗之法並非單指如來藏阿賴耶識，更非單指依他起性識陰六轉識之虛妄生滅性，亦非單指遍計執性之第七識意根與第六意識，其實廣及八識心王之圓成實等三種自性，以及此八識相應及不相應法、所生及所顯諸法，略說約爲百法，廣則猶如《根本論》所說六百六十法；其中法相之廣之深，並非學術研究、意識思惟之所能稍知，證明此論非單只演述八識或六識，必須有道種智之修證方得勝解其中文義，焉得單稱之爲唯識宗？必欲稱其宗派者，應全名爲法相唯識宗，謂此名方能彰顯其所說「**三界唯心、一切法唯識**」之意涵故；然而仍有過失，謂陷本宗所弘揚之全面佛法於侷限之宗派狀態故，已經昧略玄奘一生所述具足成佛之道全面而整體之內涵故。

復次，玄奘大師於中土出發前往天竺之時，本已恢復其往世所證之慧解脫果，是故早已精通二乘菩提《俱舍論》，而能在到達天竺之前，以彼論降伏西域當代大師木叉毱多即是明證；且是實證慧解脫果而得精通，非如當時木叉毱多一類依文解義者之假謂精通也。然實非僅如此，謂其本有之般若智慧發起而有往世明心、見性之智慧同在，是故出發前往天竺之前，仍在大唐時，才聽聞一次即能上座爲諸僧眾演繹《大般涅槃經》所說明心與見性之道理；然而玄奘此時自知尚非成佛，距離佛地猶遙，隨即探究悟後進修成佛之道，是故發覺大唐國度竟無一經一論，具足宣說可資證悟者進修成佛之全部道次第與內涵；於是不顧大唐國法之禁止，發起大心日伏夜行，祕密前往天竺，甘冒違法之大不韙，欲求菩薩悟後修道成佛之全部內涵——成佛之道五十二位階之內涵與次第，即是《瑜伽師地論》也。

玄奘當時求法及欲弘傳 如來具足完整之佛道內涵極爲心切，乃不顧政府禁令及路途危險，「**寧可向西而死，不願東返而生**」；幸蒙 觀世音菩薩加持，及重新受生而來之往世弟子各在不同崗位，幫助玄奘成就種種因緣，終能平安到達天竺；亦蒙 文殊菩薩勸令戒賢論師忍受病痛，息滅絕食捨命之念，並加持戒賢論師病痛漸漸消失而得延壽，終能候得玄奘到來而親自傳授《瑜伽師地論》等，使玄奘得聞大乘增上慧學妙法，引發往世之所證而能言及戒賢之所未能言者，令戒賢論師大爲讚歎；然後取得具足演述成佛之道的大部分經論，返回大唐開始傳法及譯經，預先建立南方禪宗所悟於不敗之地。

玄奘於天竺受學之時，次第恢復更多往世之智慧，此事非唯驚覺戒賢菩薩，後來並廣破當時天竺勢力正盛之聲聞部派佛教、假冒大乘僧演說六識論表相佛法等僧眾，亦降伏當時五印一切外道，所憑皆是唯識增上慧學無生法忍之智慧也。又，玄奘在天竺隨諸菩薩遊學時，佛門凡夫論師們誤會唯識學之主要教派有四：一是小乘六識論的薩婆多部——說一切有部，主張色與心二法都是實有，落在常見中。

二是六識論的聲聞部派佛教凡夫中觀論師一類，例如清辨、佛護等人的空宗一派，主張在勝義諦中，六識心與外境六塵都不是眞實的存在，而在世俗諦的境界中則是心識與六塵實有，如是雙說而自認爲非有非空，自稱證得中道，本質是成爲思惟想像所得的假中道；現代臺灣已故不久的釋印順以及西藏的宗喀巴，和《廣論》學者所建立之應成中觀學派，都是此一流類，實質上兼具斷常二見。

三是攝性歸心而主張只有一個心，可以分成六種作用，不信受另有意根與如來藏各有自己的心性與作用，現代臺灣釋印順與古西藏宗喀巴及兩岸的《廣論》團體兼屬此一流類。

第四種則是認爲人類有眼識等六種心，各有不同的作用，但不會有心所法，更不會有八識不同心所法互相異同的現象，如是類佛門中及佛門外的外道，於現代佛教中已經絕跡。以上是當時天竺佛教主要的四種邪見，至於當時的重要外道則有常見、斷見、數論、勝論、極微等，各有不如理之主張。由於對生命及器世間的眞相如是眾說紛紜，玄奘當時在天竺以「眞唯識量」的意旨，用當地語文爲大眾演說佛法義理，累積了許多過程與經驗，後來以當地文字寫成此論之資料，廣辨十大論師之正訛，作爲與外道及部派佛教凡夫論師論辯時的提示，文義極爲簡約，唯自所知。

玄奘回到大唐譯經期間，由論法故曾與唐太宗言及此事，說明在天竺時曾依如是經歷與內容而寫作了評論十大論師的內容，綜攝佛門內外凡聖等十大論師對世親〈唯識三十頌〉的解釋，將其中的證悟菩薩、聲聞凡夫僧及外道之說，寫下來一併加以評述辨正；本意是作爲自己閱讀，以及與外道論辯時的提示之用，是故字簡義繁。唐太宗聽聞此事之後命其略說義理，聞後大悅而要求玄奘將評點十大論師之說，譯成中文流布；後因弟子窺基法師強力請求綜理十大論師之評而合集成一論，玄奘最後接受整理爲一部，才有《成唯識論》十卷流傳於中國。

然而從論中被玄奘辨正的錯謬對象來看，除了卷一至卷三談論了當年許多外道對生命及萬法來源的謬誤以外，卷四開始大部分是指正部派佛教諸聲聞論師，對大乘法義的錯謬主張。部派佛教那些聲聞論師，不知自己所學、所知都屬聲聞法，往往以大乘僧自居而妄說大乘法義，完全不知自己落入六識論外道法中，猶如今時海峽兩岸諸大法師住於聲聞法中而自以爲是大乘僧。如是部派佛教諸凡夫僧妄將聲聞法說爲大乘法，以證悟之大菩薩自居而各各造論流通；但因其聲聞法及所說大乘法之法義有誤，被人檢擇時即必須演變而有新說，如是事相流傳久之繼續演變之後，便有「大乘佛法弘傳演變」之歷史，並在二十世紀正覺出世弘法之後繼續演變；不明內情之釋印順等人舉之而說，振振有辭指稱「大乘佛法前後演變至今不絕」。

由於此事古今如出一轍，現代佛教界的大法師們亦復如是，同將不正確的聲聞解脫道法義，當作是大乘佛菩提道的法義；細觀此等人所說之佛法演變內涵或過程，其實都與親證大乘法之歷代菩薩眾無涉；正是不懂三乘菩提之異同，妄將二乘小法取代大乘妙法又誤解二乘法之僧人，並且所說的二乘菩提亦是落入常見或斷見之中，自稱是已證佛菩提之人，違犯菩薩重戒之大妄語業及謗三寶而虛妄說法，成爲謗佛及謗法者，枉受三壇大戒。

又，《成唯識論》是破相顯宗，也是攝相歸宗的增上慧學，是表顯「**三界唯心、一切法唯識**」正理的一部妙論，非有無生法忍者不能如實讀懂論中文義；若有文字障者，更無論矣！觀於平實弘法以來三十年中所見，諸多自認爲懂《成唯識論》而評論平實所說錯誤之人，率皆如是錯解論中正義，無一例外；例如二〇〇三年正覺同修會中發動法難的眾人，無一出於其外；乃至近年退轉的琅琊閣、張志成等人，亦復如是廣於網路上貼文，然其所說略解《成唯識論》之文，都與論中所說正義恰好相悖，故說此論極難令人如實理解，即有註釋之必要，始能弘揚深妙法及救護眾生。而此論中破除世間一切相乃至佛法中六無為之相，分明顯示各階位中佛法眞如之宗旨，高舉 釋迦如來之佛地本懷；亦綜攝佛菩提道完整而大概之正理，雖極簡略卻又包含、完括。

云何平實言「**《成唯識論》綜攝佛菩提道完整而大概之正理，雖極簡略卻又包含、完括**」？謂本論所說全依《阿含經》、《楞伽經》、《楞嚴經》、《解深密經》正理而加以演繹，並且傍及諸經諸論，由解說相、名、分別、正智、眞如而及於八識心王正義，再由八識心王及其心所之正義，聯結圓成實等三種自性；然後依三自性而與五事、五相、三受、三性、四種眞實……等法，闡釋其間的互相聯結與含攝，具足顯示七種性自性及七種第一義；如是演繹此等諸法與五法八識之聯結，令知佛法體系中的一切法是如何互相關聯，成就「**法住、法位**」之智慧；再教導學人檢視自身是否具足增上緣二十二根善法，及解說十地與等覺地中所應斷之各一障與二愚及應證之法，末說三無性而達佛地眞如境界；如是次第演繹五法、三自性、七種性自性及七種第一義，具足函蓋一切佛法。

再於最末後提出三無性正理，令知佛地眞如之理，以及佛地三身四智之正理，最後究竟轉依佛地眞如而得成佛，具足成就佛地一切種智功德，突顯「一切法唯識」之正義。《成唯識論》如是正理，若未證得無生法忍者皆所不知，又其文字極爲簡略而含義甚廣，故說本論極簡略而包含、完括一切佛法，具足成佛之道。

然而《成唯識論》中所說這些正理，都要經由實證第八識及第七識以後學之，方才有體；以能現觀論中所說諸法自性及行相故，所學亦有第八識眞如心作爲所依故，方免臆測想像而得次第邁向佛地。若無實證第七識意根及第八識如來藏之眞如法性而轉依成功者，所學《成唯識論》終究無體，只是臆想而有的思想，或如學術研究一類思惟所得的玄學，皆非義學。如是以之炫耀於世俗人而求名聲者皆可成功，實質上則是誤導眾生者，若論佛道實證則無其分，連見道功德亦無。如是正理，學人應知。

學人若能福慧雙修之後，再求禪宗之證悟，然後親隨大善知識受學，完整通達論中妙理而得各階段之現觀者，輔以廣大福德及解脫道之實證，即可入地，生如來家，成眞佛子，不論身相。然論中法義甚深、甚廣，又復文言極度簡約，揉譯成中文時復因窺基主張教內和諧之故而未指名道姓以論，加以現代佛弟子不知本論寫作當時之佛教界時空背景，是故本論眞義極難理解，非唯已入眞見道位之證悟者仍難理解其義，古今亦多有世俗專作學術研究者加以錯會乃至謬解而梓行成書者，率多依文解義而成爲錯解、謬註。

即使宣稱親聞玄奘口述之後加以記錄之窺基法師，所作《成唯識論述記》（「述記」謂親聞之後憶念而作筆記）中之所說，亦不免偶有錯誤；何況末法時期未悟凡夫不曾實證第八識如來藏而僅作學問研究之人，終究未有一人能予如實註解。以是緣故，今有加以註釋之必要，以饗今世、後世一切如實證悟般若之菩薩眾，作爲如是四眾悟後進修之資；亦擬註釋完成之後，親於正覺同修會增上班中述說時作爲教材，再於述說達到足夠印成一輯時即予梓行，公開發售，以滿足喜愛唯識學之研究者、「專家」或修學者之所需。然於此一註釋中所說，當盡量依現代佛教界人士所知及時空背景而作釋義，於古昔佛教界之邪見及辨正不多作舉述，只舉其中重要的部分而作辨正，以利現代佛教界大眾悟後進修及加行位實修之資。

復觀窺基於《述記》中所說，往往就論中後述之義而於論之前段先行旁徵博引，未作深入又淺白之解釋；加以其註釋亦爲文言，而《大正藏》中對於《述記》之斷句錯誤連連，致令讀者不解《述記》之正旨，故於《述記》及《成論》論文正義悉皆不得如實理解；以是二故《述記》旁徵博引後，凡夫讀者閱之益增迷亂，反失宗旨；詳閱《成唯識論》後亦然，皆不能眞解。

然平實所觀《述記》內容其實瑕不掩瑜，今於此《釋》中，將每一段論文之正義先作語譯，然後一一解釋，以免邪人故意誣爲扭曲；並盡量援引《瑜伽師地論》中的聖教爲證，兼引其他經教旁徵；若窺基法師於《成唯識論述記》中，對論文之解釋符合論文原義者，即予援用，不再於書中解釋；但會在增上班中針對窺基法師的註解加以解釋，增進增上班已悟學員之道業。此外並側重於論文中的義理解釋，務令已悟如來藏者閱之，得以直接理解論文中所述正義而得如實證解，早日通達唯識性、唯識相及唯識位（資糧位、加行位、通達位、修習位、究竟位）之正義，俾能助益悟後進修之道業。然而本書內容雖屬解釋，但文義仍非未悟或錯悟者所能全然了知，但能作爲眞悟而轉依成功者進修種智之用；至於論中部分文義之深入解說等詳細內涵，僅於正覺同修會增上班中廣說，讀者愼勿以爲此書中所說已函蓋《成唯識論》中隱說之全部內涵。

復觀窺基註解論文眞義時所徵引之內涵，又往往係《成唯識論》中之後卷所釋義理，窺基竟於前卷先行引述，讀者未知論中後文所說正理，閱其《述記》文時自然難解，讀之益增困惑，竟無實益。乃至末法時代亦有少數證悟者，由於善知識輕易所助以致所悟極淺，悟後眞妄不分，只是極少分觸證眞如；又因自大而不肯請示善知識之故，閱讀《成唯識論》及《成唯識論述記》時，亦不免誤會論意而對正法及善知識加以妄評，誣謗平實爲不能如實勝解《成唯識論》，造下故謗三寶之大過；今於此《釋》書中則不隨之同作先引，庶免讀者益增困擾。

復次，鑑於末法時代狂慢之人漫山遍野，平實不能不作如下之言：唯有眞實悟入中國禪宗而且轉依成功者，依止第八識的眞如法性之後，追隨眞善知識如實聞熏般若妙法及種智妙義，方能稍解此一鉅論中之深妙義涵；然而悟入禪宗所證眞如之前，必須先有四加行，令得「世第一法」之後方可求悟，否則悟後不能轉依眞如時不免謗法、謗賢聖，招得來世極不可愛之長劫苦痛異熟果報，便如張志成一般救之無用，令人扼腕。

但眞實悟入之後亦未可便作入地之想，務須以非安立諦三品心及如幻、陽焰、如夢等「三種現觀」是否已證，以及「梵行已立」是否現前，以爲入地之引證基礎；非唯如此，入地之前尚須加行大乘安立諦之十六品心及九品心，作爲阿羅漢果是否已證而發起聖性，並作爲相見道位已經確實完成之驗證準繩，以免大妄語而招得未來世長劫極不可愛異熟苦果。

或有閱讀此一《成唯識論釋》者，因閱文中所說似有契入，其實都屬仍未實證之人，以未先修四加行及諸福德資糧包括定力故，六度之修集尚有欠缺故，尚未具足資糧及加行二位的功德，其所謂之悟便成大妄語業，縱使眞悟第八識者亦屬於解悟而無實質。若有已入眞見道位者，亦未可一悟便得入地，由未修得非安立諦三品心及發起地前三種現觀故，仍缺初分無生法忍；亦仍欠缺安立諦十六品心的實修，以仍欠缺親證解脫果所發起之聖性故；如是類人若自謂得悟或已入地者，即不免大妄語業，務必愼之！

若是未悟或未能現觀如來藏眞如法性之讀者，或者雖已確實觸知如來藏而眞妄不分時，其實只是似悟者，更未轉依成功，仍非眞悟，以致未能超越禪宗「毫釐有差、天地懸隔」等公案之考驗；皆應先求大善知識深入勘驗無誤，並加以鉗錘鍛鍊增上智慧而得轉依成功之後，讀之方免誤解，以免誤犯大妄語業而墮三塗。至於錯悟或解悟之人，則無論矣！

以此緣故籲請佛門四眾愼勿兒戲，必當顧念大妄語業後必得未來無量世極不可愛異熟果，以及未來無量世障道之業障，如《佛藏經》中 世尊所說；勿以短短一世之名聞利養或眷屬爲慮，萬勿以爲閱讀此《釋》文字表義而能理解時，即爲親證唯識增上慧學，便向他人宣稱證悟乃至誇耀入地，免招未來多劫極不如意苦異熟果。是故本《釋》之用意，主要在於幫助實證如來藏而證眞如，並發起般若智慧而得轉依成功之**眞見道位**菩薩，作悟後起修之資，得廣增益**相見道位**等**後得無分別智**；其中所說並非未悟、淺悟者所能現觀，一般聰睿學人讀之，愼勿自認能眞理解，以其未能階於十種諦現觀故。若故作證解之言，示人以證悟或地後聖者之相，來世有殃在，特須留意。

又此《成唯識論釋》原名《成唯識論略釋》，寫作到一半之後，鑑於會中仍有多位聰明伶俐之人，自認能讀懂《成唯識論》眞義，而其實是誤會論意，卻自以爲是而以論文及《述記》之文，舉來質疑平實所弘佛法正理；爲救彼等諸人及顧慮後世亦仍將有如是學人，平實不得不將原爲《成唯識論略釋》之內容，增補而改名爲《成唯識論釋》，並於講後公開梓行，以釋群疑而杜彼等諸人捨壽後下墮之因緣；至於論中原以略釋之方式所作的註解文字，則仍留存不易，或已加以增補爲《成唯識論釋》，合先作此說明以釋或疑。亦因已經增補之後，尚未證悟之人亦得以閱讀而瞭解論文中之眞實義，所餘者即是實修各種福慧資糧及四加行；日後若有因緣入於正覺同修會中，自身亦無實證上之業障者，便得證悟眞如而能現觀唯識性與唯識相之正理，如實進入唯識位，得階勝義菩薩數中。

唯識學本爲菩薩證悟大乘菩提的眞見道之後，所應修學之慧學，實爲入地後所應進修之增上慧學；入地前僅得非安立諦三品心，以及安立諦十六品、九品心，屬於相見道位所得後得無分別智，未到通達位的初地心；於此諸品心實證而具足三種現觀之後，必俟心心無間而成就無間道，並能現觀所證非安立諦三品心之智慧與眞如平等平等方得轉入初地，名爲證得初地眞如；此時再依十大無盡願等增上意樂已得清淨而眞得入地，位在初地入地心，始名見道之通達位。故說唯有親證眞如而如實轉依成功者，方能進修如是唯識增上慧學。

地前證悟菩薩於此唯識增上慧學多屬隨分修學，有助於相見道位中非安立諦及安立諦之實修，而非即能具足實證，是故此《釋》寓含之深義，並非眞見道而有根本無分別智之初悟者所能臆想，當知絕非眞妄不分之似悟者或錯悟者所能現觀而得了知；更非專作學術研究、文字訓詁者所能臆測——尤其是六識論之中觀學者等凡夫，皆屬學術研究專作文字訓詁之依文解義而錯解者，由未眞見道、未除大乘小乘二種眞正見道所斷異生性，係未證人無我及法無我者，亦未廣修相應之福德智慧資糧與定力故；彼等皆未如實勝解唯識正義，所作對於《成唯識論》

之註解內容極多錯謬。更有凡夫法師居士錯誤連篇之唯識學著作，而其中所說皆屬相似佛法，混淆正法而嚴重誤導佛法學人者其過甚大，不免嚴重後世果報；讀者於此切宜愼防，以免誤信其言而宣稱入地，招得未來世無量劫之慘痛異熟重報。

又，現代佛教雖然已有諸多註解《成唯識論》[1]的著作傳世，但因諸家之註解言不及義以及嚴重謬解；間有較正確者，仍不免言不及義及部分錯解者，而皆不能詳述。乃至窺基之《成唯識論述記》[2]中，雖宣稱爲「述記」，然而親聞玄奘之演述而於其夜或次日加以記錄時，仍不免有所謬說，以其未能對玄奘之演繹全部生起勝解故，是對《成論》中的法義並未全部具足念心所有以致之。而其《述記》緣於玄奘譯經事業繁忙，窺基及其助造《述記》之弟子亦因自信太過，未曾一一請求玄奘修正，或因窺基晚年體衰未察，是故不免偶爾謬說之過，違背《成論》之意旨，自不得全部引爲最正確之佐證，仍當依止《成論》原本爲主，此亦合先敘明於此。至於《成論》中之多門分別、廣說佛法之義，詳後依於論文次第明解，本序文中即不重贅。

1 以下或者簡稱《成論》。
2 以下或者簡稱《述記》。

又此《成唯識論釋》[3]之寫作，重在眞悟佛子之悟後進修，特別重在見道前應有之大乘佛法正理，以及眞見道、相見道、通達位等義理之解說，改正窺基法師對見道與初地通達位前所作加行之謬解[4]，救護眞悟佛弟子免於重蹈本會中極少數人似悟之後旁生岐見之覆轍，繼續誤信窺基在此部分之誤註而自以為入地、成就大妄語業。以此前提著眼，特重於眞見道、相見道、通達位正義之解釋，並舉會中似悟者所經歷之質疑、異議等事為證，以明眞義而引入眞悟之地，庶免失於大乘見道通達位等三位完整內涵之宗旨，冀得幫助眞悟之佛子們快速進修早得入地。

預估閱讀本《釋》者，約為二種人：其一、已經眞見道者，讀此《釋》時應先閱讀《成論》本文後再閱讀「語譯」之文，然後再閱「釋義」而思惟之；如是讀完一遍之後，再重讀時只需閱讀論文及「語譯」即可；唯除閱讀「語譯」之時尚有未能理解之處，才需再讀該部分之「釋義」，至少前後應讀二遍。

其二、一般修學唯識學而尚未證眞如者，於每次閱讀本《釋》之時，皆需隨

---

3 以下有時簡稱為《釋》或「本《釋》」。

4 眞見道前之四加行，大異於入地前安立諦十六品心及九品心之加行，不應混為一談而將《楞嚴經》中所示入地前應有之安立諦加行移入第七住眞見道位前，謂安立諦十六品心等是眞見道前所攝，其實應於相見道位之末位方所應修，絕非眞見道位前之所修。

於此《釋》中所說，逐字逐句逐段隨順書中次序而閱讀及思惟，不可專讀「語譯」即作爲已知已解，因爲尚未實證眞如之前，皆不可能眞實勝解書中所說；然後一面閱讀之時，即應一面尋求教外別傳之法而求證眞如，直到實證眞如之後再來閱讀，方能確實對論中所說生起勝解而得證果，如是應知。

爲達成此目的，每一段「論文」都先作「語譯」，方便眞悟之佛弟子易於直接契入論中所說法教，免去尋枝摘葉之繁，速得論中正義。若有證悟者於「語譯」中不能快速證解或不能深入理解者，亦可隨後於「釋義」中再作深入理解，而後回歸「語譯」中整合之法義再細讀一遍，即得如實理解「語譯」之內涵；是故本《釋》中雙俱「語譯」及分段「釋義」，以助眞悟之佛弟子四眾。至若《述記》中廣引經、論中之資料，本書「釋義」中或有援引、或予捨略，另作其他經教之援引，皆依《成唯識論》的內容而作抉擇，若有意深入求證者可以依《述記》文中所引自行查證之。

茲以此一《成唯識論釋》開筆在即，此後將以法務以外之零碎時間陸續撰寫；爰陳述諸端如上，用以爲序，時在二〇一五年四月解三之後。

佛子 **平實** 敬識於竹桂山居

補序：關於此套《成唯識論釋》之著作，原爲《成唯識論略釋》；鑑於本會親教師團中之一員曾經執著《述記》中對於大乘三種見道位階之謬說而提出質疑，隨後由平實加以說明[5]，已解其疑，並於親教師會議中自行要求公開懺悔滅罪，回歸《成唯識論》原有的大乘見道三個位階的正理，已經圓滿一場佛事。但因仍有助教老師張志成等人共同化名琅琊閣者，繼續於網上公開提出質疑並作人身攻擊，平實乃將該大乘見道等辨正內容納入《涅槃》書中，冀其於出版後閱讀而可理解其同一主張之謬誤。

不意《涅槃》出版後，該助教老師等人閱之仍不解其意，繼續以同一網名或本名及他名，而在網路中提出其眞見道即是初地之謬誤主張，並且提出更多謬誤主張而貼網廣傳其謬，對外聲稱平實所說不符《成論》，觀其所說則全部違背《成論》原意。此行爲顯示彼助教老師等人於自身所悟已經失去其念心所，故對禪宗所悟內涵自作別異之主張，否定禪宗所悟即是第八識如來藏之事實，更誤會論中所說「心心無間」之「無間道」眞義，主張眞見道時一悟即入初地；並認爲眞見道時心心無間即是具足證得三無性而入初地，成就大妄語業。此是平實愛才而急

[5] 詳見《涅槃》書中之釋義。

於重用故，將其證悟之因緣早計成熟，提前幫其快速悟入之過失，咎在平實。

觀其所提出法義，顯示對《成唯識論》產生極多嚴重誤會與謬解，可以言爲完全不懂《成唯識論》；以其撰文流通後貽誤眾生之廣大或深遠，令人不能不側目，以是緣故，平實不得不將此《成唯識論略釋》改爲《成唯識論釋》，後於其中加入更多引證及理證上之解釋，以求後世不再有類似彼助教等人出頭妄說誤導未悟凡夫之愚癡行爲。今作如是補記，說明爲何將《成唯識論略釋》內容增補而成爲《成唯識論釋》，同時更易書名之再一次因由，記於原序文之後。今觀本《釋》內容，總有唯識性、唯識相、唯識位等三篇，共爲二十一章、一〇一節、四六一目，可謂翔實，以奉有緣人，盼皆得力。

時在公元二〇二一年立夏

佛子 **平實** 記於松柏山居

《成唯識論釋》

第八章　異熟識自性之總相與別相

第一節　異熟識與五遍行心所

第三目　五遍行義之二——作意（第一、二目請詳第二輯解說）

論文：「作意謂能警心為性，於所緣境引心為業；謂此警覺應起心種，引令趣境，故名作意。雖此亦能引起心所，心是主故，但說引心。有說：令心迴趣異境，或於一境持心令住，故名作意。彼俱非理，應非遍行，不異定故。」

語譯：【作意這個心所法是說能警覺心作為自性，於所緣的境界中引發心來黴緣境界作為它的業用；這是說，這個心所能警覺應該生起的心種子，引導生起的心趣向所屬意的境界，所以名為作意。雖然這個作意也能引起其他的心所法，然而心是主，作意心所是從的緣故，只說作意能夠引心。有人說：作意能使心迴向而改趣不同的境界，或者對某一境界執持自己的心使令安住，所以名爲作意。但他們這二種說法全都屬於非理，如果眞像他們所說那樣，這作意就應該不屬於遍行心所，因爲不異於別境心所中的定心所的緣故。】

釋義：「作意謂能警心爲性，於所緣境引心爲業；謂此警覺應起心種，引令趣境，故名作意。」上來關於「不可知之了」等功能，已經講完「觸、受、想、思」等四個心所，也說明了這四個心所的主從，由此證明這四個心所全都屬於「見分」，然而五遍行中尚有「作意」未說，故今說之。

於意識未生位，意根生起「作意」，警覺第八識流注意識種子而有意識現行，如是而令意識趣向意根所緣的境界，故說「作意」是「警心爲性」以及「引心爲業」。或者在意識已生起位，由於別觸新的境界相時，由意根的「作意」引起意識趣向新的境界，故說作意能「警心爲性、引心爲業」。

由第七識意根有此警覺諸心的「作意」心所，能使第八識在此「作意」所引導下，配合第七識意根而出生許多相應法，能令八識心王及心所法現行及配合運轉故，因此而有許多法出生；也因爲有此意根「作意」之自性，能使意識及其顯境名言、表義名言與諸煩惱心所現行，世尊於《楞伽經》中說意根是「現識」。

這是說，「作意」的第一個功能，是警覺應該生起八識心王的諸心與心所種子，促令某一識或多識及其心所生起，例如意根的「作意」能促令意識一心生起，或同時促令五識等心生起，六識心所隨之而起。

「作意」的第二個功能，是引令彼心趣向某一境界，例如六俱意根突被某境界所牽引而起「作意」時欲作「了別」，則令意識等六識捨離原來所緣的境界，迴趣新的境界而作「了別」。以此二緣故，能警心故，所以名爲「作意」；亦由意根有此「警心爲性」故，能令諸心、心所現行，必須立名爲「現識」；如是「現識」之功能，非其餘諸識之所能，以第八異熟識唯對意根之作意唯命是從故。

「雖此亦能引起心所，心是主故，但說引心。」雖然這個「作意」也能引生其他的心所，但因爲心是主而「作意」是心所、是從的緣故，只說「作意」能引生心的部分；因爲心若生起時，心所隨之而起故，不能以心所爲主故。

問：「心等自己就能出生作意，今說要警覺之後方能生起，就應該種子不能生起。」答：「受、想、思」等要由根、塵、識、觸等四法和合而生，亦說「作意」由觸心所而起，是故「作意」非能自起。

此意有二：一爲意根的「作意」能引意識等心生起，這是以意根的觸心所爲先，而「作意」心所在後。二爲意根的「作意」能警覺六識心轉趣新的境界，然後六識心方得觸納新境界的六塵，則是以意根的「作意」爲先，六識心的觸心所爲後。但不論是哪一種，同樣都是由心的「作意」心所，導致其他諸識的現行，或導致其他諸識的迴趣新境界，所引都是以心爲主而「作意」爲從，故說「作意」可以「引心爲業」；若是只從諸識自己與作意心所而言時，「但說引心」。

「有說：令心迴趣異境，或於一境持心令住，故名作意。」猶如正理論師說：「作意是能使心迴轉而趣向別的新境界。」或如信受《雜集論》的聲聞僧說：「作意是對於某一境界持心令住，所以名爲作意。」

「彼俱非理，應非遍行，不異定故。」論主玄奘破斥說，他們所說的都屬於非理，因爲「作意」若只是使心迴轉而趣向別的境界，就應該不是遍行於八識心王之法了，因爲「作意」普遍運行於八識心王的很多心行中。這是先以「應非遍行」破斥聲聞部派佛教的正量部論師。

玄奘又說，「作意」若只是持心令住，就不異於定心所，不該名爲「作意」了。此是以「不異定故」破信受《雜集論》的聲聞論師。但追究實質時，《雜集論》原本所說並無錯誤，只是信受《雜集論》的那一派聲聞僧不懂論文而生錯解罷了。猶如這幾年來信受《成唯識論》的琅琊閣、張志成等邪見者，屢以《成唯識論》的論文來質疑正覺的法義，其實正覺的法義與《成唯識論》所說符印相契、無一相違，而琅琊閣、張志成等人不解《成唯識論》，便以論文相責；如今此論之《釋》逐輯出版，或許可以解其疑惑；然猶未可逆料，以其理性及知性有問題故。

《成唯識論述記》卷三：「問：『何故百法等，作意爲初；此論中所明，觸爲先說？』答：和合三法，攝心、心所令同取境，是『觸』勝能。警心、心所令皆能起，『作意』勝力。此約和合，『觸』乃先明；彼論約警，『作意』初說。各據一門，不相違也。」

第四目　五遍行義之三——受

論文：「受謂領納順、違、俱非境相爲性，起愛爲業；能起合、離、非二欲故。有作是說：『受有二種：一、境界受，謂領所緣。二、自性受，謂領俱觸。唯自性受，是受自相，以境界受共餘相故。』彼說非理，受定不緣俱生觸故，若似觸生名領觸者，似因之果應皆受性。又既受因，應名因受，何名自性？若謂如王食諸國邑，受能領觸所生受體，名自性受；理亦不然，違自所執，不自證故。若不捨自性，名自性受；應一切法，皆是受自性；故彼所說，但誘嬰兒。然境界受，非共餘相，領順等相定屬己者，名境界受，不共餘故。」

語譯：【受心所是說領納順心境、違心境、非順心非違心境界法相作爲自性，生起貪愛作爲業用；受心所能生起欲合、欲離、非二欲的緣故。有人這樣子說：「受有二種：一、境界受，是說領受所緣的境界相。二、自性受，是說領受同時存在的觸。其中唯有自性受，是受心所的自相，這是由於境界受同於其餘的諸相的緣故。」但他的說法不是正理，因爲受一定不緣於同時出生的觸的緣故，如果相似的觸出生後可以名爲領受觸的話，相似於因的果（等流果）應該就都是受的自體，也應該可以名爲自性受。而且既然是以受爲因，應該名爲因受，又怎能名爲自性受？如果主張「如王食諸國邑」，而說受能領納觸所引生的受體，名爲自性受；道理也是不正確的，因爲違背自己所執著的心不能自緣的道理，也不能自己證實眞是如此的緣故。如果不捨棄觸的自性，也可以名爲自性受；便應該一切法，全部都是受的自性；所以他們的所說，只能是引誘嬰兒一般無智的人罷了。然而境界受，不是同於其餘的諸相，領納順、違、非順非違等三相而決定屬於自己的覺受

時，名為境界受，因為受的法相與其他的心所不共的緣故。】

釋義：「受謂領納順、違、俱非境相為性，起愛為業；能起合、離、非二欲故。」「受」心所是說，領納順心境、違心境、非順心非違心境的法相作為自性，因此而生起貪愛、厭離、不貪不厭等心行作為業用；這是由於「受」心所能生起想要與境界相合、相離，或是不合與不離等欲心所的緣故。「俱非」是說非順心境亦非違心境的捨受境界。「非二」是說非欲合及非欲離之二欲。

「受」心所是領納順心等三種境界時，以產生貪厭與合離等作為業用，而八識心王各對境界都有領受的作用，但只有七轉識會因順心、違心、非順非違的境界，而生起貪愛、厭離、不合不離之欲的業用，導致七轉識能生起「合、離、非二」之欲。以上是論主玄奘所提的宗義。以下是其他論師所說：

「有作是說：『受有二種：一、境界受，謂領所緣。二、自性受，謂領俱觸。唯自性受，是受自相，以境界受共餘相故。』」「有作是說」是指聲聞正理論師，他們這麼說：「受有二種：一、境界受，是說領受所緣的境界相。二、自性受，是說領受境界時同時存在的觸。其中唯有自性受，是受的自相，因為境界受同於其餘諸相的緣故。」他們認為只有「自性受」才是「受」心所的自性，其餘的心所都不能領納觸的緣故，因爲都沒有觸的行相，只有「自性受」才有觸的行相故。又認爲「境界受」不同於「自性受」，因爲「境界受」能通其餘的諸心所故，都能領納境界相的緣故，所以不通「自性受」，唯通「觸」心所。

「彼說非理，受定不緣俱生觸故，若似觸生名領觸者，似因之果應皆受性。」

玄奘說，他們所說沒有道理，因爲「受」之出生在於「觸」之後，只領受境界而不領受先前所生的「觸」；換言之，是由於觸境界之後才能生起對境界的領受，所以「受」心所不會領納之前與境界同時存在的「觸」心所，「觸」心所先生起，然後才引生「受」心所故，「受」心所只會領納所觸的境界而不領納「觸」心所故。

如果正理論師們又說：「受心所相似於觸心所，因此可以名爲領受觸心所。」若眞是如此，那麼相似於因的各種果——例如等流果，應該也都可以名之爲「受」心所的自性了，那就只要建立一法便行了，何須建立「觸」與「受」二個心所？又何須再建立其餘的諸心所法？

正理論師如果又救說：「受之體是心所，好像與因同時存在的觸就說之爲受，猶如粟等種子就好似因，然而其體並非心所。等流果一法以及其餘的心所並不是好似與觸同時，互相各缺同在一起的義理，所以全部都不是受，你怎麼可以把其餘的心所當作例子而同於受心所一起質疑呢？」玄奘答曰：

「又既受因，應名因受，何名自性？」然而正理論師說，有「自性受」及「境界受」二種，都可以領納「觸」心所，因此主張「受」的自性就是「觸」；然而「觸」既然能引生「受」，顯然「受」是以「觸」爲因，若要論因，「觸」就應該名爲「因受」，怎能名之爲「觸」？又怎能名之爲「自性受」？

「若謂如王食諸國邑，受能領觸所生受體，名自性受；理亦不然，違自所執，不自證故。」如果正理論師又救說：「『如王食諸國邑』，但王食國邑並非吃土田，而是吃土田所生的禾稼等；說『王食諸國邑』者，是從禾稼所依的土田而說的，國王不是眞的吃國土邑土。所以受能領納觸所引生受的自體，便可以名爲『自性受』，當然也可以說觸就是『自性受』。」

玄奘破之曰：當他們說「受」能領納「觸」所生的受體，名爲「自性受」，這道理同樣不正確，因爲違背自己所執著的主張（彼等主張心不能自緣），那麼「受」心所又如何能緣於「觸」心所？又怎能說「觸」就是「自性受」？由於違背自己所執著的主張「心不能自緣」，當然他們也無法自己證實「受」眞的能反緣「觸」。

此時正理論師又回救說：「受可以領納觸的意思，是說似乎是與受同時的觸，就說爲領納，不是說緣於觸就叫作領納。」玄奘破之曰：

「若不捨自性，名自性受；應一切法，皆是受自性；故彼所說，但誘嬰兒。」

如果你們正理論師認爲，心不捨棄「一切法都能緣於自體相的自性」，繼續保持緣於觸心所時就能稱爲「**自性受**」；同理，就應該一切法，全都是受的自性，也就不需建立「**觸**」與「**受**」，也不需要建立其餘的心所法了。所以他們的所說，只能誘惑嬰兒，騙不了成人的。

此外，若依他們所說的道理，其餘因「**觸**」而出生的「**想、思**」等二法，以及「**思**」心所之後引生的五別境心所，也應該都名爲「**受**」的自性，那麼「**想**、**思**」以及五別境心所，就應該全部立名爲「**自性受**」，便不該立名爲「**想**」、爲「**思**」及五別境。

正理論師們若是改口說：「要有所緣，領納觸所生的受自體，名爲自性受。」也同樣都在這一邏輯之下被破了，因爲依其所說，由「**觸**」所引生的一切法都應該名爲「**受**」，就沒有後面的「**想**、**思**」及五別境等諸法可說了。

假使正理論師反難說：「你們菩薩既然反對我們說的受能領納於觸因，所以觸不能名之爲受；反過來說，觸就好像根、塵、識等三法和合所成，也應該不能名之爲觸，因爲受也同樣是和合而有故。」論主玄奘破之曰：

「然境界受，非共餘相，領順等相定屬己者，名境界受，不共餘故。」論主玄奘結說：然而「觸」不是根塵識三法和合所成，再說「境界受」，不可能與其餘的「觸、作意、想、思」等心所共同一相，因爲要等後來領納順心境、違心境、非順非違境而確定該境界屬於自己時，才能名爲「境界受」；既名「境界受」，顯然就是「受」而不是「想」或「思」，當然也不能名爲「觸」或「作意」，因爲法相不同之故；而且「境界受」與「觸、受」等心所，生起的前後次第也不同的緣故，並非同一法，仍應分開爲「觸」與「受」二個心所。

若所見境界不屬於自己所領納者，即無「境界受」可言；例如大眾同時同處，有人責言：「你看來像是奴才。」被責者及其中亦有當奴才者，領納其言攝屬自己時，方是「境界受」的領納者；其餘並非奴才等諸人，即非「境界受」的領受者。故「境界受」必須領納屬己，方能成爲業用；「受」亦是如此，必須屬己者，方有業用；然而「觸」與「受」等法相不同，又異於其餘心所，不能濫引「觸」心所作爲「受」心所之因，因爲別人也有接「觸」到這句責人之語，但不會引生「境界受」，不能一概而論。

第五目　五遍行義之四——想

論文：「想謂於境取像爲性，施設種種名言爲業。謂要安立境分齊相，方能隨起種種名言。」

語譯：【想心所，是說於境界中攝取境界像作爲自性，隨後施設種種名言作爲業用。這是說，要安立境界的範圍或界限的表相，然後才能隨著生起種種的名言。】

釋義：「想謂於境取像爲性，施設種種名言爲業。」《增壹阿含經》卷二十八說：「云何名爲想？所謂想者，想亦是知；知青黃白黑，知苦樂，故名爲知。」所以「想」心所、想陰，就是了知。是對境界尚未生起苦樂捨受時的了知，以及隨後領納苦樂捨受時的了知，乃至正在思索如何施設表義名言時的知，都是「想」。

由有「想」心所故，得以了知各種境界影像，所以「想」是以攝取各種境界影像作爲自性；了知各種境界影像之後，就有了苦樂捨受，即是「受」心所；於是生起「顯境名言」，所領納的各種境界相即能顯現於六識心中，如是完成了別的功能；隨後再施設很多的「表義名言」，可以爲人言說，即是第二階段的「想」；所以說「想」的自性是取像，業用則是施設二種名言。

「謂要安立境分齊相，方能隨起種種名言。」施設名言的意思是說，要安立所了知的境界範圍中的法相，例如安立在色塵境界的範圍，並安立法塵境界的範圍以後，才能隨後生起「顯境名言」，使境界影像出現於六識心中；由「顯境名言」而對境界加以了知故，再思惟應該如何表達，然後才生起「表義名言」而與他人有所表示。「想」遍於八識心王，是故層次各不相同，智者應當了知。

例如眼識的「想」，其功能是安立在色塵中的顯色範圍中；與眼識俱的意識心的「想」，其功能是安立在色塵中的形色、表色、無表色上，同時也安立在色塵中的顯色的細相上；這就是眼識與意識互異的「安立境分齊相」，隨後才能生起「顯境名言」而能了別顯色中的青等四種色塵。生起「顯境名言」之後完成「了別」，方能再生起「表義名言」施設「名句文身」，用來爲他人表顯色塵中的四種色法，以及說明更微細的色塵境界，這也是「想」。

「顯境名言」謂七轉識依第八識所含藏的種子而現行，現行之時能令境界影像顯示於七轉識心中，是一切「名言」之始，故名「顯境」。「表義名言」謂語言等，取像立名，謂顯色中，此是紅、此是青、此是黃等；亦取形色立名，謂此是長短方圓遠近高低；復取表色立名，謂爲行來去止坐臥動定等；最後取無表色立名，謂爲疏落有致、雜亂無章、有無氣質等。

如是二種名言，要依「想」心所方能現行；謂「想」即是知，例如識陰五識了知五塵中的一塵境界相的範圍，意識了知全部六塵並了知其細相，意根了知所有六塵諸法的粗劣法塵，以及與意識俱時了知意識之全部了知內容，阿賴耶識則了知內六塵以外的所有境界相。故說內六塵中的境界相由七轉識所知，外六塵及六塵外的境界相，都由第八阿賴耶識所知，「想」心所是遍行法故。

第六目　五遍行義之五——思

論文：「思謂令心造作為性，於善品等役心為業；謂能取境正因等相，驅役自心令造善等。」

語譯：【思心所，是說能使心造作業行，以此作為思的自性；思是在善品、惡品、非二品中，能役使心造作諸事作為業用；這是說，以能取境界的正因等相，驅役自心於所取境中造作善品、惡品、非二品等。】

釋義：「思謂令心造作為性，於善品等役心為業；謂能取境正因等相，驅役自心令造善等。」「思」即是「思量」，是作決定之義；是說已經觀察、思惟而判定後，決定要造作的就是「思」心所；因此「思」心所能驅使心造作業行，以此作爲「思」的業用。這就是說，「思」有作決定的功能，能決定正取境界相的順心境、違心境、非二境，也能正取即將造作業行的善因、惡因、非二因，然後發動自心造作善品、惡品、非二品等業行。

如是「思」心所既遍八識心王，即一一識各皆有「思」；前五識之「思」匯歸第六意識，第六意識之「思」匯歸第七識意根；要由意根之「思」心所作最後之決定已，第八阿賴耶識之「思」心所方能決定執行之，是故有情造作業行時最後並非依意識之「思」心所而行，實依意根之「思」心所而行，因爲前六識之「思」心所不能被阿賴耶識領納故；由於第八阿賴耶識恆而不審故，其「思」心所不在六塵境界中行，是故一切六塵境界中之行，皆是根據意根之「思」心所而行；然後第八阿賴耶識之「思」心所，據意根之「思」心所而作決定加以執行。然而六塵境界外之一切法，則由阿賴耶識之「思」心所自行決定，行於六塵外之非境界行，此是第八識不配合七轉識而自行運作者，如是應知。以此緣故，前六識及第八識之「思」心所性質，應遠離邪思惟而各一一觀察思惟，而後方可如實知之。

問：「思若能令心造作，是否也能令心所造作？若亦能令心所造作業行，爲何不說？若唯令心造作，爲何不同於作意亦令心作？」答：「思」心所之行相雖同於

「作意」，「思」亦能令心所造作，但因心所以心爲體，心勝故，但說能令心造作。又，一般清醒位時，「作意」偏在「觸」後及「想」之前，「思」但在後，是故「思」與「作意」不同。

又「作意」有時在「觸」之前，如已滅之意識由意根「作意」所促發，從如來藏中初生起時，必先有「作意」欲「了別」，至第三刹那決定心位方得具足生起，然後有「觸、受、想」，最後方有「思」，再由意根「思」心所決定之後方有八識心王之作動；由此觀之，此時以「作意」爲先，「思」爲最後，是故「作意」與「思」決定不同。

由如是二理，證明「作意」非「思」；而心所攝屬於心，是故八識心王各有「思」與「作意」。又心與心所不同，不應該將心所認爲即是心體，是故心識都有不作動之時，處於捨受狀態中；待「思」心所決定後，心識方有作動，證明心與心所不同，如是應知。至於八識心王不同的「思」心所，容於增上班中說之，不公開錄於書中。以下是結論：

論文：「此五既是遍行所攝，故與藏識決定相應。其遍行相，後當廣釋。此觸

等五與異熟識，行相雖異，而時依同，所緣事等，故名相應。」

語譯：【這個觸、作意、受、想、思等五法，既然是遍行心所法所含攝，所以和如來藏識決定會相應。如來藏的遍行等行相，在後面將會廣爲解釋。這觸等五個心所法與異熟識，運行時的法相雖然互相有異，然而出現的時節與所依都相同，所緣的事相與處所也相等，所以名爲與異熟識相應。】

釋義：「此五既是遍行所攝，故與藏識決定相應。其遍行相，後當廣釋。」「觸、作意、受、想、思」等五個心所法，既然是「遍行」所攝，表示這五種心所能遍行於八識心王，所以和第八如來藏識決定會相應。此五遍行是如何與如來藏識相應的？行相又是如何？於後面卷五中將會再廣爲解說。

第八阿賴耶識既然與五遍行心所法之「觸」相應，又與「作意」及「受、想、思」相應，表示祂雖不能與苦樂受相應，但能與「境界受」相應，當然能攝受外六塵作爲所緣；以此爲據而在五勝義根中變現出內六塵的法相，方能由七轉識所了別，然後才產生苦樂受。但第八識並無五別境心所法，是故無法了別外六塵及內六塵，祂對外六塵只作境界相外的了別，只是如鏡現像一般變現出內六塵，而由七轉識了別內六塵，故第八識名爲無分別心，證知第八識如是自性時的智慧即名無分別智；此第八識變現內六塵時，只是如鏡現像而不了別內、外六塵境界故。

但此第八「**無分別心**」既名爲識，表示祂亦有了別性，能了別六塵外的種種法，並非全然無知，故名爲「識」，「識」即了別故。例如了別五色根如何出生、變異、長大、成熟、老化、修補、復原等，以及能了知如何攝受地水火風故；第八識亦能了知器世間應當如何緩慢變化，以及變生諸種物質而供給有情所需等；復能了知如何攝入外六塵，變生內六塵於五勝義根中；亦能了知何時何處應以「**等流性**」流注七轉識種子於各別不同的六根之中，乃至能緣於往世所遺的骨骸等。但這些都不是六塵中的了別，所以異熟識對於六塵是永遠都不了別的，是故經中又說爲「**無分別法**」。

以第八阿賴耶識無有分別六塵境界之心行故，即是對六塵境界都不產生分別性的清淨心；這是由於不了別六塵境界的心就不會領納苦、樂、非苦樂的境界相，即無取捨而成爲無覆無記性故。證此無分別心而了知如是實相境界者，所得智慧即名根本無分別智；謂第八識之「**了**」，其行相全都不在六塵境界中。如是簡別第八識「**了別**」之行相，如是之「**了**」亦是異熟識之「**識**」相之一，「**識**」即是「**了別**」故。詳細意涵，於後卷五當說，此勿細述。

只有這樣面對六塵的「無分別心」，才是不會有取捨的心，無有取捨時即是本來清淨性、無生滅性，才是眞正的無漏法，即是無餘涅槃之體，是故《金剛三昧經》〈無生行品第三〉：【佛言：「汝得阿耨多羅三藐三菩提也。」心王菩薩言：「尊者！我無得阿耨多羅三藐三菩提。何以故？菩提性中無得無失，**無覺無知，無分別相，無分別中即清淨性**；性無間雜，無有言說，非有非無，非知非不知；諸可法行亦復如是，何以故？一切法行，不見處所，決定性故。本無有得不得，云何得阿耨多羅三藐三菩提？」】如是第八阿賴耶識方名眞實「無分別心」，以其行相非在六塵境界中行故，而其一切行相皆非七轉識所能也。

「此觸等五與異熟識，行相雖異，而時依同，所緣事等，故名相應。」這「觸、作意、受、想、思」等五個心所，與異熟識如來藏之間，行相雖然略有不同，然而出現的時節與異熟識同，這五心所的所依也都是異熟，故說所依相同；而這五個心所的所緣之事也極爲相似，存在的處所也相等，所以名爲「相應」。「觸」等五個心所都緣異熟識而相引生其所行，行相也幾乎相等而同在一處，所依也相等而同緣相同之事，也都是依於六根俱時現行而且同樣無間，故能與異熟識相應。《瑜伽師地論》卷一：「彼助伴者，謂彼俱有相應諸心所有法，所謂作意、觸、受、想、思，及餘眼識俱有相應諸心所有法。又彼諸法同一所緣，非一行相，俱有相應一一而轉。」謂第八識與七轉識各皆有相應之助伴方能運行，謂心所法，而八識心王都與五遍行心所法相應；如是心所與心體之所緣相同，然而八識心王的行相，對於所緣各不相同，所以說八識的五遍行心所於相似中另有其異，故謂「行相雖異」。

「行相雖異，而時依同」，《成唯識論述記》卷三解曰：「時謂剎那，定同一世。」若以之解於識陰六識即通，若解於第八阿賴耶識即不能通，以阿賴耶識無三世故，無始以來迄至未來無盡之後，都無三世故，當解為「定同一處」，故異熟識的五遍行心所，都依六根而現行於人間故。

又言所依者，阿賴耶識非唯依於六根而現行，亦與共業有情之阿賴耶識同依於所變的器世間及外六塵等諸法和合運行，不與七轉識共。然亦應知異熟識如是五遍行，亦能與意根的「思」心所相應而現行，以其五遍行心所亦能「了別」意根之心行與「思」心所故。

異熟識既有五遍行心所，當知亦有「境界受」，於其領納「境界受」時，究竟有無苦樂受？詳如下文所說：

第二節　異熟識之行相

第一目　異熟識之三受門

論文：「此識行相極不明了，不能分別違順境相，微細一類相續而轉，是故唯與捨受相應。又此相應受，唯是異熟；隨先引業轉，不待現緣；任善惡業勢力轉故，唯是捨受。苦樂二受是異熟生，非眞異熟，待現緣故，非此相應。又由此識，常無轉變，有情恒執爲自內我；若與苦樂二受相應，便有轉變，寧執爲我？故此但與捨受相應。」

語譯：【此異熟識運行時的了別行相非常幽隱而很不明了，也不能分別違心境、順心境等法相，祂的了別性是微細的、也是前後同一類、而且是相續不斷地運轉著，由這些緣故而說祂只會與捨受相應。又，此識相應的受，只有異熟性；是隨著先世的引業而運轉，不是相待於現世六塵眾緣而運轉；因爲祂是任由善惡業的勢力而運轉的緣故，所以祂在三受門上只與捨受相應。苦受與樂受是異熟果已經出生後的事，不是眞正的異熟，因爲是要相待於現世事相諸緣的緣故，並不是此異熟識所能相應的。而且由於此異熟識心體，一貫是常住而且前後都無轉變，有情都是永遠執著此識爲自內我；如果此異熟識能與苦樂等二受相應，自性便會有所轉變，有情怎麼可能將祂執著爲自內我？所以此識只與不苦不樂受相應。】

釋義：「此識行相極不明了，不能分別違順境相，」異熟識運行時的法相很不明了，因爲祂的了知性非常幽隱難知，唯有證悟不退的菩薩們在大善知識的指導下方能了知。識即是了別，而此異熟識的了別性不在六塵境界中運行，其心又沒有五別境等心所相應，無始以來都不對六塵境界加以分別，只在六塵外的境界中而作了別，所以祂的了別行相很難了知，極爲幽隱，唯證乃知；既不了別六塵相，當知即無苦樂受等境界的領納，於三受之中就唯有捨受。

別境心所有五：欲、勝解、念、定、慧。可用於了別六塵境界，既能領納六塵境界時便有順心、違心、非順非違的覺受，因此產生樂、苦、捨受；由如是故對六塵境界產生取捨，成爲易起易脫的生滅心；既能了別順違之相而生起或脫離，成爲有取捨之心，必屬有覆有記性。然此第八異熟識沒有五別境心所，對所緣的外六塵境界不加以分別，亦不緣於所變生的內六塵境界，所以不能了別順違之境，則無選擇而離苦樂，能隨順一切六塵外之境界安住，不起喜貪或厭惡之心所，前後不變而唯有一種捨受——不苦不樂受，方便名爲「取中容境」，對一切內外六塵境界都無覺受，方能成爲無覆無記性心。然而既稱爲「識」，「識」即是「了別」，顯然仍有了別性，但此識的了別性不在六塵境界中運轉，是很微細一類的「了別」；由此緣故，說此異熟識的「了別」行相很微細，極不明了，因爲都是在六塵境界以外所作的了別故。這是簡別此異熟識沒有五別境等心所法，特別是沒有「勝解」與「慧」二個心所，是故完全無法「了別」六塵境界。

無有五別境心所時，即顯示此異熟識不會與善十一心所相應，也不可能有六根本煩惱及二十隨煩惱等心所，與悔、眠、尋、伺等四個不定法也都不相應，當然不會領受順心境界而生貪愛，也不會領受違心境界而生厭離，即使陪同七轉識處於順心或違心境界中，祂仍然不領受六塵中的順違境界，所以只會與捨受相應。領受順心或違心的苦樂境界者，是六識心及意根而非第八異熟識。

近年有從正覺退轉離去之後成爲佛門外道者——心外求法的琅琊閣、張志成等人，外於第八識而求佛法的實證，於網絡上公開主張第八阿賴耶識能分別五塵，其所說的阿賴耶識實質即是返身落入離念靈知意識心境界中。但第八識若能分別五塵者，則必同時也能分別法塵，同於有念或離念的意識心，只因沒有生起語言文字即被張志成說爲無分別心，其實仍領納六塵而有離語文的了別，即不可能是無覆無記性心，必是有覆有記性的意識或識陰同類；如是，不論從依主釋、持業釋、三受門、心所門、煩惱門等加以辨正時，其過失甚多，不勝枚舉，如是人等已經成爲求升反墮之愚行，一切學人皆應愼重廣加思惟，以避其過。

張志成又撰文公開主張「**三無性才是眞如，證眞如不是證第八阿賴耶識，禪宗的開悟證眞如並不是證第八識**」，平實今於此處再引證經中聖教來作比對與印證：證眞如就是證第八識而現觀祂的眞實與如如的法性，外於第八識心體即無任何眞實與如如之法性可以現觀了。《大乘入楞伽經》卷六 佛說：「**顯示阿賴耶，殊勝之藏識；離於能所取，我說為真如。**」世尊明白的說明：「**我所說的法義是在顯示第八阿賴耶識，祂是殊勝的執藏識，執藏了各類世間法與出世間法的種子；這第八識運行之時離於七識心的能取性，也離於五色根、六塵等法的所取性，我釋迦牟尼佛說祂就是真如。**」而禪宗的所悟也是第八識如來藏，詳見《六祖壇經》及拙著《鈍鳥與靈龜》書中的舉證。這已經分明顯示張先生已成爲外於眞實心而求證佛法的人，即是心外求法的外道。至於其他相關的法義，於此就不再作辨正，後面的論文中自然就會處處加以破斥，這是因爲論文中所破斥的部派佛教聲聞僧所講的大乘法，正是繼承部派佛教凡夫論師們的釋印順、張先生……等人所說的錯謬萬端的假大乘法；合先聲明如上，讀者隨後論文的解說與理解，自然可以逐漸一一證明這個事實。以上說明異熟識不分別六塵境界的第一個自性：「**行相極不明了，不能分別違順境相**」，這是由於第八識不於六塵境界生起分別，所以「**不能分別違順境相**」，才能成爲異熟性的眞實心，因爲祂的了別行相極微細，不是一般人或二乘聖人所能了知的，所以說「**行相極不明了**」。以下再明確解釋異熟識只與捨受相應的三個道理，亦證明第八阿賴耶識絕對不會分別五塵：

「**微細、一類、相續而轉，是故唯與捨受相應。**」第二個理由是說自性：由於異熟識不能分別違心境與順心境等法相，故不可能分別五塵；以不分別五塵即不能分別法塵，是故不與苦受、樂受相應，當然也不與苦樂引生的喜受、憂受相應；而祂的了知性（識別性）是很微細的，因爲祂無始以來不曾在六塵中「**了別**」，都只在六塵外的各種境界中「**了別**」，所以說祂的識性（分別性）很微細，唯有證悟者方知，絕非學術研究或文字訓詁者所能知之，古時部派佛教的聖位聲聞僧亦無能知之，何況是造論的那些凡夫僧。

《佛藏經》卷一〈念僧品第四〉：「**舍利弗！見何法故名爲見佛？所謂無相，無分別無戲論，不受一切法。**」意謂眞正的佛即是第八識，而第八識對六塵境界

「無相（沒有了知）、無分別無戲論」，所以祂的極微了別性都是在六塵外的境界中運行，二乘聖人及諸凡夫論師們都不能了知；因此說異熟識的了知性非常「微細」，而且是前後「一類」不變的「相續而轉」。換言之，異熟識唯與捨受相應的第三個理由說，第八異熟識不分別五塵與法塵，永遠不會與樂受、苦受相應，由於異熟識的心性前後「一類」不分別六塵，無始以來迄至盡未來際妙覺位之前都不會轉變，不名「轉識」，所以始終是無覆無記性心，唯能與捨受相應。

若是能分別五塵的心，一定會與六塵境界相應而被染淨的境界日漸轉變，必屬「轉識」，屬於能熏而非所熏，非是永遠不變的異熟識；由此前後一類永不轉變故，說第八異熟識不與六塵境界相應，心性是自始至終永遠同一類，不會改變其外於六塵而作「了別」的自性，所以只能與捨受相應。

第四個理由說明第八異熟識爲何「唯與捨受相應」，是因爲異熟識是無始以來以至於今「相續而轉」，不曾有過一剎那中斷的常；既然是常，當然就不可能是「轉識」而不會轉變自性，當然不可能會了別六塵境界而改變自性。這是所有實證第八阿賴耶識之後，轉依成功的菩薩都同樣證知、同樣現觀的事，因爲證得第八異熟識以後，永遠找不到一個方法可以使祂暫時中斷；而且祂始終都是運行不輟，未曾有一剎那中止過，故說第八異熟識「相續而轉」。論中又說第八識如是「分別的行相難了知、極微細、前後一類、相續而轉」，故其分別六塵外境界的「了別」性，也是「相續」而不中斷地前後「同一類」運轉著，這樣的心性不領受六塵境界中的苦樂受，當然只能與捨受相應，不與苦樂受相應，所以唯識學者皆知第八異熟識是無覆無記性，因爲第八識恆而不審故。

舉凡心性「常、相續、一類」者，都不與六塵境界相應，以無五別境心所故，如是識性有別於夜夜中斷的覺知心等六個「轉識」，能對六塵境界加以了知；由於以上所說第八異熟識只具有五遍行心所，以及這四個特性的緣故，總共五個理由說第八異熟識不分別五塵或六塵境界，永遠與捨受相應，不與苦樂受相應。

《成唯識論述記》卷三解釋說：「且初釋中復有五義：一、極不明了，是捨受相，若苦樂受必明了故；此中憂、喜入苦、樂中，依三受門不言憂、喜。二、不能分別違、順境相，**取中容境**，是捨受相；若是餘受，取順、違境故。三、由微細，若是餘受行相必粗。四、由一類，若是餘受必是易脫，此行相定，故成一類。五、相續而轉，若是餘受必有間斷，此恆相續，故唯捨受。」如是之文，是將異熟識的「了別」性極不明了故不分別順違境界，區分爲二，是故成五。

《述記》上文中說：「**不能分別違、順境相，取中容境，是捨受相。**」然而事實上，從無生法忍的智慧境界以觀，異熟識非唯不取順心境或違心境，乃至中容境亦不攝受，故於三境都不「**了別**」，只能成爲捨受（唯有境界受）。謂意識心有時會出生貪厭等心行，若住於中容境中，則不起貪厭心行，因爲是在六塵境界中取中容境。然異熟識於中容境亦皆不取，因爲沒有五別境心所而不對六塵起心分別，不取境故即無中容境可取，由此故說異熟識於三受門中一無所受、一無所取，以異熟識對內六塵及外六塵皆不「**了別**」而不相應故；從其對於六塵境界的無分別性，當知無取六塵境界，即不可謂爲「**取中容境**」也。由「**中容境**」亦不取故，當知異熟識唯有捨受，不受苦樂及中容等境界受故；是故《述記》中說異熟識「**取中容境**」，是爲三賢位菩薩而作的方便說，今准此說，以下皆同。

「**又此相應受，唯是異熟；隨先引業轉，不待現緣；任善惡業勢力轉故，唯是捨受。**」這第八異熟識相應的「受」，只有「**異熟**」；「**異熟**」的自性是隨著往世的先業種子所引導而存在識心中不作運轉的，純屬無覆無記性；若是相待於現世的藉緣而運轉的，已是現行成爲異熟果而有染淨，並非「**異熟**」。因此，現世所造的業行，在因果上不會立即受報，這便是世世異熟果皆「**不待現緣**」的道理。

由於異熟識是任由往世善業、惡業勢力運作的緣故，顯示天有天性、人有人性、異生有異生性，如是流注種子而令其心性顯現，令三界有情具足三界性及六趣道，但異熟識自身不與現世六塵境界相應而成無覆無記；所以異熟識相應的「受」，只能是離六塵的境界受，是故方便名爲「捨受」，以致有情受報時即不能有所選擇，否則即不成就現世異熟生及後世異熟果的因果。

「苦樂二受是異熟生，非眞異熟，待現緣故，非此相應。」苦受、樂受及捨受等，都是異熟果已經出生以後而落入六塵境界中的事，不是眞正的異熟；換言之，苦受與樂受以及非二受相應的捨受，都是在前後世的異熟果完成之後有了五陰，藉五陰而與六塵境界相應後才出生的「受」，已成爲「異熟生」了，並不是先世業種相應的「異熟」。

正因爲苦樂受的本質，都只相待於現世所緣的六塵現量境界，才會產生苦樂受的緣故，所以苦受與樂受乃至捨受，都不是此異熟識所能相應的；頌中說「相應唯捨受」，則是**方便爲衆生而說**的；因爲第八異熟識從來不分別六塵，也不相待於六塵中的各種現緣而產生「行相」，故與六塵中的苦樂捨等境界不相應。

凡與苦樂等受相應的心都是生滅心，不符異熟識「行相不明了、不受苦樂、微細、一類、相續」等五個異熟識定義，一定是能熏的心，必然沒有異熟性可言，所以一切了知五塵而有苦樂受的離念靈知心，正是可以緣於比量及非量境界的生滅心，並且是緣於現量的六塵境界而起苦樂受，是可以轉變心性的「轉識」；琅琊閣、張先生等人所謂的阿賴耶識能分別五塵，正是這樣的六識心，只是將覺知心離念時當作不分別法塵而誤認爲第八識無分別心罷了，顯示他們尚未斷除薩迦耶見，仍住於凡夫地中。由此五緣的定義，可以確認異熟識之所「了別」，既然都是現量而且非屬六塵境界，當知絕對不與苦樂受相應。一切學人藉此五緣而對所悟的般若心加以檢查，都可以判別所悟之眞假。

「又由此識，常、無轉變，有情恒執爲自內我；若與苦樂二受相應，便有轉變，寧執爲我？故此但與捨受相應。」「常」是相續不斷義，「無轉變」表顯心性始終前後一貫無改，屬於前後「一類」不變。唯有非常的心性－例如離念靈知心－方有可能轉變，即名「轉識」。由於第八異熟識是「常」，而此識的「異熟」等五種心性，也是永遠沒有轉變的時候，才是眞正的常、眞正的我，所以有情眾生永遠都不知不覺將此阿賴耶識執著爲自內我，卻都同樣不能自知。

如《攝大乘論本》卷上也說：「**或諸有情攝藏此識爲自我故，是故說名阿賴耶**

識。」因爲此第八識有「自性」、有功能、也有「行相」，而祂無始以來常恆不壞，諸多有情總是將此識的功能及「行相」，內執爲五陰等諸法中的自我，是故論主玄奘說此識「常、無轉變，有情恆執爲自內我」。

而此第八識心在三受中，只會與捨受相應，不與苦樂二受相應，以不分別六塵故；若此第八識會與苦樂二受相應，一定是會分別六塵境界的心，豈不同於意識等六識一般成爲生滅法？即不可能有無記的「異熟性」，即是時時都會由於熏習而成爲可轉變之法，性非「微細、常恆、無記、一類」，亦非「無覆」性，即不可能被有情誤會而內執爲五陰我。如是道理，眞悟菩薩聞之即知，不待說明。

故說此第八識若是會與苦受、樂受相應，則將如同七轉識對順違之境有喜厭之心，則前後便會有所轉變，也會有所執著，即是非常之法，眾生一旦了知這個事實以後怎麼可能將第八識內執爲自我？然後論主總結以上五個原因，說此第八異熟識只會與捨受相應。以下繼續說明異熟識能感招善惡無記等異熟：

論文：「『若爾，如何此識亦是惡業異熟？』既許善業能招捨受，此亦應然，捨受不違苦樂品故；如無記法，善惡俱招。」

語譯：【問：「如果眞是這樣子，爲何說此異熟識同時也是惡業的異熟？」答：既然允許善業能招來捨受，這異熟識也應該可以感招惡業異熟，而捨受不違背苦品業或樂品業的緣故；猶如無記法，善品業與惡品業都有能力感招捨受。】

釋義：「『**若爾，如何此識亦是惡業異熟？**』」此是聲聞薩婆多部所難：「捨受是寂靜的，善業調順，即有可能招來捨受；但若是逼迫性之惡業，也會招來寂靜的捨受果報嗎？」答：

「**既許善業能招捨受，此亦應然，捨受不違苦樂品故；如無記法，善惡俱招。**」既然你們薩婆多部允許善業可能招來捨受，同理，這個惡業應該也能招來捨受。由於薩婆多部諸論師不想接受有第八識，所以玄奘單依他們說的善業能招感捨受的道理，答覆說惡業也能招感捨受，先不與他們解說第八識的正理。所以接著又說，這個無記業的道理也是一樣的，因爲捨受不會違反苦與樂等法的緣故；這也像是無記法，不論是善品報或惡品報，全都可以招感異熟果而同時產生無記法。由於捨受是中容之法，俱通二邊，所以也通善惡品等業。又，捨受是總報，與異熟識的心性相應故；苦樂受則是別報，與七轉識的心性相應故；又因欲界中八識心王和合運行，是故捨受不違苦樂果。

《成唯識論述記》卷三說明異熟識之識性云：「禪之寂靜，此無所能爲，故通惡業，感餘七轉識；設起苦樂，此識皆俱，以捨不違苦樂品故。若或苦樂俱，於人天中應不受苦果，以相違故；三惡趣中應不受樂果，亦相違故。此中苦樂皆是別報，故捨不違；若隨所生，受便轉變，即易脫故，過失如前。」

第二目　異熟識不與五別境相應

論文：『如何此識非別境等心所相應？』互相違故。謂欲希望所樂事轉，此識任運，無所希望。勝解印持決定事轉，此識瞢昧，無所印持。念唯明記曾習事轉，此識昧劣，不能明記。定能令心專注一境，此識任運，刹那別緣。慧唯簡擇德等事轉，此識微昧，不能簡擇。故此不與別境相應。」

語譯：【問：「爲什麼這異熟識不是與五別境等心所相應的心？」答：因爲異熟識的心性與五別境心所互相違背的緣故。這是說，欲心所是希望所愛樂的事情繼續運轉，而此異熟識是任運而被動的，對諸六塵境界一向無所希望。勝解是印定與受持已經決定的事情而運轉，這異熟識卻是瞢昧的，對六塵境界中的任何事情沒有任何印定或受持。念心所只是明確地記住曾經熏習的事相而運轉，此異熟識卻是昧劣的，不能明白記持所經歷之事。定心所能使心專注於一個境界而不隨時轉緣他法他境，此異熟識則是任運性而不與定心所相應，剎那剎那不斷緣於其他的諸法。慧心所只是簡擇功德、過失、二俱、二非等事相而運轉的，而此異熟識的簡擇能力極微少而且很暗昧，以致不能簡擇諸法。所以這異熟識不與別境等**五個心所法相應。】**

釋義：「『如何此識非別境等心所相應？』互相違故。」別境心所有五：欲、勝解、念、定、慧。外人又問：「爲何此異熟識並非五別境等心所可以相應？」外道及聲聞僧不如實理解菩薩所證第八識的境界，無法體驗異熟識的境界與行相，卻愛表現他們也懂得佛菩提道而時常都在討論大乘佛法，於是又提出此一質問，希望從根本上推翻菩薩們的所證。論主玄奘答曰：此異熟識的自性，與別境心所互相違背的緣故。別境心所是用來了別六塵境界相，然此異熟識的了別性極微細，不能於六塵等粗糙境界中作諸了別；既不能於六塵境界有所了別，則與苦樂受不相招感，必然不與善、惡心所境界相應，所以異熟識的自性是與別境心所互相違背的。以上玄奘總答之後，以下是再作別析：

「謂欲希望所樂事轉，此識任運，無所希望。」別境等五個心所法中的欲心所，是希望所愛樂的事相能繼續運轉，但此異熟識依據外六塵而變現出內六塵時，對六塵等境界相是任運而不加以了別的，所以對六塵境界都無所領受，自然不會希望有取得或有遠離，當然就沒有欲心所相應。

「**勝解印持決定事轉，此識瞢昧，無所印持。**」勝解心所是對於所經歷的事相已經印定而且受持了，所以有勝解心所繼續運轉；而此異熟識的了知性，對六塵境界是瞢昧的，如鏡現像而不了別鏡中的影像一般，對所經歷的六塵境界是無所印持的，故不與勝解相應。

「**念唯明記曾習事轉，此識味劣，不能明記。**」念心所是對於已曾親自經歷的事相，能加以明確記持而繼續運轉，然而此異熟識的了知性很昧劣，既不能分別或了知六塵境界，則不能對所曾經歷的六塵境界等事相明確記持，故不與念心所相應。

「**定能令心專注一境，此識任運，剎那別緣。**」定心所能使意識專注於一個境界而不別移，能深入於所緣的境界而且不斷趣入，不會對以外的諸法別作所緣；然此異熟識是任運而緣的，也是剎那剎那不斷緣於祂所相應的全部諸法，對所緣的諸法都是平等同時而緣，故不能制心一處，自然與定心所不得相應。

「慧唯簡擇德等事轉，此識微昧，不能簡擇。故此不與別境相應。」慧心所是只能簡擇功德、過失、二俱、二非等事相而運轉的，此異熟識對六塵境界的了知性很微細而昧劣，因爲同時緣於祂所相應的全部諸法的現量，所以祂的識別性是非常分散而且遍緣的，自然不能全心專注簡擇六塵中的境界，自然不能與慧心所相應。從五別境心所的功能，來看張志成所說「阿賴耶識能了別五塵，不了別法塵」是否正說：他這樣的「阿賴耶識」其實只是識陰離念靈知心，正當離念時誤以爲是不了別法塵。但離念靈知心離念時仍然有欲心所現行，想要快樂的境界現前受用；也對六塵境界有所勝解，是故張先生對於部派佛教聲聞僧的邪見及正覺傳授的八識正法都能加以了別；離念靈知心對於以前熏習的應成派中觀邪見也有勝解而能記憶，是故具足念心所；離念靈知對於諸法也有定心所，是故也能修定而在靜坐中制心一處，具足定心所，並能堅定執持應成派中觀的六識論爲定理，決定不變而具足定心所；離念靈知對於六塵境界中的諸法也善能了別，所以能理解應成派中觀的六識論邪理，具足慧心所。但這些別境心所，於第八阿賴耶識心中從來都不相應，由此證明張志成從來不曾理解第八識的心性，誤將離念靈知識陰六識的自性套上阿賴耶識的名字，誤認爲離念時即不分別法塵，但是離念時遇到他人的責難，還是能了知別人的責難，顯然分別已經完成了；他是這樣自以爲是而來責難正覺，正是**法言非法、非法言法**的邪人。

以上所說的正理都是從實證第八異熟識後的現觀之中說出來的，若非實證第八異熟識的人，根本說不出這些道理。而且十方三世一切法界中的正理是：每一位有情五陰身心之中的各種功能差別都不會重複，所以色陰十一法與八識心王都各有自己的功能差別，永遠不會互相重複，因爲沒有重複的必要；而且縱使眞的可以同時重複現起同樣的功能差別，例如同時現起兩套內六塵或同時現起兩套分別心時，也會互相干擾而必然要加以排除，又如何能使重複功能差別的現象繼續存在？如今六塵境界既然有六識來合作了別了，又何須由第八識再來作重複的了別？然後論主玄奘總結說，由以上所說的五種理由，證明此異熟識與五別境心所不相應。既與別境等五心所不相應，又會隨著引生其他的想法：此異熟識能不能與善十一、六根本煩惱、二十隨煩惱相應呢？因此以下是總說異熟識的無覆無記性，從其他的心所來作說明：

第三目　異熟識是無覆無記性

論文：「此識唯是異熟性故，善染污等亦不相應；惡作等四無記性者，有間斷故，定非異熟。」

語譯：【此第八異熟識純粹是異熟性的緣故，善法的十一個心所，以及染污性的六根本煩惱與二十隨煩惱也都不會相應；至於惡作等四個無記性的心所，由於有間斷的緣故，決定不是異熟所攝，當然也不與異熟識相應。】

釋義：「**此識唯是異熟性故，善染污等亦不相應；**」此起是異熟識的煩惱等心所相應不相應門。說此第八異熟識純粹是異熟性的心，實現異熟果以後是前後「一類」無記性的任運於所了別的六塵之外的諸法中，也都依於往世業種的異熟性等引業而運轉，不與現世所緣的六塵境界相應，當然與善、染污等心所法也不相應。善，謂善十一心所；染污，謂六根本煩惱與二十隨煩惱等心所。

「**惡作等四無記性者，有間斷故，定非異熟。**」「惡作」等四個不定法，則是無記性，而且是有間斷的法，不屬於異熟；但異熟識常相續、無間斷，故「惡作」等也不與異熟識相應。「惡作等四」謂惡作（悔）、眠、尋（覺）、伺（觀）。

以下解說〈唯識三十頌〉：「是無覆無記，觸等亦如是，恒轉如瀑流，阿羅漢位捨。」首說「是無覆無記」如下：

論文：「『法有四種，謂善、不善、有覆無記、無覆無記，阿賴耶識何法攝耶？』此識唯是無覆無記，異熟性故。異熟若是善染污者，流轉還滅應不得成。又此識是善染依故，若善染者，互相違故，應不與二俱作所依。又此識是所熏性故，若善染者，如極香臭，應不受熏；無熏習故，染淨因果俱不成立。故此唯是無覆無記。」

語譯：【問：「法有四種，是指善法、不善法、有覆無記、無覆無記，阿賴耶識是哪一種法所含攝的呢？」答：此阿賴耶識純粹是無覆無記性的心，因爲是異熟性的緣故。異熟若是與善法或染污法相應的話，佛法中說的流轉現象與還滅的事修應該就不可能成立。而且此識是善法種子與染法種子所依止的緣故，如果異熟識自身會與善法或染污法相應的話，便與所依種子的無記自性互相違背的緣故，就應該不會給與善法、染法種子作爲所依了。而且此阿賴耶識是所熏性的緣故，若是自身也有善法與染法相應的話，猶如極香或極臭之法，都應該是不會受熏的；此識既然會與善惡性相應而沒有熏習的緣故，染法與淨法的因果雙雙都不能成立。由這些緣故說此阿賴耶識純粹是無覆無記性的心。】

釋義：「『法有四種，謂善、不善、有覆無記、無覆無記，阿賴耶識何法攝耶？』

此識唯是無覆無記，異熟性故。」此下是第八識的三性門別說，解釋無覆無記性之義。有人問：「法有四種，是說善法、不善法、有覆無記法、無覆無記法，這阿賴耶識是哪一種所攝呢？」答：此異熟識又名阿賴耶識，只是無覆無記性的法，因爲祂是異熟識性的緣故。這是總說。善法有二類：世俗善、勝義善。不善法亦有二類：世俗不善、勝義不善。無記法亦有二類：有爲無記法、勝義無記法。有爲法亦二類：有漏有爲法、無漏有爲法。無爲法有六，後當分別，此不先敘。

善與不善法中，皆是有覆有記法，例如識陰六識；有覆無記法，例如第七識意根，又名末那識；無覆無記法，例如第八異熟識。在大乘法中也有「自性善」等，詳後論文中說。《成唯識論述記》卷三則說：「法有四種，何法所攝？大乘亦有自性善等，如本、釋中。此三種性或各分二：一、世俗，二、勝義。有爲善法名世俗善，招世、出世可愛果故，粗重、生滅、非安隱故；無爲善法名勝義善，最極寂靜，性安隱故。諸極惡法名世俗不善，能招粗顯非愛果故；諸有漏法名勝義不善，自性粗重不安隱故。有爲無記法名世俗無記，不能招愛、非愛果故，自性粗重，濫不善故。虛空、非擇滅，名勝義無記，不招二果，無所濫故。　或各分三：善有三者，一、感愛果善，謂有漏善法；二、性巧便善，謂有爲善法；三、性安隱善，謂無爲善法。不善三者，一、感非愛果不善，謂極惡法；二、性非巧便不善，謂染污法；三、性不安隱不善，謂有漏法。無記三者，一、相應無記，謂諸無記心、心所法；二、不相應無記，謂無記色不相應行；三、眞實無記，謂虛空、非擇滅。　或各分四：善有四者，一、自性善，謂信等十一唯善心所；二、相應善，謂信等相應心、心所法；三、等起善，謂諸善色不相應行，種子善者准義亦爾；四、勝義善，謂善無爲。不善四者，一、自性不善，謂無慚等十，唯不善心所。二、相應不善，謂無慚等相應心、心所法。三、等起不善，謂不善色不相應行，種子亦爾。四、勝義不善，謂有漏法。無記四者：一、能變無記，謂諸無記心、心所法；二、所變無記，謂無記色法，種子亦爾；三、分位無記，謂無記不相應法；四、勝義無記，謂虛空、非擇滅。」窺基法師此說已善歸類，然勿先作解釋，後論文中自知。亦容於增上班中解釋之，然若總歸而言，攝爲三性：善性、惡性、無記性。

「**異熟若是善染污者，流轉還滅應不得成。**」此第一證，證明第八異熟識唯是無記性。異熟識若是能與善法相應，或是能與染污法相應時，流轉與還滅就應該都不能成立。於增上班中，此處應述流轉與還滅之因果，以證明此識純屬無記性心，方能成立因果。讀者請於平實所發行諸書中尋之，亦已多所說明，此處容予省略，免佔篇幅。

「又此識是善染依故，若善染者，互相違故，應不與二俱作所依。」此第二證，證第八異熟識之無覆無記性。此異熟識阿賴耶，既是善法與染法種子之所依的緣故，非唯無記法種之所依；若此異熟識能與現行位的善法、染法相應者，則與善法、染法種子的所依互相違背，應該就不會與這二類種子作爲所依；由此亦可證明此第八異熟阿賴耶識必定是無覆無記性。

「又此識是所熏性故，若善染者，如極香臭，應不受熏；無熏習故，染淨因果俱不成立。」薩婆多部又質難曰：「若沒有被熏之識，又有何過失？而汝大乘法中堅持必須有所熏之第八異熟識。」因此論主玄奘特作此答：而且此異熟識是所熏體性的緣故，若是自身能與善法、染法相應的話，就如同極香之物或極臭之物一般，應該不可能受熏；沒有熏習的緣故，一切善法、染法的種子即無可能收存，必被此識拒絕，染淨因果全都不能成立。

「故此唯是無覆無記。」最後結語說，所以此第八異熟識純屬無覆無記性的心，才能使三界中的世間因果及出世間修行因果成立。已釋異熟識之無記性已，再釋無記之義如下，即是異熟識三性門之二，無覆無記性：

論文：「覆謂染法，障聖道故；又能蔽心，令不淨故；此識非染，故名無覆。記謂善惡，有愛非愛果，及殊勝自體可記別故；此非善惡，故名無記。」

語譯：【覆是指染污法，能遮障聖道的取證故；染污法又能遮蔽自心，使自心八識心王不清淨的緣故；而此異熟阿賴耶識並非染污法，所以名為無覆。有記是指善惡性，來世會有可愛或不可愛的異熟果，以及有殊勝的自體可以記別的緣故；而此阿賴耶識不屬於善惡性，所以名爲無記性心。】

釋義：「覆謂染法，障聖道故；又能蔽心，令不淨故；此識非染，故名無覆。」「覆」是指有染污的法性，能遮障聖道的修行和取證；「覆」也是能遮蔽自心，使心體不得清淨的緣故。而此第八阿賴耶異熟識心體（非指所含藏的種子），無始以來沒有染污的法性，所以名爲「無覆」。

「記謂善惡，有愛非愛果，及殊勝自體可記別故；此非善惡，故名無記。」「有記」的法性是說有善性也有惡性，所以造作了善事與惡事之後，就有未來世的可愛或不可愛的異熟果報，以及現時已有殊勝而強烈的自體種子，收存於如來藏阿賴耶識中而可以被記別爲善性或惡性的緣故；但此阿賴耶異熟識並非善惡性的心，所以名爲無記。

意謂造作了善性的業行以後，即有來世受報的可愛異熟果種子存於異熟識中可被記別；若是成就惡性的業行之後，即有來世不可愛的異熟果種子存在異熟識中可被記別，所以不論善惡性，都名爲有記。然此第八阿賴耶識的自性是無分別，於諸六塵境界中都無所了知而無取捨，一向都無善染或惡染，故能成就世世不斷的異熟生與異熟果，如是成就異熟性，此第八識自然是無記性所攝。次說第四頌之「觸等亦如是」，是異熟識三性門之三，說明第八識與其心所皆是無記：

論文：「『觸等亦如是』者，謂如阿賴耶識，唯是無覆無記性攝；觸作意受想思亦爾，諸相應法，必同性故。」

語譯：【頌中「觸等亦如是」的意思，是說猶如第八阿賴耶識，純屬無覆無記性所含攝；那麼五遍行的觸、作意、受、想、思等心所也是一樣的道理，是因爲與心相應的諸多心所法，必定是與心同一類無覆無記性的緣故。】

釋義：「『觸等亦如是』者，謂如阿賴耶識，唯是無覆無記性攝；觸作意受想

思亦爾，諸相應法，必同性故。」這首偈第四頌說：「是無覆無記，觸等亦如是，恒轉如瀑流，阿羅漢位捨。」其中的第一句解說完了，現在是講第二句「觸等亦如是」。這第二句是說，五遍行心所法就像是阿賴耶識一樣，純粹是無覆無記的體性；意思是這觸等五個心所法也是如同此一無覆無記性，因爲諸多可以與心相應的法，必定是心與心所的善惡無記等三性相同。

此如相應的七轉識，在善、惡、無記等三性中，心與心所必定也是性相一樣的緣故。此謂七轉識若是單與五遍行心所相應，但尚未與五別境心所相應之際，例如七識心現行後仍在境界受階段，尚未與五別境相應而未到苦樂受階段時，仍屬於無記性，由對六塵境界的苦樂覺受領納尚未現行故；若是一旦對六塵境界的領納已經完成時，即有苦樂受與取捨，即成有記性。於阿賴耶識更當如是，以無領納及取捨故必屬無記性，故說「諸相應法，必同性故」。

以下再從阿賴耶識的所緣與行相，來說明其無覆無記性：

論文：「又觸等五如阿賴耶，亦是異熟；所緣行相俱不可知，緣三種境，五法相應，無覆無記，故說『觸等亦如是』言。」

語譯：【第二師解釋說：觸等五遍行猶如阿賴耶識一般，也是異熟所攝；所緣的行相全都不可能被凡、愚所知道，又緣於善、惡、無記等三種境界時，只與這五遍行心所法相應，所以是無覆無記性，以此緣故才說「觸等亦如是」的言語。】

釋義：「又觸等五如阿賴耶，亦是異熟；所緣行相俱不可知，緣三種境，五法相應，無覆無記，故說『觸等亦如是』言。」這是第二師的說法，看來好像也是正確的，他們舉出五個理由來說：一、異熟性，二、所緣行相俱不可知，三、緣三種境界，四、五遍行心所相應，五、無覆無記性。所以他們認為：一、觸等五遍行心所法猶如阿賴耶識一般，同樣是異熟性，就會有異熟生。二、異熟識與五遍行心所的「所緣行相俱不可知」，所以同樣都是無記性，心所隨心故。其實依實證之菩薩而言，異熟識與五遍行的所緣行相亦可知之，此如對器世間、五根身、種子、七轉識的所緣行相，但非第二師等凡夫和二乘聖人等愚人之所能知。三、第二師說此異熟識「緣三種境」，其實此異熟識不緣善品法、惡品法之境界，唯緣捨受故。四、此師又說此異熟識與五遍行相應，而五遍行心所也是無覆無記性。五、異熟識的自性本來就是無覆無記。由如是五種理由，所以他們認為偈頌中才會說「觸等亦如是」。

其實〈唯識三十頌〉中只說觸等五遍行亦同樣是無覆無記性，並不是像他們所說的道理。如《成唯識論述記》卷三說：【問：「本識五法俱，觸等亦如是，觸雖不與觸自相應，五法是同，隨應相例。本識行相即是了別，觸隨所應，應例行相；令心、心所同觸前境，是觸行相故。餘例難亦然。」答：餘門通故可咸相例，行相既言了別，何得觸等例同？此不成救。「與識相應既言觸等，觸等亦應與自俱故」，此理不然，隨所應有觸、非觸俱，相應有五法；五法相應例得同，了別在識不通餘，何得觸等例行相？了別行相在於識，亦令觸等例皆同，與捨相應不在受，亦應受等例成失。此上二說，義雖未周；以理而言，亦無妨難。】

第四目　五遍行不得成為受熏持種者

論文：「有義：觸等如阿賴耶，亦是異熟及一切種，廣說乃至無覆無記。『亦如是』言，無簡別故。彼說非理，所以者何？觸等依識，不自在故；如貪信等不能受熏，如何同識，能持種子？」

語譯：【又有難陀論師說，觸等五個心所法猶如阿賴耶識，也是異熟及能執持一切種子，廣說乃至無覆無記。「亦如是」的說法，是因為五遍行對六塵境界沒有簡別性的緣故。他們所說的都沒有道理，這是爲何呢？因爲觸等五遍行心所法是依阿賴耶識而有的，心所不能離於第八識而自己存在的緣故；這五遍行又如貪或信等心所同樣都是種子而非心故不能受熏，如何能和阿賴耶識相同，而能執持一切種子？】

釋義：「**有義：觸等如阿賴耶，亦是異熟及一切種，廣說乃至無覆無記。**『**亦如是**』言，**無簡別故**。」後面這個「有義」是第三師所說，即是部派佛教聲聞僧的難陀論師等人。他們最初時說，由觸等五法即能受熏及持種，不必有第八識存在；被質難以後，他們轉而計著此說，才主張說觸等五遍行能緣於一切種子，不需要有第八識持種。所以他們說，五遍行也有異熟性，也能含藏一切種子，廣說乃至同樣是無覆無記。所以他們同樣是這麼說，也講出理由來：因爲第八識對於六塵境界沒有簡別能力的緣故。

「**彼說非理，所以者何？觸等依識，不自在故；如貪信等不能受熏，如何同識，能持種子？**」論主玄奘破斥他們說：難陀等人所說都沒有道理，爲什麼而這樣破他們呢？是說這五遍行只是心所法，附屬於阿賴耶識心體方能存在及運行，根本不可能自己存在的緣故。既然五遍行心所附屬於心，猶如貪、信等心所法，都同樣附屬於心，並非諸法之主，無自體性，根本就不能受熏，又怎能同於阿賴耶識一般執持一切種子？能受熏及持種的法，都必須是自己本來就已經存在的法，才能是諸法之主，無始以來不曾有生，都是「法爾如是」而不須有所依；也必須是離善惡性的無覆無記性，並且自身必須性如金剛而不可壞，而且是常住不斷，方能受熏與持種。但五遍行種子保存於第八識心體之中，不能離第八識心體故不能如是自在，而且剎那生滅不住，必須以阿賴耶識作爲所依方能存在及起用，當知不能受熏及持種。此外能夠受熏及持種者，只能是一法而非二法並存，不可能阿賴耶識受熏及持種時，五遍行心所五法並行也都是受熏及持種者。至於何故心所不得受熏及持種？詳前後論文自明，此勿先述。

《成唯識論述記》卷三就此五遍行心所能否成爲所熏及持種者，述及古時外人與菩薩問的問答，非常詳細，今加以正確的斷句後舉述如下，以成就大眾的深妙智慧：【問：「所熏有心、及心所，心所不自在故不受熏；能熏之中有心所，心所不自在故非能熏。」答：心所有增減義，具可能熏；心所不自在故，非所熏攝。問：「何故受熏則遮心所，及其能熏，心所亦得？」答：爲因據有力，心所亦能熏；受熏須報主，心所非所熏。問：「心所爲因、能熏言有力，心所爲果、有力言所熏。」答：心所能熏無過失，心所亦能熏；心所受熏過失多，心所非所熏。

問：「何故能熏即言無失，爲所熏者過失便多？」答：爲因之日有力，而是能熏；爲果之時無力，乃非所熏。問：「何者名過失？」答：頓生六果失。問：「何故心所受熏，後時頓生六果；心所能熏，後果不頓生六？」答：心所受熏，即能熏心、心所，一念便熏成六種，後生現時，頓生六果。心所能熏，相分見分但隨己數而熏，非一一法皆有六種，即所熏無頓生六果，唯熏心王一體法故。若六法受熏，便有三十六種見、相分種，各自生己現行本識等，即有頓生六果之過。

問：「如緣本識增上緣中熏成種時，同時心所亦熏成本識種；緣彼心所亦爾，何故心所能熏，所熏無頓生果之妨？」答：即能熏心王，緣本識及五數熏成種子，此種後時生本識及五數現行。能熏心所不熏彼本識及五數種，此相分熏種，但生自相分現行，非親生彼本識等故，故無此妨。

問：「心所能熏，何不同彼心王能熏俱生於彼本質之法？心所能熏，即生自相分現行，不生本質耶？」答：若能熏之心是一，緣本識及五數，所熏有六故即熏六法，能熏之心後種生現行，頓生六果妨，不可論其本質生與不生。所熏六種乍可論其本質、影像，其所熏不然，此亦不然。受熏例應爾，心所生影像，心王生本質。由是義故，如實義者如緣本識熏種之時，能熏心聚，共熏成一本識之種；此增上緣，本有種子爲因緣故，無頓生六果之妨。多種生一芽因緣，便無此事，增上緣等理亦無失。又設能熏各各熏一本識種子，雖爲六種，六種共生一果亦無妨難，能持之識體是一故。論所言如貪、信等不能受熏，此對難陀亦熏心所，非對經部，經部說心所亦非所熏故；如《攝論》云是能依故，不自在故；若對彼宗，有立已成之過。由大乘異師亦有說心所是所熏故，今以爲喻。

量云：第八、五數應非所熏，是能依故，不自在故，如貪、信等。「若爾，七識應是所熏，既是自在及所依故。」此亦不然，因明者說但遮「能依心所體是所熏」，不表七識心王是所熏法。觸等五法既非所熏，如何同識能持種子？又以不能持諸種子，爲第二宗，於理無失；文有宗二，因、喻唯一。】有另一聲聞僧再度質問曰：「五遍行心所受熏，有何過失？」論主藉解釋此五遍行心所而作答如下：

論文：「又若觸等亦能受熏，應一有情有六種體。若爾果起，從何種生？理不應言從六種起，未見多種生一芽故。若說果生唯從一種，則餘五種便爲無用。亦不可說次第生果，熏習同時，勢力等故。又不可說六果頓生，勿一有情一剎那頃，六眼識等俱時生故。」

語譯：【此外，如果觸等五遍行心所也能受熏，連同第八識就應該同一有情會有六種自體。如果眞是這樣，正當等流果生起時，是從六體中的哪一個自體的種子所出生？從道理上來說，不應該主張是從六個自體中同時生起的，因爲從來不曾見過由許多類（顆）種子共同來出生一莖芽的緣故。假使主張等流果生起時只是從其中一類（顆）種子體中生起，那麼其餘的五類（顆）所持種子便成爲沒有作用了，又何須建立有六類（顆）自體種子？也不可以主張是六類（顆）種子依前後次第出生等流果，因爲熏習必然是有能熏及所熏二法同時同處，而能熏與所熏的勢力也一定是相等的緣故。也不能說六類（顆）持種之法會使六種等流果頓時生起，因爲不可能一個有情在一剎那之間，有六個眼識乃至六個意識同時出生的緣故。】

釋義：「又若觸等亦能受熏，應一有情有六種體。若爾果起，從何種生？理不應言從六種起，未見多種生一芽故。」論主玄奘又破斥聲聞僧說，而且你們聲聞僧如果主張，觸等五遍行就像阿賴耶識一般也能同時受熏，所以不需要有阿賴耶識也能受熏及持種。（閱讀以下一段論文時要記住這個前提：部派佛教聲聞僧說，觸等五遍行亦能受熏及持種，所以不需要有第八識受熏及持種。）玄奘反問說，那就應該是一個有情有六類種子體了，就是阿賴耶識心體以及五遍行心所和合運行時，這六類主體全部都能受熏及持種。如果眞的像他們說的那樣，那麼正當「等流果」現起時，究竟是從哪一類自體中的種子生起的？

在道理上來說，確實也不應該說是從六種自體中同時一起生起的，因爲這樣一來就會有六個同性質的「等流果」出現，就會有六個有情了。如果聲聞僧主張「**六個持種的法流注出六個等流果時，只會合成一個有情的等流果**」，那就猶如由六個種子來出生一莖芽一樣，然而世間從來沒有人見過是由六個種子來共同出生一莖芽的緣故。此謂，可有許多緣共生一果，不可有許多因共生一果，不應將眾緣與眾因混爲一譚，本質不同故。聲聞僧復救言：「**所熏種子雖多，生果之時只從其中一種而生，沒有出生多果之失。**」論主就此駁斥說：

「**若說果生唯從一種，則餘五種便爲無用。**」這是預想難陀論師等人假使改口說：「**等流果的出生只是從六種自體中的一種來出生的，不會是六個所熏的主體全部一起出生一個等流果，不會同時存在六個有情。**」那麼阿賴耶識與五遍行心所等六種自體中，除了流注「等流果」的那個主體以外，其餘的五個持種者便是沒有作用的了，那又何須建立六種法來受熏及持種？只要有阿賴耶識心體就行了。又，能熏有六，都屬於見分而熏成六種，與所熏的勢力相等；因爲所熏的阿賴耶識雖然只有一心，然而含受力極強，能持七轉識與各自的心所全部種子，與能熏七識及其心所合起來的勢力相等，故能受熏爲一個種子，便能持所熏種；是故能熏雖然有七識之多，然而造作完成的業只有一個，所熏成的業種自然也只有一種而非七個種子；未來生果時，無妨由一個業種出生一個「**異熟果**」與「**等流果**」而非有六或七，以所熏唯一故熏成的業種唯一，是故能熏的七識同屬一有情故，七識種子統由阿賴耶識一心所執持故，如是無過。

由此證明部派佛教聲聞僧所說**五遍行心所都屬於所熏而持種者**，其理有過，五遍行心所無體，同屬種子而不能受熏故。又部派佛教聲聞僧將五遍行心所說爲所熏時，究竟是第八識的五遍行是所熏？或是七轉識的五遍行是所熏？若言是第八識的五遍行成爲所熏，有如上所說大過，其理不成之外，若言是七轉識的五遍行等心所也成爲所熏，則所熏豈不成爲四十加一？過失益增。然如是五遍行心所歸屬於七識心，本屬於見分，故是能熏而非所熏，焉可說是所熏？而言可以持種？《成唯識論述記》卷三說：【**問：「既爾，護法等如何釋此文？新舊之種若隨用一，舊新種中一無用故。又能熏有六，熏成六種，共生一果；爲難亦爾，此乃自違，**

不勞他語。」答曰：新舊因緣，能熏有六，熏成六種，勢力齊等；俱逢緣合，可許此類共生一果。如一麥中有多極微，可許同生一芽等果，非許一一微各各生果故。「若爾，成業難『多種生一芽』，何爲會釋？」彼破經部色、心二法各各有種共生一果，如二麥等共生一芽，非此所許。今五數中各有種子共生一果，故是所非。若一識中同類種子共生無妨，故此文言若一種生，餘無用等；不爾此言，深爲自害。若能持是一，多同類種許共生一果；若能持是別，雖同類種，不許同生果。】復有外人主張：「所熏雖有六，種子亦有六，然可次第生果，無有六果之失。」

玄奘答曰：

「**亦不可說次第生果，熏習同時，勢力等故。**」部派佛教等聲聞僧也不能辯解說：正當果報出生時，是從六種自體中依著順序而前後出生「等流果」的，所以「等流果」只有一個而非多個。因爲正當熏習之時，能熏與所熏是同時同處，不可以能熏七識只有一類種子現行，而其餘六類種子不與該種子同時同處現行。而且以識陰能熏而言，所熏與能熏雙方的勢力均等的緣故，不可能是能熏有一，而所熏有六；亦不可能是能熏有六，而所熏亦六亦五；所以六識雖然有六，同屬一位有情的意根所攝而非六，故所熏之法亦唯有一，熏成之業種亦唯有一故。若如聲聞僧所說，同類種子所熏眞的有六個受熏的主體，則未來現行之時的「等流果」也應同時有六個種子現行，不可能是前後次第輪流生起。而且現量上並非如彼所說，當一切有情五陰身心中的「等流果」現行時，分明只有一個「等流果」頓時現起，並非由六個持種者前後次第輪流現起「等流果」，這已證明六識的五遍行心所不可能受熏及持種。

「又不可說六果頓生，勿一有情一刹那頃，六眼識等俱時生故。」而且也不可以主張所熏六識的遍行心所等六種自體，六種心所會各有一種「等流果」頓時生起，成爲同時同處有六個「等流果」生起，因爲只有一個有情而非六個有情；也因爲眼識乃至意識不可能同時都出生各六個眼識乃至意識故，證明六識的五遍行心所不能受熏持種。例如六識都有遍行心所，依聲聞僧所說每一識都有六個受熏持種者，都會有「等流果」，就應當有六個「等流果」同時同處存在；如是依聲聞僧所說時，當眼識「等流果」生起，第八識及六識的遍行心所都會流注種子就會有六個眼識「等流果」現行，耳識乃至意識亦復如是。但現量上只會有一個眼識，不會有六個能熏的眼識同時生起；耳識乃至意識、意根等，亦復如是。這已證明五遍行心所不可能成爲受熏持種者，受熏持種的心只有一個阿賴耶識，而五遍行心所只是六識及所熏阿賴耶識的功用，或是能熏七轉識的功用，亦是見分所攝，故名心所。

難陀等人若是回救說：「如摩醯首羅面有三目，復有龍王有八萬眼，我說有六種所熏之體，於理何違？」答：不然！摩醯首羅是由第八識心中之種子生此第三天眼，不可說是由五遍行生起天眼。五遍行心所並無執持天眼種子之功能，不能生彼天眼，否則連同第八識持種心運行時共有六法持有天眼種子，應當一念之中即應有六個天眼現行。而且世間並無多眼之人，彼說又如何通？是故唯有第八識心王持種，諸心心所不得持種，於理爲善。亦如龍王修得神通，藉心所法能生彼八萬眼，然其心所唯一，並非八萬。又如人類有二眼，心所法及種子識皆是唯一而非六個，則多眼龍王識何必多？又，若許汝所說，則一有情亦應容有六個持種的本識，便成六身，非爲一身，是故有過。

第五目　五遍行不受熏持種之辨義

論文：「『誰言觸等，亦能受熏持諸種子？』不爾，如何觸等如識，名一切種？『謂觸等五，有似種相，名一切種；觸等與識，所緣等故；無色觸等，有所緣故；

親所緣緣，定應有故。此似種相，不爲因緣生現識等；如觸等上似眼根等，非識所依；亦如似火，無能燒用。』彼救非理！觸等所緣似種等相，後執受處，方應與識而相例故。由此前說一切種言，定目受熏能持種義；不爾，本頌有重言失。」

語譯：【聲聞僧反問說：「我們部派佛教有誰曾說觸等五法，也能受熏及持諸種子？」答：若不是這樣說，你們如何能把觸等五法猶如阿賴耶識一般，可以名爲一切種？「我們是說觸等五遍行，有像似阿賴耶識所變而與種子相似的法相，名爲一切種；觸等五法與阿賴耶識，所緣相等的緣故；生到無色界中的觸等五遍行，同樣也有這些所緣的緣故；而阿賴耶識的親所緣緣心所，也是一定應該有的緣故。但這個像似種子的法相，不會成爲因緣來出生現行識等七識；猶如觸等五法之上像似眼根等，並非阿賴耶識的所依；又如鏡中所映現的火雖然好像是眞火一樣，然而並沒有能燒的作用。」答：他們的所救不是正理！因爲「觸等五法的所緣好像是種子等法相」的道理，要在後面所說「執受處」中，才應該拿阿賴耶識互相作爲例子來比對的緣故。由於這個道理，前面所說「觸等五法是一切種」的言語，一定要相對於受熏以及能持種的道理來說；否則，這句頌就會有已說之法重新再說一次的過失。】

釋義：「『**誰言觸等，亦能受熏持諸種子？**』」由於前面的論議，難陀論師等人反過來質問說：我們部派佛教聲聞諸部的僧眾中，有誰說過觸等五遍行，也能受熏及持諸種子？

「**不爾，如何觸等如識，名一切種？**」論主玄奘反過來質問難陀論師等人的說法：「若不是這樣子，你們為何說觸等五遍行猶如阿賴耶識一樣名為一切種識？」此謂「一切種識」的意思，是能受熏及持種，方可名之；而聲聞部派佛教諸部否定第八識的存在，主張意識或遍行心所也可以稱為一切種識。但五遍行並無如是功德，不可名為「一切種識」而用來解釋其所主張的道理。

「『**謂觸等五，有似種相，名一切種；觸等與識，所緣等故；無色觸等，有所緣故；親所緣緣，定應有故。此似種相，不為因緣生現識等；如觸等上似眼根等，非識所依；亦如似火，無能燒用。**』」難陀等人聽了就辯解說：「我們是說觸等五個心所，有類似種子的法相，所以名為一切種識；因為觸等五法和阿賴耶識，所緣的諸法都相等而同一的緣故；猶如往生到無色界者的觸等五個心所，同樣也有所緣之故；在三界中的親所緣緣，一切識決定是應該都有的緣故。這些像似種子的法相，並不會成為因緣而出生現行識等七轉識；猶如觸等五法上面像似眼根等五色根，並非阿賴耶識的所依；又好像明鏡中所顯現好似眞實存在的火，並沒有能燒的作用。」

「彼救非理！觸等所緣似種等相，後執受處，方應與識而相例故。」玄奘破斥說，難陀等論師的自救所說其實沒有道理！因爲現在講的是「一切種識」的道理，應該就「一切種識」的法相來說明，不能以「所緣緣」來作引申性的說明。而他們所說的觸等五法的「所緣」，雖有像似種子等的法相，也應該等到後面說明「執受處」的地方，才拿來和阿賴耶識的執受功能互相比對共說，因爲現在不是在討論執受等法，而是在討論「種子」與「因緣」的緣故。

「由此前說一切種言，定目受熏能持種義；不爾，本頌有重言失。」由於這一些道理，前面頌中所說「一切種」的言語，一定要視爲受熏而能持種的道理來說明，與難陀論師現在所舉的「所緣緣」道理無關；否則，〈唯識三十頌〉這一頌所說的內容，就會有已說之法重說一遍的過失，同時就會有另一些法被遺漏未說的過失。

論文：「又彼所說『亦如是』言，無簡別故，咸相例者定不成證。勿觸等五亦

能了別，觸等亦與觸等相應。由此故知，『亦如是』者，隨所應說，非謂一切。」

語譯：【而且〈唯識三十頌〉中所說的「亦如是」等字句，由於沒有簡別心與心所的緣故，想要以心所等同於心而全部取來作例子加以辯論的話，一定不能成就證言。因爲不可能觸等五法自己也能了別，更不該觸等五法也能與觸等五法自己相應。由這個道理也就知道，頌中「亦如是」的言語，是隨著同一受熏持種對象之所應說，不是指面對一切法都應如是說的。】

釋義：「又彼所說『亦如是』言，無簡別故，咸相例者定不成證。」在〈唯識三十頌〉中所說的「亦如是」，是說「觸等」也和阿賴耶識一樣都是無覆無記性，並不是在簡別心與心所法，而是說明觸等五遍行的自性是無覆無記。頌中原文如是說：「是無覆無記，觸等亦如是。」這二句之前有說：「初阿賴耶識，異熟一切種……」等，顯然是說阿賴耶識是異熟性，也是執持一切種子的識，所以是無覆無記性，而觸等五遍行同樣也是無覆無記性。難陀等人想要取這三字來擴大解釋，指證「一切法」全部「亦如是」而函蓋五遍行心所同樣可以受熏及執持一切種子，所舉的事與例不同，不能成就他們所說「觸等亦如一切種識」的證言。

結論是，頌中的「亦如是」三字，是指觸等五遍行也和阿賴耶識一樣，都是無覆無記性，與受熏、持種的事相無關，難陀論師不該取來作爲「觸等五遍行也是一切種識」的證言。

「**勿觸等五亦能了別，觸等亦與觸等相應。**」觸等五遍行心所法，是阿賴耶識及七轉識都同樣具有的心所法，是遍行於八識心王的功能，當然屬於八識所有，但不是觸等五法自己有這五個功能，所以觸等五遍行要由八識所用，不能自己觸也不能自己了知觸等五遍行自己；所以五遍行不能自己了知一切諸法，只能由八識心王藉觸等五遍行來了知六塵外之諸法；因爲五遍行是心的所有法，附屬於心，是心的功能差別故名心所；所以能了知的仍然是八識心王，五遍行心所只是八識的功能，並不是由觸等五遍行自己了知諸法，也不能用來了知或反觀觸等五法自己；所以觸等五法不會與自己相應，只能配合八識心王來相應於其他所緣的諸法。

「**由此故知，『亦如是』者，隨所應說，非謂一切。**」由於這個緣故，論主玄奘總結說，頌中「亦如是」等三字，是隨著所應當說的阿賴耶識是無覆無記性，而說觸等五遍行法同樣也是無覆無記性，不具有善惡等性；所以「亦如是」這三字不能用來指稱一切法，當然觸等五遍行也不能因此而稱爲「一切種識」。以下是因果門，從阿賴耶識的常住自性說起：

第三節　阿賴耶識心體常住

第一目　阿賴耶識非斷非常

論文：「『阿賴耶識，爲斷爲常？』非斷非常，以恒轉故。恒謂此識無始時來，一類相續常無間斷，是界趣生施設本故，性堅持種令不失故。轉謂此識無始時來，念念生滅前後變異，因滅果生非常一故，可爲轉識熏成種故。恒言遮斷，轉表非常；猶如瀑流，因果法爾。」

語譯：【問：「阿賴耶識，是會斷滅或是永遠常住不斷？」答：阿賴耶識非斷亦非常，因爲心體恒住不間斷而持續運轉的緣故。「恒」是說這個識無始時以來，是同一類的自性不變、前後相續、常而不曾有間斷，也是三界六趣四生能夠存在的施設根本的緣故，其心體自性堅固而能持種，使種子永遠不會失去的緣故。「轉」是說這阿賴耶識從無始時以來，雖然所含藏種子一念又一念地生滅而前後有所變異，因種滅的時候果報就出生了，所以果報與因種不是常一的緣故，祂可以作爲七轉識的所熏而成就種子的緣故。「恒」是遮止斷滅故心體是常，「轉」表示可以

運作故種子非常；此第八識就像是瀑流一樣大量流注種子，前後因果本來如是。】

釋義：「『**阿賴耶識，爲斷爲常？**』**非斷非常，以恒轉故**。」此起顯示唯有阿賴耶識心體及所持種子，方能成就一切世間及有情身心，乃至成就因果律，顯示阿賴耶識心體常住而不斷滅，也顯示阿賴耶識所含藏的種子可以改變而非常，故名非斷非常而成就實相義及中道義。有人問：「阿賴耶識，是斷滅法或是常住法？」答：既非斷滅法也非常住法，因爲無始以來都是恆時存在而不間斷，而且始終都在運行轉變的緣故。

「**以恒轉故**」的「**恒**」，即是指阿賴耶識心體「**非斷**」；「**非斷**」是指心體常住，性如金剛，永不壞滅；是故專講第八識的經典，便因此而稱爲《金剛經》；專講證得此心生起智慧而心得決定不退的經典，便稱爲《金剛三昧經》，以此第八識心體自性猶如金剛而不可壞故。其中的「**轉**」字，是指第八識可有作用而非常，說的是第八識心體中所含藏的種子不斷前後變異，是故可有作用而非常。以心體的常而非斷，以及所含藏種子的可作用而變異非常，和合而成就因地「**非斷非常**」的實相義與中道義。如是，由心體常住而「**非斷**」的緣故，能執持種子不失，是故能使種子不斷變異顯示「**非常**」而有作用能恆時運轉，故說阿賴耶識「**非斷非常**」。

這是答覆經部師所說：「**持種的是五色根與六識心，若無色無心，有時種子則會斷滅。**」因爲他們不承認有第八識，認爲人只有六識心，故作此說。爲破其理，故說阿賴耶識「**非斷非常**」。

「**恒謂此識無始時來，一類相續常無間斷，是界趣生施設本故，性堅持種令不失故。**」「**恒**」的意思是說，此阿賴耶識心體從無始時以來已經存在，而且是前後相同「**一類**」不變的「**無覆無記**」自性，過去、未來、現在都不會改變如是自性，唯除成佛時與善十一心所相應而轉變爲純善性；並且阿賴耶識心體是「**相續**」存在而不斷運作著，是「**常**」而不曾「**間斷**」過。祂也是三界六趣四生之所以能施設成立之根本故，所以阿賴耶識是一切生命的本源，一切有情莫不從阿賴耶識心體中而出生，即是禪宗所說「**父母未生前的本來面目**」；而且祂心體的自性是堅固不壞而能受熏持種，使一切種子都能保持不失的緣故。

這一段論文中提出五個現量上可以證實的自性，是一切親證阿賴耶識者所共同公認者：一、無始以來本自存在，二、前後一類無覆無記性而不改變，三、無始以來相續運行而不間斷，四、心體是常而不間斷，五、體性堅固而不可壞。所以歸結出第六個特性來：能受持一切種子而令種子不會遺失。此是一切證悟第八識而轉依成功，並且轉入相見道位後期的菩薩們，都能現觀的現量，不是比量所知，更不是非量。此非禪宗初悟之祖師或一般已悟之祖師所能知之。

這亦是說，阿賴耶識是三界一切有情及器世間的本源，故說「**是界趣生施設本故**」；「**界**」是指三界或十八界，「**趣生**」是指一切有情五趣六道，死後之所以能有所趣向而受生於三界中，即是此第八識心體及其種子之功能；「**施設本**」是說三界世間及五趣六道有情之所以能有五趣的「**趣生**」，都是由於此第八識心常住而能熏習及持種，方能成就如是三界一切法的施設，其根本就是第八阿賴耶識心體，諸佛菩薩即依此第八識心體及其種子而施設三界世間及三乘菩提，故說此識即是三界及一切趣生的「**施設本**」。禪宗說此心即是父母未生前的本來面目，即是哲學界所說的一切法的本源，即是所謂的造物主，但他們都無法實證。

能夠成爲三界及五趣六道有情的「**施設本故**」，是因爲第八識心體是「**恒**」，性如金剛「**常**」住不壞，故能持種不失而能出生一切色心等法；第八識心體的自性又是「**無覆無記**」性，無所簡擇而能容受一切種子故。本論中說「**性堅持種令不失故**」一句，是簡別經部師所說：「**色蘊及六識心受熏而能持種，於無色界或入無心定時，此種不失。**」然此阿賴耶識不爾，心性堅固常住不壞故，始終持種不失；色蘊及六識心並非堅固不壞之法，而且六識心是能熏，當然不能受熏持種，否則即有檢擇善惡業種子之過失。

「『轉』謂此識無始時來，念念生滅前後變異，因滅果生非常一故，可爲轉識熏成種故。」「轉」的意思是說這阿賴耶識始從「無始時」以前來到了現在，所持種子始終是一念又一念生滅不斷，導致前後種子有所變異，所以前因種子現行而消滅了以後，等流果報就跟著生起，完成熏習因果律的軌則；而且所持的種子前後「非常一」的緣故，方能成就各種功能差別等作用；也是第八識心體自性堅固不壞而有容受性故，可以作爲七轉識的諸行所熏習的心，即能熏習成就一切種子的緣故。

如前所舉，六識論的部派佛教經部師等人說：「不必有第八識才能受熏。由五色根與六識心來受熏而能持種，若生於無色界而進入無色亦無心的狀態時，一切種便會失去；但若受生於色界的無想天中，仍有色身存在，種子就不會失去。而無色界天中雖然無色，但有意識心存在，種子也不會失去。」以是緣故，論主玄奘認爲色與心都非常住法，且是能熏而非所熏，不應由色陰與能熏的意識受熏；於今又說第八識心體是「常」，「恒」時存在而種子運轉及不斷改變，證明此識心體非生滅法；但亦非究竟之「常」，因爲種子「念念生滅不住」、時時改易而有作用故，如是心體是常而種子非常，方能成就造業及熏習之義，絕對不是由五陰中的色陰或六識心來受熏持種，其過失甚多故。

「『恒』言遮斷，『轉』表非常；猶如瀑流，因果法爾。」〈唯識三十頌〉中說的「恒轉如瀑流，阿羅漢位捨」，「恒」這個字是遮止第八識心體的無常與斷滅空之說法，顯示心體是「常」；第二個「轉」字，是表顯所含藏種子的不斷變異而有作用，說明第八識內含的種子「非常」；這樣「非斷」的心體與所含藏「非常」的種子，互相之間的關係就像河流常而「非斷」，然其水流「非常」而有作用，猶如瀑流一樣前後相續不斷，成就「非斷非常」的中道義，能使因果自然地實現或執行；由此證明唯有八識論正法始能成就中觀，意識境界的中觀都只是想像而成爲非量的假中觀，只能名爲思想而非眞正的實相中道觀。

論文：「如瀑流水，非斷非常，相續長時有所漂溺；**此識亦爾，從無始來生滅相續，非常非斷，**漂溺有情，令不出離。又如瀑流，**雖風等擊，起諸波浪，而流不斷；此識亦爾，雖遇衆緣起眼識等，**而恒相續。又如瀑流漂水上下，**魚草等物**

隨流不捨；此識亦爾，與內習氣、外觸等法，恒相續轉。」

語譯：【猶如廣大瀑流的流水一樣，不是斷滅也不是常住，前後相續長時間存在而令雜物於水中有所漂溺；這個阿賴耶識也是像這樣，從無始劫以來就是種子生滅相續，不是常也不是斷，如此漂溺有情，使眾生不能出離生死。又像是廣大河流與流水一樣，雖然風等吹擊而生起了種種波浪，然而流水都繼續流動不曾中斷；這個阿賴耶識也是一樣，雖然遇到眾緣而生起眼識等生滅心產生作用，然而第八識心體是恆而前後相續，都不中斷廣大的種子瀑流。又像是廣大的流水會漂水而忽上忽下，魚與草等物品隨著流水而不捨棄廣大的瀑流；這阿賴耶識也是一樣，祂自身的運行與心體內所執藏的習氣種子、外觸的六塵、器世間等法共同上下漂流，永遠相續不斷地運轉著。】

釋義：「**如瀑流水，非斷非常，相續長時有所漂溺；此識亦爾，從無始來生滅相續，非常非斷，漂溺有情，令不出離。**」這是再以四種譬喻來說明這個無覆無記性的阿賴耶、異熟識的存在與體性。異熟識執藏的無邊種子猶如廣大的瀑流水，是非斷亦非常的，猶如瀑流在長時間的相續流轉之中，使魚蝦等類有所漂轉與耽溺；因爲河流是常住而不壞滅的，是故「非斷」，喻阿賴耶識心體；河水及所漂溺之有情及無情等物，則是前後變異而持續改變著，是故「**非常**」，喻第八識心體中含藏的各類種子。

阿賴耶識心體就像是這樣，從無始時以來就是相續而不曾刹那中斷的心，執持一切種子不斷流注猶如瀑流，即是等流果；而有情身心等種子前後不斷運轉及變異著，即是種子不斷地熏習三界諸法而改變不停。所以阿賴耶識心體恆常而所含藏的種子非常、不斷變異，就這樣漂溺有情，使有情無始劫以來，都在此第八識中持續生死而不能出離，便能實現異熟果等五果。

第一喻「**如瀑流水**」喻如大河，流水看似平靜，其實速急而且水量大，漂流很多雜物及魚蝦等，譬喻阿賴耶識流注很多類心所及煩惱種子而不間斷。第二喻「**非斷非常**」，謂第八識心體常住、堅住不壞，故名「**非斷**」；「**非常**」謂所含藏種子不斷前後變異、生滅不住，容受性很大，可受七轉識熏習；如是將心體的「**非斷**」與種子的「**非常**」，合名「**非斷非常**」，成就中道義。第三喻「**相續長時**」，是說無始劫來乃至盡未來際，阿賴耶識心體永不間斷，非如離念靈知等六識夜夜間斷、易起易脫；亦非如意根之可滅，因為阿羅漢入無餘涅槃之後，意根同樣斷滅而不再現行；但此第八識依舊常住不滅，成為無餘涅槃之體，是故《阿含經》中佛說涅槃「常住不變」。第四喻「有所漂溺」，「漂」謂有情依阿賴耶識心故，漂流於人間或天趣，但都不曾外於第八阿賴耶識而流轉；「溺」謂有情沈溺於三惡道難可出離，其流轉於三惡道的時間遠長於人間或天道。阿賴耶識如是無始以來心體常住而種子生滅相續不斷，由心體無覆無記性故，能使有情漂流於三界生死海中，是故「非常非斷，長時相續漂溺有情，令不出離」。

云何此第八識心體「非斷」而常住？如《大乘本生心地觀經》卷八〈觀心品第十〉說：「此無垢性，非實非虛；此無垢性是第一義，無盡滅相，體本不生。此無垢性**常住不變**，最勝涅槃，我樂淨故。此無垢性遠離一切平、不平等，體無異故。若有善男子、善女人，欲求阿耨多羅三藐三菩提者，應當一心修習如是心地觀法。」如是說明此第八識具有無垢性，常住不變。

亦如《大法鼓經》卷上說：「彼十方來聲聞、緣覺、初業菩薩，百千萬億阿僧祇分，餘一分住；謂彼菩薩摩訶薩信解法身**常住不變**者，爾乃安住受持一切如來藏經，亦能解說安慰世間、解知一切隱覆之說。」復如《大般涅槃經》卷九〈如來性品第四〉說：「是正解脫常不變易，是解脫中無有無常、熱惱、變易，是故解脫名曰**常住**、**不變**、清涼。」

如是種類甚多聖教，證明第八識心體「常住不變」，絕非可以斷滅之法；亦無有生，法爾如是故。由此證明部派佛教聲聞僧遺緒的學術界及釋印順等人，所說阿賴耶識只是種子的集合體，不存在第八識心體的說法，都只是凡夫眾生臆想所得的虛妄想，既不符聖教也不符實證第八識者的現觀，只能說是思想。

縱使集合古今所有已成的眾多諸佛，加上悟後深修久學的諸多妙覺位的菩薩大士，乃至歷經諸位階次、下至初悟的第七住菩薩，以如是無盡證悟賢聖合聚為宇宙中最偉大的神力，亦無一法可以滅此第八識；即使所滅者是低賤的螻蟻或細菌的第八識，這是因為子法不得滅母法故。謂一切有情的身心乃至器世間都由此第八識所生，所生之法要依此第八識方得現行及存在，又焉有能力可以反而滅之？是故第八阿賴耶識心體常住不滅，說為金剛心，證此心者方得名為金剛乘，以有金剛三昧的實證故。

「又如瀑流，雖風等擊，起諸波浪，而流不斷；此識亦爾，雖遇眾緣起眼識等，而恒相續。」由第八識心體常住不滅，方有諸多種子之功能差別作用，成就三界一切有情生死流轉的施設建立。所以說，阿賴耶識所含藏的一切種子流注時，就像是廣大的瀑流水一樣，雖然有時會有大風或雜物吹擊而生起波浪，有時則風平浪靜，然而廣大的種子瀑流河水終究不會中斷，除非進入無餘涅槃中。這阿賴耶識所含藏的一切種子的「**等流性**」也是一樣，雖然有時遇到各種外緣或內生的習氣種子等，因此而生起眼識等七個心，猶如風吹起浪；有時則只有意根和此識存在而滅去六識心，猶如風平浪靜而有種子繼續流動；然而阿賴耶識所含藏的一切種子，就這樣恆而相續不斷地生滅。

「雖風等擊，起諸波浪」，猶如《楞伽阿跋多羅寶經》卷一〈一切佛語心品〉所說：「大慧！猶如猛風吹大海水，外境界風飄蕩心海，識浪不斷。」亦如《楞伽阿跋多羅寶經》卷一〈一切佛語心品〉說：「譬如巨海浪，斯由猛風起，洪波鼓冥壑，無有斷絕時。藏識海常住，境界風所動，種種諸識浪，騰躍而轉生。」此謂七轉識波浪是因六塵境界風所吹動而引生的，然後就是一波又一波的識浪，前滅後生相續不斷。若能滅盡煩惱時，縱使有境界風吹動之時亦不起識浪，成就無生之忍。

「**又如瀑流漂水上下，魚草等物隨流不捨；此識亦爾，與內習氣、外觸等法，恒相續轉。**」「漂水上下」，「上」喻生欲界天，及生色界、無色界天，「下」喻三惡道，人間處中。故云：又像是大河的流水一般會「漂水上下」，使令其中的魚蝦及諸雜物或浮或沈，魚蝦與水草等雜物就這樣隨著流水而不捨棄，始終都在河水波浪中上下漂流。如是而令有情有時生天，有時下墮三惡道，有時生在人間，輪迴三界六道永無終止。

這阿賴耶識即是如此，與內藏的煩惱及習氣種子、外觸的器世間六塵境界等法一起，恆而相續不斷地變化而於三界中流轉著，所以有情能與阿賴耶識含藏的煩惱及習氣種子及外觸等法，恆時不斷而相續運行，以及世世轉變受生之處，是故一切有情皆依第八識之常住而相續流轉生死、無窮無盡。

例如《勝鬘師子吼一乘大方便方廣經》說：「世尊！生、死者依如來藏，以如來藏故，說本際不可知。世尊！有如來藏，故說生、死，是名善說。世尊！『生』死，『生』死者諸受根沒，次第不受根起，是名『生』死。世尊！死、生者，此二法是如來藏，世間言說故有死有生。死者謂根壞，生者新諸根起，非如來藏有生有死。如來藏者離有爲相，如來藏**常住不變**，是故如來藏是依、是持、是建立，世尊！不離、不斷、不脫、不異不思議佛法。世尊！斷、脫異外有爲法，依持建立者，是如來藏。」故說一切有情之生死，全依第八阿賴耶識而有，不得外於第八識。

乃至求涅槃不生不死者，亦應求證第八識，如《勝鬘師子吼一乘大方便方廣經》說：「世尊！若無如來藏者，不得厭苦、樂求涅槃，何以故？於此六識及心法智，此七法剎那不住；不種眾苦，不得厭苦、樂求涅槃。世尊！如來藏者，無前際，不起不滅法；種諸苦，得厭苦、樂求涅槃。」由有第八識金剛性、涅槃性的眞如自性故，求離生死苦而滅盡十八界後的獨留第八識境界，名爲證得無餘涅槃；然而進修到佛地後的四種涅槃之實際，其實仍是第八識心體，故說有情不唯流轉生死時皆依第八識有，乃至證涅槃時亦依第八識而有，故說一切諸法皆依第八阿賴耶識心體而有。

以阿賴耶識心體能觸外法及內法故，外法謂器世間、外四大、外六塵、諸餘共業有情阿賴耶識；內法謂自身所生的五色根、意根、五遍行、五別境、善十一、煩惱二十六、不定四，以及六、七識之等流種子，內六塵、各類習氣種子、各類業種等。然而因地第八識緣於外六塵、內六塵時，都並不加以分別；而七轉識能觸內法六塵境界，起諸清淨或煩惱心所，如是成就有情法界的生死正理。阿賴耶識自性如是，不可以是斷，斷則一切種子流失，不得流轉生死無窮無盡；亦不可以是常，常則所含藏的種子即無作用，亦不得受熏及轉易而不能成就熏習的現象，即無三界六道中的上升或下墮，亦無修行成就佛道的可能，如是道理易明。心體若斷則非常，不能成爲有情流轉三世生死之根本因；斷亦不能集藏生死種子，令無來世異熟生死。心體是常，種子則非常，謂所執藏之種子若常而不變，即無三界諸法中的作用，則不能受熏、持種，因果律不得成立，三界六趣有情即不得存在，流轉生死及修行成佛等修行事，悉皆唐捐其功。唯有心體常而種子非常，如是「非斷非常」，方能成就世間諸事及成佛之道，方能有中道之可觀行及實證。

論文：「如是法喻，意顯此識，無始因果非斷常義。謂此識性，無始時來剎那剎那、果生因滅；果生故非斷，因滅故非常。非斷非常是緣起理，故說此識恒轉如流。」

語譯：【像這樣以瀑流水等四事來作譬喻，意思是顯示這阿賴耶識，無始以來的因與果非斷非常的道理。這是說，這阿賴耶識心體的自性，無始時以來種子剎那剎那不停演變，果出生時因就消滅；果能出生的緣故說此識非斷，種子因會滅失的緣故說此識非常。非斷和非常同時同處就是佛法所說緣起的道理，所以說這阿賴耶識心體恆住，而其含藏的各類種子流轉變異，猶如廣大流水一般。】

釋義：「如是法喻，意顯此識，無始因果非斷常義。」這是總結前面所說的四種譬喻，以這四喻來顯示阿賴耶識的體性，是無始劫以來能使因與果非斷又非常的中道眞實義。「如瀑流水，非斷非常，恒相續轉，有所漂溺」四種譬喻，可以顯示阿賴耶識能使「無始因果非斷常義」顯示出來。

此外，《大法鼓經》卷上：【迦葉白佛言：「若法、非法非色無相，云何是法？云何非法？」佛告迦葉：「法者是涅槃，非法者是有。」】「法」即是第八異熟識，由有此識，諸法得生得滅；而此第八識心體不生不滅、不來不去、不垢不淨、不增不減，是故說爲涅槃，涅槃依於此「法」異熟識而建立故。又以一切佛法皆依此第八異熟識而建立故，即名此識爲「法」。「非法」者即是三界有，都屬於第八識所出生的生滅法相，依「法」而有。

由是故說，此「法」必須是無分別性，方有可以受熏的廣大容受性；而且是心非物，方能有六塵境界外的「了別」，方能實行異熟果報；則唯有第八異熟識方能當之，絕非五色根或有覆性、有記性的七轉識所能也，不論如是七識是有念靈知或離念靈知，皆是見分能熏而非所熏之「法」故。若是離念靈知等有分別心，能分別六塵境界，則是有覆或有記性，必定無法實現及實行因果，以無容受性故。

如是第八識心是無分別性，是故《大般若波羅蜜多經》卷五七一〈證勸品第十〉說：「又如虛空離諸分別，甚深般若波羅蜜多亦復如是無分別心。」又如《入楞伽經》卷二〈集一切佛法品第三〉：「大慧！譬如明鏡無分別心，一時俱現一切色像。」色像喻所變生之內六塵境界。唯有無分別心，方能「一時俱現一切色像」不加檢擇，不論該色像是順心或違心之境，是故阿賴耶異熟識不可以是對五塵或六塵有分別性，方能受熏而容受一切染淨諸法種子。

亦如《說無垢稱經》卷三〈不思議品第六〉：「又，舍利子！諸求**法**者不求見聞及與覺知，所以者何？**法**不可見聞覺知，若行見聞覺知，是求見聞覺知，非謂求**法**。」是故第八異熟識雖能變現內六塵境界，然於所變現之六塵境界從來皆無分別，故名無分別心，《佛藏經》中廣說其義，名為「無分別法」。而其能「了」之性如前所說，唯有了別六塵以外之諸法，故其了別性深細難知，唯有證悟轉依成功者方能知之。此謂第八識心若能分別五塵者，則必對於所有六塵境界有見聞覺知，即必同時分別法塵，即有苦樂受，亦必有善惡性，即屬七轉識所攝，非是「法」也；若求離念靈知等能了知苦樂之心，即是「行見聞覺知」而非求「法」。

「謂此識性，無始時來剎那剎那、果生因滅；果生故非斷，因滅故非常。」

這個常住的第八阿賴耶識體性，從無始時以來一直都含藏著各類種子，在一剎那又一刹那之前後不斷地生滅中，由於現在所受的果報出生而使以前所造的因種消滅；現在的「果」出生的緣故，就顯示了此第八識心體不是斷滅性，所以能使異熟果出生；以前的「因」會滅失的緣故，就顯示心體所含藏的種子非常，所以善惡報的正報異熟果，以及引業的依報之果也都可以實現。如是具足心體常而種子生滅非常的道理，又因爲阿賴耶識心體的自性是無覆無記性，不檢擇善惡業種及苦樂境界，方能使無始劫以來的「果生因滅」等因果律得以如實執行，令三界中有五趣六道終始不斷而成就三界世間，故說此第八異熟識「非斷非常」。

「非斷非常是緣起理，故說此識恒轉如流。」唯有心體「非斷」而且同時有種子「非常」，才是佛法中所說的「緣起」正理，才是實相中道的眞義；若非第八識具有非斷非常的中道義，即無一個實體法可以藉緣生起諸法，即非緣起正理；猶如部派佛教遺緒的釋印順及學術界等人所說的緣起，其實只是緣生而非緣起，因爲所說皆是現象界中的根觸塵而生起六識的無因論、共生論，不是「有因有緣」的緣起論。如是現觀阿賴耶識藉緣生起諸法，不墮於斷常兩邊者方名眞正的中觀師，若如緣於部派佛教佛護、清辨等人的應成派與自續派中觀，都屬於六識論的邪見，並無絲毫中道觀的本質，只是緣生法而假名中觀，全無緣起法的眞實義。

而此中觀其實在《阿含經》中已有，非唯大乘諸經方有。

例如《雜阿含經》卷一：【佛告羅睺羅：「善哉！諦聽！諦聽！善思念之，當爲汝說。羅睺羅！當觀若所有諸色，若過去、若未來、若現在，若內、若外，若粗、若細，若好、若醜，若遠、若近，彼一切悉皆非我、不異我、不相在，如是平等慧正觀。如是受、想、行、識，若過去、若未來、若現在，若內、若外，若粗、若細，若好、若醜，若遠、若近，彼一切非我、不異我、不相在。如是平等慧如實觀。如是，羅睺羅！比丘如是知、如是見。如是知、如是見者，於此識身及外境界一切相，無有我、我所見、我慢使繫著。」】正是大乘經被結集成二乘經。

如是經中 世尊所說「我」者，即是第八異熟識也；謂色陰「非我、不異我」，皆由第八識眞我所生而附屬於第八識故；也與「眞我」第八識「不相在」，二者若到死時是可以分離的；當「眞我」異熟識離去之時，色陰即壞，說爲死亡。色陰如是，受想行識亦復如是「非我、不異我、不相在」。若眞我異熟識與五陰不是「不相在」，而是相在故不可分離時，五陰死時眞我異熟識即不得離去，必與五陰共生共死，成爲生滅法，何能出生五陰。

同此道理而解說得更詳細的是《雜阿含經》卷二：【如是我聞：一時，佛住舍衛國祇樹給孤獨園。爾時，世尊告諸比丘：「色非是我。若色是我者，不應於色病、苦生，亦不應於色欲令如是、不令如是。以色無我故，於色有病、有苦生，亦得於色欲令如是、不令如是。受、想、行、識亦復如是。比丘！於意云何？色爲是常、爲無常耶？」比丘白佛：「無常。世尊！」「比丘！若無常者，是苦不？」比丘白佛：「是苦。世尊！」「若無常、苦，是變易法，多聞聖弟子於中寧見有**我**、**異我**、**相在**不？」比丘白佛：「不也，世尊！」

「受、想、行、識亦復如是。是故，比丘！諸所有色，若過去、若未來、若現在，若內、若外，若粗、若細，若好、若醜，若遠、若近，彼一切**非我**、**不異我**、**不相在**，如是觀察；受、想、行、識亦復如是。比丘！多聞聖弟子於此五受陰非我、非我所，如實觀察。如實觀察已，於諸世間都無所取，無所取故無所著，無所著故自覺涅槃：『我生已盡，梵行已立，所作已作，自知不受後有。』」佛說此經已，諸比丘聞佛所說，歡喜奉行。】

如是阿含聖教顯示阿賴耶識心體常住不滅，與五陰不異而非五陰，亦不與五陰和合相在，而是顯然獨立於五陰的實體法，故是常住不滅。然而心體所含藏的各類所熏習的種子則是生滅無常，方可修學各種世間法及出世間法而成佛；如是阿賴耶識成就「非斷非常」的緣起正理，不墮斷常兩邊，才是眞正的佛法。若只著眼於七識心的緣生緣滅而不能及於第八識者，皆屬於緣生法而非緣起法，以無主體可藉緣而生起諸法故，已成無因而生之外道法，亦成「**諸緣共生五陰**」之外道見故。這表示異熟識心體是始終不斷在運行的，心體之中因有各類種子的流注生滅而導致「**因滅果生**」，方能成就因果，所以說阿賴耶識「**恒、轉**」猶如「**瀑流**」。

第二目　過去未來非實有

論文：「『過去未來既非實有，非常可爾，非斷如何？斷豈得成緣起正理？』過去未來若是實有，可許非斷，如何非常？常亦不成緣起正理。」

語譯：【問：「過去、未來既然不是眞實有，說爲非常是可以的，說爲非斷是要怎麼說的呢？斷滅難道可以成就緣起的正理？」答：過去、未來若是眞實有，可允許說爲非斷，又如何能說爲非常？縱使眞的能說爲常，單有這個常也不能成就緣起的正理。】

釋義：「『過去未來既非實有，非常可爾，非斷如何？斷豈得成緣起正理？』」說一切有部與正量部等論師，主張「過去、未來」有眞實體性，可以成就緣起的正理，不必一定要有第八阿賴耶識；因爲他們不想承認有第八識，對於因果問題便無法解釋及處理了，所以編造說「過去」與「未來」眞實有，想要藉此建立而成就持種的道理，來圓成因果的問題或難題。

然而實證眞如而能現觀「一切法唯識」的菩薩們則說，「過去」與「未來」都沒有眞實體性，不可能成就緣起正理；因爲「過去」與「未來」，都是依現在而建立的施設法，並無實質，焉能成立「因滅果生」的持種道理。然而部派佛教的聲聞僧們不信也不能理解，因此他們對菩薩們提出質疑：「過去、未來既然如你們所說都不是眞實有，說爲『非常』是可以的，但你們又說還有一個『非斷』，怎麼說得通呢？斷滅又怎麼能成就緣起的正理？」雖然部派佛教聲聞僧質疑說：「斷滅又怎麼能成就緣起的正理？」但他們的遺緒釋印順卻認爲可以，所以主張滅相不滅即是眞如，認爲單有根塵相觸便可能出生六識，可以成立緣起性空的正理，實質上也算是部派佛教的不肖子孫了。針對部派佛教聲聞僧的質疑，論主玄奘答覆說：

「過去未來若是實有，可許非斷，如何非常？常亦不成緣起正理。」「過去」與「未來」如果眞是你們所說的眞實有，可以說爲「非斷」而能持種，但你們又如何能同時說「過去、未來」同時也是「非常」？如是「非斷非常」而缺了「非常」的正問，部派佛教聲聞僧便無法答覆了。然後玄奘進一步說，縱使你們聲聞僧原來說的「過去、未來」「非斷」，是「常」而能持種也可以講得通，然而單獨有這個「常」，也不能成就三界中一切有情緣起的正理，還欠缺許多藉緣與「非常」的種子。必須是「非斷非常」才能成就緣起正理，因為一定要有個「非斷」的常住心體，堅住不壞而令本有種子不失；並且「性能容受」而能受熏之後執持新熏而「非常」的種子，方能於未來世遇緣之時「因滅果生」而得受報。這一定要有無覆無記性的常住心體，所含藏的熏習種子變異生滅而不斷換新，方能成就「非常」的正理；要有如是心體「非斷」而所含藏的種子「非常」，具足「非斷非常」兩邊，才能成就諸法緣生緣滅的緣起正理，所以你們正量部、說一切有部主張的「過去、未來」二法，縱然可以是「常」，由於非實體法故「非常」，不能受熏及持種，也不能成就緣起正理。

論文：『豈斥他過，己義便成？』若不摧邪，難以顯正。前因滅位，後果即生；如秤兩頭，低昂時等；如是因果相續如流，何假去來方成非斷？」

語譯：【問：「難道你斥責別人的過失，自己所建立的道理便能成就？」答：

如果不摧破邪說，即難以顯示正法的道理。前面的所造因種已經滅失之時，後面的異熟果報就出生了；猶如秤的兩頭一樣，這一頭低下時那一頭就升上來，兩頭高下的幅度是時時都相等的；就像是這個道理，因與果是前後相續而猶如流水不中斷一般實現，何必假藉「過去」與「未來」才能成就非斷的道理？】

釋義：「『**豈斥他過，已義便成？**』」正量部與說一切有部等聲聞論師，不能理解論主玄奘依第八識常住的正理所說，只好提出抗議說：「難道你斥責別人的過失以後，自己所建立的道理便可以成就？」

「**若不摧邪，難以顯正。**」玄奘回答說：若不摧破你們的邪說，就難以顯示正法的義理。此事古今不易，始終如是。是故若欲顯揚正法時，應當將邪法邪說的錯誤所在，取來與正法比對而加以破斥，方能指出正理與相似佛法的差異所在，令大眾知悉，方能遠離相似佛法或者外道法的本質。若不如此，相似佛法或外道法繼續流行，不唯能令正法難以弘揚，久後大量的相似佛法必將淹沒正法。

玄奘在天竺所寫梵文本的《成唯識論》，本來處處指名道姓摧破邪說；但因譯為中文而揉譯為一論改名《成唯識論》時，窺基法師主張佛教內部應以和諧為要，應該刪除邪見者的姓名。因弟子窺基法師極為堅持，乃至以還俗來要脅，最後玄奘沒有堅持己見，於是論中所有主張邪法的聲聞論師姓名都已隱去，改以「有義」二字取代；以此緣故，本論中所舉各種謬說的主人因此不爲人知，導致後時論中所摧破的邪說仍被繼續流傳及弘揚，例如安惠論師的《大乘廣五蘊論》及其他凡夫聲聞論師的邪論等，乃至後時收入《大藏經》中繼續流傳，繼續有人信受及推廣，導致本論摧邪及顯正的效果不復存在，即無法如實顯示佛法的正義。以是緣故，佛門中安惠、清辨、佛護等部派佛教聲聞凡夫論師的相似佛法便繼續流行，故有應成派及自續派的六識論假中觀持續流行，傳至後時廣被釋印順及密宗諸祖等諸多附佛外道所援引而難以遏止，並反過來否定正法，推廣相似佛法。

以此緣故，窺基後時寫作《成唯識論述記》時，一反己說，指名道姓舉出邪說出自何派或何人，設法補救自己強行建議刪除邪說者姓名以後所導致的惡果，然而效果不彰，因爲《述記》亦難以閱讀。今時末法之中，電子佛典的流通者仍繼續仿效，將附佛外道的宗喀巴所寫邪論及其他的邪論，繼續收入電子佛典中，令其更爲廣大流通，淹沒正法的影響力，實質上即是護持破法者，其所成就的惡業及結果，即是支持相似佛法的外道法廣爲流通，後時必將如 佛於《阿含經》中的預記，令正法大船被相似像法漸漸淹沒，導致最後正法的滅絕。正覺對此雖然月月都於《正覺電子報》中針對CBETA提出抗議，然而看來其勢似乎不能杜絕，九千年後正法滅沒似已不可免矣！是故玄奘所說「若不摧邪，難以顯正」是為事實，苟若佛門一切弟子皆能努力摧邪，以顯正法，則相似像法的滅除方有可能，否則難矣！

「前因滅位，後果即生；如秤兩頭，低昂時等；如是因果相續如流，何假去來方成非斷？」論主玄奘說完「若不摧邪，難以顯正」之後，又回覆說：我所說的是以前所造之業因種子正當次第滅失的時候，後面的異熟果就同時次第出生了；如是「因滅果生」的過程，猶如水平秤的兩邊，低下去的一方與昂起來的一方，其幅度是時時刻刻都相等的。就像是這樣子，由有第八識心體常住而種子生滅變異的緣故，因與果之間互相延續而如同「瀑流」一般實現了，這樣的因果正理是法界中本就存在的事實，你們部派佛教的聲聞僧們，又何必再假藉「過去」與「未來」實有的建立，想要成就「非斷非常」的道理？

論文：**「『因現有位，後果未生，因是誰因？果現有時，前因已滅，果是誰果？既無因果，誰離斷常？』若有因時已有後果，果既本有，何待前因？因義既無，**

果義寧有？無因無果，豈離斷常？因果義成，依法作用；故所詰難，非預我宗。」

語譯：【正量部等凡夫論師們聽了隨即質問：「因種還現在的階段，後果還沒有出生，那麼這個因種又是誰的因？果現前而存有之時，前因已經滅失了，那麼這果又是誰的果？既然沒有因與果的關聯，又是誰能遠離斷常兩邊？」答：如果有前因之時就已經有後果了，後果既然是本有的，又何必相待於前因而有？前因存在的道理既不存在了，後果的道理又難道可以成立？無前因又無後果時，難道你們還可以離開斷與常兩邊而成立非斷非常？依我所說，前因與後果的道理就這樣成立，是依於法——異熟識——而產生因果的作用；所以你們聲聞僧所有的詰難，與我說的宗旨都不相干。】

釋義：「『**因現有位，後果未生，因是誰因？果現有時，前因已滅，果是誰果？既無因果，誰離斷常？**』」正量部等二部論師質難大乘菩薩說：「當前因種子還現在的階段，後果當然還沒有出生，那麼這個前因種子又是誰的因？當後果已經現前而存有之時，前因種子卻已經滅失了，那麼這果又是誰的果？既然沒有前因與後果的聯結，又是誰能遠離斷常兩邊？」他們都是聲聞部派佛教中的凡夫僧，全都是六識論者，為了處理六識滅後業種不能去後世而產生的因果問題，只好主張

「過去」與「未來」都是實有而可以持種，所以能實現因果。其實不論「前因」存在之時，或是「前因」種子漸漸消失而使「後果」漸漸現前時，全都是由第八阿賴耶識來執持因種以及後時現果；但他們不想承認有第八阿賴耶識，因爲自己未能證得，只能主張「過去」與「未來」實有，能執持因種與現果，於是繼續狡辯而作此說，用來質疑菩薩們。針對這個質問，論主玄奘回答說：

「若有因時已有後果，果既本有，何待前因？因義既無，果義寧有？無因無果，豈離斷常？因果義成，依法作用；故所詰難，非預我宗。」「前因」與「後果」是相待的，一定要有「前因」種子，方能有「後果」現行，否則異熟果便是無因而有的了。然而依你們部派佛教所說，「過去」與「未來」都能持種，依如是理，「過去」與「未來」應當是同時存在的，那麼正當有「前因」種子之時就已經同時有「後果」了，「後果」既然是與「前因」種子同時同處而一起存在，那又何必相待於「前因」而說有「後果」？「前因」與「後果」之間的關係就不能成立，你們所說的因就不必存在了。

當「前因」種子存在的道理已經不成立時，就不會有「後果」的現行，那麼「後果」的道理又怎麼可以成立？所以「前因」種子一定在前，「後果」一定在後，

「過去」與「未來」不可能同時同處，就不應該主張「過去」與「未來」眞實有，所以「過去」及「未來」都不能持種。當你們聲聞僧主張「過去」與「未來」都能持種時，已經成爲無因又無果的無因論，難道還可以離開斷與常等兩邊嗎？話說回來，「前因」與「後果」的道理就像我玄奘說的這樣成立，「因滅果生」正是依於「法」—第八異熟識阿賴耶—的「非斷非常」而產生因果律的作用，因種的執藏在前而果報的實現在後，並非同時；如是「前因」種子與「後果」的道理得以成立，正是由於有第八異熟識的持種不失。所以你們聲聞僧所有的詰難，與我玄奘所說的宗旨都不相干。「預」者，參與或涉入之意也。非因破邪，已義得成，是故以下歸結於第八識的體用因果等正理，顯示正法：

論文：「體既本有，用亦應然，所待因緣亦本有故；由斯汝義因果定無，應信大乘緣起正理。謂此正理深妙離言，因果等言皆假施設。觀現在法有引後用，假立當果，對說現因；觀現在法有酬前相，假立曾因，對說現果。假謂現識似彼相現，如是因果理趣顯然，遠離二邊，契會中道，諸有智者應順修學。」

語譯：【第八識法體既然是本有的，其作用也應該是同樣本有的，法體所相待的因與緣也都是本有的緣故；由於這樣的道理證明你們聲聞僧所說的道理之中，因果一定是不存在的，應當信受大乘法中說的依第八識而有的緣起正理。這是說，這個第八識正理深妙而遠離言說，因果等言說皆是假名施設。觀待現在的第八識法有引生後法的作用，假名建立爲當來世所生的後果，又相對於來世後果而說有現在的前因；觀待於現在第八識法能有酬報前世業因的行相，假立後世具有曾造的前因種子，相對於前因業種而說有現在世的後果。假，是說眼前現行的第八異熟識，好像以前造因時的行相又現前了，像這樣的因果道理與內涵非常明顯，遠離了斷常二邊，契會了中道，諸多有智慧的學佛人都應該隨順與修學。】

釋義：「體既本有，用亦應然，所待因緣亦本有故；由斯汝義因果定無，應信大乘緣起正理。」「過去、未來、現在」三法皆非實有，「過去」已過去故，「未來」尚未現前故，「現在」正念念過去而生滅不住故；過、未、現等三世，乃依阿賴耶識及其所生色陰與七轉識等諸法的行相而建立，若推究過去、現在、未來的最終主體，仍是第八阿賴耶識。然第八識法體既然本有，其作用也應該是本有的緣故；「前因」與「後果」相待的因緣，也是依阿賴耶識本有而且常住不滅的緣故而建立；由這些道理來說，你們正量部與說一切有部諸師建立的法義之中，都是外於第八識而有的「前因」與「後果」等道理，一定是不可能存在的，所以你們聲聞部派佛教各部派，都應該信受大乘法教中說的，第八識法引生諸法的緣起正理。

此義於《成唯識論述記》卷三之中說得極好：「述曰：此第八，論主難：體既本有，用亦應然，以體、用無別故。量云：所計作用，未來應有，不離體故，猶如於體；所計體法，應未來無，即是用故，亦如作用。汝『去、來』法應是無爲，許有法體無作用故，如無爲法。又相、未相法，應是無爲，許有法體非相遷故，如無爲法。設彼救前難言『未來用、體，雖皆具有，緣不合故，用不起』者，應難彼云：既言諸法本來皆有，所待之緣亦應本有；緣既許本有，未來應起用。量云：未來一切法，用應常起，因緣具故，如現在法。若言緣等或未來無，即非『未來』有一切法。

又說『未來有生相用，過去說有與果用』者，過、未有用，應名現在。彼救：『不然！今言用者，謂取、與用。』難云：等無間緣過去取果，婆沙正說：即應過去有半作用，有取果用故。又言未來世有三法作用：光明、生相及苦法忍，婆沙正文：應名現在。彼與果用滅復滅失，取果之用生復生過。

若言『與果但是功能，非謂作用』，即阿羅漢末後之心，應不名現在，無取果用故。又若此心，初無作用應名已滅，如何後時更復言滅？又彼功能改名作用，而復何異？若言『非是無學末心，不能取果，彼後念緣闕，故果不生』者，此亦非理，違汝宗故；汝說後心非無間緣故，廣如婆沙第十文說。終心後果既定不生，如何定知現在之法有能生用？若言『後果若緣不闕，定從此生』者，因既緣不闕故有作用，何不能生果？若因不能生果，即是無用故。」此等正理容於增上班中說之，此處勿贅，以免長篇累牘。

「**謂此正理深妙離言，因果等言皆假施設**。」「此」字謂「法」，即是第八異熟識心也。聲聞部派佛教的六識論師們，所說法義邪謬，他們都未實證第八識心，全無實相般若智慧，不應援引大乘諸多經論中說的正理，曲解之後誤導學人；現代的佛學學術界與釋印順等人，走的同樣是部派佛教諸聲聞凡夫僧的老路。大小三乘教義全部都是 世尊依八識論正理而演繹出來的，聲聞部派佛教的主張是依外道六識論的謬理而演說出來的，違背 世尊依八識論正理所說的阿含部聖教法義[6]。

既然想要解釋大乘法的緣起正理，就應該信受大乘緣起的根本義——阿賴耶

[6] 四大部阿含諸經所說解脫道，皆依八識論正理而演說、而實證，其理詳見拙著《阿含正義—唯識學探源》七輯所說，此不贅論。

識含攝諸法的「賴耶緣起」、「非斷非常」的正義。但這個第八識法的正理，深妙而難以爲人言說；其中所說的因果等正理，全都是依第八阿賴耶識而假名施設，藉以顯示「一切法唯識」的第八識生顯諸法的事實，所以「前因」種子與「後果」等五果的行相，全都依第八阿賴耶識妙心而得成立。

「觀現在法有引後用，假立當果，對說現因；」「現在法」即是指阿賴耶識，對實證的菩薩們而言，無始劫來時時刻刻都示現在眼前運行故。觀察現在法阿賴耶識有持種引生後果之作用，便將未來會出生的異熟果假立爲當來之果；同理，相對於當來世之異熟果，而說現在法阿賴耶識所含藏的種子爲「前因」。

應成派古今中觀師都不信受實有阿賴耶識，每謂此第八識是諸多種子聚集所成之體，無實體、無自性，亦無功能，假名而有。然若如此，何有五陰身心及十八界法外的種種法得以生住異滅？因爲宇宙中並非唯有五陰身心故，而五陰身心不能自生；又唯能存在一世，不去後世，亦不從前世來；既不通三世，所造業因何能轉入後世而得成就異熟果？以種子若無實體法收存，必將散失故。

又五陰身心縱有自體及功能，但只有生滅性的一世住，沒有「非斷非常」的功德，仍不足以自行存在及運行，其背後是由誰支持五陰身心等法得以出生及運行？由實證之菩薩所見，若無第八識流注自心種子及七識種子與各類心所種子，五陰身心尚且不得出現，何況能有五陰的功能及第八識的功能配合著運行？是故第八阿賴耶識心體實存，並且有其自身獨有而非五陰身心所有的功能差別時時示現，以支持五陰身心得以正常運作，是故一切三乘學人皆不應否定阿賴耶識的存在。否則三乘菩提皆不能建立，即障自己的道業，非唯無法親證大乘菩提，連二乘菩提都無法實證。如是正理，於拙著《阿含正義》書中已明，不復重述。

此外，《泰國大藏經小部經》卷一說：「如是我聞，諸比丘！法爾無生，無後有；無作，無爲，而是有故。諸比丘！若法爾無生，無後有，無作，無爲，而是無故，則解脫於法爾有生，有後有，有作、有爲之法，不出現世間。諸比丘！以法爾無生，無後有，無作、無爲，而是有故，故解脫於法爾有生，有後有，有作、有爲之法，出現世間。」所說與北傳《雜阿含經》中所說的五陰「非我、不異我、不相在」的道理相同，說的正是第八阿賴耶識「法爾無生」，依如是常住心成就解脫的道理。如是正理，平實三十年來於講經說法之時說之已多，整理成書流通已久，皆可參考。

「觀現在法有酬前相，假立曾因，對說現果。」觀察現在法阿賴耶識所含藏的種子，有能酬報以前所造業因的行相，所以假立往世曾經造作而有的業種爲「前因」，相對於這個曾經有過的業因而說現在世的異熟果爲「後果」。這全都是依現前法第八異熟阿賴耶識所儲存的前世種子因，與未來世將會有的現行「後果」異熟而建立的假法，所以聲聞僧所主張的「過去、未來、現在」實有的說法，都不是眞實說，徒有名言而無實義，其建立實無必要。

「**假謂現識似彼相現，如是因果理趣顯然，遠離二邊，契會中道，諸有智者應順修學。**」此處「現識」謂現前存在而運行不輟的第八識現行識的簡稱，此義不同於求那跋陀羅所譯《楞伽經》所說，意根能促使如來藏現行諸法的「現識」的道理，不可混同。爲有早期悟入的增上班同修曾經於此產生混淆，於此特加說明以免重犯其過。

此前論文中對第八異熟識，以「恒、常、轉、一類」而說明之，謂此第八異熟識於任何時刻都是現行識故。意謂此第八阿賴耶識自無始劫以來，都是恆時現前、前後一類、相續、運轉，除了轉入無餘涅槃以外，不曾有一刹那不運轉時，更不會亦不曾中斷，是故將此「現行識」簡稱爲「現識」，仍是阿賴耶識，此爲依士釋。非如《楞伽經》中所說，意根能促使阿賴耶識現行諸法的「現識」；如是以意根爲「現識」之說者，持業釋也，以能促使阿賴耶識現行諸法故。

「假」字是說，現在法阿賴耶識，就好像往世造「因」時的行相一般，來到現在世時，能使現在世領受的異熟「果」顯現出來，才說是領受異熟果報。就像是這樣子由現行法的第八識執持因種以及現果，使「前因」與「後果」的道理及現象分明顯示出來；如此以第八識爲諸法的根本因，即能遠離斷常兩邊，契會中道，諸多有智慧的人應該如此隨順而修學。

第三目　會違辨理

論文：「有餘部說：『雖無去來，而有因果恒相續義。謂現在法極迅速者，猶有初後生滅二時；生時酬因，滅時引果；時雖有二，而體是一。前因正滅，後果正生；體相雖殊，而俱是有。如是因果非假施設，然離斷常，又無前難，誰有智者捨此信餘？』彼有虛言，都無實義，何容一念而有二時？生滅相違，寧同現在？滅若現在，生應未來。有故名生，既是現在，無故名滅，寧非過去？滅若非無，生應非有；生既現有，滅應現無。」

語譯：【有其餘的聲聞部派說：「雖然沒有『過去、未來』實際存在，而仍然能有因果永遠相續的道理。這是說現在法即使非常迅速生滅時，仍然有初時的生與後時的滅兩個不同時間；生時是酬報往世的前因，滅時是引生後世的後果；時間上雖然有前後兩個，然而因果之體仍然是一。因爲前因正在滅失時，後果就是正在出生；體與相雖然殊異，然而同樣都是有的。像是這樣的因果並非假名施設，而又遠離斷與常兩邊，也沒有前面所說的質難，有哪些有智慧的人捨棄這個道理而信受其餘的說法呢？」答：他們部派佛教所說都是徒有虛假不實的言語，根本就沒有眞實的道理，怎麼能容忍一念之間而會有兩個前與後的時間呢？並且生與滅是互相違背的，怎麼可能同時存在於現今？滅如果可以是現在，生便應該可以說是未來。現在存有的緣故而說之爲生，生既然是現在，無的緣故名之爲滅，難道不是過去？滅如果反過來說不是沒有，生就應該同樣反過來說是沒有；同理，生既然是現時存在著，滅就應該是現在不存在。

釋義：「有餘部說：『雖無去來，而有因果恒相續義。』」「有餘部」是指上座部等聲聞凡夫僧及勝軍論師等人。他們看見說一切有部的聲聞僧被破斥了，脣亡齒寒，就回辯說：「雖然『過去』與『未來』都不存在，但仍然有因果可以永遠相續的道理。」一切不認同有第八識持種建立因果的人，想要建立因果法則時都會有極大的困難，所以原來主張「過去、未來實有」而可以實現因果的理論被推翻時，乾脆直接說因果可以外於心識而自己存在。

《成唯識論述記》卷三載云：「此中亦同勝軍論師『種子等法前果後因俱時而生』，彼謂因果恐有斷過，被他如先『有因時無果』等難已，復以大乘假說現在之三相『用不同時起』，前法至生後法未起，至住之時後法未生，至異之時後果方生，恐因果斷故。此之義意同此中破。又有二趣並生過故，前人等趣至異之時，後天等趣已至生故。彼言『以是次生時勝，前法變異無多力能，但名一趣；隨所當生彼得趣名，非於前趣故無此過』者，不然！阿賴耶識分二趣故，及違此文。」如是亦證明否定第八識者，所說「前因」與「後果」不論同時或不同時，皆有過失；《述記》如是之文，亦容於增上班課上說之，此處容略。

「『**謂現在法極迅速者，猶有初後生滅二時；生時酬因，滅時引果；時雖有二，而體是一。**』」上座部諸師及勝軍論師等人主張：色法遲鈍，有體性等三相之用，其出生到壞滅之時間要經歷一世，必有生、住、滅等三相，所以必有過、現、未等三時；然而心法迅速，但有二時，謂生及滅。所以他們主張說：「過去與未來雖非實有，然而因果還是可以恆而相續實現；這是說，現在心法非常迅速的說法，是指仍然有初生與後滅二個時節；初生時是酬報往世的因，後來滅失時是引生來世的果；時節雖然有生、滅等二時，然而生滅非常快速而心體則是同一。」因爲他們不承認確有第八阿賴耶識受熏持種，於是如此施設因與果依止於意識心而成爲前後關聯，認爲有快速生滅的意識心存在，前因與後果就能有所關聯，不會存在「前因」與「後果」不同時的過失。

「『**前因正滅，後果正生；體相雖殊，而俱是有。如是因果非假施設，然離斷常，又無前難，誰有智者捨此信餘？**』」上座部諸師繼續說明：「前因正當滅失之時，後果則是正在出生；因與果的體相雖然殊異，然而同樣都是現前存有的。像這樣的因與果並非假名施設，然而卻遠離斷與常兩邊，又沒有前面所說因果**不同時**的質難，有哪一個有智慧的人能捨棄這個道理而信受其餘的說法呢？」從所說的表面上觀之，所說似有道理，愚者便信受之，不再深入思惟及檢討其過失了。然而事實上他們所說是否正確呢？答：

「**彼有虛言**，**都無實義**，**何容一念而有二時**？」這是論主玄奘總非上座部師的說法：他們所說的內容只有虛假的言語，全部都沒有眞實的道理，因爲一念之間不可能容有前與後的兩個時節，怎麼可能「**前因**」與「**後果**」可以同時存在？

以是緣故而反問之，接著解說道理如下：

「生滅相違，寧同現在？滅若現在，生應未來。有故名生，既是現在，無故名滅，寧非過去？」於前三句把「**前因**」與「**後果**」不可能同時的宗旨提出時，就是立量。然後說明原因：縱使一時之間可以容許有前生後滅的二個時節，但因果種子在前生與後滅的二時之中，「**前因**」種子的生與滅說爲同時，這是互相違背的，當然不可能同時存在著因的生與滅，一定是前因出生之時尚未有滅，才會有後時尚未現前的異熟果可說。原因說明之後，接下來是將上座部諸師及勝軍論師，連同薩婆多部一同駁斥：

如果「**前因**」與「**後果**」可以在一念之間同時存在，便應該造了下墮三惡道之業因以後，隨即受報前往三惡道，然而現量上都是在死後才往生三惡道中，才會有異熟果的現前，怎麼可能容許有前生與後滅兩個時間同時存在？而且生在前、滅在後，這生與滅的存在時間是互相違背的，如何可能有生與滅同時存於現在？所以說，滅如果可以說是現在，那麼生便應該可以是在未來而非現在，因爲他們主張生與滅可以同時存在。但事實上是現在存有的緣故而說之爲生，既然所說的生就是現在，那麼無的緣故名之爲滅，難道不該說滅就是過去？

上座部等諸部聲聞僧及勝軍論師，被駁斥以後又回救說：「誰說『滅』出現以後的『滅』就是沒有？『滅相』還是存在的呀！」這樣的說法同於薩婆多部說的「滅體是有」，今天釋印順的「滅相不滅即是眞如」，正是來自於此一邪見，所說並非他的創見。薩婆多部也主張說：「滅時並非是無，滅體是有。」於是論主玄奘破之曰：

「滅若非無，生應非有；生既現有，滅應現無。」「生」與「滅」是互相違背的，如果主張「滅」不是沒有，認爲「滅」仍然是眞實有，那麼依同一道理或邏輯，就應該反過來主張「生」時應該也是沒有、也是空無；然而事實上不可能如此，證明他們所說只是狡辯。所以說，「生」既然是現在存在，「滅」就應該是現在不存在。如是，「滅」於現在不存在，「生」於現在才可能是存在著，所以「生」與「滅」不可能同時存在，因爲存在與不存在二法，不會同時同處呈現。所以還是應該回歸第八識持種受生的正理，前因與後果由第八識互相聯結，使因緣果報的正理得以成立。

論文：「又二相違，如何體一？非苦樂等，見有是事。生滅若一，時應無二；

生滅若異，寧說體同？故生滅時俱現在有，同依一體，理必不成。」

語譯：【而且，「生」與「滅」二法的自性是互相違背的，如何能說「生」與「滅」其體是一？並不是在苦或樂上面，也可以看見苦與樂同時存在的事。「生」與「滅」之體若是同一，那麼「生」與「滅」出現的時間就應該沒有前後二時；「生」與「滅」的出現若是在前與後的不同時段，怎能說生與滅之體是同一的？所以主張說「生」與「滅」的時間是現在同時一起存在著，是同依一個生滅自己爲主體，道理必定不能成立。】

釋義：「又二相違，如何體一？非苦樂等，見有是事。」論主玄奘於上一段論文中以現量說明過了，此處再以比量說明道理：「生」與「滅」二法的自性是互相違背的，不可能是同一體。這是立宗，也就是立量，所以質問對方：「又二相違，如何體一？」然後以譬喻說明原因：就像苦與樂的自性是互相違背的，因此也不能於正在受苦或正在受樂時，能看見苦受與樂受同時存在。論主玄奘立此比量宗旨的原因，是因爲薩婆多部及上座部、勝軍論師等人，於現前一切法中辨別「生與滅同時存在」故，拒絕依止第八識而論因果。立量之後玄奘繼續解釋原因：「生滅若一，時應無二；生滅若異，寧說體同？」在同一件事情之中，「生」

與「滅」如果是同一體，那它們出現的時間點就應該沒有前後差別，因爲「體同」之時一定是在同一件事情發生之時就會一起出現「生」與「滅」。但「生」與「滅」出現的時間點若是有所不同，成爲前「生」而後「滅」，怎麼能主張「生」與「滅」之體是同一個？

換言之，「生」與「滅」之自體若是一而非二，則「生」出現之時「滅」亦應同時出現；果眞如此，則不可能有「生」，何況能夠有「生」後的「滅」？因爲「生」時即已「滅」了，是故不可說「生」與「滅」之體同一。這就是六識論者以意識爲諸法本源時，必然要遇到的死胡同，遇到實證的菩薩辨正道理時必然進退失據。

「故生滅時俱現在有，同依一體，理必不成。」然後論主玄奘對上座部、薩婆多部及勝軍論師的說法，作了一個總結說：所以「生」與「滅」若是在同一件事中同時存有，是依於同一個主體而說，這道理必定不能成就。因爲意識「生」時不可能同時有「滅」，不能「生、滅」同時；意識「滅」時即無「生」，「生」時則無「滅」，互相背反而不可能同時存有；唯有依於第八異熟識常住心體，意識方能前生後滅相續不斷，才能夜晚時方才斷滅，明晨又再生起；以此證明「生」與「滅」並無自體，不得言同時同處而且同一主體，因爲「生」與「滅」都無自性故，只是名言施設故。

換言之，因果律中的造因與受果的道理也是如此，「前因」與「後果」不可能同時現前。唯有依於第八阿賴耶識方能有前因種子出生，因生之後變異到造因之事完成時成就種子，存於第八阿賴耶識心中，成爲「前因」種子；要受生到後世時「前因」的種子現行了，異熟果報才開始現前，然後可以有前因消滅的現前；因滅之後的因即是無，不得繼續言因仍存有。由是證明上座部及薩婆多部等凡夫論師，所說生與滅同時之理不得成立。以下續破諸部所計異說：

論文：「經部師等因果相續，理亦不成，彼不許有阿賴耶識能持種故。由此應信大乘所說，因果相續緣起正理。」

語譯：【經部師等部派主張的因果相續，他們的道理也不能成立，因爲他們不許有阿賴耶識能持種的緣故。由此道理應該信受大乘所說，第八識能令因果相續的緣起眞正義理。】

釋義：「經部師等因果相續，理亦不成，彼不許有阿賴耶識能持種故。」經部師看見上座部等師被菩薩質難了，就出來主張說：「因與果雖然沒有過去與未來，但不同於一切有法，因爲生與滅是不同世的緣故而有所不同。然而上座部論師說的色、心中的各種功能作用就稱爲種子，而種子是前生後滅猶如大乘所說一樣，但我們經部以種子爲因果性，完全是勝義之理，所以不必像大乘所說一定要有第八識持種才能成立因果。」這是認爲種子可以自行存在，不必有第八識心體作爲所依便能自行實現因果。

種子雖然實有，經部師的說法沒有錯誤，然而種子是存於何處而能去到後世受報於同一有情？是存於虛空、或色法、或六識心中？若言存於虛空中，但虛空是無法，無則不能持種，便令一切種子於死後滅失。若言存於色法中，但五色根等二類，不論扶塵根或勝義根，盡其一世便告壞滅，不能執持業因種子去到後世受果；五色根又是色法而非心，亦不能持種。至於六識心亦復如是，勢力強盛而是能熏，皆非所熏，不能持種；六識也是易起易斷之法，只有一世存在而非三世相續，而且是有記性，不能持種，故不能持種去至後世受果。是故經部師等論師所說單有種子即能令因果相續的道理，亦不能成立。

但他們堅持說色法與六識心中自有功能，可以持種去至後世而實現因果報償，如下《述記》所說。《成唯識論述記》卷三：「**自下第三，經部師等既見上座**

被徵，便曰：『雖無去、來，不同一切有。生、滅異世，不同上座師。而色、心中諸功能用即名種子，前生後滅如大乘等爲因果性，相續不斷甚爲勝義。』今破之言，理亦不成，彼不許有阿賴耶故。經部師『等』，等自類中，非唯一故。破之量云：經部所說持種色、心，不能持種，非第八故，如聲、電等；過、未無體及無本識，於無色界，色久時斷；入無心時，心久時滅，何法持種得爲因果？因果既斷，名爲不然，彼不許有第八識故。」

所以論主玄奘因此破之云：經部師等部派佛教聲聞僧主張的因果相續，所說的道理也不可能成立，因爲他們不許有第八阿賴耶識能持種的緣故。換言之，必須有第八識心體是無覆無記性而且堅固不壞，又能來往三世不斷，亦非能熏，方能一體接受而執持善惡等因果種子，方能令善惡業等種子隨此第八識從前世轉移到此世來，才能有此世的「生」；出生了以後變異而長大、而衰老、而死亡，報盡而歸於「滅」，證明「生」與「滅」不得同時。

如是死後同樣又由第八識持種轉生去後世再生，領受異熟果而繼續造業持種，再轉去下一世；如是業種「生、滅」不住而不同時，方能成就「前因」與「後果」的異熟果道理。至於第七識意根雖然能通三世，然是有覆無記性；既是有覆性心，即是能熏，不能持種；亦是可滅，定性聲聞阿羅漢入涅槃時必定永滅故。故說，若無第八識持種不失而通三世，則因緣果報的緣起正理便不可能實現。解說了道理以後，論主玄奘總結說：

「由此應信大乘所說，因果相續緣起正理。」由以上所說的道理，應該信受大乘所說八識心王和合運作，由第八識持種貫通三世，才能使「前因」與「後果」相續不斷地實現，而有業種等各類種子前「生」後「滅」等緣起的現象正確實現，這才是大乘佛法眞正的義理。

「由此應信大乘所說」，是簡別聲聞諸多部派僧眾都不信受大乘法所說八識心王正理，持六識論謬理而堅執不捨，為令彼等回歸正法故作此說。

第四目　第八識阿賴耶性的伏斷位次

論文：**「此識無始，恒轉如流，乃至何位當究竟捨？阿羅漢位方究竟捨。謂諸聖者斷煩惱障，究竟盡時名阿羅漢；爾時此識煩惱粗重，永遠離故說之為捨。」**

語譯：【問：此阿賴耶識心體無始以來本已存在而不曾有生，恆而不斷地運轉並流注各類種子，猶如瀑流一般不曾中斷，乃至何種地位時才會究竟捨棄阿賴耶的識性？答：到達阿羅漢位時才究竟捨離阿賴耶的識性。這是說諸多聖人斷除煩惱障，到達生死煩惱現行究竟滅盡的時候名爲阿羅漢；到那個時候此阿賴耶識含藏分段生死種子的煩惱粗重等識性，永遠捨離的緣故而說之爲捨。】

釋義：「此識無始，恒轉如流，乃至何位當究竟捨？阿羅漢位方究竟捨。」接下來說明阿賴耶識的識性，其伏斷位次如何？然後才能談到八地以後唯名異熟識，不名阿賴耶識的原因，所以先爲學人事先提問：「這阿賴耶識心體自無始時以來本然已經存在著，直到如今不曾有一剎那中斷過，是故名之爲『無始』與『恒』，而且一直運轉不停而如同瀑流一般流注各類種子，令有情不斷輪轉生死；究竟要修行到什麼樣的位次時，才會究竟捨棄阿賴耶的識性？」答：阿賴耶識藏識的識性要修行到阿羅漢位時，方才究竟捨離集藏分段生死種子的自性，名爲捨阿賴耶識，這時只名爲異熟識，不再像以前亦名阿賴耶識，亦不再名爲藏識。

將第八識命名爲阿賴耶識的意思，是因爲祂能收藏分段生死的種子，所以阿賴耶即是所藏、能藏、我愛執藏之意，就以如是自性將第八識立名爲阿賴耶識，或名藏識。此阿賴耶識「阿羅漢位捨」，或是「阿羅漢位滅」，有不少人依文解義，於此誤會了聖教，便認爲阿賴耶識是生滅法，是可滅的；正覺同修會二〇〇三年那批發動法難的退轉者，以及二〇二〇年初退轉的琅琊閣、張志成等人，也跟月溪法師、聖嚴法師同樣誤會此意。殊不知如是誤會以及本會說明的內容，都於二〇〇三年所出版的辨正書籍中辨正過了，但張志成等人不肯閱讀諸書，或是不信如是諸書所說正理而迷信釋印順，所以繼續誤會，是故就有再作解釋的必要。

捨阿賴耶識或者滅阿賴耶識的意思，是捨其執藏分段生死種子的自性後，以前同名阿賴耶識與異熟識的情況，現在改爲只餘異熟識之名，不再名爲阿賴耶識，此時即名爲捨阿賴耶識，或名之爲滅阿賴耶識；因爲分段生死種子已不再執藏了，我愛種子執藏的現行已經消失了，所以到阿羅漢位時捨盡阿賴耶性就改稱之爲異熟識，說是爲捨或滅阿賴耶識，其實只滅其名、不改其體，仍然是第八識如來藏阿賴耶識原有的心體。

「**謂諸聖者斷煩惱障，究竟盡時名阿羅漢；**」這是說，一切聖者斷除煩惱障，到了分段生死究竟斷盡時名爲阿羅漢。如是二乘聖者或通教聖者修斷五上分結時，皆名阿羅漢，只斷煩惱障的現行而不斷習氣種子隨眠。「**謂諸聖者**」是指三乘聖者同在此列，同得解脫分段生死之果故。

如前所說，成佛必須斷盡二障，成阿羅漢則只需斷除其中的煩惱障，而且是只斷現行，不必斷盡習氣種子隨眠，亦不需打破或修斷所知障。若是斷除煩惱的現行而不再接受分段生死時，即是阿羅漢解脫聖者，名爲滅阿賴耶識，但不滅第八識心體，改名異熟識；菩薩起惑潤生而入地，進斷習氣種子隨眠等位階，由於仍需受生而有分段生死故，仍然復名阿賴耶識。至七地滿心位，習氣種子隨眠及分段生死俱時斷盡，方名異熟識，名爲捨阿賴耶識或滅阿賴耶識。

大乘菩薩入地前應斷盡五上分結、證阿羅漢果，因爲諸地都屬於聖位，必須發起聖性方可入地，所以必須實證阿羅漢果方可入地。但欲入初地時應迴心大乘，不入無餘涅槃，是故再起一分思惑而潤未來世生，方能不入無餘涅槃而行十度萬行等菩薩道，故入地後於解脫道中成爲頂品三果人或阿羅漢向；依十大無盡願的清淨性、利他性而入初地心中，繼續留惑潤生或起惑潤生而修斷三界愛之習氣種子，至七地滿心位，方才捨阿賴耶識性，改修願波羅蜜多而繼續受生進入八地初心，此時亦名捨阿賴耶識、滅阿賴耶識。

自此時起第八識唯名異熟識，不名阿賴耶識，仍是原來的第八識心體。故七地滿心前諸地菩薩，亦皆同名爲阿賴耶識，以依煩惱障斷後再起之一分執藏分段生死種子的識性故名，非不能斷阿賴耶識。

「爾時此識煩惱粗重，永遠離故說之爲捨。」到了阿羅漢位，或是七地滿心斷盡習氣種子隨眠的時節，此阿賴耶識心體中含藏的三界分段生死種子的執藏性等煩惱粗重，已經永遠捨離的緣故而說之爲捨阿賴耶識或滅阿賴耶識，此時二名已去其一，只名異熟識。這個捨只是斷除我愛種子的執藏，捨離其執藏分段生死種子的識性，而不是捨離第八識心體，故說「**唯改其名，不捨其體**」。

問：「阿羅漢名通在幾乘？幾位中有？」答：

第五目　阿羅漢位通三乘果

論文：**「此中所說阿羅漢者，通攝三乘無學果位；皆已永害煩惱賊故，應受世間妙供養故，永不復受分段生故。云何知然？〈決擇分〉說『諸阿羅漢、獨覺、如來，皆不成就阿賴耶』故。《集論》復說『若諸菩薩得菩提時，頓斷煩惱及所知障，成阿羅漢及如來』故。」**

語譯：【這裡所說阿羅漢的意思，通攝三乘法中的無學果位；他們都已永遠害除煩惱賊的緣故，也是應該領受世間勝妙供養的緣故，又是永遠不再領受分段生死的緣故。爲何知道是這樣的呢？在《根本論》的〈決擇分〉中有說「諸阿羅漢、獨覺、如來，都不成就阿賴耶」的緣故。《集論》也說「如果諸菩薩證得佛菩提究竟果時，頓斷煩惱障及所知障，成爲阿羅漢及如來」的緣故。】

釋義：「此中所說阿羅漢者，通攝三乘無學果位；」阿羅漢的果證是通三乘的，不單是聲聞乘中才有。因爲解脫果既是二乘果，也是大乘通教果及別教果。只要在解脫道中修到無學果位時，不論是菩薩或二乘人中的獨覺、緣覺，都可以名爲阿羅漢，因爲解脫道通三乘故，三乘菩提皆必須同證解脫果故。

「皆已永害煩惱賊故，應受世間妙供養故，永不復受分段生故。」所謂阿羅漢名爲「應供」，所以緣覺及已入地諸菩薩皆名「應供」，皆是世間眾生的大福田，不得拒絕接受眾生的供養。但成爲「應供」聖者同樣都必須要有三個證量或功德：一、皆已永害煩惱賊，二、應受世間勝妙供養，三、有能力永不復受分段生死。

「皆已永害煩惱賊故」，是指永斷五上分結，就是斷盡思惑了，三界中的各種煩惱已經不能影響阿羅漢再入生死故，唯除菩薩依願示現受生。「應受世間妙供養故」，即是「應供」的意思，因爲是出三界生死的聖人了，遠超世間一切宗教的教主了，一切天主、天人、世人都應以勝妙之物供養之。「永不復受分段生故」，即是已無分段生死了；是說死時有能力不再生起中陰身，所以不再受生了。

初地開始的菩薩們，都必須有世世死時能取證無餘涅槃的功德，但都是因為起惑潤生或留惑潤生故，繼續領受生死，示同於凡夫似有煩惱種子而繼續受生。但於分段生死的背後，實質上都是已經斷離異生性而發起聖性了，是故入地以後都屬於聖位，並非賢位菩薩。

問：「**何故有學諸聖不名阿羅漢，三乘無學得名阿羅漢？**」答：阿羅漢亦名殺賊、應供、無生，修解脫道而具足此三義之實質者，方得名為阿羅漢，若不具足殺煩惱賊，不得未來世無生者，皆不得名阿羅漢，即非應供。問：「**何故不言離所知障？**」答：所知障不障礙解脫分段生死，唯只障礙成佛，是故所知障沒有發業潤生之功能，不會導致有情流轉於分段生死中，專修解脫道之人不需斷之。

問：「**何故阿羅漢不離變易生死？**」答：二乘無學皆不離變易生死，因為阿羅漢的解脫果證不相應於無始無明故，自然不可能也不需要伏滅無始無明，即是墮於變易生死中，不離變易生死。又變易生死攝屬所知障，必須先斷盡煩惱障所攝的習氣種子隨眠後，再斷盡所知障所攝的過恆河沙數上煩惱，第八識心中含藏的所有無記性種子都轉變為純善性的種子，完全不再變易了，方得超越變易生死，然而取阿羅漢果時不必斷除所知障故。

問：「有學聖者亦是殊勝福田，如見道初果等聖者，若供養者亦大獲福德，以何緣故不名應供？」答：有學聖者並非一切時皆堪受供養，以彼等有時難免犯小惡故，若相待於無學果時仍非圓滿，是故不名「應供」。

「云何知然？〈決擇分〉說『諸阿羅漢、獨覺、如來，皆不成就阿賴耶』故。」

外人問曰：「如何能知道三乘無學第八識可以不再名爲阿賴耶識呢？」答：因爲《根本論》的〈決擇分〉說，「諸阿羅漢、獨覺、如來，都不再成就阿賴耶識性」的緣故。意思是，三乘無學都不再領受分段生死苦，因爲他們第八識的阿賴耶性已經滅除了，不再成就阿賴耶性，就剩下異熟識名，已證出三界果。此如《瑜伽師地論》卷五十一〈決擇分〉說：「或有成就轉識非阿賴耶識，謂阿羅漢、若諸獨覺、不退菩薩，及諸如來住有心位。或有俱成就，謂餘有情住有心位。或有俱不成就，謂阿羅漢、若諸獨覺、不退菩薩及諸如來，入滅盡定、處無餘依般涅槃界。」此《根本論》中所說不退菩薩，是八地以上菩薩，以煩惱障習氣種子隨眠已斷盡故。

「《集論》復說『若諸菩薩得菩提時，頓斷煩惱及所知障，成阿羅漢及如來』故。」在《集論》中也有說到「如果諸菩薩證得大乘菩提的究竟果時，頓時斷盡煩惱障及所知障，成爲阿羅漢及如來」的緣故。這也是從最後身菩薩示現成佛的內涵來說的，意謂菩薩成爲究竟佛時名爲頓斷所知障及煩惱障，以斷盡所知障故名爲成佛，又以同時斷盡特地保留之最後一分煩惱障故名阿羅漢。以此緣故，說諸佛必是阿羅漢，然阿羅漢未必是佛。問：「爲何阿羅漢同樣證得解脫，而不得名之爲佛？」答：阿羅漢未曾觸及所知障故，未斷所知障者不斷無始無明，如何可以成佛？以阿羅漢未解實相般若及中道義，亦未能將第八識蘊藏的習氣種子隨眠滅盡故，亦未能將第八識中的所有無記性、變異性種子轉成純善之法，未斷盡變易生死，何況能成佛？

《大乘阿毘達磨集論》卷七〈得品第三〉：「又諸菩薩已得諦現觀，於十地修道位唯修所知障對治道，非煩惱障對治道；若得菩提時頓斷煩惱障及所知障，頓成阿羅漢及如來。此諸（十地中的）菩薩雖未永斷一切煩惱，然此煩惱猶如咒藥所伏諸毒，不起一切煩惱過失，一切地中如阿羅漢已斷煩惱。」此論中說「十地修道位唯修所知障對治道，非煩惱障對治道」，是因入地之後專修佛菩提道，以斷所知障爲標的，故作此言；然非不修斷煩惱障，而以地後一大阿僧祇劫隨緣斷除習氣種子隨眠，即是斷盡煩惱障，此非唯斷煩惱障現行之阿羅漢所能。以此緣故，據「阿羅漢位滅阿賴耶識」之理，於七地滿心位「滅阿賴耶識」入八地心中；這是因爲十地之中，煩惱障的現行及隨眠都已不能障礙菩薩道故，分段生死種子已經永滅故，是故《集論》中說：「十地修道位唯修所知障對治道，非煩惱障對治道。」

第六目　諸地菩薩皆是阿羅漢

論文：「『若爾，菩薩煩惱種子未永斷盡，非阿羅漢，應皆成就阿賴耶識，何故即彼〈決擇分〉說：不退菩薩亦不成就阿賴耶識？』彼說二乘無學果位迴心趣向大菩提者，必不退起煩惱障故；趣菩提故，即復轉名不退菩薩。彼不成就阿賴耶識，即攝在此阿羅漢中，故彼論文不違此義。」

語譯：【外人復問：「假使是這樣，地後菩薩們的煩惱障習氣種子隨眠尚未永遠斷盡，還不是阿羅漢，應該都是成就阿賴耶識的識性，何故卻在那〈決擇分〉中說：不退菩薩也不成就阿賴耶識？」答：那《根本論》中所說證得二乘無學果位的聖者，迴心趣向大菩提的人，必定不退轉而不會再生起煩惱障的緣故；也由於從阿羅漢位趣向佛菩提的緣故，隨即轉變而名爲不退菩薩。他們都不成就阿賴耶識的識性，就攝在這阿羅漢位中，所以那些論文所說並不違背這個道理。】

釋義：「『若爾，菩薩煩惱種子未永斷盡，非阿羅漢，應皆成就阿賴耶識，何

故即彼〈決擇分〉說：不退菩薩亦不成就阿賴耶識？』」部派佛教諸聲聞僧質難說：「假設眞是這樣，地後菩薩們的煩惱障習氣種子尚未永遠斷盡，仍有隨眠，還不是阿羅漢，應該都是成就阿賴耶識的識性，是什麼緣故卻在那〈決擇分〉中說：不退菩薩也不成就阿賴耶識？」部派佛教諸聲聞凡夫僧也來研究大乘佛法，他們由於墮在六識論邪見中，亦因未證如來藏阿賴耶識，也不懂阿賴耶識心中尚有習氣種子隨眠，是故起諸邪見而有所疑，抓住機會就提出如是不如理的質問。

關於「不退」，有解脫道「不退」與佛菩提道「不退」二種，此處所說的「不退」係指解脫道的「不退」。大乘的「不退」有五：佛地究竟不退、八地以上菩薩念不退、初地以上行不退、第七住以上位不退、初住位以上信不退。十信位以內皆非「不退」，時進時退，信不具足故。〈決擇分〉中說的「不退菩薩不成就阿賴耶識」，是指八地初心以上的菩薩，名爲「念不退」菩薩，以斷盡習氣種子隨眠故，非唯斷盡煩惱障的現行。

爲何七地以下菩薩不是〈決擇分〉中所說的「不退菩薩」？是因爲七地以下到初地入地心爲止的菩薩們，都要起惑潤生或留惑潤生，方能繼續取得人身而修菩薩道，故意再起最後一分思惑，或是故意保留最後一分思惑而依願受生，必有分段生死，所以第八識仍有執藏分段生死種子的最後一分功能，故名阿賴耶識。但其實是在入地之後世世都能斷除這最後一分思惑，可以不成就阿賴耶識的。

這是由於初地以上菩薩在入地後開始地地熏修增上三學的過程中，不唯地地增上無生法忍與諸福德，同時分分斷除煩惱障的習氣種子隨眠，直到七地滿心位全部斷盡，方才滅盡所保留的最後一分阿賴耶識的識性，未入八地前皆名阿賴耶識。但阿羅漢不必滅盡煩惱障所攝的習氣種子隨眠，便已經不成就阿賴耶識性了，所以從解脫道而言，入地菩薩並非不能像阿羅漢一般斷除阿賴耶識性，是爲佛菩提道及十無盡願而特地起惑潤生，才會保有最後一分的阿賴耶識性；要到七地滿心位斷盡煩惱障所攝的全部習氣種子隨眠時，才同時斷盡所保留的最後一分思惑，斷盡阿賴耶識性；是故〈決擇分〉中說的「不退菩薩不成就阿賴耶識」，是指八地初心以上的菩薩，不是說七地以下到初地的菩薩不能斷除阿賴耶識性。

然《成唯識論述記》卷三如是說：「由是不退總有四種：一、**信不退，即十信第六心**。二、**證不退，入地已往**。三、**行不退，八地以上**。四、煩惱不退，謂無漏道所斷煩惱一切聖者。今說迴心名不退者，即第四不退；以得證淨故亦名信不退，然未至彼位。」此中窺基所說，有正有訛，其訛甚多，容於增上班中辨正之，以正佛道；對一般讀者則無需言之，無助於眞見道故。

又，「不退菩薩」乃有二種：其一、地後菩薩，名爲「行不退」及「念不退」；其二、尚在三賢位中，或二乘無學迴入大乘法中，仍未完成非安立諦三品心之修證，以及增上意樂尚未清淨者未能入地，名爲「位不退」。此段《成唯識論》所說「不退」，則是初地直往菩薩，以及二乘無學迴心大乘者，皆名「不退菩薩」，以「不成就阿賴耶識」故，其理如下：

「彼說二乘無學果位迴心趣向大菩提者，必不退起煩惱障故；趣菩提故，即復轉名不退菩薩。」 論主玄奘答覆說：那些論中所說的道理，是說「二乘無學果位」的聖者「迴心趣向大菩提」的人，即使尚在三賢位中修證般若而未入地，他們成爲菩薩以後必定「不退」於解脫道，不會再生起煩惱障的緣故，也可以名爲「不退菩薩」。乃至入地後起惑潤生的菩薩們，都已經趣向佛菩提的緣故，所以全都轉變而稱之爲「不退菩薩」，當然不退於煩惱障斷，於解脫道而言，應該全都同於阿羅漢故，因爲世世死時都有能力斷盡所保留的最後一分思惑故。

所以二乘阿羅漢果的聖者們，迴心趣向大乘菩提時，始從三賢位就有能力不再領受分段生死了，因爲是先證得阿羅漢果才迴心趣向佛菩提的緣故，說他們是

「不退菩薩」當然也不違背正理。雖然他們迴入大乘後起惑潤生，但本質上世世都能於死時入無餘涅槃。如果是菩薩道直往而入地者，都屬於留惑潤生，世世死時都能入無餘涅槃，同於二乘聖者迴心入菩薩道，得名不退菩薩。地後並已開始斷除習氣種子，至七地滿心時連同習氣種子隨眠都已滅盡，不必再起惑潤生，改依願波羅蜜多所生的大願而繼續受生時，亦已不受分段生死，亦名「不退菩薩」。

是故二乘阿羅漢迴心大乘者，不論尚在三賢位或已入地，說他們如同大乘入地菩薩，都已經「不成就阿賴耶識」，同名「不退菩薩」，也是全都不違正理。所以七地以下到初地的菩薩們，說仍「成就阿賴耶識」，也是一種方便說，是依事相上所見繼續有分段生死而說的，實質上則是每一世都可以隨時斷除思惑而取無餘涅槃，當然也可以說他們「不成就阿賴耶識」。八地以上菩薩於表相上繼續示現領受分段生死，其實隨時隨地皆可入無餘涅槃，本質上同樣是不受分段生死；這些菩薩的第八識，當然都已無阿賴耶識的識性了，是故說爲「不受分段生死」；而「如來不受分段生死」一句，也是從事相上的示現而說的。

因此，只有純依成佛之道五十二階位順序修進的菩薩們，入地前「永伏性障如阿羅漢」而入地者，是證得頂品三果以後，依廣大福德、初分無生法忍及頂品三果解脫而入地的直往菩薩，才會於七地滿心前仍然有阿賴耶識的識性，屬於留惑潤生者；如是頂品三果人，謂中般涅槃之三品人。但他們隨時都能取阿羅漢果而故意不取，這類地上菩薩不同於二乘聖者迴心趣入佛菩提而入地者，但同樣永不生起煩惱障，故其本質亦可名為「不成就阿賴耶識」者，自然也可以名為「不退菩薩」。是故學法當以見道為最第一，證阿賴耶識而現觀其眞如之時，即得進入實相法界而有實相般若故，可據以次第進向第八地乃至佛地，是故《大乘理趣六波羅蜜多經》卷九說：「所謂**長老**相，不必在耆年，雖少有智慧，是為眞**長老**。」

「彼不成就阿賴耶識，即攝在此阿羅漢中，故彼論文不違此義。」論主玄奘說明至此而總結說，解脫道中的三乘無學聖者迴心趣向大菩提的人，他們都已經「不成就阿賴耶識」的識性，當然全都含攝在這個阿羅漢位中，也都可以名為「不退菩薩」；所以《根本論》和《集論》等論文中的說法，從事相上、從文字表面上來看時，似乎有所不同，若從本質上說，其實並不違背這個「不成就阿賴耶識」的道理。此處說三乘無學聖者，謂大乘通教及別教中亦有阿羅漢果故，非唯聲聞、緣覺乘中方有。若是通教中的阿羅漢位菩薩，後時得遇別教妙法即得迴心趣入大乘，亦攝入此中，通名廣義的「不退菩薩」。至於狹義的「不退菩薩」，定義如下：

論文：「又不動地以上菩薩，一切煩惱永不行故，法駛流中任運轉故，能諸行中起諸行故，剎那剎那轉增進故，此位方名不退菩薩。然此菩薩雖未斷盡異熟識中煩惱種子，而緣此識我見愛等不復執藏爲自內我，由斯永捨阿賴耶名，故說不成阿賴耶識，此亦說彼名阿羅漢。」

語譯：【而且不動地以上的菩薩們，一切煩惱永遠不會再有現行的緣故，駕著佛法大船駛流於生死大海中任運而運轉的緣故，也能在各種行中生起廣大諸行的緣故，又是剎那剎那轉變增進的緣故，要到了此一階位時才能眞正稱爲不退菩薩。然而這樣的菩薩雖然還沒有斷盡異熟識中變易生死的上煩惱種子，卻能使意根緣於此識的我見我愛等不再內執、不再收藏阿賴耶識爲自內我，由於這個原因而永遠捨棄了阿賴耶的名稱，所以說他們不成就阿賴耶識，這樣也說他們名爲阿羅漢。】

釋義：「又不動地以上菩薩，一切煩惱永不行故，」不動地即是第八地。有四個原因說八地以上菩薩名爲「不退菩薩」：「一切煩惱永不行故，法駛流中任運轉故，能諸行中起諸行故，剎那剎那轉增進故」。此起是護法菩薩的主張，特地將煩惱障習氣種子隨眠滅盡、而且有無生法忍的八地菩薩，定義爲「不退菩薩」。

此四因中，第一因「一切煩惱永不行故」，是簡別地前菩薩，以地前仍有煩惱障現行故，作不到「**一切煩惱永不行故**」。第二因「**法駛流中任運轉故**」，是簡別六地前的菩薩，仍有煩惱障所攝的多分或少分習氣種子尚未斷盡，不能於「**法駛流中任運轉故**」。第三因「**能諸行中起諸行故**」，是簡別第七地菩薩仍不能「**於諸行中起諸行**」，唯能「**於一行中起諸行**」。第四因「**剎那剎那轉增進故**」，是簡別八地以前諸地，都無能如八地後「**剎那剎那轉增進故**」。如是四因應知狹義「**不退菩薩**」之定義。

此二句論文說明這些不同層次的佛子被稱爲「**不退菩薩**」的第一個原因。八地以上的菩薩們，由於分段生死已經滅盡，又已滅盡煩惱障所攝的習氣種子隨眠，當然一切煩惱都永遠不會再現行了；而他們是駕駛著佛法大船的大菩薩，駛流在生死海中任運地運行著，目的是救度眾生，所以說爲「**一切煩惱永不行故**」。以下再說第二至第四種理由：

「**法駛流中任運轉故，能諸行中起諸行故，剎那剎那轉增進故，此位方名不退菩薩。**」此起是佛子被稱爲「**不退菩薩**」的第二到第四個原因。第二因，八地以上菩薩於生死海中救度眾生時，都是任運而運轉的，不是由故意所起的作意來利樂眾生。第三因，他們也能於救度眾生的每一剎那中，都是眞諦與俗諦雙運，不會落入唯有一諦的狀況中，方能於一切行中都生起利樂有情的任何有利行。七地以下菩薩則唯有能於一行中起諸行，不能於一切行中生起利樂有情的諸行。

第四因，當他們世俗諦與勝義諦雙運之時，從解脫道上來看，不論再怎麼修行都對自己全無功用——並不會再增進自己解脫道證量上的利益，所有諸行對他而言都是「無功用行」；然而他們卻不斷為眾生運轉不停，成為慣性的利樂眾生等行，名為「任運轉」，卻能在每剎那中轉變而增進佛菩提道。「轉」是運行的意思。要修行到具足這樣的四個條件，也就是要到達八地心開始時，才能被稱為狹義的「不退菩薩」。

關於「能諸行中起諸行故」，得要說明一下。八地以上菩薩們，都能於一一行中生起一切行，用來利樂眾生同得解脫而不是為自己；而且是在每一剎那中都能持續運轉增進的緣故，使第八識中含藏的無始無明相應的無記性種子，不斷轉變為越來越清淨，這樣的轉變可以使菩薩在成佛時斷盡變易生死。

要到八地以後開始這樣的修行時，才能眞正的稱為狹義的「不退菩薩」。這是「念不退」菩薩，函蓋十地滿心以前的所有八地以上菩薩。初地以前修六波羅蜜多時，於一切行中修一度行；初地之後修六波羅蜜，於一行中修一切六度之行；

八地以後，以具足方便波羅蜜多故，於一切行的每一行中生起廣大諸行。這是說初地以前的菩薩們，於六度中唯修其中一度時，是用一切行來莊嚴這一度；初地以後於一行中能廣修六度諸行，八地之後能於諸行中具修十度萬行，而其所修願、力、智波羅蜜多等三度，都是每一念比前一念更增勝，不是單修一度而已，故說「**能諸行中起諸行故**」，也就是於一切行的每一行中生起十度波羅蜜多的一切行。

依《十地經》、《地持經》及《根本論》的〈菩薩地〉中所說，從八地開始，於第一剎那能得超過前二阿僧祇劫所行功德智慧一倍，第二剎那又再加倍，念念都勝過前念，像這樣展轉勝進倍於前念，所以說「**剎那剎那轉增進故**」。要到這樣的地步，才能稱爲眞正的「不退菩薩」，就是「念不退」的意思，因爲八地以上都是念念增進故。《成唯識論述記》卷三說：「述曰：此四因中，初因簡解行地已前。**十地菩薩能伏煩惱畢竟不行，非第七識**，今通七識。第二因簡前六地，第三因簡第七地，第四因簡一切地。由四因故，直往菩薩八地已去方名不退，捨賴耶名。」此說有誤，應予更正。應爲「八地以去菩薩能伏煩惱畢竟不行，非唯第七識；今通七識，以習氣種子隨眠皆已斷盡故」。

「**然此菩薩雖未斷盡異熟識中煩惱種子，而緣此識我見愛等不復執藏爲自內**

我，由斯永捨阿賴耶名，故說不成阿賴耶識，此亦說彼名阿羅漢。」然而這樣的八地菩薩雖然還沒有斷盡異熟識中的變易生死「上煩惱」種子，但是意根緣於此異熟識的我見、我愛種子已經不再執藏此阿賴耶識爲自內我，由這個緣故而永遠捨棄了阿賴耶識的名稱，所以說此位菩薩「不成就阿賴耶識」，這樣**也說**他們名爲阿羅漢。「**此亦說彼名阿羅漢**」的「亦」與「彼」字，是說地後菩薩以及二乘無學迴心大乘的地前菩薩們，都可以名爲阿羅漢。

但這種八地開始的阿羅漢，卻不是二乘阿羅漢等聖者所能企及，因爲從解脫道來看，煩惱障的習氣種子隨眠，二乘阿羅漢絲毫都未曾滅，菩薩八地卻已滅盡煩惱障習氣種子隨眠的緣故，當然更要說爲「不成就阿賴耶識」。七地前由於尚未捨盡煩惱障習氣種子隨眠，於第一義諦而言，即說爲尚未捨阿賴耶識，或者說爲「成就阿賴耶識」，這是狹義的「不退菩薩」定義。

以此緣故，《成唯識論述記》卷三說：「問：『若現不執，即名爲捨；七地以前亦有不執，入無漏心等，應皆名捨。』答：此不然，非畢竟故。畢竟不行，方名爲捨故。問：『若爾，二乘金剛心，應名捨此識。』答：實亦應名捨，以時促故，彼《瑜伽》等略而不論，亦不違理。初師名捨，斷種名捨；此第二說，若斷若伏畢竟不行，說之爲捨，故七地前不得捨名。」如是應知。以上是論證大乘法中的「不退菩薩」，以下是論證大乘法中的「阿羅漢」：

第七目　再陳諸地皆阿羅漢義

論文：「有義：『初地以上菩薩，已證二空所顯理故，已得二種殊勝智故，已斷分別二重障故，能一行中起諸行故；雖爲利益起諸煩惱，而彼不作煩惱過失，故此亦名不退菩薩。然此菩薩雖未斷盡俱生煩惱，而緣此識所有分別我見愛等，不復執藏爲自內我，由斯亦捨阿賴耶名，故說不成阿賴耶識，此亦說彼名阿羅漢。故《集論》中作如是說：十地菩薩雖未永斷一切煩惱，然此煩惱猶如咒藥所伏諸毒，不起一切煩惱過失。一切地中如阿羅漢已斷煩惱，故亦說彼名阿羅漢。』」

語譯：【難陀論師這麼說：「初地以上的菩薩，已經證得生空、法空所顯示的眞如正理故，已經證得二種殊勝智慧的緣故，已經斷除分別所生二重障的緣故，能在一行之中生起種種行的緣故；他們雖然爲了利益而生起種種的煩惱，而他們不會造作煩惱等過失，所以這樣也可以名爲不退菩薩。但是這樣的菩薩雖然還沒有斷盡俱生的煩惱，而他們緣於異熟識的所有分別所起我見、我愛等，都不再執著及內藏異熟識爲自內我，由這道理也說爲已捨阿賴耶名，所以也說不成就阿賴耶識，這樣也可以說他們名爲阿羅漢。所以《集論》中有像這樣說：十地菩薩雖然還沒永遠斷除一切煩惱，然而這些煩惱猶如被神咒或藥物所降伏的諸毒，並不會生起一切煩惱等過失。於十地等一切地中，都如同阿羅漢已斷盡煩惱，所以也說他們名爲阿羅漢。」〕

釋義：「有義：『初地以上菩薩，已證二空所顯理故，已得二種殊勝智故，已斷分別二重障故，能一行中起諸行故；雖爲利益起諸煩惱，而彼不作煩惱過失，故此亦名不退菩薩。』」部派佛教中研究大乘法的聲聞凡夫論師們有這樣的說法，例如難陀論師這麼說：「初地以上的菩薩，已經證得生空、法空所顯示的眞如正理故，他們已經證得解脫道與佛菩提道二種殊勝智慧的緣故，已經斷除分別我見、分別我執二種重障的緣故，也能在一行中生起種種利樂行的緣故；他們雖然會爲了有情的利益而生起種種煩惱，但他們不會有造作各種煩惱等過失，當然也可以名爲『不退菩薩』」。

　難陀論師此處提出五因，主張初地以上菩薩亦「不成就阿賴耶識」，亦可名爲阿羅漢：一、已證二空所顯眞如理故，二、已得解脫道及佛菩提道二種殊勝智慧故，三、已斷分別所生二種重障故，四、能於一行中起諸利樂行故，五、爲利益眾生而起諸煩惱，然而不作煩惱過失。

「『然此菩薩雖未斷盡俱生煩惱，而緣此識所有分別我見愛等，不復執藏爲自內我，由斯亦捨阿賴耶名，故說不成阿賴耶識，此亦說彼名阿羅漢。』」部派佛教難陀論師等人繼續說明：「這樣的諸地菩薩們雖然還沒有斷盡意根俱生的煩惱，而他們緣於異熟識的意識相應所有分別所起我見、我愛等，再也不會執藏阿賴耶識爲自內我，由這道理也可以說諸地菩薩是已經捨棄阿賴耶名，所以說他們『不成就阿賴耶識』，因此也可以將諸地菩薩名爲阿羅漢。」難陀等聲聞論師又接著說：

「『故《集論》中作如是說：十地菩薩雖未永斷一切煩惱，然此煩惱猶如咒藥所伏諸毒，不起一切煩惱過失。一切地中如阿羅漢已斷煩惱，故亦說彼名阿羅漢。』」「所以《集論》中有像這樣說：從初地到十地的菩薩們，雖然還沒有永遠斷除一切煩惱，然而這些煩惱猶如被神咒或藥物所降伏的諸毒，不會對諸地菩薩們生起一切煩惱等過失。十地中的每一地菩薩們，都如同阿羅漢一樣已經斷盡煩惱的現行，所以也說他們名爲阿羅漢，因爲都已經不會再有煩惱障現行的過失了。」

難陀論師等聲聞僧，都是從煩惱障現行的過失來斷定誰是「不退菩薩」，但是若從第一義諦來看時，就不這麼說了；因爲起惑潤生時，還是會有習氣種子隨眠現行的過失，也因爲起惑潤生繼續受生故，所以七地以下菩薩看來就是還有分段生死，想要名爲「念不退」的「不退菩薩」還是不行。這在第一義諦中的界定都是很嚴格的，所以論主玄奘破之云：

論文：「彼說非理，七地以前猶有俱生我見愛等，執藏此識爲自內我，如何已捨阿賴耶名？若彼分別我見愛等不復執藏，說名爲捨；則預流等諸有學位，亦應已捨阿賴耶名，許、便違害諸論所說。」

語譯：【他們所說的不是正確的道理，因爲七地以前仍然有俱生的我見、我愛等煩惱，執藏此阿賴耶識爲自內我，如何能說他們已經捨棄了阿賴耶識的名稱？如果他們分別所生的我見與我愛等，不再執藏異熟識爲自內我，因此而說爲捨棄阿賴耶識；那麼初果預流乃至三果等有學位，也應該說是已經捨棄阿賴耶識的名稱了，如果允許這種道理可以成立，便是違背與陷害諸論所說的道理。】

釋義：「彼說非理，七地以前猶有俱生我見愛等，執藏此識爲自內我，如何已捨阿賴耶名？」依現象上所見來說，二乘阿羅漢迴心大乘而起惑潤生者，或是大乘直往的菩薩們，在七地滿心位之前起惑潤生，這兩種人都還有俱生的我見、我愛等煩惱與意根相應，仍會執藏這阿賴耶識爲自內我，才能不捨分段生死，當然不可以說他們已經捨棄了阿賴耶識的名稱。

所以若作詳細的方便定義時，只有二乘聖人或通教阿羅漢迴心大乘起惑潤生，或者是大乘直往的菩薩們已經修入七地滿心位以後，才不會有俱生我見、我愛等煩惱出生，才能眞的名爲大乘阿羅漢；因爲二乘或通教阿羅漢，已經斷盡分別所生的分段生死了，現今爲了佛菩提道而起惑潤生，仍然有阿羅漢的實質，與三果人的留惑潤生者未曾斷盡思惑畢竟不同，可以名爲阿羅漢，但仍不得名爲「不退菩薩」。

換言之，戒慧直往菩薩的意識相應俱生我見、我愛等習氣種子，入四地心時不再現行；然而未至七地滿心位前，都仍有意根的俱生我見、我愛習氣種子現行，不得說爲「**不成就阿賴耶識**」，依嚴格的定義時仍不許名爲阿羅漢。依此道理故說二乘阿羅漢迴心大乘以後，起惑潤生行菩薩道時即不得名爲阿羅漢，以有意根相應的我見、我愛習氣種子隨眠產生現行故。

「若彼分別我見愛等不復執藏，說名爲捨；則預流等諸有學位，亦應已捨阿

賴耶名，許、便違害諸論所說。」如果是依佛菩提道直往的菩薩們，或是阿羅漢迴心大乘入地以後，分別所生的我見與我愛等，不再執藏阿賴耶識爲自內我，因此便可以說爲捨棄阿賴耶識；卻因起惑潤生而仍然領受分段生死，那麼初果預流乃至三果等有學位，就應該同樣可以擁有「捨棄阿賴耶識」的名稱了，然而事實上卻不是如此，因爲他們都還有意識俱生的我見、我愛習氣種子現行，有時也會向內執藏阿賴耶識爲我。

所以從現象上來看而不論實質時，七地滿心以下的諸地菩薩也是一樣，仍然有俱生的相續我執與相續法執的習氣種子會現行，正是向內執藏阿賴耶識爲我的習氣表現；如果允許他們說的「七地以下菩薩不成就阿賴耶識，亦可名爲阿羅漢」的道理可以成立，三果等人未至阿羅漢位前，也有向內執藏阿賴耶識的現象，當然也可以名爲「不成就阿賴耶識」，也可以稱爲阿羅漢；如果允許這樣的說法可以成立，便會違背及戕害諸論所說的正義。

第八目　捨阿賴耶識之正義

論文：『地上菩薩所起煩惱，皆由正知不爲過失，非預流等得有斯事，寧可

以彼例此菩薩？』彼六識中所起煩惱，雖由正知，不爲過失；而第七識，有漏心位任運現行，執藏此識，寧不與彼預流等同？由此故知彼說非理。然阿羅漢斷此識中煩惱粗重究竟盡故，不復執藏阿賴耶識爲自內我；由斯永失阿賴耶名，說之爲捨，非捨一切第八識體；勿阿羅漢無識持種，爾時便入無餘涅槃。」

語譯：【問：「地上菩薩所生起的煩惱，全都由於有正知見而不會產生過失，卻不是預流果乃至三果人等可以有這樣的事，怎麼可以取來作爲例子而比對此等地上菩薩？」答：他們六識中所生起的煩惱，雖然由於正知的緣故，不會產生過失；然而第七識，於有漏心位任運現行，執藏此阿賴耶識爲自內我時，難道這事都不與那些預流等有學聖人相同？由此緣故而知道他們所說的並不是正理。但是阿羅漢斷除此異熟識中的煩惱粗重已經究竟斷盡的緣故，不再執藏阿賴耶識作爲自內我；由於這個緣故永遠失去了阿賴耶識的名稱，才說是捨阿賴耶識，但這並不是捨棄一切第八識心體；不可能阿羅漢沒有異熟識受持種子，因爲那時就會進入無餘涅槃。】

釋義：「**『地上菩薩所起煩惱，皆由正知不爲過失，非預流等得有斯事，寧可以彼例此菩薩？』**」由於難陀論師所說被推翻了，於是有別的論師出來爲他們辯護說：「地上菩薩所生起的煩惱，都由於對一切法有眞正了知而不會產生過失，並不是預流果乃至三果等人可以有這類事情，怎麼可以把預流果至三果聖人取作例子來比對地上菩薩？」也因爲《根本論》卷七十七及卷七十八中說，菩薩若起煩惱時並無染污相，因爲正知故起。所以第二師援引出來作證而產生了質疑。

因爲本論中說的「不退菩薩」是專指八地以去的菩薩，不是七地心以下的菩薩；而聲聞論師們認爲入地而成爲地上菩薩時，由證安立諦十六品心而斷除異生性，就已經證阿羅漢果而「不成就阿賴耶識」了，所以地上菩薩也可以名爲阿羅漢。但他們不知道三乘無學入地之時得要先「起惑潤生」，或者菩薩道直往的地上菩薩都屬於「留惑潤生」故，一定會繼續有分別所生或俱生的我執及法執習氣種子現行，要到七地滿心位方才斷盡，才不會再領受分段生死，才是眞的沒有阿賴耶識性，這不像定性二乘聖人死時必入無餘涅槃，「不受後有」之後就沒有阿賴耶識性了。因此未至七地滿心位前，當然不許稱爲「不成就阿賴耶識」，也不許稱爲阿羅漢或「不退菩薩」。於是論主玄奘解釋說：

「彼六識中所起煩惱，雖由正知，不爲過失；而第七識，有漏心位任運現行，執藏此識，寧不與彼預流等同？由此故知彼說非理。」論主玄奘提出辯解論證說：

初地以上的諸大菩薩們，六識中所生起的煩惱，都是由於有正知正見，所以不會產生過失；然而他們的第七識，此時仍在分段生死的有漏心位，還是會有第七識相應的煩惱障所攝煩惱任運現行，自然就會執藏此第八識爲自內我，這個現象難道不是與那些預流果乃至阿那含等人相同？由於這樣的道理，就知道聲聞部派佛教僧人的說法不是正理。

《瑜伽師地論》卷七十八中所說，是引述《解深密經》卷四〈地波羅蜜多品第七〉所說：【觀自在菩薩復白佛言：「世尊！是諸菩薩於諸地中所生煩惱，當知何相、何失、何德？」佛告觀自在菩薩曰：「善男子！無染污相；何以故？是諸菩薩於初地中，定於一切諸法法界已善通達，由此因緣，菩薩要知方起煩惱，非爲不知，是故說名無染污相；於自身中不能生苦，故無過失；菩薩生起如是煩惱，於有情界能斷苦因，是故彼有無量功德。」】

這是解釋地上菩薩雖然生起煩惱，但不會有過失，是因爲正知而起的緣故，不是無知無覺之中自然生起的緣故；也是爲眾生而故意生起煩惱的緣故，並非是爲自己的世俗利益而起煩惱；但不能因此便解釋爲地上菩薩沒有內執阿賴耶識爲我，因爲四地初心前的分別法執習氣種子會有此類煩惱現行故，七地滿心前的相續法執習氣種子也會有此類煩惱現行故，七地前仍必須領受分段生死故。

若要像他們那樣主張的話，必須是三乘通教阿羅漢再迴心佛菩提道，並且修證三賢位的非安立諦三品心以後，依十大無盡願的清淨而入地者，進而斷盡意根相應的相續我執、法執，才可以講得通；但這已是第七地滿心位的事了，所以不能取來把一切依佛菩提道直往的初地以上菩薩，或是二乘迴心大乘的七地以下菩薩作爲事證。

「然阿羅漢斷此識中煩惱粗重究竟盡故，不復執藏阿賴耶識爲自內我；由斯永失阿賴耶名，說之爲捨，非捨一切第八識體；勿阿羅漢無識持種，爾時便入無餘涅槃。」接著回歸阿羅漢位斷盡我執的內涵來說，阿羅漢已經斷除異熟識中的煩惱粗重，而且是「不受後有」究竟斷盡的緣故，不再執藏阿賴耶識爲自內我；由於這樣的緣故，永遠失去阿賴耶識的名稱，就說他們「不成就阿賴耶識」，就是「捨阿賴耶識」。因爲他們已捨阿賴耶識集藏分段生死種子的識性，不再領受分段生死了，就沒有我執的習氣種子的現行，因此也沒有法執的向內執藏阿賴耶識的現行，異於諸地菩薩之起惑潤生，繼續領受分段生死，便說是已捨阿賴耶識性，成阿羅漢。

但這個捨，也只是捨棄阿賴耶性的執藏分段生死種子，而不是捨棄阿賴耶識心體——不是捨第八異熟識心體；這時只改其名爲異熟識、不改其體，仍是第八識心體。因爲入地後或進入八地後，仍然要有第八識心體執藏一切無漏有爲法種，方能漸修而轉進佛地；若捨阿賴耶識即是捨棄第八識心體者，成阿羅漢或入八地以後，豈非就得入無餘涅槃？因爲捨棄心體之後就沒有心體可以執持各類種子了，又如何能繼續受生而實修佛菩提道。又，入八地以後若是將第八識心體捨了，是由誰受持各類異熟種子而實現佛道修行的因果？故說非捨第八識心體，只是捨阿賴耶識集藏分段生死種子的識性，改名爲異熟識，仍名如來藏。

再者，若阿羅漢「捨阿賴耶識」以後沒有第八識心持種，「不受後有」以後十八界皆滅，便不會有阿羅漢住於人間，因爲已成斷滅空；並且，若無第八識改名異熟識繼續持種的功能，成阿羅漢以後便應立時入無餘涅槃，因爲一切有漏或無漏的種子全部皆失。故說成阿羅漢以後，第八識只改其名，不改其體。

第九目　阿賴耶識有種種名

論文：「然第八識，雖諸有情皆悉成就，而隨義別立種種名。謂或名心，由種

種法熏習種子所積集故。或名阿陀那，執持種子及諸色根令不壞故。或名所知依，能與染淨所知諸法爲依止故。或名種子識，能遍任持世出世間諸種子故。此等諸名，通一切位。」

語譯：【然而第八識心，雖然各類有情全部都成就具足，卻得隨著世間相或修證上的義理差別而建立種種名稱。這是說或者名之爲心，由於此識心中有種種法熏習後的種子所累積集成的緣故。或者名爲阿陀那識，執持種子以及各類有情色身諸根使能不壞的緣故。或者名爲所知依，此第八識心能給與染污或清淨的所知諸法作爲依止的緣故。或者名爲種子識，能普遍任運受持世間與出世間的各類種子的緣故。而這四種名稱，通於一切階位。】

釋義：「**然第八識，雖諸有情皆悉成就，而隨義別立種種名。**」以上已經廣說阿羅漢義，解釋第八識斷除分段生死種子的集藏性，改名爲異熟識，方可名爲阿羅漢或「不退菩薩」的道理，此起再解第八識不同層面的妙理。

首先說此第八識心，上從諸佛菩薩，下至地獄有情，全部成就而且具足圓滿，沒有任一有情沒有此識，所以隨著諸有情的各種不同的世間相境界，或是隨著學人修行三乘菩提的不同證量境界，各別建立爲種種的名稱，以明第八識不單稱爲阿賴耶識的原因。猶如《攝大乘論》等諸多論中都說，若離阿賴耶識時，有情的心即不可得故；有情所知的七轉識心等，全都依第八阿賴耶識而有故，證明一切有情都同樣有此第八識。

《大乘起信論》中說「**心眞如門**」，謂第八阿賴耶識有眞如法性，眞實而如如地出生了萬法；又說「**心生滅門**」，謂心眞如所生的七轉識等法都屬生滅法。然而七轉識收歸第八識心眞如，合爲一識而說時，則名爲阿賴耶識；以是緣故，唯識增上慧學中說「**一心說，唯通八識**」，謂衆生若唯有一心者，應該說爲阿賴耶識一心，不該說爲意識或離念靈知等識陰。然而此第八識既可依於有情各種不同狀況而各各立名，其名即多，詳如下解。

「**謂或名心，由種種法熏習種子所積集故。**」此第八阿賴耶識也可以稱之爲有情衆生的「**心**」，因爲祂心體中的內容是由本有種子以及種種法的熏習之後所成就的種子，累積集合而與第八識本有的自身功能和合而成的緣故。「**心**」是積集義，能累積與集成多類種子而流注時，猶如瀑流故。集合各類功能而現起，亦是「**心**」義，由集成多類種子後可以引生此「**心**」不斷運爲，故能流轉十方三世而有無量世的生死。若無此「**心**」，則不流轉生死，即無三界有情可得。

「**或名阿陀那，執持種子及諸色根令不壞故。**」第八識也可以名之爲阿陀那識，因爲此第八識會執持種子，也會執持各類有情的有色根，不論是三惡道或上至色界頂等有根身，悉能執持；由有如是執持色身及種子的功能，使所持的一切種子與五根身、色種都不會毀壞，即使入定之後息脈俱斷而如同死人時也一樣不壞，出定後仍然正常運作的緣故，所以名爲阿陀那識。

「**或名所知依，能與染淨所知諸法爲依止故。**」有時第八識則名之爲「所知依」，因爲一切有情所知的諸法，不論是染污的或是清淨的，也不論是覺知心或一切物，或是器世間等色法，乃至出世間的三乘菩提諸法，全部都以此第八識作爲依止，才能持續輪迴受生而不會散失。「所知」意指「圓成實性」等「三自性」，以「三自性」函蓋所知的一切染法、淨法，或是世間法、出世間法故，成爲菩薩們悟後的「所知」，此阿陀那識即成爲菩薩們的「所知依」。

又，《述記》卷三：【故《中邊論》云：「虛妄分別有，於此二都無，此中唯有空」，是故三性法，皆依此識有。】是故「遍計所執性」及「依他起性」等二法，於第八識的「圓成實性」自身境界中全都無所有，就只是有空性阿賴耶識罷了；由此而說三自性等法，全都依於此第八異熟識而有。於依他起性上生起遍計所執性，其理詳如本論中他處所說，此勿重述。

「或名種子識，能遍任持世出世間諸種子故。」有時第八識名為「種子識」，因為此第八識能任運受持一切世間法與出世間法等各類「種子」，直到成佛之後而猶不會捨棄一切無漏有為法種子的緣故。「種子」亦名為界，亦名功能差別。

於因地時，此第八識能執持一切「種子」，不論有記業或無記業的種子，亦不論所持的有記業種子是善業「種子」或惡業「種子」，這是因為第八識為無覆無記性故，對於六塵中的一切法都不加以分別故，亦名「無分別心」，即是禪宗親證實相般若時所證之標的。此「種子識」名，表顯第八識心體與種子能生一切法，所含藏的種子名為功能差別故，「種子識」亦名「一切功能差別識」故。

「此等諸名，通一切位。」這裡所說的「心、阿陀那識、所知依、種子識」等四個名稱，是通用於一切凡聖諸位的；謂始從凡夫乃至諸佛位中，始從非想非非想天，下至阿鼻地獄中的一切有情，全都可以通用，不論有漏位、無漏諸位。這不像阿賴耶識只能使用於七地滿心位以前，或使用於三果以前。

然此第八識於小乘法中亦名「根本識」，例如《攝大乘論本》第一卷所說。於小乘法古時的《阿含經》中，亦稱此識為「愛阿賴耶、樂阿賴耶、欣阿賴耶、喜阿賴耶」。於般若系列諸經中，佛說此心名爲「眞如、非心心、無心相心、不念心、無住心」，即是金剛心；於《楞伽經》中，佛說此第八眞識有無量名，舉凡外道所說造物主、大梵天王、祖父、上帝……等所謂創造世間及有情者，其實皆是此識；然因外道不知，是故產生妄想而取種種異名。

如《楞伽阿跋多羅寶經》卷四〈一切佛語心品〉說：「大慧！彼**不生**即如來異名。大慧！譬如因陀羅、釋迦、不蘭陀羅，如是等諸物，一一各有多名，亦非多名而有多性，亦非無自性。如是大慧！『**我**』於此娑婆世界有三阿僧祇百千名號，愚夫悉聞，各說『**我**』名，而不解『**我**』如來異名。」

《攝大乘論》卷上亦說：「以此義故，小乘經亦異名說此『阿梨耶識』。大僧祇《增壹阿含經》中亦說彼爲『根本』，如樹依根住故。彌沙塞僧中亦說言，乃至『世間陰不斷』，如是異名亦說彼識。『或有時節中，色及心斷時』，非『阿梨耶識』有斷義。彼是種子，是故所有彼智所依『阿陀那識』事、『心』事、『阿梨耶』事、『根本識』事，乃至『世間陰』事，說彼『阿梨耶識』。」

故說第八識有種種異名，其中所說義理，舉凡指涉能生器世間、能生一切有情者，皆是指第八識心；然而諸外道輩無智故不懂此理，誤將第八識說爲上帝、大梵天王、大自在天或造物主等墮入五陰中的有情，其因妄想所施設之名號其數甚多，難以一一列舉。然而此諸眾多名號之中，第八識唯有此四種名號通一切位，不論凡夫異生或是諸佛菩薩及以二乘聖人。

論文：「或名阿賴耶，攝藏一切雜染品法，令不失故；我見愛等執藏，以為自內我故。此名唯在異生有學，非無學位不退菩薩，有雜染法執藏義故。」

語譯：【此第八如來藏識，有時也名之為阿賴耶識，因為祂攝受及執藏一切雜染品法，使這些雜染品法種子不會失去的緣故；有我見、我愛等種子執藏著，將此第八識執著為自內我的緣故。這個阿賴耶識的名稱只是在異生位或有學位可以使用，並不是在無學位或不退菩薩位，因為在異生及有學位中，仍然有雜染法種子被此識所執藏的道理故。】

釋義：「或名阿賴耶，攝藏一切雜染品法，令不失故；我見愛等執藏，以為自內我故。」此第八如來藏識有時名為阿賴耶識，因為在這個尚未完全解脫的階位中，有「我見、我執、我所執」等所依，故有能藏、所藏、我愛執藏之義；亦是由於「我愛」而連同我所及第八識都加以執藏之義，是故此識會攝受而執藏一切雜項的染污品法，將這些煩惱種子永遠執藏著而不會散失；這些雜染種子以及第八識心體，就成爲一切有情的自內我。

「此名唯在異生有學，非無學位不退菩薩，有雜染法執藏義故。」這個阿賴耶識的名稱，只有在異生位或有學位中可以使用；因爲不是在無學位或八地「不退菩薩」位中，仍有雜染品法還會被此識所執藏的道理。

換言之，只要住於還有分段生死現象的階段中，從三果以下或是七地滿心位以下，他們的第八識都要稱之爲阿賴耶識；雖然七地以下的菩薩都已經有在滅除煩惱障中的習氣種子隨眠，是諸阿羅漢之所不能，世世都能斷除分段生死入無餘涅槃，但因爲起惑潤生位中都還是顯現有分段生死，仍有故意所起的一分思惑現行存在，仍然應該名爲阿賴耶識。

論文：「或名異熟識，能引生死、善、不善業異熟果故；此名唯在異生、二乘、諸菩薩位，非如來地猶有異熟無記法故。」

語譯：【第八識或者名之爲異熟識，能引發生死流轉和善業、不善業等異熟果的緣故；這異熟識的名稱只能使用在異生位、二乘聖人、諸菩薩位中，並非如來

位的境界中還有異熟無記法的緣故。】

釋義：「或名異熟識，能引生死、善、不善業異熟果故；」此第八識或者又名爲異熟識，因爲祂能引發生死流轉以及各種善業、不善業等異熟果的緣故。意思是說，在異熟果實現報償之時，就會有各類的異熟生；於異熟生的過程中，便有各類熏習而使第八識含藏的種子發生變動及更易，以及受持新熏種子的異熟結果，所以名爲異熟識。

由此第八識有異熟果及異熟生的緣故，凡夫眾生一定會有生死流轉；乃至八地以上菩薩仍有所知障「上煩惱」尚未斷盡，故有無記性的種子繼續變異更新，即是有變易生死。如是繼續使第八識所含藏的異熟種子持續變異更替，就會有異熟果及異熟生繼續現行，名爲變易生死；然而卻是由於有異熟種子的更替才能轉易爲究竟清淨種子，方能究竟成佛，所以異熟識的過程是所有菩薩都必須經歷的。

至於尚未成佛的因位，此第八識種子的異熟性，則能引生異生位與賢位、聖位菩薩的可愛或不可愛的異熟果，因爲第八識含藏的種子尚未究竟清淨、尚未究竟而純善，依然可以變換改易故，名爲異熟識。

「此名唯在異生、二乘、諸菩薩位，非如來地猶有異熟無記法故。」第八識的異熟識名稱，只限定在異生位、二乘聖者位及諸菩薩位，佛地第八識改名爲無垢識，不名異熟識，因爲到達佛地時第八識已無無始無明所攝的「上煩惱」存在了，第八識所含藏之一切無漏有爲法種已經具足圓滿，所含藏的種子都不會再有變異，都不會更新了，所以沒有變易生死，永無異熟生與異熟果了。

由於佛地都無異熟性等無記法的種子故，全部種子都與純善法性相應，全部都是純善性的有記性，是故不許再說佛地第八識爲異熟識，因此易名爲無垢識，如後論文中所說。

《成唯識論述記》卷三：「其如來地純無漏善，無無記故，如《佛地論》第三、四等諸諍中說。此，小乘名窮生死蘊、有分識等，與異熟識分位相似，生死盡故。若約斷縛說，即二乘無學無有此名，彼二乘無學已斷生死縛故。前解爲勝，八地菩薩分段生盡，不名捨此異熟識故，更無死此生彼處故。此准能緣，以分三位：一、補特伽羅我見相應位，名染污末那緣阿賴耶。二、法我見相應，名不染末那緣異熟識。三、但爲末那緣阿陀那識。若平等性智相應，通緣三位；七地以前緣阿賴耶，執藏之義未捨故，緣餘二可知。」

論文：「或名無垢識，最極清淨諸無漏法所依止故。此名唯在如來地有，菩薩、二乘及異生位，持有漏種可受熏習，未得善淨第八識故。如契經說：『如來無垢識，是淨無漏界；解脫一切障，圓鏡智相應。』」

語譯：【此第八識或者名為無垢識，已經改由最極清淨的各種無漏法所依止的緣故。這個無垢識的名稱只有在如來地才有，因為諸地及三賢位菩薩、二乘聖人以及異生位的凡夫們，第八識仍然執持有漏種子而可繼續接受熏習變易，還沒有得到究竟良善而清淨之第八識的緣故。猶如相應的經典中有說：「如來地的無垢識，是清淨的無漏法界；解脫了煩惱障及所知障，有大圓鏡智相應了。」】

釋義：「**或名無垢識，最極清淨諸無漏法所依止故。**」此第八識有時可以稱之為「無垢識」，因為已經由最極清淨的各種無漏法種子所依止了。修到佛地時，此第八識所含藏的一切法種都是究竟清淨而純善，所以產生六根互通的功德，因為第八識的本有功能已經不受煩惱障與所知障所障礙，而能自行於每一根中運作其他五根的功能了；此時種子已經純善而不再有所變異，已經究竟清淨而無垢穢，連無記性的異熟變異也斷盡了，種子已經不必變易了，所以名為「無垢識」。

「無垢識」亦名菴摩羅識，如《成唯識論述記》卷三，解釋「無垢識」義：「述

曰：唯無漏依，體性無垢。先名阿末羅識，或名阿摩羅識；古師立爲第九識者，非也。然《楞伽經》有九種識（註）**，如上下會。此無垢識，是圓鏡智相應識名，轉因第八心體得之。」**（註：眞諦三藏譯的《決定藏論》中講的眞識爲第九識，名無垢識；實非第九識，仍是第八識心體。阿摩羅識者，謂清淨識也。）

「此名唯在如來地有，菩薩、二乘及異生位，持有漏種可受熏習，未得善淨第八識故。」這個第八「無垢識」的名稱，只在如來地才有；於菩薩的一切地，以及二乘聖人和異生凡夫位中，此第八識仍有少分、多分或全分執持有漏種子的功能，當然可以繼續領受新的熏習改變，以及收存新熏的種子，故仍有異熟性，正是因爲還沒有證得完全善淨第八識的緣故。

由於尚未究竟清淨故，仍可領受熏習而收存新熏種子故，第八識中執藏的各類法種仍將繼續變異更易，因此種子之中仍然有異熟性或無記性，還有種子變易的極微細生死，不能名爲「無垢識」。

「如契經說：『如來無垢識，是淨無漏界；解脫一切障，圓鏡智相應。』」就如同相應的經典中說：「修到如來地的第八無垢識，是清淨而純粹無漏的法界；已經解脫煩惱障及所知障的遮障，這時的第八識已經有大圓鏡智相應了。」

第八識有大圓鏡智相應之後，才算是成佛境界的第一步完成；還得再眼見佛性而發起五識相應的成所作智，才算眞的成佛了；這就是《妙法蓮華經》卷三〈化城喩品第七〉說的：【佛告諸比丘：「大通智勝佛，壽五百四十萬億那由他劫。其佛本坐道場，破魔軍已，垂得阿耨多羅三藐三菩提，而諸佛法不現在前。如是一小劫乃至十小劫，結跏趺坐身心不動，而諸佛法猶不在前。爾時忉利諸天，先爲彼佛於菩提樹下敷師子座，高一由旬，佛於此座當得阿耨多羅三藐三菩提。適坐此座，時諸梵天王雨眾天華，面百由旬，香風時來吹去萎華，更雨新者；如是不絕，滿十小劫供養於佛，乃至滅度常雨此華。四王諸天爲供養佛，常擊天鼓；其餘諸天作天伎樂滿十小劫，至于滅度亦復如是。諸比丘！大通智勝佛過十小劫，諸佛之法乃現在前，成阿耨多羅三藐三菩提。」】

以成佛之時現起大圓鏡智之後，尙須眼見佛性，方能發起成所作智，才是眞正的成佛，所以偈中說：「大通智勝佛，十劫坐道場；佛法不現前，不得成佛道。……過十小劫已，乃得成佛道；諸天及世人，心皆懷踊躍。」成所作智現前時，已是六根互通的境界，已過識陰區宇而到識陰盡的境界（詳《楞嚴經》所說，請詳閱拙著《楞嚴經講記》可知），所以佛地也可以不必依靠六根起用，純以無垢識的佛性即可運用五別境心所，由第八識或前五識直接運作而利樂有情，非必要用意根或意識。

此時的第八無垢識，不唯可與五遍行、五別境、善十一等心所相應，也可以運用六根中的任何一根而具足六根之用。既然佛地一一根既皆具足六根之用，當然一一根皆可自行運作而利樂有情，即是成所作智的功德，第八識到此地步時方可名爲「無垢識」。

第十目　滅阿賴耶識義

論文：「阿賴耶名過失重故，最初捨故，此中偏說。異熟識體，菩薩將得菩提時捨，聲聞、獨覺入無餘依涅槃時捨。無垢識體無有捨時，利樂有情無盡時故。心等通故，隨義應說。」

語譯：【阿賴耶識名稱的過失最粗重故，也是所有佛教修行者最初所捨的名稱故，所以在這裡偏重於阿賴耶的識性而先作解說。至於異熟識的體性，菩薩們即將證得佛菩提果時捨棄，聲聞、獨覺則是入無餘依涅槃時捨棄。至於佛地無垢識的體性就沒有捨棄的時候了，因爲諸佛利樂有情永遠無盡期的緣故。而且「心」

名之義與第八識其他的各種名稱是平等互通的，這要隨著有情修行時的不同分位所應了知的道理，來爲菩薩們說明。」

釋義：「阿賴耶名過失重故，最初捨故，此中偏說。」阿賴耶識的名稱，在薩婆多部的《阿含經》中說爲「愛阿賴耶、樂阿賴耶、欣阿賴耶、喜阿賴耶」，此識的自性與功能是一切凡夫有情之所「愛、樂、欣、喜」的緣故，爲尚未見道的學人演述第八識妙法時，當然應該偏重在阿賴耶性的上面來說；至於功能則不必提，悟者自知。

阿賴耶的名稱顯示了第八識對分段生死種子的能藏、所藏、我愛執藏的意思，這種過失在佛道修學過程中，妨礙解脫果及佛菩提果特別嚴重的緣故，也是有情修行後所應理解及實證而加以現觀，更是見道後修行時最初所應捨的緣故，才能究竟滅盡阿賴耶性與異生性，在這裡當然要偏重加以說明。

其餘的「異熟識、阿陀那識、心、所知依」等名稱，則留到後面或者其他的經論中再作說明，因爲這些名稱所顯示的過失比較沒那麼嚴重，對於諸多菩薩而言，就比較不需要急切說明的緣故。

「異熟識體，菩薩將得菩提時捨，聲聞、獨覺入無餘依涅槃時捨。」此第八識的異熟變易體性，於菩薩即將證得佛地的覺悟智慧時捨棄，也就是在最後身位明心之時捨棄——於大圓鏡智現前時捨棄；此時尚未成佛，所以名爲「將得菩提時捨」；要等待之後眼見佛性時成所作智現前，才是到達「識陰盡」的究竟境界，此時六根互通而名爲成佛，方才具足成就「無垢識」的究竟清淨體性。

至於聲聞、獨覺二乘聖人，則是入無餘依涅槃時捨棄，因爲他們永棄名色之時是「不受後有」，就是不再有第八識的受熏持種等異熟性現前了，所以方便說名爲捨。《成唯識論述記》卷三說：「問：『何故前明識名，通局次第不同，今者次第與前乃別？』答：彼約寬狹，先寬後狹；此約斷位，性相求故，故與前別。二乘正入無餘時捨，若是菩薩金剛心捨，不行名捨，非斷縛義。」

「**無垢識體無有捨時，利樂有情無盡時故**。」但若是修到究竟佛地改名爲「無垢識」時，「無垢識」的體性可就沒捨棄的時候了；因爲成佛之後仍依十無盡願而住，利樂有情無盡時故，永遠不入無餘涅槃，但卻具足圓滿四種涅槃，常住世間以利有情，是故無垢識名無有捨時。

「無垢識」梵語音譯爲菴摩羅識、阿末羅識、阿摩羅識，諸經有此三種另譯，意爲清淨無垢的識。眞諦三藏譯經之時不解經文，誤會而將此識建立爲佛地獨有的第九識，是錯會所立，應改正爲佛地之第八「無垢識」；仍是因地之第八阿賴耶識、異熟識心體，只改其名，不改其體。

佛地第八識能成爲無垢識之緣由，是因斷除阿賴耶識性，繼而進斷異熟識性，煩惱障及所知障的所有「起煩惱、上煩惱」都已究竟斷盡，是故心體中所含藏之一切種子都已究竟清淨，而且全部圓滿並且具足現行，已經是純善性，不再接受新熏，所以種子已不再變異而不需有所改易，證明已滅異熟識性，斷盡變易生死，是故名爲「無垢識」。

「**心等通故，隨義應說**。」第八識心廣有諸名，例如「所知依、眞如、心、阿賴耶識、異熟識、無垢識、阿陀那識、一切種、愛樂欣喜阿賴耶」，或是外道所說的「大梵天王、大自在天、祖父、造物主、上帝、勝性、冥性……」等。但不論第八識心有多少名，其實作爲有情所依心的自性，以及能生五陰、器世間等一切法的自性，都是一直具足存在著；而且是通凡夫與賢聖，也通外道與諸佛菩薩，平等通有如是第八識心，一切種子悉皆具足無缺，所以第八識即使名爲外道所說的種種名稱時，或是佛法中所說的「所知依、阿賴耶識、阿陀那識、異熟識……」等名稱，仍然無妨其爲心的本質；乃至修到佛地時名爲「無垢識」，一樣可以名之爲「心」，並無過失。

並不因爲有無「心」的名稱，也不因是否被外道建立爲其他的各種名稱，而令第八識「心」的自性重複生成或失去，故說「心等通故」；因爲「心」這個名稱，可以平等通名一切異生、凡夫、外道、二乘聖人、諸佛菩薩故。而這些名稱的第八識自性，隨著有情修行的位階次第，於他們應該了知時就得爲他們一一提出解說，所以本論中隨著成佛之道法義的鋪陳，也同樣依著佛菩提道各種證量名稱的淺深次第，一一加以解說。

是故《成唯識論述記》卷三說：「謂此『心』等隨染愛藏，隨是何乘，金剛心位及，或八地已去方捨。若異熟位亦捨心者，即二乘入涅槃時捨，無漏心者無有捨時。心言『等』者，謂所知依、執持識等。或『心』義者，菩薩因中、二乘無學，實有熏習，佛無熏習。前有熏習，熏習之種如來亦有，亦得名心。」

第十一目　第八識的有漏性與無漏性位次

論文：「然第八識總有二位：一、有漏位，無記性攝；唯與觸等五法相應，但緣前說執受處境。二、無漏位，唯善性攝，與二十一心所相應，謂遍行別境各五、善十一；與一切心恒相應故，常樂證知所觀境故，於所觀境恒印持故，於曾受境恒明記故，世尊無有不定心故，於一切法常決擇故，極淨信等常相應故，無染污故，無散動故。此亦唯與捨受相應，任運恒時平等轉故；以一切法爲所緣境，鏡智遍緣一切法故。」

語譯：【然而第八識的分位總共有兩個位次：一、有漏位，無記性所攝；此時只能與觸等五個心所法相應，只緣於前面所說不可知的「執受、處、了」等境界。二、無漏位，純是善性所攝，能與二十一個心所法相應，這是說遍行、別境心所各有五個，加上善十一心所法；因爲此時與有情一切心永遠都相應的緣故，恆時樂於證知所觀境界的緣故，於所觀察的境界永遠都能印持的緣故，對於曾經領受的境界永遠都清楚地明確記持的緣故，諸佛世尊的階位中沒有不定心的緣故，於一切法恆時都能決擇的緣故，究竟地清淨性之信等善法永遠都能相應的緣故，不論種子或現行都沒有染污的緣故，八識心全部都是恆時沒有散動的緣故。這時的境界一樣純與捨受相應，因爲是任運而在一切時中都是平等運轉的緣故；也因爲無垢識是以一切法的現量作爲所緣的境界，而大圓鏡智也遍緣一切法的緣故。】

釋義：「然第八識總有二位：一、有漏位，無記性攝；唯與觸等五法相應，但

緣前說執受處境。」第八識若從有漏性或無漏性來區分時，總共就只有二位：有漏位、無漏位。有漏位的第八阿賴耶識如來藏純屬無記性所攝，只能與無記性的觸等五遍行心所相應，所以只緣於前面所說世人及二乘聖者所不知的「**執受器世間的處、五根身、各類種子等境界**」；由此只能有六塵外的了別境界，所「**了**」都不在六塵境界中，所以成爲無覆無記性。

然第八識對這些所緣境界全都是現量境界，沒有比量及非量境界；祂所「**了**」的「**處**」即是器世間，所「**了**」的各類種子則函蓋第八識自身的種子、五根身種子、七轉識種子、煩惱心所種子、善十一心所種子、地水火風四大種子等，此即是說阿陀那識性也，阿陀那識性通有漏位及佛地無漏位故。然而第八識的如是所緣都非二乘聖人與諸凡夫所知，故名「**不可知**」的「**執受、處、了**」。

因位阿賴耶識爲何只通無覆無記性？以不與五別境及善十一心所相應，是故不了別六塵，全無順心境、違心境等受陰境界，三受的相應則唯有捨受，是故即無取捨，方能成就無覆無記性而完成熏習的過程。而且因地第八識又不與五別境及煩惱等心所相應，方能公平執藏一切善惡業種及一切所熏習的無記業種，依其所執藏的諸法業種公平執行因果律，方能成就異熟果等五果而有十方三界無盡有情的存在及流轉，故說因位的第八識唯有無覆無記性。

若所悟之心能了知六塵或五塵者，不論是否稱為阿賴耶識，其實仍是離念靈知心識陰，即是與五別境心所相應，必定會與煩惱心所相應，故能與順心境或違心境相應，即有取捨而成為與善惡相應的有記性，並非無記性，當知即是七轉識所攝；如是所「悟」並非第八識心體，名為所悟非真，未證真如而自以為證，仍屬凡夫。一切初機學人求悟般若真見道位時，此理皆應知之，免受釋印順、琅琊閣、張志成等人所欺。

「二、**無漏位，唯善性攝，與二十一心所相應，謂遍行別境各五、善十一；**」已歷經三大阿僧祇劫的修行而到達佛地究竟清淨的無漏位時，第八識心體及所含藏的種子純是善性所攝，所有煩惱障的現行與習氣種子隨眠都已斷盡，所知障所攝的「**上煩惱**」塵沙惑也已全部斷盡，此時已到佛地，第八識改名無垢識，與二十一個心所法相應；就是與五遍行、五別境、善十一等心所相應，因七識心不再與所有煩惱心所相應，也不與四不定心所相應，第八識中所含藏的一切種子純屬善性，因為七識心已經究竟無漏而使種子不再變換轉易了，於一切法皆所證知而得一切種智，即是純無漏位。

問：「無垢識既能與五別境相應，為何不與煩惱等心所相應？」答：為已究竟清淨故，煩惱、所知二障俱已斷盡故，由此有漏不復出生。此無垢識自性及同俱之心所等，亦顯示阿陀那性故；故說阿陀那識名，遍一切位，以因位即有「執受、處、了」等故，勿言佛地第八識不能持身、持種及了別六塵外法等。究竟佛位的無垢識，以究竟清淨、究竟圓滿故，具足十號以及十力，故名為佛，是「正遍知」而名為「一切智者」，絕非凡夫妄想的離念靈知，乃至絕非妙覺菩薩位的意識與意根境界可以相提並論。

末法時代往往有諸多凡夫妄將意識所住、乃至識陰六識所住的離念靈知欲界定境界，誤認作佛地眞如心第八識，釋印順、張志成、琅琊閣等人悉皆如是，故其所說的第八阿賴耶識能分別五塵等，本質上是誤以為離念靈知心離語言文字時即是無分別心、即是阿賴耶識故，正是未斷我見的具足凡夫。如是諸人於諸法全無「正遍知」，亦未離煩惱障相應之諸多煩惱心所，所知障則無論矣！乃至未斷我見、未證眞如的釋印順傳記，竟親自命名為《看見佛陀在人間》，正是天下最大的大妄語業；如是等人皆屬大妄語業的造業者，皆是無知之人。一切已證眞如、已入唯識眞見道位者，於此皆應知之，起而救度被誤導之眾生，藉此摧邪顯正之機會修植廣大福德。

「與一切心恒相應故，」因地第八識的觸等五個心所，恆與一切心—七轉識—相應的緣故，無漏心位的佛地第八識，亦復如是不改其性。

又觸等五遍行心所，於因地阿賴耶識位本來就相應故，進修至果地無漏心位時，當知仍與第八無垢識相應；此時由「識陰盡」故六根互通，純依佛位第八識的佛性，直接藉六根中的一根運行而能與五別境心所相應，仍可現行其餘五根的功能。又因能與五別境心所相應故，則與善十一心所亦得相應。如是究竟位的無垢識智慧境界六根互通，唯佛與佛乃能知之，非妙覺以下所能知之也。下說無垢識與五別境心所相應：

「常樂證知所觀境故，」此乃「欲」心所也，「欲」以「希冀常樂」證知所觀境爲業；凡夫之「欲」心所以煩惱爲體，諸聖者之「欲」心所則以智慧爲體。佛地無垢識此「欲」心所無有滅失之時，故說其證知所觀境爲「常、樂」現觀；謂於一切時中，皆「常、樂」於證知所觀境故。

「於所觀境恒印持故，」此乃「勝解」心所也，勝解以「印持」爲業，以「欲」心所爲體。佛地無垢識對於所觀境恆所證知，即因如是證知而有「勝解」，方能對

「所觀境」隨後「印持」之。

「於曾受境恒明記故，」此乃「念」心所也，念以「明記」為業，以「勝解」為體。無垢識於所曾經境具有所觀而得「勝解」，並曾具足經歷其現量境界；如是無垢識既有五別境相應而是親歷境界者，又具有「勝解」時，所經歷及起「勝解」者都是同一心，非由意識生起「勝解」而由第八識受持種子成為二心，由於「勝解」之心亦是「持種」之心，是故無所忘失，便能永遠明記不忘。

「世尊無有不定心故，」此乃佛地「定」心所也，「定」以持心一處而不搖動為業，以「念」為體。實修而到達「世尊」的位次時，若非宴坐之時，無垢識時時刻刻都如同意識住於初禪等持位中，佛地無有不定心故；而初禪等持位能了知一切諸法，是故無垢識永離睡眠而隨時都能了知所觀境界故。

「於一切法常決擇故，」此乃「慧」心所也，「慧」以決擇為業，以「智」為體。諸佛境界的第八無垢識，恆能決擇一切法，以有五別境心所相應故；謂無垢識能決擇一切所「了」之法，皆是現量了知故；亦能一念緣於一切法，以無垢識相應之大圓鏡智函蓋一切法故。

因位阿賴耶識，一心一時恆緣現量境界，不緣過去、未來；如來地無垢識，一心一時之間亦可緣於過去、未來一切法而至三世，是故諸佛如來說爲「明行足、一切智」。以下說明爲何無垢識常與善十一心所相應：

「極淨信等常相應故，無染污故，無散動故。」究極清淨的第八無垢識與五別境及信等十一善法永遠相應之故，如是第八識全無染污故，一切種子究竟清淨而使八識心王皆得發起一切功能差別，是故六根互通；由是故說無垢識恆與定心所相應而無散動故，唯善性攝，經常不斷與五別境及善十一心所相應。

此三句說明爲何無垢識能與善十一心所相應：一、諸佛如來恆與四證淨相應，於佛、法、僧、戒，具足最究竟位的清淨信故；二、心體及種子純淨而無染污，以二障煩惱俱已滅盡故；三、八識心王皆無散動故，無垢識恆與定心所相應，則與不定四心所不相應。由如是三緣，佛地無垢識必與五別境及信等十一善法相應。

「此亦唯與捨受相應，任運恒時平等轉故；」如來地無垢識也是只有與捨受相應，其因有二：一是第八無垢識的自性屬於任運性，永遠都是於一切法中平等運轉而「**了別**」故；二是無垢識有大圓鏡智故，以一切法的現量及比量作爲所緣境，無有一法不緣，是故恆與所持各類種子、三世法、出世間法、有根身、器世間、外六塵、內六塵等境界相應，不再被緣生法所瞞，因爲大圓鏡智是遍緣一切法，所緣全部都是現量而及於比量的境界故。

《成唯識論述記》卷三：「亦如本識因中唯與捨受相應，恆、任運轉故，不作分別故，非有易脫故，不可動搖故；如《佛地論》說，不可動搖，非如餘智。問：「依何靜慮而起此智？」或說通四無色、色界六地（註），遊觀無漏通此地故；起現行者唯第四定，多依天住故；此智多分起大悲故，大悲唯在第四靜慮；此爲德本，功德多依第四定故。如《集論》第七、《雜集》十四說。」（註：詳下說明。）

色界六地，如《成唯識論義蘊》卷三：「言色界六地者，謂四根本、一中間、一未至也。言中間者，即大梵王天。何名中間有？有尋有伺上，無尋無伺下，故名中間。問：四禪皆有近分，如何唯一未至耶？答：唯取初禪近分，最初得故所以偏說。」又如《成唯識論疏義演》卷三說：「言色界六地者，謂四禪及未至定，并中間禪。」

如是色界六地中，第八異熟識同皆捨受相應，無垢識則超脫於異熟識不了六塵境界的範疇，以究竟清淨位能與五別境心所相應故。以下再說明爲何無垢識唯與捨受相應之理：

「**以一切法爲所緣境，鏡智遍緣一切法故。**」次再說明爲何第八無垢識唯與捨受相應之理。一般而言，若能與五別境心所相應時，一定會分別六塵境界的順心、違心故，則有苦樂受，而非全是捨受。然第八無垢識以一切法作爲所緣境，無有一法不緣，所緣的境界也都是現量境界，是故恆與所持各類種子、世出世間法、三世法、有根身、器世間、外六塵境界相應，因爲大圓鏡智是遍緣一切法的。

既然無垢識遍緣一切諸法而如實了知並且不加檢擇，其大圓鏡智之自性當知即是捨受相應，異於意識等六識境界。亦唯有因地時即已是捨受相應之心，方能以其「不可知執受」之功能執受一切法，謂成佛後仍能執受八識心王各類種子，以及有根身、器世間、外六塵、內六塵、世出世法及眾生七識心的種子，並能緣於三世境及七識心的現行識等，這是由於大圓鏡智本身緣於三量中的一切法故。

又大圓鏡智由於第八無垢識所含藏的各類種子究竟清淨故，能與五別境及善十一心所相應，是故亦能緣於六塵中的現量、比量等三世境界，具足函蓋而無遺漏，而且所有比量皆無非量，如是永遠住於現量境界而且能反觀故，由此故說「鏡智遍緣一切法故」。

第九章　第八識心體實有

第一節　以五教十理印證第八識實有

第一目　舉聖教說有阿賴耶識

論文：「『云何應知此第八識，離眼等識有別自體？』聖教、正理為定量故。謂有《大乘阿毘達磨》契經中說：『無始時來界，一切法等依；由此有諸趣，及涅槃證得。』」

語譯：【問：「是什麼緣故應該了知此第八識，離開眼等七識而有其他屬於自己的體性？」答：由聖教與正理作為定量的緣故。這是說有《大乘阿毘達磨》及相應的經典中說：「無始時以來的功能差別，是一切諸法的所依；由這阿賴耶識而有五趣六道有情，以及涅槃解脫的證得。」】

釋義：「『云何應知此第八識，離眼等識有別自體？』聖教、正理為定量故。」古今一般學人不懂的是，為何學佛人必須知道第八識擁有異於七轉識的自體性，因不知故而有諍訟，便提出此問：「是什麼道理說應該知道這第八識，是離開眼等七識的功能而有自身不同的自體性？」論主玄奘答說：此第八識有其不同於七轉識的自體與自性，故其行相有別於七轉識，這是在聖教中確實爲定量的緣故，而且在實證的正理上面也是決定性而不可被改變的現量故。這是總說，意謂阿賴耶識的存在是現量而非比量的方便施設，更不是非量的建立。

至於此處不直言阿賴耶識，而改言第八識者，是因第八識這個名詞，可通異生、凡夫、賢位、聖位等一切位故。問句中「離眼等識有別自體」之「等」，是等取意根、六識心及心所，以及色塵等六；謂阿賴耶識有眞實的自體性，並非假名施設建立的唯名無實法。並以「聖教、正理爲定量故」，作爲總說，然後引出五教十理而作說明。以下是引第一教爲據：

「謂有《大乘阿毘達磨》契經中說：『無始時來界，一切法等依；由此有諸趣，及涅槃證得。』」這是說，在《大乘阿毘達磨》論典之中，以及相契應的經典中有說：「這第八識無始時以來的功能差別，是一切諸法的所依；由這阿賴耶識而有五趣六道有情，以及學法以後對涅槃解脫的證得。」

如《攝大乘論本》卷一說：「此中最初且說所知依，即阿賴耶識。世尊何處說阿賴耶識名阿賴耶識？謂薄伽梵於《阿毘達磨大乘經》伽他中說：『無始時來界，一切法等依，由此有諸趣，及涅槃證得。』即於此中復說頌曰：『由攝藏諸法，一切種子識，故名阿賴耶，勝者我開示。』」

於因地時，一切法都要由阿賴耶識心體及所含藏的種子作爲所依，方得從阿賴耶識心中現行、存在、變異、壞滅而被有情所現觀及了知；不論世間法或大乘世出世間法都是如此，所以阿賴耶識是一切法的所依，是故經中又名阿賴耶識爲法身；如阿含部《央掘魔羅經》卷三說：「**如來**常及恒，第一不變易，清淨極寂靜，正覺妙**法身**。甚深『如來藏』，畢竟無衰老，是則摩訶衍，具足八聖道。」此偈中說的「如來」即是第八識法身。

又如《勝天王般若波羅蜜經》卷三〈法性品第五〉說：「大王！所言**如**者，名爲不異、無變、不生、無諍、眞實；以無諍故，說名**如如**。如實知見諸法不生，諸法雖生，**如如**不動；**如如**雖生一切諸法，**如如**不生，是名**法身**清淨不變，猶如虛空無等等，一切三界無有一法所能及者，遍眾生身無與似者。」

其他大乘經中也說第八識眞如爲法身，是諸法的所依身故，文繁不舉。正因爲有第八阿賴耶識的存在，依其能藏、所藏、我愛執藏生死種子的功能差別，自然能執持三界中的一切無漏及有漏種子，才能有五趣六道有情不斷流轉生死；也因爲第八識如是受熏持種的功能，方能使諸菩薩修道之時可以受持無漏法種乃至成佛，是故成佛時有四種涅槃的證得。如是依受持有漏法種及無漏法種，證明阿賴耶識或異熟識爲諸法的所依身，再舉經文如下以證：

《央掘魔羅經》卷三：「云何名爲一？謂一切眾生，皆以**如來藏**，畢竟恒安住。」這便是略說「無始時來**界**，一切法等依；由此有諸趣，及涅槃證得。」又於卷四說：【佛告文殊師利：「一切眾生有**如來藏**，爲無量煩惱覆，如瓶中燈。」】是名阿賴耶識，亦是同樣證明此第八識爲法身之用。

《央掘魔羅經》卷四又說：「我說道者，說何等道？道有二種，謂聲聞道及菩薩道。彼聲聞道者，謂八聖道；**菩薩道者，謂一切眾生皆有如來藏**。」所以告訴大眾說：【「意法前行，意勝法生；**意法淨信，若說若作，快樂自追，如影隨形**。我爲聲聞乘說此偈意者，謂**如來藏**義、若自性清淨意，是如來藏勝一切法。一切法是如來藏，所作及淨信意法，斷一切煩惱故，見**我**界故；若自淨信有如來藏，然後若說若作，得成佛時若說若作，度一切世間。如人見影，見如來藏亦復如是，是故說如影隨形。」】

如上所說，因第八識故「由此有諸趣」；至若「及涅槃證得」，則是說明，若無如來藏阿賴耶識心體受熏持種，一切菩薩將成爲「空修梵行」終無所益，是故《央掘魔羅經》卷四 佛說：「如是，文殊師利！衆生知有如來藏故，精勤持戒淨修梵行，言『我必當得成佛道』。復次，文殊師利！**若無如來藏者，空修梵行**，如窮劫鑽水終不得酥。」

如來藏阿賴耶識眞實有，也是佛法的修證中心，唯有親證第八阿賴耶識者方能快速成就佛道，謂於此第八識外即無佛法故。猶如《大方等如來藏經》所說：「菩薩諦思惟，甚深**如來藏**，知衆生悉有，疾成無上道。」

又《楞伽阿跋多羅寶經》卷四〈一切佛語心品〉說：「大慧！**如來藏**者，輪轉、涅槃、苦樂因，空亂意慧愚癡凡夫所不能覺。」

復如《證契大乘經》卷二說：【「世尊！誰與一切衆生作大導師？」佛言：「正士！持此**如來藏**者。」「世尊！誰是佛子？」佛言：「正士！深信**此**法門者。」】

《瑜伽師地論》卷八十亦有是說：「次異熟識捨所依止，由異熟識無有取故，諸轉識等不復得生，唯餘清淨無爲**離垢眞法界**在。於此界中般涅槃已，不復墮於天、龍、藥叉，若乾達縛、若緊奈洛、若阿素洛、若人等數。」亦證明涅槃之所以能證得而非斷滅空，皆因此第八異熟識常住所致故。

由此當知，不但一切世間法，二乘菩提乃至世出世間一切佛法，都是以第八識如來藏作爲所依的法身，離此第八識即無三乘菩提等佛法及世間法故。故說無始時以來的各類功能差別，即是第八識如來藏，全都出之於第八識心，故以此心作爲一切世間及出世間法的所依身，名爲法身。

正由於第八識如來藏恆、常、無覆無記、持一切法種的緣故，才會有一切有情的造因受果、流轉生死，以及諸賢聖的學法修行而證涅槃及成就佛道，故應信有第八識如來藏阿賴耶識。若不信者，「空修梵行」，終無所成。

論文：「此第八識自性微細，故以作用而顯示之。頌中初半，顯第八識爲因緣用，後半顯與流轉還滅作依持用。界是因義，即種子識；無始時來，展轉相續親生諸法，故名爲因。依是緣義，即執持識；無始時來與一切法等爲依止，故名爲緣。」

語譯：【這個第八識了知所緣諸法的自性很微細，因此便以作用來顯示祂的存在。這首頌中的最初一半文字，在顯示第八識作爲各種法出生時的因緣之用；後半頌則是顯示祂給與流轉、還滅作爲依持的作用。界——功能差別——就是因緣中的因的道理，就說是功能差別識；阿賴耶識無始時以來，展轉相續而不曾中斷地親自出生諸法，所以名之爲諸法之因。所依就是有所緣的道理，也就是執持識之意；無始時以來與一切法等作爲依止，所以又名之爲緣。】

釋義：「此第八識自性微細，故以作用而顯示之。」第八識眞如之所以成其爲法身，名爲諸法的所依身，謂因第八識不分別順心境、違心境故，如是成就無覆無記性方能含藏一切法種子，始能出生諸法而緣於諸法，令諸法得以運行不壞，故名法身。如《大般若波羅蜜多經》卷五百六十九〈法性品第六〉，佛說：「天王當知，眞如名爲無異、無變、無生、無滅，自性眞實，以無諍故說名眞如；如實知見諸法不生，諸法雖生，眞如不動；**真如雖生諸法，而真如不生，是名法身。**」此經中以眞如名第八阿賴耶識，故說眞如能生諸法，然眞如自身從來不曾有生，法爾本在，方是「性堅持種」之心，故名法身。

又《大寶積經》卷一百一十九說：「世尊！『**如來**』成就過於恒沙，具解脫智不思議法，說名法身。世尊！**如是法身**不離煩惱，**名如來藏**。」於此經中以「如來」指稱第八識如來藏，說「如來」即是阿賴耶識，唯有此識方能成就世間及出世間一切諸法。亦如《楞伽經》中 世尊說第八識名爲**我、如來、阿賴耶識、如來藏**一樣。

部派佛教諸聲聞論師由於不曾也不能證得第八識，於大乘佛法不解故，提出質疑云：「**欲顯其識，應須顯體，何故緣義而言識耶？**」然而此識若非眾緣具足之菩薩，不足以言證，亦不得明說，是無上般若之密意故，是故論主玄奘答曰：這第八識的了知作用非常微細，是因爲祂從來不在六塵中作「**了別**」，若想要從了知性上面來證得祂，非常困難，所以說「**此第八識自性微細**」。

因爲此第八識雖有境界受而無六塵上之分別，祂緣於諸多六塵外的境界而運行時，從不分別順心與違心之境，故成無覆無記性，方能收藏一切善惡法種，成爲生死流轉的根本故能變生異熟果，及隨附異熟果而有的四果，也成爲證得解脫涅槃與成佛的根本。但其六塵外的了知性極其微細，難可知之，若有人想要從六塵中的了知性來瞭解祂，非常地困難，所以得要以祂的其他作用來顯示祂的存在。

「**頌中初半，顯第八識爲因緣用，後半顯與流轉還滅作依持用。**」這一首頌：「**無始時來界，一切法等依；由此有諸趣，及涅槃證得。**」前半部頌，在於顯示第八阿賴耶識是作爲世間與出世間一切諸法的因緣之用，是因爲一切諸法都由祂出生的緣故，當然成爲一切諸法的所依，這第八識當然就是四緣中的因緣。後半部二句頌，則顯示第八識給與有情在流轉和還滅過程中作爲依止；這是因爲有情的生死流轉，必須有第八識的現行識作爲所依，才能流注諸法及雜染種子而成就異熟果等五果，方能完成生死的流轉；也因爲有第八識的受熏持種，才能使有情轉入來世繼續領受異熟果而有各種異熟生，成就引業而有各種世間法上的熏習差別。修行人也是一樣，諸菩薩由於有第八識的本來自性清淨涅槃及眞如等本有無漏種子，修行佛道增長之後，第八識方能與煩惱的還滅作爲所依，收存一切清淨法種，證得四智圓明而成就佛道。故說有情的流轉與還滅，都不可能離開第八阿賴耶識心體的存在與實證而得成就。第八識是諸法的所依身，故名法身；佛法的第一步親證，即是證得諸法的法身而成就實相般若故。

「界是因義，即種子識；無始時來，展轉相續親生諸法，故名爲因。」「界」就是「因」的道理，是說「界」就是功能差別，又名「種子」；由有各種的法界——各種法的功能差別——才能成就諸法之「因」的道理。正因爲「界」又名「種子」，又名功能差別，所以含藏各項功能差別的阿賴耶識就名爲「種子識」。

「種子識」打從無始時以來就自己存在著，法爾如是不曾有生，是無生之法；

若論生滅性等諸法的出生，不論是直接生、間接生、展轉生，都是由阿賴耶識親自來出生；例如根塵爲緣而生六識時，是由阿賴耶識藉根塵爲緣而生六識，不由根與塵共生六識，所以阿賴耶識又名爲諸法的「生因」；因此，本論論文的上一段說，阿賴耶識即是諸法的因緣。

以有種子故，方能生現行；然而各種法的種子—功能差別—之現行，卻源於阿賴耶識的持種。所以阿賴耶識名爲「一切種子識」，即是萬法的「生因」，即是萬法的「因緣」。

「依是緣義，即執持識；無始時來與一切法等爲依止，故名爲緣。」成爲諸法的「所依」，就是被諸法所緣而加以依止的道理。諸法是指五陰身心及器世間等一切法，都由阿賴耶識所執持，並流注各類種子而現行不斷，諸法現行後則是由阿賴耶識所緣而運行於其中，這就是同時名爲「阿陀那」執持識的眞實義。

阿賴耶識既能出生諸法，必然也是諸法依止時的所緣，因爲第八識能執持色、心、心所、器世間等一切諸法的種子，所以名爲執持識，音譯名爲「阿陀那識」。此識無始時來一直都是給與「一切法等」作爲依止，始終是諸法的所緣，而祂也緣於諸法而作六塵外現量境界的了別，所以此識又名「因緣」。「一切法」者函蓋器世間、蘊處界入及出世間法。

以阿賴耶識、阿陀那識出生諸法之後，又是諸法的所依身故名法身，亦是眞如法性之所依止故，能生而且能持一切法的種子，但自身本來無漏而不被諸法所動轉，故名無分別心，如是與諸名相不相應故又名「無名相法」；由是緣故，證此識者方得生起無分別智而有般若及道種智，方能對佛法起諸勝解，乃依此阿賴耶識法身所持諸法種子，次第前進而達佛地，成就佛地一切種智，方有四智圓明。以此緣故，佛道修學以證第八識法身爲首要；證得法身者名爲眞見道，得根本無分別智，即是禪宗的開悟；再依此智而轉進相見道位修習，發起後得無分別智，以眞見道時只緣於眞如的總相而不緣別相，相見道位得緣無相眞如及諸法的別相故。若未證得第八阿賴耶識者，即無諸法之所依身可作依止，禪宗祖師說爲依草附木精靈，未證法身故，是故《解深密經》卷五〈如來成所作事品第八〉說：【「世尊！聲聞獨覺所得轉依，名法身不？」「善男子！不名法身。」「世尊！當名何身？」「善男子！名解脫身；由解脫身故，說一切聲聞獨覺與諸如來平等平等；由法身故，說有差別。如來法身有差別故，無量功德最勝差別，算數譬喻所不能及。」】

阿賴耶識由有法身義故，能作爲諸法的所依，故是諸法的自內所緣。二乘聖人未證第八識心，只信 佛說有此第八識而無懷疑，了知入無餘涅槃時「不受後有」並非是斷滅空，因此阿含中說阿羅漢「因內無恐怖」，以及「因外無恐怖」，以有第八識心獨存而離十八界法等見聞覺知故；以是緣故定性聲聞諸阿羅漢死時願意滅盡陰界入等諸法，「不受後有」成爲無餘涅槃。以二乘聖人未證第八識故，不能現觀第八識爲諸法的所依身，故其所證有餘依及無餘依涅槃不得名爲證法身，只名解脫身。

唯有第七住以上的不退菩薩親證此第八識故，能現觀諸法皆從此第八識而生，亦能現觀諸法都依止第八識而運行，諸法若離此阿賴耶識即告滅失而不得存在，故第八識是諸法的所依身；如是實證之菩薩，方名證得法身。如是經文具說分明，有智佛弟子自當信之，非唯親證者方信。

又，菩薩以有如是實證之故，智慧勃生猶如泉湧，凡所說法皆非出於臆測，皆是依現觀「自心現量」之實證而說；即不必猶如凡夫大師凡有所說皆必引經據論依文解義，否則即是無有智慧而不能依己所見而說，以自身尚未有見地故。如是眞實見之菩薩，但凡已入相見道位者，皆是依己所見爲人而說，所說皆屬正法；雖未入地而不名聖教量，然而所說皆猶如聖教量，皆屬依現觀實相法界之理而說，難有錯誤，學人自應依之而學而修而證。

此第八識無始以來給與諸法作爲因緣，一切有情凡有所見一切諸法，莫非是自心如來藏所現的事實，世尊名爲「自心現量」。不唯《楞伽經》中如是說，《大方廣佛華嚴經》卷六〈入不思議解脫境界普賢行願品〉亦如是說：「善男子！一切凡愚迷佛方便，執有三乘，不了三界由心所起，不知三世一切佛法**自心現量**，**見外五塵執爲實有**，猶如牛羊不能覺知，生死輪中無由出離。」

正覺同修會中每隔大約十年便有人由於不覺「自心現量」，總認爲實有外六塵被自己覺知心所觸知，沒有如來藏所變生的內六塵被自己所觸知，以是緣故，不信平實依現觀「自心現量」所說的「覺知心六識唯有觸知內相分六塵，不曾觸及外六塵」的正理，因此發動法難或是退轉。即如近年的張志成、琅琊閣等人一般，同屬此經所說「見外五塵執爲實有，猶如牛羊不能覺知」一類，無緣於解脫及實相般若，即便退轉，甚至起而謗法及謗賢聖。正因常常會有此類愚癡的聰明學人，所以此段經文之前即說：

「善男子！諸業虛妄，**積集名心**，**末那思量**，**意識分別**；眼等五識，了境不同。愚癡凡夫，不能覺知，怖老病死，求入涅槃；生死涅槃二俱不識，於一切境妄起分別。又由未來諸根、五塵境界斷滅，凡愚之人以爲涅槃；諸佛菩薩自證悟時，**轉阿賴耶得本覺智**。」這便是本論後文中所說的「染淨依」的道理，菩薩由證此心故，即有能力運轉阿賴耶識心體，由此而得「本覺智」，即是眞見道位的根本無分別智。如是正理，詳下論文續說，此勿先述。

第二目　第八識的功能

論文：「謂能執持諸種子故，與現行法爲所依故，即變爲彼，及爲彼依。變爲彼者，謂變爲器及有根身；爲彼依者，謂與轉識作所依止。以能執受五色根故，眼等五識依之而轉。又與末那爲依止故，第六意識依之而轉。末那、意識，轉識攝故，如眼等識依俱有根；第八理應是識性故，亦以第七爲俱有依，是謂此識爲因緣用。」

語譯：【這是說阿賴耶識能執持各類種子的緣故，能與現行的諸法作爲所依的緣故，就能變生爲那些法，以及作爲那些法的所依。變生爲那些法的意思，主要是說變現出來器世間和有根身；作爲那些法的所依的意思，是說給與所變的七轉識等諸法作爲所依止的對象。由於第八識能執受五色根的緣故，眼等五識就能依止第八識而運轉。又因爲此第八識給與末那識作爲依止的緣故，第六意識也能依止阿賴耶識而運轉。末那識、意識，都是轉識所含攝的緣故，猶如眼等五識依於同時而有的五色根一般；而第八識名爲阿賴耶識，在道理上應該也是識而有了別性的緣故，同樣也以第七末那識作爲俱有依，這就是說阿賴耶識有作爲諸法「因緣」的作用。】

釋義：「謂能執持諸種子故，與現行法爲所依故，即變爲彼，及爲彼依。」四緣即是「因緣、等無間緣、所緣緣、增上緣」，如是四緣之中的「因緣」，即是指第八阿賴耶識。如是四緣乃阿賴耶識可公開說明之功能，其不可公開之內容，仍遵　佛旨密而不宣。此起，論文開始解釋此第八識爲何是諸法因緣的道理。

阿賴耶識的現識（謂第八識現行識而非第八識所攝持的種子）能執持及流注各類種子——功能差別，當然可以成爲現行的五色根、七識心、心所、器世間等諸法的「所依」。由第八識有執持各類法種的功能，就能依其餘三緣變生一切諸法，例如變生器世間、有根身、意根、覺知心、心所法、內六塵等，變生之後同時作爲此等諸法的「所依」，所以諸法的本質就是阿賴耶識，由阿賴耶識來含攝諸法而和合似一，如此看來阿賴耶識就如同所變現的諸法了，名爲「即變爲彼」。

第八異熟識阿賴耶能變生出這麼多法時，便能作爲所變生諸法的「所依」，所變諸法即依止阿賴耶識的現行識，才能不斷地運轉；運轉之時阿賴耶識即緣於所變生的諸法，而作六塵境界外的現量了別。如是正義，唯證乃知，並非二乘有學無學聖人及諸聲聞凡夫論師之所能知。若是入涅槃位的第八識，便無此功能，唯是攝藏諸法的種子而不再現行了，八識俱泯而不現行於三界中。

第八阿賴耶識必須是「現識」——現行識，才能受熏持種及作爲一切諸法的「所依」；若只是持種而無識體的現行與運轉，例如無餘涅槃位的第八識，即不能受熏與持新種，便不得作爲一切諸法現行時的「所依」。是故《成唯識論述記》卷四說：「現所執持，牒前因義，顯與爲依。謂**現行識**能執持種，由此因義故，與一切現行諸法爲所依故，即變爲彼現行諸法，及能與彼現行諸法爲所依止。與諸現法爲依雖同，變、不變異，故置別說。」

「**變爲彼者，謂變爲器及有根身；爲彼依者，謂與轉識作所依止。**」「變爲彼」的意思，是說阿賴耶識變現了器世間、有根身、意根、六識覺知心、心所等法及內六塵，由實證者看來阿賴耶識好像就是有根身、意根、六識覺知心、心所、內六塵等法，故名「**變爲彼**」。既然阿賴耶識能變生諸法，當所變的諸法持續運轉時，阿賴耶識就能成爲所變生諸法的「**所依**」，即能使諸法隨同阿賴耶識持續運轉，於是無明所罩的凡夫有情，便將阿賴耶識的各種功能差別，當作七轉識的功能差別，名爲「**內執阿賴耶識爲我**」。

古今所有凡夫大師及諸有情，都將阿賴耶識所變生的色陰與七轉識當作是眞實不壞的自我，但菩薩依於證量而現見色陰及七轉識都是阿賴耶識所變生的，變生之後也都是依於阿賴耶識背後的支持而運轉，所以全都屬於阿賴耶識所有，故說色陰及七轉識實質上就是阿賴耶識，二者非一非異，如是說明菩薩與諸佛所見的色陰與七轉識就是阿賴耶識；但是爲了接引眾生悟入這個實相，只好爲眾生宣說阿賴耶識與色陰及七轉識非一非異的道理，學人才能有悟入實相的因緣。上來是總說，以下再作分說：

「**以能執受五色根故，眼等五識依之而轉。又與末那爲依止故，第六意識依之而轉。**」由於阿賴耶識能執受五色根的緣故，導致眼等五識依於阿賴耶識所運行的五色根而現行及運轉，五識種子又從阿賴耶識中現行於五根之中，如是五識當然會依阿賴耶識而運轉，只是未悟者不能知之。

六識心都是依於所依根而立名，此即是「依主釋」。例如眼識之所以稱爲眼識，是因依於眼根而立名，故稱爲眼識；乃至意識是依於意根而立名，故稱爲意識，皆是依於所依根爲主而釋名。此六識心，都必須依於眼等六根，以根爲主，方能從第八識中流注自類種子前後相續無間而得運轉，就是「依主釋」的意思。

前五識如是要由第八識流注五識種子於所依根中，方能現行而成就五識之用，運作之時即以五根及阿賴耶識爲「所依」，意謂五識運行時要有阿賴耶識的現行識配合，五根才能配合五識而運行。意識及末那識亦復要依第八識心流注意識、末那識種子，方能現行而依第八識的現行識配合來運轉，故說阿賴耶識又與末那識作爲依止，使末那識得以常恆而持續存在、運轉；同理，第六意識也能依止末那識的現識而運轉，同時亦是以意根及阿賴耶識的現識作爲「所依」。

「末那、意識，轉識攝故，如眼等識依俱有根；」第七末那識、第六意識，是轉識所含攝的緣故，因爲心性會隨著熏習而轉變故，名爲轉識，非能自在之心，都必須要有所依或所依根才能從第八識心體中現行；意識的所依根是意根，意根的俱有依則是阿賴耶識。猶如眼等五識要依五俱有依根而運轉，意識及末那識則以第八識的現識及種子作爲「所依」，方能從第八識心體中現行，繼續成就異熟果及現行諸法。

「**第八理應是識性故，亦以第七爲俱有依，是謂此識爲因緣用。**」然第八阿賴耶識在理上應該也是具有識的「了別」性，因爲其心體即是識故，自然是有「了別」性的心，但不在六塵中而作「了別」，故說其「了別」性極「微妙」。

除了在無餘涅槃位，第八識於一切時都是現行位，都可以簡稱爲「現識」；阿賴耶識無始以來都是現行識，正當現行時也要以第七識末那作爲俱有依，方能於三界中現行及運轉，因爲第八識是無覆無記性，不會主動想要作什麼或遠離什麼；所以第八識現行時，一定是由意根末那識作爲俱有依，由末那識的我見、我執相應的諸煩惱心所運行，來促使第八識現行各類種子，以及使第八識心體配合運作而成爲「現識」，方能流注各類種子而成就世間或出世間法，這是說阿賴耶識同時也作爲「因緣」而發揮法身的作用。

反之，意根的種子含藏於阿賴耶識心體中，要由第八識流注意根的種子，方能使意根存在及運行；而意根運轉之時，也要有阿賴耶識的現行識作爲「所依」及配合，意根方能運轉，故說第八識亦是意根的「因緣」，非唯意根的俱有依，也不只是五根等的俱有依，因爲第八識是法身故。

問：「六根也是六識的俱有依，爲何不能作爲六識的因緣？」答：「種子依」屬於「因緣」，六根則唯能稱爲六識的俱有依，但不能作爲「種子依」，故非「因緣」，因爲六根無能執持六識的種子故。阿賴耶識執持六識心的種子，也執持六根的種子而能生六根，再由阿賴耶識心體中流注六識種子之時方有六識的現行，所以各類種子及第八識才是六根、六塵、六識心的「因緣」。又因六識心運轉時，必須同時有第八識現行運轉作爲「所依」，即是由第八識心體配合運行時，六識心方得運轉，故現識位的第八識也是前六識的俱有依，同時也是前六識的「因緣」。

佛所說法一向都是**有因有緣**而生諸法，並非部派佛教六識論凡夫僧遺緒的釋印順、宗喀巴等人所說的**無因唯緣**而生諸法。單有六根觸六塵的緣，不能出生六識等諸法；如是邪見《中論》早已破之，名爲「共生」諸法；因爲六根觸六塵時，仍是由第八識出生六識，而非由根與塵合生或共生六識，否則即成爲《中論》所破的「共生」外道見。所以《楞伽阿跋多羅寶經》卷二〈一切佛語心品〉：【佛告大慧：「我非無因說，及因緣雜亂說。此有故彼有者，攝、所攝（能取所取）非性，覺**自心現量**。大慧！若攝所攝計著，不覺自心現量、外境界性非性，彼有如是過，非我說緣起。**我常說言：因緣和合而生諸法，非無因生。」】**

所謂「此有故彼有」的意思，是要覺悟能攝受諸法的覺知心見分，以及所攝受的諸法相分都沒有眞實自性，這得要覺悟一切諸法都是「自心」如來藏所變現的事實（即是「自心現量」）方能知之。所以 佛陀歸結說：「我常說言：『因、緣和合而生諸法』，非無因生。」要由自心如來藏爲因，加上等流因及煩惱、業種、外緣等諸緣和合，然後根觸塵才能出生諸法，這便是「非無因生」，才是眞正的緣起性空；此即是說如來藏自心出生諸法的「自心現量」，所以第八阿賴耶識如來藏，即是諸法出生時的「因緣」，這才是 佛所說「此有故彼有」的意思。

論文：「『由此有』者，由有此識；『有諸趣』者，有善惡趣；謂由有此第八識故，執持一切順流轉法，令諸有情流轉生死。雖惑業生皆是流轉，而趣是果，勝故偏說。或諸趣言，通能所趣；諸趣資具，亦得趣名。諸惑業生，皆依此識，是與流轉作依持用。」

語譯：【「由此有諸趣」的「由此有」的意思，是說由於有這個阿賴耶識；「有諸趣」的意思，是說有善趣與惡趣；是說由於有這個第八識的緣故，執持一切隨順於流轉的諸法種子，使眾多有情流轉於生死中。雖然無明與業力的出生全都是流轉，而受生於諸趣則是流轉時的異熟果，由於異熟果報殊勝於其他法的緣故而偏說「有諸趣」。或者若有說到「諸趣」的說法，這是通於能趣與所趣的；「諸趣」中所受用的各類資具，也同樣得到「趣」的名義。各種無明與業力的引生，全都是依這個阿賴耶識，所以是第八識給與有情的生死流轉作為所依與執持的作用。】

釋義：「『由此有』者，由有此識；『有諸趣』者，有善惡趣；謂由有此第八識故，執持一切順流轉法，令諸有情流轉生死。」《攝大乘論本》「由此有諸趣」中的「由此有」，是說由於有此阿賴耶識，才會有各類有情的趣生；意謂阿賴耶識是根本因，是一切有情出生於三界中的「因緣」。「有諸趣」之意是說，有人、天等善趣，以及阿修羅、三惡道等惡趣各類有情，而能充滿三界世間。這是說由有這個第八識的緣故，執持一切隨順於生死流轉的善法與惡法種子，以及一切無記法種，方能使有情於諸善惡法及諸無記法產生執著與取捨，因此而在死後變生各類中陰身，依於阿賴耶識流轉生死永無終止。

「雖惑業生皆是流轉，而趣是果，勝故偏說。」有人問言：「若是如此，有漏性的苦、集等都應該名為流轉，是什麼緣故頌中偏說『諸趣』才是流轉？」答：雖然無明與業的種子都能促使有情於「諸趣」中出生，全都是流轉之法，然而「趣」

就是異熟果報，以異熟果報殊勝或強烈的緣故而偏說「諸趣」。

一念無明有種子，種子現行時能使有情持續受生於三界中而不斷輪轉生死；業種也是種子，能令有情領受善惡趣等不同類有情的異熟果。執持此等種子的第八識即是生死因，故以如是識性而名爲阿賴耶識。「諸趣」則是所執持的一念無明種子與業種的果報，而異熟果在生死流轉中爲最殊勝或最強烈，是故偏說「諸趣」而契合阿賴耶識的識性。

「或諸趣言，通能所趣；諸趣資具，亦得趣名。」有時說到「諸趣」的說法，這個「諸趣」就通能趣也通所趣，因爲是要有能趣的種子才能成就所趣的有情異熟果境界；例如有人造惡業已，死後往生畜生道中，即是有感業果的能往惡趣的種子，才會有領受畜生道異熟果的所趣異生身心現前。所以講到「諸趣」之時，一定是通能趣及所趣。至於有情往生於「諸趣」中時，「諸趣資具」也含攝於「諸趣」之中，因爲不論正業所成的正報，或是引業所成的花報，都含攝在「諸趣」之中。如是「諸趣資具」是指器世間及所受用之物等，也是由器世間的差別而各各得到五趣的名稱，故名「諸趣」。

「諸惑業生，皆依此識，是與流轉作依持用。」由於一念無明及各類煩惱而引生「諸趣」的受生，或是由業種而引生「諸趣」的受生，全都是依於此阿賴耶識所執持收藏的業種及無明種等體性所致，也就是集藏分段生死種子的識性所致。因爲阿賴耶識攝持諸有漏法故，能給與流轉生死作爲依持的功用；這是說生雜染、煩惱雜染、業雜染等，全都依於第八阿賴耶識的現行及受熏之後，由其持種功能攝往後世現行，方能產生上生或下墮等苦樂異熟果，以及由引業而產生所住境界中的各種花報。非唯世人修人天善法時如此，乃至於三乘學人所修無漏法種後亦復如是，否則即無解脫及涅槃證得可說了。如是正理，詳後解說。

論文：『及涅槃證得』者，由有此識故，有涅槃證得。謂由有此第八識故，執持一切順還滅法，令修行者證得涅槃。『此中但說能證得道，涅槃不依此識有故。』或此但說所證涅槃，是修行者正所求故。或此雙說涅槃與道，俱是還滅品類攝故。謂涅槃言，顯所證滅；後證得言，顯能得道；由能斷道斷所斷惑，究竟盡位證得涅槃；能所斷證，皆依此識，是與還滅作依持用。」

語譯：【「及涅槃證得」這一句頌的意思，是說由於有此阿賴耶識心體的緣故，才能有涅槃的證得。這是說由於有此第八識的緣故，執持一切隨順還滅的無漏法，能使有緣的修行者證得涅槃。』這裡面只說能證得的道諦，因爲涅槃不是單依此第八識就能有的緣故。』或者說，這裡所說的證道與涅槃，是求解脫的修行者眞正所求的緣故。或者這種說法是雙說涅槃與佛法之道，因爲二者全都是還滅品一類無漏法所含攝的緣故。所說的涅槃等語，是顯示所證的滅諦；後面所說證得佛道的言語，顯示能證得道諦；由於能斷的道諦而斷除了所斷的無明，到了究竟的階位時能證得無住處涅槃；而能斷、所斷、能證、所證，全部都是依於此阿賴耶識心體方得成功，此心正是給與還滅等無漏法作爲所依與執持之用。】

釋義：「『**及涅槃證得**』者，**由有此識故，有涅槃證得**。」《攝大乘論本》這句「及涅槃證得」的意思，是因爲此識執持本有的無漏法種，是故因爲有此第八識的緣故，修行者才能有三乘涅槃的證得。此阿賴耶識又名異熟識，此第八異熟識是無漏法種的執持者，方能使修行者依四諦八正證得二乘菩提中的有餘及無餘涅槃，成就阿羅漢的解脫果。總說之後繼之以分說：

「**謂由有此第八識故，執持一切順還滅法，令修行者證得涅槃**。」這是說，由於有這第八識無漏有爲性的心體故，由祂執持一切隨順於還滅的無漏法種，才能使修行者證得解脫道中的有餘、無餘涅槃，以及佛菩提道中的本來自性清淨涅槃和佛地的無住處涅槃。順還滅法的所依，即是五陰身心運行時，所顯示第八阿賴耶識所含藏本有的無漏法種。

《述記》引《根本論》說，「**還**」就是道諦，「**滅**」即是滅諦。此阿賴耶異熟識含藏的無漏法種現行時，能使道諦實行、滅諦成就，是故由有此第八識本有的無漏法種而使「**順還滅法**」得以成就，修行不會唐捐其功，方能證得二乘涅槃。又諸佛如來因地藉此第八識修行，中途成就二乘涅槃，又繼續修行佛菩提道，證得本來自性清淨涅槃而繼續進修，方於最末後成就無住處涅槃，如是大乘涅槃亦是依此第八識本來不生不滅的自性而證得故。例如《雜阿含經》卷六所載，說明二乘涅槃的實證時，表顯了是依能生名色的「**本際、眞我**」第八識而證得涅槃：

【爾時，世尊告諸比丘：「何所有故何所起？何所繫著？何所見『**我**』，令眾生無明所蓋，愛繫其首，長道驅馳，生死輪迴，生死流轉，不知**本際**？」諸比丘白佛言：「世尊是法根、法眼、法依，善哉！世尊！唯願哀愍，廣說其義，諸比丘聞已，當受奉行。」佛告比丘：「諦聽，善思，當爲汝說。……諸比丘！色爲常耶？爲非常耶？」答曰：「無常。世尊！」「……如是，比丘！若無常者是苦，是苦有故，是事起、繫著、見我，令眾生無明所蓋，愛繫其頭，長道驅馳，生死輪迴，生死流轉。受、想、行、識亦復如是。是故，諸比丘！諸所有色，若過去、若未來、若現在，若內、若外、若粗、若細，若好、若醜，若遠、若近，彼一切『**非我**、**非異我**、**不相在**』，是名正慧。受、想、行、識亦復如是。如是見、聞、覺、識，得求隨憶、隨覺、隨觀，彼一切『**非我**、**非異我**、**不相在**』，是名正慧。若有見言有『我』、有世間、有此世，常、恒、不變易法，彼一切『**非我**、**非異我**、**不相在**』，是名正慧。若復有見非此我、非此我所、非當來我、非當來我所，彼一切『**非我**、**非異我**、**不相在**』，**是名正慧**。」】

如是《雜阿含經》中所說「我、本際」者，謂第八阿賴耶識，即是「非我、不異我」中所說的眞實「我」，即是蘊處界入等諸法之本所生處故，是蘊等諸法之「本際」故；由是緣故，說此眞實的「我」才是諸法的「本際」，即是第八異熟識。

「『**此中但說能證得道，涅槃不依此識有故。**』」有人說：「這首頌中只說此第八識能使修行者證得道諦，然而無餘涅槃並不是單依此第八識而有的緣故。」然而從大乘佛菩提的實證者所觀而言，本來自性清淨涅槃是依此阿賴耶、異熟識而有，是依證得此識而說爲本來自性清淨涅槃故，如是涅槃其實是由第八識所顯示者故；實質上二乘涅槃乃至諸佛無住處涅槃，同樣皆依此識而有故。

然而此處爲何說「涅槃不依此識有故」？因爲涅槃只是所顯法，並非所生法，以涅槃全無作用故。譬如阿羅漢證有餘涅槃時，該涅槃不能使阿羅漢取來作任何用途，因爲是第八識運行時的所顯法而無作用故，顯示第八識獨存時的不生不滅性故。當阿羅漢入無餘涅槃時，只是蘊處界入等自我的全部捨棄，不再領受後有而成爲第八識獨住的離見聞覺知境界罷了，並非別有一法名爲涅槃；是故二乘涅槃只是以阿賴耶、異熟識獨住而不生一切法時之現象而施設，卻不是單依第八識即有涅槃的實證，而是要依道諦之內容方法付諸實修方能證得，是故一切凡夫眾生亦皆有第八識，然而並無涅槃的證得。如是第八識所顯示的涅槃並無實質，只是蘊處界入全部斷滅後的第八識境界，並無一法可得。並且二乘聖人入無餘涅槃後，亦無人可知涅槃，以此二故說「**涅槃不依此識有故**」。

由此可知阿羅漢入無餘涅槃後「不受後有」時，並非斷滅空，爲有第八識「**本際**」常住不滅故，即是此第八阿賴耶識改名爲異熟識；此時第八識不復出生蘊處界入，離見聞覺知而無所知，亦非斷滅空，名爲涅槃之「**本際**」或諸法之「**本際**」。以是緣故，此處說「**及涅槃證得**」的意思，只是指說還要有證得涅槃所修的八正道的實修，而非指未經修行便能證得第八識本有的涅槃。所以一切凡夫位的有情亦皆有此第八識，然而並不能證得涅槃，仍必須有修行之道，依如是解脫道努力修行而斷除煩惱之後，方有涅槃的證得，故說「涅槃不依此識有故」，這是從菩薩所證的大乘無生忍現觀而說。

「**或此但說所證涅槃，是修行者正所求故。**」也有人說：「這一句頌或者只說明所證得的涅槃，是一切修行者眞正所求的緣故。」一切修行者所想求得的，都是不生不滅而解脫生死痛苦的涅槃故。這首頌中所說「及涅槃證得」的意思，也可以解釋爲「所證得的涅槃」，因爲無生無死的涅槃，是一切修行者眞正想要求得的境界故。然而無餘涅槃並無境界，只是第八識獨存時不生不滅的離六塵見聞覺知的境界；因爲入無餘涅槃以後，不再受生而無來世的蘊處界入等法，所以也無來世的生老病死等苦，如是第八識獨存而離六塵的「涅槃」，「是修行者正所求故」。

「**或此雙說涅槃與道，俱是還滅品類攝故。**」前文中「及涅槃證得」一句，也可以解釋爲雙說無生無死的「涅槃」，以及修證「涅槃」而修的八正道等「道諦」。意思是說，「道諦」是能「還滅」的方法，即是八正道；「涅槃」則是修習「道諦、還滅」之後所得之解脫果，即是「滅諦」。而這道諦與滅諦，全部屬於「還滅」法的品類。意謂道諦的實修即是還滅之因，而「涅槃」的證得則是還滅之果，全部都屬於「還滅」品類。

「**謂涅槃言，顯所證滅；後證得言，顯能得道；**」也有人說：「這首頌所說的涅槃等言語，是顯示所證的滅諦；其後證得涅槃的言語，是顯示能證得涅槃的道諦。」因爲二者有因有果，其一爲因，另一爲果；所以「涅槃」的境界是所證的滅諦，即是果；想要證得「涅槃」時則是以八正道作爲方法而實修，即是道諦，即是因。是因爲八正道能使人證得滅諦故，因此也說「**涅槃不依此識有故**」，要有道諦的實修之後方能顯示第八識原本的涅槃解脫故。

「**由能斷道斷所斷惑，究竟盡位證得涅槃；**」事實上是由能斷的道諦修行來斷除所斷的無明，到達二障煩惱究竟滅盡的階位時，即可具足證得佛地四種涅槃。這四種涅槃即是菩薩因地所證的本來自性清淨涅槃，二乘無學聖人所證的有餘依及無餘依涅槃；諸佛除了實證此三涅槃以外，別證無住處涅槃。這四種涅槃的證得，都要實修大乘八正道而到達究竟位的佛地時，方能說是「**究竟盡位**」，此時即可具足四種涅槃。

「**能所斷證，皆依此識，是與還滅作依持用。**」然後論主玄奘總結說，在佛菩提道的三大阿僧祇劫修行過程中，不論是能斷或所斷，以及能證與所證，全部都要依止此第八識心體而修，無一時一刻、亦無一法能稍離第八識而有能斷、所斷、能證、所證，所以說此第八識能給與還滅作爲「所依」及「執持」之用，還與滅即是道諦與滅諦，而修行究竟果仍是第八識所顯示的四種涅槃。

第三目　第八識所顯示的涅槃無始恆有

論文：「又此頌中，初句顯示此識自性無始恒有；後三顯與雜染清淨二法總別爲所依止。雜染法者，謂苦集諦；即所能趣、生及業惑。清淨法者，謂滅道諦；即所能證、涅槃及道。彼二皆依此識而有，依轉識等，理不成故。或復初句顯此識體無始相續，後三顯與三種自性爲所依止；謂依他起、遍計所執、圓成實性，如次應知。今此頌中諸所說義，離第八識皆不得有。」

語譯：【而且在這一首頌中，第一句「無始時來界」，顯示此第八識的涅槃自性是無始時以來永遠都常住的存有；後面「一切法等依；由此有諸趣，及涅槃證得」三句，顯示此第八識給與雜染法及清淨法，在總相及別相上面作爲所依止。雜染法的意思，是說苦諦與集諦；也就是所趣能趣雜染、生雜染以及業種、無明。清淨法的意思，是說滅諦與道諦；就是所證與能證、涅槃及道諦。那雜染與清淨等二法全都依此第八識而有，若是要依七轉識等作爲染淨二法的依止，在道理上就不能成立的緣故。或者另有一說，第一句顯示此第八識心體的無始相續不斷，後三句則顯示此第八識給與三種自性作爲所依止；這三自性是說依他起性、遍計所執性、圓成實性，就像是這樣的順序應該了知。如今這首頌中各種所說的義理，若是離開第八識心體時便都不可能存在。】

釋義：「又此頌中，初句顯示此識自性無始恒有；後三顯與雜染清淨二法總別爲所依止。」在這一首頌中的第一句「無始時來界」，是顯示此阿賴耶異熟識的心體和不生不滅的涅槃自性，是無始時來本已有之，不是施設或思惟創造之後而說出來的。正因是無始以來一直都是法爾而有，故說爲「無始恒有」；亦即是第八識心體不曾有生，方屬常住不斷的無生法，顯示人爲無能創造之。無生則無滅，即是不生不滅的涅槃解脫。

後三句「一切法等依；由此有諸趣，及涅槃證得」，已經顯示此第八識作爲雜染法及清淨法的所依，因爲此二品法不離「一切法」的範疇，所以頌中說爲「一切法等依」。由有雜染法種，是故則有諸五趣六道有情的有漏與流轉；由有清淨法種，是故有涅槃證得而有三乘聖人。然而雜染法及清淨法二品都依第八識種子而說，但這二品法的種子都保存在無漏性的第八識心體中，是故說此雜染及清淨等二法皆依第八識的本來存在而有。此是說明染淨二法之「所依」的總相，至於別相上，善品法與惡品法則有各種分類，但也都同以此第八識爲「所依」，詳如下說：

「雜染法者，謂苦集諦；即所能趣、生及業惑。」舉例而言，雜染法者，說的是苦諦與集諦；也就是能趣生及所趣生的過程中，舉凡受生的雜染以及善惡業種、無明種等，全部都依此第八識心體及所含藏的各類種子而有。「能趣」是集諦，「所趣」即是異熟果；「受生」之雜染即是異熟果之所顯現，而有老病死及諸煩惱等種種苦；「業」即是世世所造善品或惡品法的種子，乃至世間營生諸無記法的種子；「惑」即是無始無明與一念無明。

「清淨法者，謂滅道諦；即所能證、涅槃及道。」「清淨法者」是指滅諦與道諦，由有道諦的正確修行，方能證得滅諦而解脫生死或成佛。也就是說，三乘菩提的修行中，能證之三乘聖人，所證的涅槃與實相般若，以及能證的方法道諦，同樣是依此第八識而施設、而存有。以上是說第八識在總相上的「所依」。下說七轉識不得成爲諸多染淨等法「所依」的道理：

「彼二皆依此識而有，依轉識等，理不成故。」那二種雜染法與清淨法的種子，全都依止這第八識心體而存在，才能說之爲「有」；若離第八識心體時，不論雜染法或清淨法都不可能存在。所以若是有人依於七轉識來說萬法的「所依」體時，主張雜染法與清淨法依止七轉識而存在的道理，一定不可能成立的；因爲七轉識是可斷滅或夜夜必定斷滅的緣故，而七轉識屬於見分，當然不是無覆無記性的緣故，則是不能受熏持種及執持身心者，否則必有檢擇性，三惡道中將無任何有情存在，也將導致一切染淨諸法的種子於七轉識都無所依附，以七轉識有別境心所的選擇性故。若有人主張細意識是一切法的「所依」時，則將導致三界中所有流轉與還滅等諸雜染法與清淨法都不可能現行及存在，意識有分別性必有取捨故，細意識仍是意識故，屬於生滅法，例如色界定或無色定中的細意識。

「或復初句顯此識體無始相續，後三顯與三種自性爲所依止；謂依他起、遍計所執、圓成實性，如次應知。」此段論文是別說。初句「無始時來界」，是顯示此第八識心體無始時來相續不斷運行著，不是部派佛教那些聲聞僧所說的種子集合體，所以此第八識有「界」，「界」又名種子，即是功能差別，故第八識名爲「無始時來界」。後三句則顯示此第八識給與三種自性作爲所依止，三種自性即是「依他起性、遍計所執性、圓成實性」；應該依此三句的次第如實了知，例如「一切法等依」是說第八識作為「依他起性」諸法的所依，「由此有諸趣」是說第八識收藏的雜染種子能生起「遍計執性」，才會有欲、色、無色界等三種天，以及人間和三惡道的有情；「及涅槃證得」則是說第八識的真如法性及本來自性清淨涅槃即是「圓成實性」，即是無漏無為法及無漏有為法等，依此第八識的真如法性及本來涅槃進修，則可以證得其餘三種涅槃。

「今此頌中諸所說義，離第八識皆不得有。」然而不論從總相或別相來看時，在這首頌中所說的所有義理，若離第八識心體與種子時，全都不可以也不可能存在。若是有人以離念靈知的識陰六識，或以處處作主的意根，說為萬法的本源、禪宗諸祖之所悟，即是離第八識真如心而求法者，於《攝大乘論本》中所說的各種道理，其實都是不能成立的，因為有許多過失，猶如本論中此前此後所說一般。

此亦同謂：欲證較高層次的三無性之前，必須先親證三自性；欲證三自性之前，必須先證「圓成實性」；欲證「圓成實性」者，必須先證得第八識而現觀其所顯示的真如；欲先證第八識真如者，必須先斷薩迦耶見；斷薩迦耶見後欲證真如者，必須先證第八識心體；已證第八識心體者即能略觀諸法都由第八識真如出生，如是證者則能漸漸深入現觀「依他起性」的善染等有生諸法，全都是從第八識如來藏心體中出生者，則能現觀第八識的「圓成實性」，即能現觀第八識所生諸法都是「依他起性」，如是則知「遍計所執性」都是在第八識所生的「依他起性」諸有生法中橫生計度，誤計為眞實我或眞實法，如是現觀即能斷除「遍計所執性」。唯除轉依不成功者，彼等有無生法而無忍故不能出生般若實相智慧。

是故欲求實證佛法者，皆以斷我見及大乘見道親證第八識眞如為先，眞如則是第八識於諸法運行之時所顯示出來的眞實而如如的行相，現觀第八識能圓滿成就世間及出世間、世出世間等一切染淨諸法的自性；亦因為一切善染諸法乃至器世間，若離第八識眞如時皆不得有故，名為「圓成實性」。

第四目　第八識取名阿賴耶的原因

論文：「即彼經中復作是說：『由攝藏諸法，一切種子識，故名阿賴耶，勝者我開示。』由此本識具諸種子，故能攝藏諸雜染法，依斯建立阿賴耶名。非如勝性轉為大等，種子與果，體非一故，能依所依俱生滅故。與雜染法互相攝藏，亦為有情執藏為我，故說此識名阿賴耶。」

語譯：【於那部《阿毗達磨經》的第二頌中又作此說：「由於攝藏流轉生死的

種種法，這個一切種子識，因此名爲阿賴耶，有殊勝智慧的人我就爲他開示。」由於此根本識具有各類功能差別，所以能攝藏各種雜染法，依這個攝持雜染法的道理而建立阿賴耶的名稱。並不是猶如勝性外道轉說的阿賴耶識的功能是大等諸法，使得功能差別與果報，體性成爲二個而不相關的緣故，而他們說的能依與所依也是應該同時生滅的緣故。此第八識與雜染法互相攝受與執藏，也被有情執藏爲自內我，所以說此識名爲阿賴耶。】

釋義：「即彼經中復作是說：『由攝藏諸法，一切種子識，故名阿賴耶，勝者我開示。』」在《阿毗達磨經》中說：「由於攝藏了流轉生死的各個種類法種，這個一切種子識，因此被立名爲阿賴耶識，若是遇到有殊勝智慧而能聽懂的人，我就爲他開示。」此第八識攝藏了各類善、惡、無記等流轉生死的種子，導致有情上生天界或下墮三惡道中流轉不絕，所以被命名爲「一切種子識」，表示祂有能藏、所藏、我愛執藏各類生死種子的意思，因此名爲阿賴耶識；所以阿賴耶識並非依於祂同時持有涅槃等清淨法種及無漏有爲法種而立名，是依染污法的過失特重而立名的。但此阿賴耶識的勝妙道理，世尊只爲有殊勝智慧的人解說，因爲這類人聽了說明以後便能懂得而求實證；而此第八識之實證理論與方法，也只爲有殊勝智慧的人而施作。若非勝智之人，即使已證二乘無學，亦不爲說，所以《解深密經》說：「阿陀那識甚深細，一切種子如瀑流，我於凡愚不開演，恐彼分別執爲我。」

「由此本識具諸種子，故能攝藏諸雜染法，依斯建立阿賴耶名。」由於此第八根本識阿賴耶，具備了能令有情不斷在三界六道中流轉生死的各類功能差別，所以能攝藏各類善、惡、無記性的雜染法，就會顯示祂有能藏、所藏、我愛執藏分段生死種子的功能，就依這個過失特重的道理而將此識建立爲阿賴耶的名稱，這也顯示第八識並不是種子的集合體。

「非如勝性轉爲大等，種子與果，體非一故，能依所依俱生滅故。」僧佉外道主張：三德冥性即將生起轉變時名爲勝性，然後轉爲大等二十三法。他們雖然誤計有因果，而主張勝性等二十五法，體定是一、是常。然而如此的性相在現量上卻不可能也不可以是一是常，故彼所說但屬臆想所得的非量，不是現量，是故論主玄奘定下正量曰：不是像勝性外道所說的由勝性轉變成爲大等二十三法而有五陰身心，因爲他們說的種子與果報之間，體性其實不是同一有情的緣故，其理不得成立。而且勝性外道所說的「能依」與「所依」，也全都是生滅法的緣故，這與「所依」必定是本來無生之理不同，是故不得成立。此遮僧佉外道將阿賴耶識的功德誤計爲冥性或勝性，主張三德冥性的自性起用名爲勝性，卻不在五陰身心中，則與五陰等體非一，違背阿賴耶識心體與五陰同時同處緊密相聯而且互動的正理。而其所謂「勝性所依」與「能依」的五陰，同屬生滅法，故其主張不能成立。阿賴耶識與五陰則是同時同處而屬非一非異，體同屬一而有主從，方得建立。

「與雜染法互相攝藏，亦爲有情執藏爲我，故說此識名阿賴耶。」此第八識與善、惡、無記等雜染法互相攝藏，所以第八識被有情內執收藏爲自我，所以說此識名爲阿賴耶。如是正理必須是實證第八識者方能知之而能說之，未證之人聞之讀之亦不得解。阿賴耶名即是能藏、所藏、執藏，具有「我愛」之意；此第八識由有如是功能差別，故名阿賴耶。

第五目　誰能證解阿賴耶識

論文：「已入見道諸菩薩衆，得眞現觀，名爲勝者；彼能證解阿賴耶識，故我世尊正爲開示。或諸菩薩皆名勝者，雖見道前未能證解阿賴耶識，而能信解，求彼轉依，故亦爲說。」

語譯：【已經進入見道位的諸菩薩眾，證得此識而有了對第八識的眞正現觀，名為有情中的殊勝者；他們能證得而且對阿賴耶識生起勝解，所以我佛世尊正確的為他們打開及示現這個妙理。或者說諸菩薩們全都名為殊勝者，雖然在見道之前還不能親證、也不能勝解阿賴耶識，而能在心中生起信受與理解，追求未來親證阿賴耶識來作轉依，所以世尊也為他們解說這難以理解的勝妙義理。】

釋義：「已入見道諸菩薩衆，得眞現觀，名為勝者；彼能證解阿賴耶識，故我世尊正為開示。」此處所謂「見道」，函蓋「眞見道、相見道、通達位」，此義容後論文中再說，此處先勿舉述；但「入見道」只是眞見道，因為才剛進入見道而已，並未函蓋「相見道」，故見道中的「通達位」必須函蓋「眞見道」與「相見道」。

此段論文已經說明「眞見道」即是「證解阿賴耶識」，由於已經親證而能勝解第八阿賴耶識，「故我世尊正為開示」，令諸菩薩得以快速升進諸地。所以這段論文已經明文開示證悟般若的「眞見道」，就是「證解阿賴耶識」；張志成、琅琊閣等人自稱懂得《成唯識論》，竟公然在網路上主張「眞見道」的證悟般若或證眞如，不是證得阿賴耶識，而是證得三無性，誣指正覺同修會所悟第八阿賴耶識，不是證眞如，不是證悟，這是公然牴觸《成唯識論》及《解深密經》、《楞伽經》、《楞嚴經》……等聖教，意在毀壞此論文中所說的眞正義理，破壞了義及究竟的正法，用以護持部派佛教遺緒釋印順之邪見。但《成唯識論》全論自始至終都在說明一切法皆由第八識所成就的道理，此前所說已經極多，不必重舉；此論後面的論文中也會再三詳述大乘的眞見道標的，即是「證解阿賴耶識」等，此處勿作先說。

世尊云何爲諸已經「入見道」的菩薩摩訶薩們解說此第八識？是因彼諸菩薩是所有修行人中有殊勝智慧的人，也是根性特別殊勝者。他們都已經能「現觀」此第八識而得勝解了，所以名爲有情中的殊勝者，所以 世尊爲他們打開及顯示這第八識的深妙正理。意思是說，世尊演說此第八異熟識的妙法時，「已入見道」的「眞見道」者聞已，得以循序升進轉入「相見道」位中實修；「相見道」者聞已，得以實修而轉入「通達位」；已得「通達」而入地者聞已，得再轉入初地住地心中繼續升進，令無生法忍日益增上；是故 世尊爲諸已經見道者開示，令啓勝進之機。

「眞現觀」者，例如《大般若波羅蜜多經》卷三百七十八〈無雜法義品第六十七〉：「**觀察忍**者，謂諸菩薩摩訶薩作是思惟：『諸行如幻、虛妄不實、不得自在，亦如虛空無我，有情、命者、生者、養者、士夫、補特伽羅、意生、儒童、作者、受者、知者、見者皆不可得，唯是虛妄分別所起。誰呵毀我？誰罵詈我？誰凌辱我？誰以種種瓦、石、刀、杖加害於我？誰復受彼毀辱加害？皆是自心虛妄分別，我今不應橫起執著，如是諸法由自性空、勝義空故都無所有。』菩薩如是審觀察時，如實了知諸行空寂，於一切法不生異想（一切行皆是空性寂滅故，於一切法不生異想），如是等類名觀察忍。」

由先有「觀察忍」故，而後能得「眞現觀」；對第八識心體的自性先有「觀察忍」，然後生起「眞現觀」者，方是「眞見道」的菩薩。換言之，並不是證得第八識之時即是眞見道的菩薩，還要能忍於此第八識心的本來無生、無所得與眞如法性，相對之下的五陰等萬法顯然生滅不住、皆屬虛假；若是現觀之後心中得能生忍，名爲「觀察忍」，方是「眞見道」之人。若不能得忍，縱能觀察第八識心的所在及運行，仍非「眞現觀」而非見道的菩薩。

「忍」即是接受所觀的第八識心本來無生、能生萬法、於諸境界都無所得的自性，亦能觀察第八識恆時示現的眞如法性而能得忍。知第八識密意而能觀察其眞如無所得的法性，智慧已屬殊勝；然而心中若不得忍，即非證悟，不屬於已入「眞見道」位的菩薩，仍名退轉菩薩或無忍菩薩。要待未來劫或未來佛出世而聞法之時生起意樂而得忍時，方有「眞現觀」而屬證悟，始成「眞見道」位菩薩。由此時起方能前心後心都是心心無間，都無所疑，方可名爲成就「無間道」，方是完成眞見道位觀行之菩薩。

那麼眞見道所證的眞如究竟是什麼呢？難道眞的是末法時代的佛門大法師們說的離念靈知嗎？或是凡夫張志成所說的三無性嗎？當然不是，因爲那只是識陰六識的覺知性、以及意識所知的思想，全都在識陰或意識的我所之中，只是妄想所得，不外於常見外道，身見未斷。

「**眞見道**」之後既然《楞伽經》中說爲「菩薩摩訶薩」，即是見道者，已能現觀一切法都是「**自心現量**」故，所證當然是能生現萬法的根本心第八識，而非所生的有生必滅的六識離念靈知心、或思惟理解的三無性的思想，所以《大乘密嚴經》卷中 佛說：「**諸仁者！阿賴耶識恒與一切染淨之法而作所依，是諸聖人現法樂住三昧之境。**」阿賴耶識既然是「**與一切染淨之法而作所依**」，當然是包括三乘菩提在內的一切法的能生者，一切法出生之後亦必須依止阿賴耶識才能運轉，此識方能作爲一切法的所依；如是一切法的本源即是生命及宇宙萬有的根源，純無漏的眞如法性當然也是由第八識運行時所顯現的無爲法；如是實證阿賴耶識而能現觀眞如並且生忍而轉依成功的人便是聖人，所以 佛說阿賴耶識「**是諸聖人現法樂住三昧之境**」。

是故於大乘法中的聖人，都是以親證阿賴耶識心體作爲初見道之標的，而此實證並非想像或猜測或思惟所得，而是「**現法**」上的親證。親證之後經由現觀而在心中得忍，能忍於阿賴耶識出生萬法的事實，能忍於此第八識是器世間萬法的本源、是有情生命的根源，也是無所得法；如是現觀阿賴耶識於一切行中都是眞實而且如如不動其心，合名眞如；如是現觀之人且能安忍其無所得的境界，即是「證眞如」者，佛法中名爲「眞見道」者。

如是諸經與諸論中都說大乘的見道即是證得第八識之後，能得「觀察忍」，即大乘的見道。若如張志成、琅琊閣等人主張悟得阿賴耶識者不是大乘的見道，要證三無性才是證眞如見道，即成謗法與謗佛的愚癡人，十信位不滿足，應於未來多劫後重得人身之時重新修學十信諸法，於眞正的佛、法、僧、戒生起清淨信以後，方得進入初住位中實修布施等六度。

此處論主玄奘依據 世尊聖教所說，明確宣揚大乘見道的眞義說，證得阿賴耶識的人，即是「已入見道諸菩薩眾」，名爲「得眞現觀」者，明明白白告訴大家說：已經進入「見道位」的菩薩眾所證的便是阿賴耶識，名爲「得眞現觀」者。然而琅琊閣、張志成等人有文字障故，被釋印順的六識論邪見唾沫所誤故，於此聖教依舊視而不見、讀而不解，主張不需要證得阿賴耶識，直接證得經由二大阿僧祇劫實修後才能深觀的三無性才是見道，其眼盲也如是，誠如 世尊所說「一切法無救」。爲恐末法時代張志成這類人將來讀不懂，論主玄奘還特地加以說明：「彼能證解阿賴耶識，故我世尊正爲開示。」說的是「已入見道」的「諸菩薩眾」，「得眞現觀，名爲勝者」，是因爲「已入見道」的所有菩薩們都「能證解阿賴耶識」，即是親證阿賴耶識而對阿賴耶識已有勝解，名爲見道。然而現前所見，琅琊閣、張志成等人依舊囿於文字障中，仍然否定第八識的實證即是大乘見道所悟之標的，並指控爲要進修入地方能「證解阿賴耶識」，其文字障與愚癡至此，其奈之何！

「或諸菩薩皆名勝者，雖見道前未能證解阿賴耶識，而能信解，求彼轉依，故亦爲說。」窺基法師於《述記》言：「**地前**雖猶**未能證解**，而能信解不生誹謗，希求此識轉依之果，故亦爲說。」謬也！如是之言誤導末法時代平實弟子中，尚未通達般若而心中有慢者生起煩惱，欲求平實印證彼之證量已入初地，其過大矣！然「地前」函蓋三賢位諸菩薩眾，豈第七住位「般若正觀現在前」時尚未實證阿賴耶識耶？則「相見道」位亦無安置處，因此必須置於修道位中，何能再言見道耶？亦與《成論》隨後所敘見道有三：「眞見道、相見道、通達位」皆在入地之前或初地初心之所說相違，對於窺基，平實不忍責之，推測應係窺基彼時年老氣力衰弱、精神不濟而無力審視協助造論之弟子所行有以致之。

凡是註釋經論者，其註釋之內容絕對不得違背所註之經論；今觀窺基所註釋者顯然違背《成唯識論》本文，即不得接受其註釋。此謂律經所說第七住位「般若波羅蜜正觀現在前」即是「證眞如」故，亦屬見道者，名爲「眞見道」；此後依「眞見道」位之「根本無分別智」進修，於七大類眞如各種微細行相一一加以現觀，直至第十迴向位止，皆名「相見道」位之菩薩；「入見道」之人若無親證第八識心體者，何能開始現觀七眞如的各種微細行相。要如是處於諸法行相中具足觀行七眞如已畢時，配合其他條件方始進入初地入地心位，方屬見道之「通達位」，是故地前的第七住位是已經「證解阿賴耶識」者，窺基法師《述記》此說有誤。

琅琊閣、張志成與窺基之見道所說違經背論，有何證明耶？如律部《菩薩瓔珞本業經》卷一〈賢聖學觀品第三〉說：「佛子！若退若進者：十住以前，一切凡夫法中、發三菩提心，有恒河沙眾生學行佛法，信想心中行者，是退分善根。諸善男子！若一劫、二劫乃至十劫，修行十信得入十住。是人爾時從初一住至第六住中，若修第六般若波羅蜜，正觀現在前，復值諸佛菩薩知識所護故，出到第七住，常住不退。自此七住以前名爲退分。」

此經意說，十住位以前的菩薩們，學法之時有退者，也有進者。若是十信中人，皆是退分。六住位是修滿六度並修習四加行之後才能「證眞如」，使「第六般若波羅蜜正觀現在前」時，若有佛、菩薩、善知識所護持及攝受，方能進入第七住位常住不退；若不接受佛、菩薩、善知識所攝受，時久心疑，雖證無生之法而不得忍，不能承擔所悟內容即是「證眞如」、即是見道，即便退轉，皆是退分。然「第六般若波羅蜜正觀現在前」者，唯有親證第八識而現觀眞如法性時，方能生起「第六般若波羅蜜」而有「般若正觀」；此事古今如一，從無例外，由此證明釋印順、張志成、琅琊閣等人所說皆是虛謬。

張志成有時又說「證解阿賴耶識時才是眞見道，是已入初地者」，則眞見道後的「相見道」位是否應該移入初地住地心開始？是則初地住地心起皆應改名見道位，不得名之爲修道位了。又見道「通達位」是否也該移入初地滿地心位或二地心中？那麼初地住地心與滿地心就應該名之爲見道位，而非《成唯識論》中所說的修道位了，然耶？否耶？可見《述記》所說及張志成所說皆屬虛謬，違經背論而不値得接受。凡夫位諸菩薩亦求大乘見道，是故玄奘說：或者諸菩薩們全部都可以說爲殊勝之人，雖然在見道之前還不能親證第八識，也不能勝解阿賴耶識的功能與自性，而能在心中生起信受和理解，追求未來世能得親證阿賴耶識而作轉依，所以 世尊也爲他們解說此第八識的眞實義，以免求證之時走錯路頭枉費生命。

第六目　《解深密經》等證明阿賴耶識實有

論文：「非諸轉識有如是義，《解深密經》亦作是說：『阿陀那識甚深細，一切種子如瀑流；我於凡愚不開演，恐彼分別執爲我。』以能執持諸法種子，及能執受色根依處，亦能執取結生相續，故說此識名阿陀那。無性有情不能窮底，故說甚深；趣寂種性不能通達，故名甚細。是一切法眞實種子，緣擊便生轉識波浪，恒無間斷猶如瀑流。凡即無性，愚即趣寂；恐彼於此起分別執，墮諸惡趣、障生聖道，故我世尊不爲開演。」

語譯：【並非諸轉識能有這種阿賴耶識的義理，《解深密經》也作這樣的說法：「阿陀那識非常地深奧與微細，所執藏的一切種子猶如廣大流水一般；我面對凡夫與二乘愚癡的聖人時都不開示演繹，是恐怕他們虛妄分別而執著阿陀那識爲五陰自我。」由於能執持諸法的種子，以及能執受色法、有色根以及作爲有色根依處的器世間，也能執取種種結使種子而導致受生相續，所以說此第八識名爲阿陀那。沒有菩薩性的凡夫或二乘法中的凡聖有情們都不能窮究這個底蘊，所以第八識的義理說爲甚深；趣向寂滅境界種性的二乘聖人不能通達此第八識的義理，所以名爲甚細。此第八識是一切法的眞實功能差別，遇到外境界緣襲擊之時便出生七轉識及煩惱等波浪，心體恆常而沒有間斷猶如廣大流水一般流注種子出來。凡夫說的是沒有菩薩性的有情，愚人即是趣向寂滅的二乘聖人；恐怕他們對於此第八識生起錯誤的分別與執著，死後墮落於三惡趣中、或是會障礙他們未來世生起聖道，所以我們的世尊不爲他們開示演說此第八識的深妙義理。】

釋義：「非諸轉識有如是義，《解深密經》亦作是說：『阿陀那識甚深細，一切種子如瀑流；我於凡愚不開演，恐彼分別執為我。』」七轉識唯能對六塵境界作諸分別與取捨，也是能熏而會轉變心性，不是無覆無記性心，當然不可能有阿陀那識的各種功能與自性，故說「非諸轉識有如是義」；此義唯有實證第八識眞如法性且能生忍的菩薩們能知，非諸凡、愚等有情所能知之。所以論文中舉證說，《解深密經》中也是這樣說的：「阿陀那識非常深奧和微細，祂所執藏的一切功能差別猶如廣大河流的水一樣瀑流不停；當我面對凡夫或二乘愚癡的聖人時都不為他們開示或演繹阿陀那識，是因為恐怕他們聽了反而產生虛妄的分別，錯把阿陀那識執著為五陰等自我。」

「以能執持諸法種子，及能執受色、根、依處，亦能執取結生相續，故說此識名阿陀那。」說名「執持諸法種子」，是指第八識面對諸法的功能差別時，能加以執取及受持，令八識心王相應的一切種子都不散失，也能猶如瀑流一般全面流注出各類種子而產生異熟等五果的作用，成就三界有情流轉十方三世的現象。

此第八識能執受且為「色、根、依處」，是指第八識對四大、五色根，以及四大及五色根所依處的器世間，都能加以執取，但卻不了別六塵境界而成為無覆無記性，方能成爲四大、有色根、器世間的「所依處所」。阿陀那識也能執取業種及一念無明種子，以致眾生因此而導致結使不斷，能使有情受生之後的善、惡性及無記性業果得以相續；並且令有情繼續造作新業領受異熟果而生死不斷，即使歷經百千劫之後，仍能貫徹因果律而絲毫不爽。由有這三個特性，故此第八識名爲阿陀那。

「**無性有情不能窮底，故說甚深；趣寂種性不能通達，故名甚細。**」《楞伽經》中說有五類種性，其中有一類爲無菩薩性、亦無二乘種性之有情，名爲「無性有情」。此類無菩薩性之有情，對於此第八識的認知永遠都很粗淺，更不可能窮究到佛菩提道的第八識底蘊，對此類人而言則說第八識的識性「甚深」。若是趣向寂滅的二乘聖人及凡夫修行者，由於他們心性趣向寂滅而證涅槃，或是尚在凡夫位中，同樣都是沒有深妙智慧再作深入探究，不能觸及第八識的所在及自性，故說此第八識名爲「甚細」。這兩類人都是無法勝解第八識的存在及自性，佛不爲這兩類人演說第八識妙義，是故《解深密經》中說：「我於凡愚不開演。」

「**是一切法眞實種子，緣擊便生轉識波浪，恒無間斷猶如瀑流。**」此第八識含藏一切諸法的功能差別，名爲種子，一切種子都是此識所有，故說此識「是一切法眞實種子」。「緣擊」之緣謂業種及外六塵境界，若有業種及外六塵境界所觸擊時，此第八識便領受外境界與業種等風浪，便稱爲「緣擊」，於是出生內相分六塵，此六塵相分境界生起於五勝義根時，便會有七轉識等波浪現行；由有七轉識之現行領受六塵境界風等，第八識便同時引生各類有記性與無記性的煩惱等種子，使往世所熏習的善、惡、無記性等種子及業種，與八識心王的種子同時流注猶如瀑流，因此得以報償業種而完成因果律；而此瀑流波浪從生至死恆無間斷，猶如大河的流水一般恆常「瀑流」。此乃解釋《解深密經》頌中「**一切種子如瀑流**」。

「凡即無性，愚即趣寂；恐彼於此起分別執，墮諸惡趣、障生聖道，故我世尊不爲開演。」此處說的「凡」，不單是指凡夫，特指無菩薩性之凡夫有情；若有菩薩性而求悟入第八識之凡夫學人，即不在此限。「愚」謂趣向涅槃寂滅的二乘聖人，以及趣向寂滅境界的凡夫修行人，這二大類人都不能對第八識的自性及功能生起勝解。爲恐如是等人聽聞第八識妙義之後，墮於虛妄分別中而產生虛妄執著，如張志成一般將五陰身心中的局部或全部誤認爲是第八阿賴耶識，產生大妄語業導致來世墮於三惡道中，必障礙其未來世出生聖道，是故我們的 世尊不爲彼等二類人開演此第八識妙法。此釋經中說的「**我於凡愚不開演，恐彼分別執爲我**」。

世尊考慮他們聽聞「阿陀那識」的甚深義以後，生起虛妄分別而墮入蘊處界我中，自稱已經證得第八識眞如心了，必然成就大妄語業，來世則下墮三惡道中，所以不爲他們開示演繹。此事於正覺弘法三十年來屢見不鮮，於弘法度眾過程中亦復如是，會內會外多有如是大妄語人，執五陰中的局部爲第八阿陀那識，自稱入地或五地、八地等，成就大妄語業。對於想要求悟然而未有菩薩性之凡夫，亦不應助其悟入，否則即是《大寶積經》所說「虧損法事、虧損如來」之重罪。

論中此處說 世尊不爲二乘愚人開演第八識正理等文字，據窺基法師轉述論主玄奘所指稱的意思，詳如《成唯識論述記》卷四所載：「何故不爲凡、愚等說？此即南印度羅羅國正量部僧名般若毱多，此名惠藏，安惠之學徒；三代帝王師，造七百頌誹謗大乘。論中作如此說：『是佛說者，何故相違？』撥大乘理爲非善說。此不達義，謂不爲說。其第七識但生俱生我見，不生惡趣，未障聖道；若爲說時，便增煩惱、所知，分別我、法二見。第六者起障生聖道，便生惡趣，故不爲說。何開第七俱我見也？此唯有覆，彼不善故；前爲說別，而汝不知俱生、分別二惑過失，妄爲此難。此即大師於《制惡見》中有此分別，西方師等咸皆宗仰。後戒日王三度往喚般若毱多，欲令共我大師論議；辭不肯來，一度辭不能乘馬，一度辭輿熱；復將母象往迎，即辭年老，遙歎大師深生敬伏。

但以智窮海性，學盡玄源，故所出言千古模範；然觀凡、愚俱愚法故，故不爲說。若不愚法，雖決定性，亦爲說之；然後有難『如外道等雖不爲說有阿陀那，亦有分別我法障生，此何不爲說』者，不然！彼妄計我，沈淪惡趣；冀其修無我而得斷除，今更爲說，返增重病；彼便執爲實體別有，分別我法深增惡趣，故不爲說。雖有種姓可聞信解，根未熟故亦不爲說。如一乘法信根若熟，即便爲說。此中約全五姓作論，非約少分故不說言；雖有種姓，根未熟者生誹謗故，不爲他說深細等義。」如是所說確屬誠言，容於增上班中解說。

論文：「唯第八識有如是相，《入楞伽經》亦作是說：『如海遇風緣，起種種波浪；現前作用轉，無有間斷時。藏識海亦然，境等風所擊，恒起諸識浪，現前作用轉。』眼等諸識，無如大海恒相續轉起諸識浪，故知別有第八識性。此等無量大乘經中，皆別說有此第八識。」

語譯：【只有第八識具有這樣執持諸法種子的法相，《入楞伽經》也是這樣說的：「譬如大海遇到大風吹襲的因緣，生起了種種的波浪；第八識現前即有作用在運轉著，自始至終都沒有間斷的時候。如來藏識大海也是這樣的，境界與煩惱等風所吹擊時，就會經常性的生起諸識與心所等海浪，現前即有各種作用在運轉著。」眼等識陰六識加上第七識意根，都沒有如同大海恆而且相續運轉、生起諸識及心所等海浪功能，所以知道另外有第八識的自性存在。在這類無量的大乘經中，都另外說有這個第八識。】

釋義：「唯第八識有如是相，《入楞伽經》亦作是說：『如海遇風緣，起種種波浪；現前作用轉，無有間斷時。藏識海亦然，境等風所擊，恒起諸識浪，現前作用轉。』」第八識心體猶如大海，不僅能出生器世間、內六塵、意根及五色根、六識及諸心所，也能與共業有情的第八識共生四大及器世間。

阿賴耶識藉意根與五色根爲助緣，藉煩惱及外六塵等境界風吹的緣故，從自心中生起內六塵、七轉識及心所等海浪，所以《入楞伽經》的意思是說：「猶如大海遇到大風吹襲的因緣時，就會生起很多的波浪；這些波浪現前而有各自的作用在運行，一直都沒有間斷的時候。藏識心海也是好像大海這樣，夾雜著各種煩惱而有種種境界風吹襲著，於是第八識恆時現起內六塵、七轉識及心所等各種波浪，在現前就有內六塵、七轉識及相應心所與煩惱等各種不同波浪的作用在運作著。」

第八識心體如是始終都是恆而沒有間斷的時候，一世又一世都由如來藏識大海像這樣將各類種子流注運行，當境界、業種、無明、煩惱等大風吹擊藏識時，就會經常性的不斷生起六塵種子、七轉識及心所等識陰海浪，在眼前就會看見有八識心王的各種作用在運轉著，被諸多證悟眞如的菩薩們所共同現觀。

「眼等諸識，無如大海恒相續轉起諸識浪，故知別有第八識性。此等無量大乘經中，皆別說有此第八識。」眼等識陰六識加上第七識意根，都會與煩惱心所相應，也沒有大種性自性及圓成實性等各類功能，所以七轉識全都沒有如同藏識大海一樣恆而相續運轉並生起諸識海浪的功能，也沒有能生起器世間、五色根與六塵的功能；然而現量上竟然眞的有七轉識及五色根在人間不斷運行著，死已復又生起來世的五陰而能世世輪轉，永不斷絕，由此可以知道必然另外有第八識的自性與功能存在及支持，才能從無始以來世世生起五陰身心，成就十方三世的器世間及諸有情的生死流轉。

所以《入楞伽經》卷二〈集一切佛法品第三〉也說：「譬如巨海浪，斯由猛風起；洪波鼓冥壑，無有斷絕時。梨耶識亦爾，境界風吹動；種種諸識浪，騰躍而轉生。」講的正是由第八阿賴耶識出生了七轉識，正是由境界風的吹動，而使意根生起我執、法執而促令阿賴耶識現起眼等六識及諸心所等法，因此隨於六塵境界波浪而流轉生死。這段聖教也能證明眞的有阿賴耶識存在，成爲一切諸法的「所依」及「所緣」。

論主玄奘又補充說：在同一類的無量大乘經中，也都另外說明眞有這個第八阿賴耶識存在及運行，成就三界六道等有情與器世間。所說同一類的大乘經，例如《大品般若經》、《小品般若經》、《大寶積經》、《楞伽阿跋多羅寶經》、《楞嚴經》、《解深密經》、《華嚴經》、《大方等如來藏經》、《大乘同性經》、《佛藏經》、《不退轉法輪經》、《大法鼓經》、《維摩詰所說經（亦名不可思議解脫經）》、《勝鬘經》及其他諸多大乘經等，都同樣有此演說；《華嚴經》中善財童子於〈入法界品〉中，甚至說明因地證得第八阿賴耶識眞如之時即可發起「本覺智」，隨後次第進修，歷經五十三參的五十二個階位後成爲妙覺大士；乃至阿含部的諸多經中也都說有此第八識，甚至《央掘魔羅經》中，更是明說有第八識如來藏的實際存在，還說一切諸佛都是依此第八識而成佛、而度眾生。一切證悟而不退轉的菩薩們，閱讀如是諸經之時都可以證實這一點。

第七目　大乘諸經眞是佛說

論文：「諸大乘經皆順無我，違數取趣；棄背流轉，趣向還滅；讚佛法僧，毀諸外道；表蘊等法，遮勝性等。樂大乘者，許能顯示無顚倒理，契經攝故；如《增壹》等，至教量攝。」

語譯：【諸多大乘經典都隨順於無我，違背各類有情的我見、我執等種種取的趣向三界生死；棄捨及背逆生死流轉，趣向還滅世法而進入實相之道；也稱讚佛法僧三寶，毀斥所有外道邪見；再以表顯蘊處界入等假我法的虛妄，同時也遮止勝性等外道的邪說。愛樂於大乘法的人，都同意大乘諸經能顯示沒有顚倒的眞正義理，都被相應的大乘經典所攝受故；猶如《增壹阿含經》、《雜阿含經》等一樣，都是由至教量所攝受。】

釋義：「諸大乘經皆順無我，違數取趣；」首先立量，量的本意是現量，即是事實，所以立量是建立「宗旨」，以表示事實上已經存在著的現量。玄奘建立的宗旨是，有很多大乘經典的內容所說，全部都隨順無我法，也都違背五趣六道等假我假法。世間人總是將蘊處界入等假我假法當作永恆不壞的自我，乃至自稱至高無上法的密宗應成派中觀師，如佛護、阿底峽、寂天、宗喀巴、釋印順、琅琊閣張志成等人，亦皆不能自外於陰界入等假我，竟反過來指責能生陰界入假我的第八識如來藏是外道神我，如是等人不得解脫，更無實相智慧。如今玄奘論主提出宗旨說：「**諸大乘經皆順無我，違數取趣；**」以此宗旨顯示大乘諸經所說眞是佛說，因爲所說的無我正義與二乘經並無不同，只是更廣大、更深妙，所以俱是佛說。

此乃提出宗義：大乘與二乘並不違背，俱是佛說。因爲無我法有二種：人無我、法無我。二乘菩提只說人無我，不說也不必修證法無我，所以二乘聖人沒有大乘般若及種智的解脫與智慧。大乘諸經所說法，都是廣說諸法背後所依的根本法——第八識如來藏；說由此法出生一切諸法，所以諸法之中都無一法眞實有我，全部屬於生滅法；而此能生諸法的第八識根本法，自身亦無蘊處界入等假我的自性，所以成就法無我的理趣及實證。

要由具足人無我及法無我的實證，方可歷經三賢十地而次第圓證滿足，最後具足四種涅槃及四智圓明時方可成佛；然而諸佛所說大乘諸經從來不曾違背二乘諸經說的無我正理，然更勝妙，因爲二乘諸經皆是從唯一佛乘的第八識眞如妙義中解析出來而方便施設。若離大乘八識心王妙義，二乘菩提即無所附麗而成爲斷見外道法故，猶如應成派與自續派中觀師今時所呈現的一般，不得不回頭建立細意識常住說，以免墮入斷見中，卻是重新墮入常見外道的邪見中。

「**棄背流轉，趣向還滅**；」接著論主玄奘提出四個原因，證明大乘諸經的教導是隨順無我性等道理，第一個原因是棄捨及違背生死流轉的世間法，趣向解脫的涅槃還滅境界故。所以證悟眞如而轉依第八識如來藏的人，不墮空有兩邊而住實相中道，都會「棄背流轉，趣向還滅」，次第進修，最後究竟成佛。

「**讚佛法僧，毀諸外道**；」第二個原因是大乘法中始終讚歎佛法僧三寶，從來不謗聲聞三寶，何況是大乘勝義三寶；同時也毀斥其他誤導眾生的外道大師或佛門凡夫大師們，將他們的邪見一一加以毀破。所以大乘法中的實證菩薩們，都不會否定二乘諸經，因爲現見二乘諸經所說的解脫道法義，並沒有違背大乘諸經所說的法義；但在佛教弘傳的歷史中，卻常常看見二乘法中的凡夫大師與僧人，不斷在否定大乘諸經；因爲他們既不懂二乘諸經而產生誤會，所以無人能證解脫果，更因不懂大乘諸經而無法實證之，所以極力否定之。然而依止大乘諸經的實證菩薩們，全都支持二乘諸經，一反諸多聲聞凡夫僧的所爲，卻同時「讚佛法僧，毀諸外道」，由菩薩們所表現出來的此一事實，也可以證明大乘諸經眞是佛說。

「**表蘊等法，遮勝性等**。」證明大乘是顯示無我法的第三個原因是，大乘經中表顯出五蘊、十二處、十八界、六入等緣生法，全都是藉緣而生起的，卻是從第八識如來藏中所出生；如是遮止勝論外道的六種六句義，也同時遮止了數論外道的二十五冥諦，同樣都屬於破斥外道「人我等法實有的邪見」。

「樂大乘者，許能顯示無顛倒理，契經攝故；」第四個證明大乘諸經眞是佛說的理由是，愛樂大乘及實證的菩薩們，都能認同大乘經中所顯示的無顛倒的正理，因爲這道理同樣都是被相應的大乘經典所攝受的緣故。

「如《增壹》等，至教量攝。」最後舉出二乘經教來證明：「大乘諸經所說猶如《增壹阿含經》等，同樣屬於至教量所攝。」例如《增壹阿含經》、《雜阿含經》以及諸大乘經等，都是至教量所攝。這表示諸論中所說的正理，出自二乘增壹部的《阿含經》等，以及諸大乘經典，都屬於至教量而非虛構。謂大乘諸經與二乘諸經一樣，都是 佛所說的至教量，因爲都如桃符相契而無牴觸。

第八目　聖彌勒菩薩七義證有阿賴耶識

論文：「又聖慈氏以七種因，證大乘經眞是佛說。一、先不記故：若大乘經，佛滅度後，有餘爲壞正法故說，何故世尊，非如當起諸可怖事先預記別？二、本

俱行故：大小乘教本來俱行，寧知大乘獨非佛說？三、非餘境故：大乘所說廣大甚深，非外道等思量境界，彼經論中曾所未說，設爲彼說亦不信受，故大乘經非非佛說。四、應極成故：若謂大乘是餘佛說，非今佛語，則大乘教是佛所說，其理極成。五、有無有故：若有大乘，即應信此諸大乘教是佛所說，離此大乘不可得故。若無大乘，聲聞乘教亦應非有；以離大乘，決定無有得成佛義，誰出於世說聲聞乘？故聲聞乘是佛所說，非大乘教，不應正理。六、能對治故：依大乘經勤修行者，皆能引得無分別智，能正對治一切煩惱，故應信此是佛所說。七、義異文故：大乘所說意趣甚深，不可隨文而取其義，便生誹謗謂非佛語。是故大乘眞是佛說。如《莊嚴論》頌此義言：『先不記俱行，非餘所行境；極成有無有，對治異文故。』」

語譯：【而且，聖慈氏菩薩以七種原因，證明大乘經眞的是如來所說。第一、如來沒有預先記別大乘經不是佛說的緣故：如果大乘經典，是佛滅度後，有其餘的人爲了毀壞正法的緣故而說出來的，是什麼緣故世尊，不是像未來將會生起的各種恐怖事情而預先作出記別？　第二、本來就是大、小乘教同時運行的緣故：大乘教與小乘教本來就是同時在人間弘化分行的，你們怎麼知道獨有大乘不是佛所說的？　第三、大乘不是實義菩薩以外的人所知道的境界故：大乘經中所說法義廣大甚深，不是外道與二乘愚癡的聖人所能思量的境界，他們的經或論中從來都不曾說過這些大乘法的內涵，假設勉強爲他們解說，他們也不能信受，所以大乘經不能指責爲非佛說。　第四、大乘經典所說的道理究極成就的緣故：如果小乘人主張大乘經是其餘諸佛——例如以前的迦葉佛——所說，不是現在的釋迦佛所說，那麼大乘法教當然就是佛陀所說，這個道理是可以具足成就的。　第五、有與沒有的緣故：如果有大乘的經教與菩薩們存在，就應該信受這些大乘教眞是佛陀所說，因爲離開此大乘經則大乘就不可得的緣故。若是沒有了大乘，聲聞乘的法教也應該就不存在了；因爲若離開了大乘教，決定沒有誰可以成佛的道理，又是誰能出現於世間演說聲聞乘？所以聲聞乘是佛所說的，卻反過來非議大乘教非佛說，這與眞正的道理不相應。　第六、能對治的緣故：依大乘經教說的法義精勤修行的人，都能引生及證得無分別智，能正確對治一切煩惱，所以應當信受這大乘經眞是佛說。　第七、義理不同於文字表相的緣故：大乘經中所說的義趣非常深奧及廣大，不可以隨著文字閱讀思惟就想要執取其中的眞實義理，便產生了誹謗的行爲而指責爲非佛說。　由於這七個道理，證明大乘眞是佛說。就如《莊嚴論》中已經頌出這個道理說：「事先不預記會有外道毀壞大乘法的行爲，又不是其餘的二乘、外道所能運行的境界；道理極成眞是佛說，而且小乘法是相對於大乘法而有的，大乘經中說的能使人完全對治煩惱，並且義趣不同於文字的緣故。」】

釋義：「又聖慈氏以七種因，證大乘經眞是佛說。」此立宗也，舉出聖　彌勒菩薩以七種原因，證明大乘經眞是佛說。此謂聲聞法中的凡夫僧們，始從聲聞僧團分裂爲部派佛教以來，即不斷毀謗大乘經以及其中的深妙法義，非單現時末法中的六識論聲聞僧釋印順及密宗中觀師等人方才如此。以下是聖　彌勒菩薩所說的七種義理，證明大乘經教眞是佛說：

「一、**先不記故：若大乘經，佛滅度後，有餘爲壞正法故說，何故世尊，非如當起諸可怖事先預記別？**」宗旨建立之後，接下來提出七個原因說明。一、佛陀事先沒有預記「將來會出現大乘經來破壞佛法」：若大乘經是有人爲了毀壞正法而在後來才講出來的，佛陀應當會像預記後時有人爲壞佛法而講出大量的相似像法，逼使佛法南行、北行最後難以生存一樣，於事前作出預記。然而　佛陀對於大乘經出世毀壞佛法的事並沒有預記，顯然大乘經不是像二乘凡夫僧所說的爲壞佛法而出現的。

「二、本俱行故：大小乘教本來俱行，寧知大乘獨非佛說？」第二個原因說「本俱行故」：大小乘教本來就是在人間同時行化的，猶如《長阿含經》卷七的《弊宿經》中明文記載：佛世童女迦葉菩薩，率領五百比丘遊行人間演說大乘法[7]。又如《阿含經》中的《央掘魔羅經》卷二，說有三乘部眾：「住地諸菩薩，及聲聞緣覺。」亦如《增壹阿含經》卷十六說：「欲求作聲聞、緣覺、佛乘者，悉成其願。」或如《起世經》卷四〈地獄品第四〉：「若於父母起惡心，或佛菩薩聲聞眾，此等皆墮黑繩獄，其處受苦極嚴熾。」亦如《恒水經》云：「一時，佛與大比丘僧、諸弟子、菩薩俱，行到恒水。諸天人民、鬼神、龍、人非人，及初發道意者無央數，各持華香伎樂皆追從佛，已到恒水，施座而坐，眾會皆定。月十五日說戒時……」

這些聖教都是阿含部的二乘經中所說，佛與聲聞、緣覺及諸菩薩是同時同處而弘法的，非獨大乘經中方才如此說；是故「大小乘教本來俱行」，大乘菩薩們都不毀謗小乘法的《阿含經》，聲聞凡夫僧又怎能單獨非議勝妙甚深的大乘教為非佛說？是故部派佛教諸部聲聞凡夫僧謗大乘者，皆有大罪。

問：「如果大乘諸經真是佛說，部派佛教聲聞眾等何故不信受、不喜愛、不聽

---

7 詳《童女迦葉考》書中的考證與說明。台北市．正智出版社．初版首刷．2013.8.30。

聞大乘經中佛陀所說呢？」答：

「三、**非餘境故：大乘所說廣大甚深，非外道等思量境界，彼經論中曾所未說，設爲彼說亦不信受，故大乘經非非佛說。**」第三個證明大乘諸經眞是佛說的原因，是大乘經中所說法教並非其餘二乘聖人及諸外道等人所知的境界故：因爲大乘經中所說法教涉及實相法界，義理廣大而又甚深微妙，並非外道及諸聲聞聖僧所能思量之境界，何況聲聞凡夫僧而能了知；所以他們或者同諸外道不曾聽聞，或如二乘聖人聞而不解，以致拒聞、拒信等。

大乘法教的見道及悟後進修的成佛之道，以及所證的眞如與無分別智及一切種智等內涵，在二乘經中從來未曾解說過，只是偶爾提一下這些智慧的名稱，最多也只是提到證悟的內容是第八識如來藏。假設菩薩們勉強爲二乘人演說大乘法，他們不可能聽懂也不會信受，這也能證明大乘經眞是佛說，因此二乘凡夫僧不可以單獨指責大乘爲非佛說，因爲菩薩們從來都不曾指責二乘諸經非佛說。如果他們眞要指責大乘非佛說，就得同時也指責二乘非佛說才對，因爲二乘法是從大乘法中分析出來的：必定先有佛在人間悟得大乘法而成佛之後，方能有人宣說二乘法故。此理深細，容後於卷九論文中再作詳細解說。

部派佛教聲聞僧又質問說：「如前所說三個原因可以建立大乘眞爲佛說，然而大乘諸經並非釋迦如來所說，爲證不成。」答：

「四、應極成故：若謂大乘是餘佛說，非今佛語，則大乘教是佛所說，其理極成。」第四個證明大乘是佛說的原因是，大乘正法道理應可極成的緣故，證明大乘諸經眞是佛說。如果有人主張大乘諸經是其他諸佛或過去諸佛所說的，比如是由 迦葉佛所說，不是現在的 釋迦牟尼佛說的，那麼大乘法教當然就是佛說的，這道理是絕對無法改變的，你們部派佛教爲何還要自生顚倒？

「五、有無有故：若有大乘，即應信此諸大乘教是佛所說，離此大乘不可得故。若無大乘，聲聞乘教亦應非有；以離大乘，決定無有得成佛義，誰出於世說聲聞乘？故聲聞乘是佛所說，非大乘教，不應正理。」證明大乘法眞是佛說的第五個原因是，有與沒有的緣故。小乘法是依大乘法而有的，若無大乘法就不會有小乘法；因爲諸佛都一樣是悟得大乘法而成佛的，然後才爲恐懼久墮生死痛苦、急於出離三界生死的聲聞種姓講出二乘菩提來；二乘菩提的具足修證只能使人成阿羅漢或緣覺，不可能依之修行而成佛的，也不可能有智慧講得出大乘法來。

如今既然有大乘經典，也有佛出現在世間說法了，就應該相信這些大乘法教

眞是 佛陀所說的，因爲若不是佛說，就不會有 佛陀示現在人間來講出二乘菩提了，二乘聖人是全部都無法解說大乘法的；而且，離開這個道理時，大乘諸經中的勝妙法也就不可得了。

再說，如果沒有了大乘法，聲聞教就應當不會存在了；因爲遠離大乘法時，決定沒有誰可以成佛，那又有誰能成佛而出於世間爲大眾演說聲聞乘？所以因爲有大乘的緣故，才會有二乘；若無有大乘時，也就不會有二乘了。聲聞乘是 佛所說的解脫之道，而 佛自身代表的是大乘，從來不代表二乘，所以從來不承認定性聲聞、緣覺爲佛子；如今竟然有人以聲聞乘身分來非議二乘道所依的大乘，單單指稱「大乘非佛說」而不同時指稱「二乘非佛說」，這道理是怎麼都講不通的。

關於這個道理，窺基法師有很好的補充說明，不需另作解說。如《成唯識論述記》卷四所說：「若言佛乘增壹等是，亦應佛果即聲聞等；應佛即聲聞，許能詮教是一故，如聲聞等。又逼之言：『汝聲聞乘等亦應非有，三乘攝故，如汝佛乘。』彼論廣中言：『若汝言有體者，即聲聞乘是大乘體，以此乘得大菩提故。』有四因緣，非以聲聞乘爲大乘體：一、非全故，聲聞唯自利，不利他故。二、非不違故，有言『自利法教於他即是利他』者，不然，雖以自利安他，彼自求涅槃，不可以此得大菩提故。三、非行故，有言『若久行聲聞乘行，則得大菩提』者，不然，聲聞乘非大菩提方便故，非以久行、非方便，得大菩提[8]，如搆牛角不出乳故。四、非教授故，大乘教授，聲聞乘無故，聲聞乘不即是大乘。又五因故，大乘與聲聞乘相違：一、發心異；二、教授異；三、方便異，皆爲自得涅槃故；四、住持異，福智聚少故；五、時節異，三生得解脫故。大乘翻此，故非即聲聞乘。」

有部派佛教凡夫僧人說：「大乘法教的所依與所行，都不會有眞實的解脫果可證，所以不是佛說。」答：

「六、**能對治故：依大乘經勤修行者，皆能引得無分別智，能正對治一切煩惱，故應信此是佛所說。**」證明大乘眞是佛說的第六個理由是，大乘能對治煩惱的緣故。依大乘經的聖教法義精勤修行的人，都能引生及證得眞如與無分別智，這種智慧能引生對於法界實相的現觀，也能正確對治「一切煩惱」，當然可以同時證得解脫果及佛菩提果，並非不能證解脫果；但正確的二乘菩提只能證得解脫果，無法證得佛菩提果，所以應該信受這些大乘經眞是佛說。

所謂「一切煩惱」，是指解脫道中所斷的煩惱障的現行，就是見惑、思惑與我

---

8 此破釋印順所說「以凡夫的菩薩行，久修二乘解脫道之後即可成佛」的謬見。

所的執著煩惱；還包括大乘地前所證的根本無分別智、後得無分別智所斷無知於實相的無始無明煩惱，以及地後所斷的煩惱障所攝習氣種子隨眠，以及斷所知障所攝的過恆河沙數「**上煩惱**」。這樣的「**一切煩惱**」，大部分是大乘法的實證與現觀之後方能對治的，不是解脫道所攝的二乘菩提所能斷，因爲二乘菩提的智慧只能斷除煩惱障的現行煩惱，不能斷除習氣種子隨眠微細煩惱，更不能斷除所知障所攝的過恆河沙數「**上煩惱**」。

大乘所斷煩惱既然遠多於二乘菩提所斷，當然必有解脫果的實證，不許謗爲沒有解脫果可證。唯有這樣具足修證的菩薩們，方能斷盡「**一切煩惱**」最後成佛；這不是二乘菩提中的修行者所能知之，因爲二乘聖者的所證，從來不曾觸及實相法界第一義諦故，也不曾觸及菩薩所斷的煩惱障所攝的習氣種子隨眠故；以此緣故，佛說阿羅漢及緣覺等聖人，雖非凡夫，而是愚人，以不能思議大乘佛法故。

「**七、義異文故：大乘所說意趣甚深，不可隨文而取其義，便生誹謗謂非佛語。是故大乘眞是佛說。**」證明大乘眞是佛說的第七個理由，是由於大乘經文所說的義理不同於文字表相的緣故。大乘經中所說的意趣非常之深妙，文字的表面意思與所說的眞正意思有所不同，大部分都是隱說般若及種智的妙義，只有實證之後而有現觀的慧眼或法眼菩薩們方能知之；所有不迴心大乘的阿羅漢與緣覺都讀不懂，若聽聞菩薩爲其解說之時也是聽不懂的，當然不可猶如部派佛教諸聲聞凡夫僧、隨著大乘經中的文字表面而執取其中的表相義理，覺得不通就生起誹謗而說大乘經不是佛說的，由於這樣的緣故說大乘諸經的法義眞是佛說。

《成唯識論述記》卷四：「彼廣中言：『若汝言佛語有三相：入修多羅、顯示毘尼、不違法空。汝大乘一切法無自性而爲教授，違此三理故非佛語。』今不違三相，故是佛語：入自大乘修多羅故，現自煩惱毘尼故，菩薩以分別爲煩惱，廣大甚深即是菩薩法空，不違此空得大菩提故。量云：大乘是佛語，許詮深理、義異於文、契經攝故。如『殺害於父母』等言，彼《阿含經》中亦以爲義異文故；謂覺不堅爲堅等，貪愛以爲父等。」由是證明大乘眞是佛說。

「如《莊嚴論》頌此義言：『先不記俱行，非餘所行境；極成有無有，對治異文故。』」《莊嚴論》即是《大乘莊嚴經論》，無著菩薩所造。論中舉出大乘眞是佛說的七個道理之後，最終則是以「喻」來說明，於是舉出《大乘莊嚴經論》中的一首頌來解釋以上的七個原因：「如來事先沒有預記將來會有大乘經出現來壞法的行爲，而大乘經中所說的聖教不是其餘二乘、外道等人所能運行的境界，由此道理極成而證明大乘經典眞是佛說；而且小乘法是相對於大乘法而有的，沒有大乘經就無有二乘經，大乘經中說的法義能使人完全對治煩惱，並且經中的義趣不同於文字表相的緣故。」

由於六識論的諸多聲聞論師本質的所謂出家人，例如佛護、清辨、阿底峽、寂天、釋印順等人都不懂這些原因，勝妙的大乘佛法及實證者被此等諸多凡夫僧所毀謗，從古至今永遠都是正常的事；且觀古來被凡夫僧及凡夫學人大力毀謗的人，多數是證悟大乘法的菩薩，如是事件自古以來即不絕如縷；甚至也有被聲聞凡夫僧假藉外道之名而加以刺殺成功，例如龍樹菩薩的弟子提婆菩薩即是其例。若末法時代示現弘揚八識論了義正法而不曾被毀謗，其所度弟子都不曾退轉者，當知絕非證悟之菩薩也，以大乘法教極爲難了、難證、難忍故。

第九目　部派佛教經中亦說有第八識

論文：「餘部經中亦密意說，阿賴耶識有別自性。謂大眾部《阿笈摩》中，密意說『此名根本識』，是眼識等所依止故。譬如樹根，是莖等本，非眼等識有如是義。上座部經、分別論者，俱密說此名有分識；有謂三有，分是因義。唯此恒遍，爲三有因。」

語譯：【在聲聞部派佛教的其餘經中也有密意說，阿賴耶識有七轉識以外的其他自性。這是說大眾部的《阿含經》中，有密意說「這個識名爲根本識」，因爲是眼識等七識所依止的緣故。譬如樹根，是幹、莖、枝、葉、花、果、種子的根本故，不是眼等七識能有這樣的義理。上座部經中以及後時分裂出去的分別論者，都以密意而說「這個阿賴耶識名爲有分識」；有是說三有，分是指「三有因」的道理。唯有這第八阿賴耶識是恆是遍，方能成爲三有的正因。】

釋義：「餘部經中亦密意說，阿賴耶識有別自性。」「餘部經中」是指聲聞部派佛教中的諸部，以區別於大乘教。除了大乘經典所說以外，在部派佛教的許多部派所宗奉的二乘諸經中，也有經文以密意而說過：第八阿賴耶識有祂自己不同於七轉識心的自性[9]。

這表示在那些二乘經中所說的法義，本來就是大乘法，但是被二乘人聽聞之後結集出來時，就變成二乘經了；這是因爲他們聽聞的本來就是大乘經典，但是對於其中有關大乘法的部分聽不懂，心中沒有勝解，所以沒有念心所的功德就無

9 詳《阿含正義》共七輯所舉證。正智出版社．台北市．初版首刷．2006.8。

法記憶，因此只能結集其中有關解脫道的部分，就成爲二乘經典。

但是那些二乘經中也有提到阿賴耶識，說「名色緣識、識緣名色」，例如北傳《雜阿含經》卷十二：【尊者摩訶拘絺羅答言：「今當說譬，如智者因譬得解。譬如三蘆立於空地，展轉相依，而得豎立；若去其一，二亦不立；若去其二，一亦不立；展轉相依，而得豎立。**識緣名色**亦復如是，展轉相依，而得生長。」】如是經文於四阿含諸經中，多有記載，不煩枚舉。

而且其餘的《阿含經》中也說明，阿賴耶識有祂自己不同於六識心或名色的自性。例如《長阿含經》卷十：【「若**識**出胎，嬰孩壞敗，名色得增長不？」答曰：「無也。」「阿難！若無**識**者，有名色不？」答曰：「無也。」「阿難！我以是緣，知**名色由識，緣識有名色**，我所說者，義在於此。」】

這段經文中，佛開示說明七轉識及五色根，都是由這個第八識而出生、而成長的，生、長之後也是要依第八識而成立於世間，這能生、能增長名色的識當然就是第八識。如是入胎而住、而出生名色，並且在出生之後能增長名色的識，這種功能有別於七轉識，並非七轉識所能擁有的功能；這個能生、能增長名色的識，當然是第八阿賴耶識。由這些二乘聖教，也可以證明阿賴耶識確實存在；因爲「名色緣識、識緣名色」時，「名」中已有意根及前六識，共稱爲七轉識；由是緣故，說名色七識心所緣的識，一定是第八阿賴耶識。

「謂大衆部《阿笈摩》中，密意說『此名根本識』，是眼識等所依止故。譬如樹根，是莖等本，非眼等識有如是義。」這是說大衆部所宗奉的《阿含經》中，密意指稱「這個心名爲根本識」，是眼識等識陰六識及意根之所依止的緣故，此第八識沒有六識心及意根的功能故，七識心皆以此阿賴耶識作爲「根本」故，此識於六識出生之前本已在故。

諸法「根本」的阿賴耶識譬如樹的根柢，能出生幹、莖、枝、葉、花、果、種子，是幹、莖、枝、葉、花、果、種子的「根本」；這種能生諸法的功能，並不是眼等六識及意根能有像這樣的道理，因爲眼等諸識都是被阿賴耶識樹根所出生的生滅法，而且出生以後都要以阿賴耶識爲所依、爲「根本」方能運作，所以大衆部的《阿含經》中說阿賴耶識爲「根本識」。

「上座部經、分別論者，俱密說此名有分識；」上座部是分裂前的聲聞佛教，部派佛教的十八部都是從上座部直接、間接、展轉分裂出去的。「分別論者」即是分別說部，後來被稱爲「說假部」。論主玄奘說，在上座部所宗奉的經典中，以及被稱爲「分別論者」的分別說部，他們全都密意說「有此第八識，名爲有分識」。「**有謂三有，分是因義。唯此恒遍，爲三有因**。」「有分識」所說的「有」是說三有，即是欲界有、色界有、無色界有；「分」是三有因的道理，是造作了往生三有中的某一種有的業種之後，就成爲往生該有的因。因爲唯有此第八識是恆、是遍，是故能遍於三界中存在，才能遍於三界中受熏持種而成爲三有之根本因，所以此第八識即是「有分識」。

其餘七轉識都是生滅法或可滅法，也不是能遍於三界中存在，例如意識於無想天中斷滅，於人間時五位斷滅；前五識於色界中滅除鼻舌二識，於二禪天及以上的等至位中五識全滅；意根雖於三界九地都能存在，但卻是見分而沒有受熏持種的功能，也無大種性自性而沒有執持色法的功能；由如是緣故說，七轉識都不可能成爲三有之根本因，不是「有分識」。

論文：「化地部說，此名窮生死蘊。離第八識，無別蘊法窮生死際無間斷時。謂無色界諸色間斷，無想天等餘心等滅，不相應行離色心等無別自體，已極成故，唯此識名窮生死蘊。」

語譯：【聲聞部派佛教的化地部說，此識名爲窮生死蘊。若離開第八識時，就沒有別的五蘊中法可以窮通生死本際而沒有間斷的時候。這是說無色界中諸色全都間斷了，而無想天等位中其餘的六識心也平等地斷滅，不相應行等法則是遠離色與心等就沒有別的自體性，這些道理已經極爲成就的緣故，說唯有此第八識可以名爲窮生死蘊。】

釋義：「化地部說，此名窮生死蘊。離第八識，無別蘊法窮生死際無間斷時。」有國王開化諸方土地經理國事，後來捨位出家修行而成爲部派佛教中一部的部主，該部因此名爲化地部。如是化地部認爲名色之上另有「**窮生死蘊**」，謂此蘊能窮透生死隔閡而貫通三世，於前世、今世、後世等三世流轉中都無間斷故名，非如六識心唯有一世存在。然而五蘊若離此第八識「**窮生死蘊**」，則五蘊中並無任何一法可以窮盡生死際而無間斷，唯有五蘊所依的這個第八識可以名爲「**窮生死蘊**」，不同於五蘊而能窮盡生死，不受三世隔礙；證明聲聞法中也有人信受大乘法而知道有第八識，只有那些爭強鬥勝的聲聞凡夫僧不信大乘法及第八識。

「**謂無色界諸色間斷，無想天等餘心等滅，不相應行離色心等無別自體，已極成故，唯此識名窮生死蘊。**」這是說無色界天中所有色法都已間斷，是故以色法持種及受熏的說法不能成立；若是在色界的無想天或人間的無想定中，除了「窮生死蘊」第八識以外，其餘的六識心都已滅失，是故由六識心受熏持種的說法也不能成立，意根也無持種持身等功能，故都不能名爲「**窮生死蘊**」；至於不相應行等二十四法，若離色法與心法等，就沒有別的自體可以存在了，當然更不是「**窮生死蘊**」；然而「**窮生死蘊**」確實存在，這道理已經究極成就的緣故，證明只有此阿賴耶識可以名爲「**窮生死蘊**」。

論文：「說一切有部《增壹經》中，亦密意說此名阿賴耶，謂愛阿賴耶、樂阿賴耶、欣阿賴耶、喜阿賴耶。謂阿賴耶識，是貪總別三世境故，立此四名。有情執爲眞自內我，乃至未斷，恒生愛著，故阿賴耶識是眞愛著處。不應執餘五取蘊等，謂生一向苦受處者，於餘五取蘊不生愛著；彼恒厭逆餘五取蘊，念我何時當捨此命、此衆同分、此苦身心，令我自在受快樂故。五欲亦非眞愛著處，謂離欲者，於五妙欲雖不貪著，而愛我故。樂受亦非眞愛著處，謂離第三靜慮染者，雖厭樂受而愛我故。身見亦非眞愛著處，謂非無學信無我者，雖於身見不生貪著，而於內我猶生愛故。轉識等亦非眞愛著處，謂非無學求滅心者，雖厭轉識等，而

愛我故。色身亦非眞愛著處，離色染者，雖厭色身而愛我故。不相應行，離色心等無別自體，是故亦非眞愛著處。異生有學起我愛時，雖於餘蘊有愛非愛，而於此識我愛定生，故唯此是眞愛著處。由是彼說阿賴耶名，定唯顯此阿賴耶識。」

語譯：【在說一切有部的《增壹阿含經》中，也同樣密意說此第八識名爲阿賴耶，是說愛阿賴耶、樂阿賴耶、欣阿賴耶、喜阿賴耶。這是說阿賴耶識一名，是從貪著自我的總相立名愛阿賴耶，再者是從貪著此識三世流轉境界而不中斷的別相，來建立這後三個阿賴耶識的名稱。一切有情都內執此阿賴耶識爲眞實的自內我，乃至未斷盡此煩惱以前，始終都不中斷的貪愛與執著此第八識，所以阿賴耶識即是有情眞正的愛著處所。有情不應該執取其餘的五取蘊等爲自內我，這是說生於一向都在領受痛苦的處所者，對於其餘的五取蘊都不會產生愛著；他們永遠都厭逆阿賴耶識以外的五取蘊，想著「我何時將會捨此壽命、捨此眾同分、捨此苦身心，使我來世自在領受快樂」的緣故。五欲也不是有情眞正的愛著處，是說已經離欲的人，對於五妙欲雖然已不貪著，然而依舊是愛樂阿賴耶識爲自內我的緣故。樂受也不是眞正的愛著處，是說已離第三禪定境的思慮與染著的人，雖然厭惡樂受而仍然愛著阿賴耶識爲自內我的緣故。身見也不是眞正的愛著處，是說非無學而信受無我的人，雖然對於身見已不生起貪著，然而對於內我阿賴耶識還是會生起愛著的緣故。七轉識等也不是眞正的愛著處，是說非無學而求滅覺知心的人，雖然厭惡七轉識等，卻仍是愛著阿賴耶識爲自內我的緣故。色身也不是有情眞正的愛著處，已經遠離色界貪染的人，雖然厭惡色身而仍然愛著阿賴耶識爲自內我的緣故。不相應行等二十四法，若離開色法與心法等就沒有其他的自體了，以此緣故也不是有情眞正的愛著處。凡夫異生以及有學位中生起我愛時，雖然對於其餘的五蘊仍有愛與非愛，然而對於此阿賴耶識的我愛一定會繼續出生，所以說唯有此第八識是有情眾生眞正的貪愛執著處所。由於以上這些原因而說第八識爲阿賴耶這個名稱，有情所執的自內我，決定是唯有顯示這個阿賴耶識。」

釋義：「說一切有部《增壹經》中，亦密意說此名阿賴耶，謂愛阿賴耶、樂阿賴耶、欣阿賴耶、喜阿賴耶。」聲聞部派佛教中的說一切有部，在他們的《增壹阿含經》中，同樣也是密意說此第八識名爲阿賴耶，他們經中說這第八識有四個名稱，即是愛阿賴耶、樂阿賴耶、欣阿賴耶、喜阿賴耶，並不是單於大乘經中才說有阿賴耶識。論主玄奘從此處開始，繼續從各個方面一一推徵出來：阿賴耶識方是一切有情的眞正愛著處，證明此第八識的存在，絕對不是末法時代六識論部派佛教遺緒的聲聞法師所說此識只是種子的集合體，妄說是假名施設有。

「**謂阿賴耶識，是貪總別三世境故，立此四名。**」阿賴耶識是一切有情五蘊身心背後的主體，於總相上來說，就立名爲愛阿賴耶，因爲無人不愛自己的阿賴耶識故。既有總名爲愛阿賴耶，當然必有三世的別名，所以過去世名爲樂阿賴耶，未來世名爲欣阿賴耶，現在世名爲喜阿賴耶，即是表顯有情對三世境界中的阿賴耶識別相的貪愛；所以是依貪愛阿賴耶識的總相與三世的別相來建立這四個名稱。

「**有情執爲眞自內我，乃至未斷，恒生愛著，故阿賴耶識是眞愛著處。**」一切凡、愚有情總是內執阿賴耶識爲眞正的自內我，乃至金剛喻定尚未生起、尚未斷盡煩惱成佛以前的妙覺位中，由「**上煩惱**」故，對此第八識功德總是永遠都會生起愛著心，所以說阿賴耶識心體及種子才是有情的眞正愛著處。「**有情執爲眞自內我**」的眞正義理，是大乘證悟菩薩方能知之，故不必爲其說明即能自己成就現觀。然非二乘聖人等愚者及凡夫異生之所能知，若是強爲彼諸人說之，亦因智慧不足故多不能信受，反致生謗而墮三塗，是故諸經之中都以隱語而密意說之。

「**不應執餘五取蘊等，謂生一向苦受處者，於餘五取蘊不生愛著；彼恒厭逆餘五取蘊，念我何時當捨此命、此衆同分、此苦身心，令我自在受快樂故。**」接著以理說明：由於阿賴耶識才是有情的眞正愛著處所，但不是凡、愚之所能知，所以說，有情不應該執取其餘五趣六道等五取蘊法爲自內我。這是說，有情若是生在一向都領受苦觸的地方——例如地獄中的有情，他們對阿賴耶識之外的五取蘊，都不會產生貪愛或執著；因爲他們不斷的承受地獄中的五取蘊所導致的持續不斷的痛苦，所以永遠都厭惡及違逆地獄中的五取蘊等法，總是想著：「**我什麼時候可以捨棄這個壽命、捨棄這個地獄中的眾同分、捨棄這個純苦的地獄身心，使我來世可以自在地領受快樂？**」這眞是事實，證明有情對自內我的貪愛與執著的本質，其實是執著阿賴耶識而非執著五取蘊。

「**五欲亦非眞愛著處，謂離欲者，於五妙欲雖不貪著，而愛我故。**」表相上，五欲是人類的愛著處，但事實不然，因爲已經離欲者，對於五種妙欲雖已不再貪愛執著，然而依舊是貪愛自我的緣故，就是貪愛阿賴耶識：愛、樂、欣、喜。例如凡夫或阿羅漢等聖眾，若是突聞巨雷之時亦生驚嚇而起怖畏；亦如諸阿羅漢於道路中，見阿闍世王放大醉象、鼻帶利劍飛奔而來時，諸阿羅漢雖然都已離欲及出生死了，然皆示現神通飛在空中以避其難，這也是執異熟識爲自內我的表現。

「**樂受亦非眞愛著處，謂離第三靜慮染者，雖厭樂受而愛我故。**」樂受也不是一切有情的眞正愛著處，是說已離第三禪境界愛著的凡夫有情，雖然厭惡三禪等持位中的樂受，已進入第四禪中，而仍然貪愛阿賴耶識爲自內我的緣故，即無可能證得二乘涅槃，即是源於貪愛阿賴耶識爲自內我的緣故。

「身見亦非眞愛著處，謂非無學信無我者，雖於身見不生貪著，而於內我猶生愛故。」身見——薩迦耶見，也不是有情眞正的愛著處，這是說已斷三縛結或五下分結的有學位聖人，他們是相信無我法的人，雖然對於身見已經不會生起貪著了，然而對於自內我依然生起貪愛的緣故，就是仍有多分或少分貪愛阿賴耶識，所以仍不能取證無餘涅槃。

「轉識等亦非眞愛著處，謂非無學求滅心者，雖厭轉識等，而愛我故。」七轉識等心也不是有智慧的有情或有學聖人眞正的愛著處，是說有學聖者等追求滅除七轉識者，雖然心中也討厭七轉識等心，然而仍會貪愛自內我的緣故，顯示仍然是貪愛阿賴耶識；由貪愛阿賴耶識爲自內我故，使令有學位聖人仍不能取證無餘涅槃。由此證明證得初禪乃至無所有處等有想定的凡夫，以及證得無想定或非想非非想定的凡夫，都是執著阿賴耶識爲自內我的人，是故不出三界生死境界。

「色身亦非眞愛著處，離色染者，雖厭色身而愛我故。」色身等五色根，也不是有情眞正的愛著處；例如已經遠離色法染著的人，不論是外道、佛門中的有學聖人，也不論是出家或在家人，他們雖然厭惡色身而生在無色界天，或是住在人間而證得無色界境界了，但他們仍然是會貪愛自內我的，顯然就是愛樂阿賴耶識爲自內我。

「不相應行，離色心等無別自體，是故亦非眞愛著處。」有的修行人愛著不相應行等二十四法，認爲就是自己生命的本源；然而不相應行等法，若是離開色陰等十一法及七識心，就沒有自體性可說了，由此緣故也不是有情眞正的愛著處，實質上仍然是愛著阿賴耶識。小乘人除了犢子部以外，都諍論說：「**阿賴耶識不會遮蔽有情的智慧，所以不會導致有情執著此識爲自內我；有情其實是執著不相應行，才導致生死流轉。**」論主玄奘因此破之，說明不相應行並無實體，有情不會因此而執著爲自內我，背後的所執其實仍是阿賴耶識，只是他們自己不知道。

「異生有學起我愛時，雖於餘蘊有愛非愛，而於此識我愛定生，故唯此是眞愛著處。」在異生位或有學位中生起內「我愛」的時候，雖然對於第八識以外的其餘五蘊，仍然還有愛與非愛的情況，然而對於此阿賴耶識的貪愛是一定會同時出生的；所以結論是，此第八阿賴耶識才是有情向內執著的眞正愛著之處。

「由是彼說阿賴耶名，定唯顯此阿賴耶識。」藉著以上八個狀況，由受大苦、由受五欲、由色陰、由七轉識、由身見、由三界九地境界、由不相應行法、由異生位加以說明以後，都可以證明唯有第八識才是有情眞正的愛著處所，但諸多有情、大部分修行人乃至二乘無學聖人亦皆不知，直到證悟般若以後方知。藉這些理由來證明，全部歸結到部派佛教的經論中所演說的阿賴耶識這個名稱時，已經決定顯示出來，唯有這個阿賴耶識才是有情所眞正執著的自內我。由以上所說破盡外道與小乘諸部否定第八識實有的邪說，但爲何演說有情眞正執著的是阿賴耶識的各種功能差別的原因，其中的眞正密意卻只有親證無生法阿賴耶識並轉依成功的人方能知之？如是援引聖教說明之後，便有再從正理上來加以解說的必要了：

第十目　由正理故證有第八識

論文：「已引聖教，當顯正理。謂契經說，雜染清淨諸法種子之所集起，故名爲心。若無此識，彼持種心不應有故。謂諸轉識在滅定等，有間斷故。根境作意，善等類別，易脫起故，如電光等，不堅住故，非可熏習，不能持種，非染淨種所集起心。此識一類，恒無間斷，如苣藤等堅住可熏，契當彼經所說心義。」

語譯：【已經引據聖教證明有第八阿賴耶識了，然後應當再顯示正理證明有第八識。這是說相應的經中有說，此第八識是雜染與清淨的諸法功能差別之所集起，所以說此識名之爲心。若是沒有此第八識心體，那個持種心是不應該存有的緣故。也是說六轉識在滅盡定等位中，都是有間斷的緣故。六識依於六根、住於六塵境、生起作意等法，都屬於有善、惡、無記性等類別的心，容易斷脫也容易生起的緣故，猶如電光或石火等，不能堅固常住的緣故，則不能接受熏習，也不能執持諸法的功能差別等種子，並不是染污或清淨等諸法種子所集起的心。而此阿賴耶識心體自性始終都是前後同一種類不變的無覆無記性，恆住而不曾間斷，猶如苣藤等物堅住而可受熏，才能契合及面對那些經中所說「心」的道理。】

釋義：「已引聖教，當顯正理。」並非破盡他人所說法義便能顯示自己所說即是正法，也不是引述聖教之後便能完全顯示眞的有第八識的道理，所以應當再以正理來顯示第八識的存在；因此，前面已經援引聖 彌勒菩薩所說聖教，也援引聲聞部派佛教中的聖教說明過後，隨後即應再以正理加以說明。不可猶如古今應成派中觀師（首如古時創派的佛護論師，末如今時的釋印順等），都是專破他人所說者，而自己的法義卻是錯誤的；如斯之人若破常見外道猶不可認同之，因爲同屬錯誤之說故，何況更來破斥正法而與菩薩相諍。

「謂契經說，雜染清淨諸法種子之所集起，故名爲心。」這是說，在與此第八識相應的諸經中曾經說過，是由一切雜染與清淨的諸法功能差別等種子所集起的，所以名之爲「心」。這是從所呈現的現象上解釋「心」名之由來，但是有人就因此一說明而誤會說：「所以阿賴耶識並非實有，只是猶如河中漩渦中的水泡一樣，是由許多水泡集合而成；表示阿賴耶識並非實有，只是由許多種類的種子所集合而成的，本質上並非實有。」

「若無此識，彼持種心不應有故。」玄奘接著解釋說，如果沒有此第八阿賴耶識心體集藏八識心王種子及受熏的各類種子與業種，那些相應的諸經中所說的持種心就不應該有的緣故。這是依第八識持種的功能而說有此阿賴耶識，是說種子不會自己聚集起來合在一起，猶如河中水泡不會自行合集在一起，一定要有持續不斷的水不斷流動造成漩渦，才能使水泡聚集在一起而不消失。同理，一定要有第八識實體並且有其自身的功能，並且要有七識心及六塵境界持續運行，才能聚集各類種子，使各類種子聚集於第八識心中而不會散失；否則虛空便也可以聚集種子，因果律及異熟果便都不能成就了。而且種子永遠都是異熟性，也不是心，不會有自我的認知，怎能知道何時該出生哪一類的五陰來實現異熟果及等流果？當然是要由阿賴耶識在六塵境界外的了別性來運作，才能使種子現行，實現善、惡、無記性的三界六道等異熟果。此外，阿賴耶識有自己的功能差別，可由一切證悟般若的菩薩們所現觀，並非由種子合聚而成為阿賴耶識的方便說。

「謂諸轉識在滅定等，有間斷故。」這就是說，唯有常住的堅固心才能持種，若是易起、易脫、易斷的不堅固心，例如識陰六識等，都不可能有持種的作用，因為六識心中斷時，所熏習的種子一定會散失的緣故。所以說，識陰六個識在眠熟、滅盡定、無想定、悶絕、死亡等五位中，都是有間斷的緣故，不可能持種。

若是有間斷的心，一定都是具有善惡等三性，全都是見分能熏而非所熏的心，縱使能持種子，中斷時的種子也會喪失的緣故，由此證明六識心都不能持種。意根雖然也是心，然而由於有覆性的緣故，意根亦因心體是由種子流注生滅而有的緣故，以及入無餘涅槃時也是會斷滅的緣故，當然也不可能執持各類種子。而且第七識意根於六識俱時是有強烈思量性的，時時刻刻都在作抉擇而非無覆無記性的異熟心，絕對不可能平等執持一切種子。

誠如《成唯識論述記》卷四所說：「**是以轉識間斷故，不能持種受熏。夫堅性**

者可持種故，識若不斷，其種恆在；識既斷故，種亦隨滅，後法等起，從何種生？有間斷故不能持種。然彼但言滅定等長時者，不取餘法。凡間斷者，共經部師有五位故，謂即無心『睡眠、悶絕、無想、滅定、無想異熟』；其大乘中命終、受生，悶絕中攝故。此等諸位轉識不行，唯第八識相續不斷。」

「根境作意，善等類別，易脫起故，如電光等，不堅住故，非可熏習，不能持種，非染淨種所集起心。」這是說識陰六識心，依附六根而住在六塵境界中，而且也必然會有五遍行、五別境心所，住於六塵境界中必然會有取捨，表示六識的類別一定屬於善性、惡性、無記性相應，都是很容易在六根六塵境界中脫開或重新生起的緣故，猶如閃電的光明或如擊石火一般，都無法堅固常住的緣故，並不是可以接受熏習的心，當然也不能執持種子；由此當知六識並非染業淨業種子所集起的「心」，然而現見三界眾生都有各類種子存在而現行，那麼就必定會有另一個心是可以受熏及持種，當知即是異熟性、無記性的阿賴耶識。

這是以三種因，說明六識心不可能是持種心；然而有情必有持種心，當知即是阿賴耶識，部派佛教及其遺緒釋印順以及密宗說持種心是意識，顯然大錯。三因者，一、六識是能熏而不能受熏故，不可能持種；二、六識易起易脫，有間斷故不能持種；三、六識如閃電光或擊石火，不能堅住故，不可能是染淨種子所集起心。又識陰六識之功能差別，唯能在六塵境界中起諸分別，具足三性，屬於能熏，是故不可能有持種的道理，是見分故，亦是有覆有記性故，不得言爲持種心。

《成唯識論述記》卷四：「述曰：經部『六識不俱時有』，破大眾部，然彼（大眾部）無熏習義。設破熏習，又以經部有熏習故，設許俱時，亦不成熏；此破經部『設許六俱，有熏習故』，是義之本。」以六識俱無受熏持種之義，六識俱屬能熏故，是見分所攝故。或言：「六識依六根而住，能分別六塵境界，可將所熏熏入六根中。」這是主張六根可以受熏及持種，然熏入六根之後，是由何根受熏及持種？五色根是色法，色法不能受熏亦不能持種，縱能持種亦必斷壞故。若言：「可由第七識意根持種。」然而意根是有覆無記性心，既然有覆，即有檢擇，焉能平等受持一切種？又意根於入無餘涅槃時必定斷滅，性非堅住，又如何能持種？

「此識一類，恒無間斷，如苣藤等堅住可熏，契當彼經所說心義。」至於這個第八阿賴耶識，是始終無分別性，是無覆而且無記性的心，並且永遠不變易其性而成爲前後一類不變；又是無始以來本就堅固不壞，是恆住而不曾間斷的心；這樣前後一類、都無分別的無覆無記性心，而且始終都不改易其性的被動性之心，才能平等而不檢擇地受熏持種；猶如苣藤或衣服等於熏習過程中始終堅住不壞，而且是自己無香，才可以接受花香等易壞之物的熏習；要有這樣的道理，才能契合、也恰當那些經中所說被熏而持種之「心」的義理。

論文：「若不許有能持種心，非但違經，亦違正理。謂諸所起染淨品法，無所熏故不熏成種，則應所起唐捐其功。染淨起時既無因種，應同外道執自然生；色、不相應，非心性故，如聲光等，理非染淨內法所熏，豈能持種？」

語譯：【如果不允許有能執持種子的第八識心，不但是違背經中的聖教，同時也違背了正理。這是說各類所生起的染淨品法，沒有所熏的緣故就無法熏習成種子，那麼各類染淨諸法的生起與造作或修行也就唐捐其功了。染淨諸法生起時既然沒有因地本有的種子，有情應該便同於外道所執著的自然生了；至於色法與不相應行法，不是心性的緣故，猶如聲音與光明等，在道理上來說並不是染淨等內法所熏習的對象，怎麼能受熏、持種呢？】

釋義：「若不許有能持種心，非但違經，亦違正理。」前來已證明七轉識皆無受熏及持種的功能，今說從三界有情一切法界的現象上來看，若不允許有能持種之第八識心，其主張不只違背經中的聖教，也會違背世間與出世間的正理。這是「依經申理難」，就是依於經中的聖教來引申出正理，也是從熏習與持種之理，來解釋確實有此第八阿賴耶識。以下則是「經外別生難」：

「謂諸所起染淨品法，無所熏故不熏成種，則應所起唐捐其功。」論主解釋其正理曰：這就是說，各類所生起的染品法、淨品法都是能熏，都屬於見分，在運行過程中必須有異熟性的受熏之法同時同處，熏習方能成功，然後才會有持種的事。現見三界中一切有情莫不有能熏之心七轉識，所有實證眞如之菩薩眾，亦都現見所熏之第八識如來藏同時同處而成就所熏，證明菩提道的修行眞實有其功用，不會唐捐其功；由如是熏習之道理而熏入持種心阿賴耶識中，方能成就修行正法之因果，由此證有第八阿賴耶識。

若無所熏的第八阿賴耶識被熏而持種，則一切無記業之熏習，以及所造諸多善惡業等染淨品法的熏習，必將唐捐其功，以造業之後都無所熏種子被另一心所執藏，如是來世悉將空無異熟果故。既如是，則修行之後生死與煩惱即無由斷盡，四種涅槃亦將無由證得；而眾生之生死流轉現象亦將不復存在，空無異熟果故。

「染淨起時既無因種，應同外道執自然生；色、不相應，非心性故，如聲光

等，**理非染淨內法所熏，豈能持種？」**若無第八識受熏持種，染品法與淨品法生起時既然沒有本因與種子，則一切法應當都同於外道所說的自然生，即是「無因生」。這是因爲部派佛教受持六識論，死後六識斷盡應該不復再起時，竟然另有後世的六識又復再起，豈非自然生？當然是《中論》所破的「無因生」，即是自然外道的邪見，非佛法正見。至於色法十一與不相應行法二十四，由於並非心而無心性的緣故，猶如外法的聲音與光明等都是無情，在道理上來說就不是染淨品等內法所熏習的對象，又怎麼能受熏而執持各類善惡業及無記業的種子呢？

論文：**「又彼離識無實自性，寧可執爲內種依止？轉識相應諸心所法，如識間斷，易脫起故，不自在故；非心性故，不能持種亦不受熏；故持種心，理應別有。」**

語譯：【而且色法與心不相應行法，若離阿賴耶等八識心王也就沒有自性了，怎麼可以執著爲內種的依止呢？而識陰等六個轉識相應的各類心所，猶如六識一樣是會間斷的，因爲六識很容易脫離所依根及所緣境界，或是很容易生起而重新再緣別的六塵境界的緣故，也都是不能離於所依而自己存在的緣故，當然不能持種；並且色法與不相應行法也不是心性的緣故，都不能接受熏習及執持種子；所

以持種的心，在道理上應該於六識心之外還有另一第八識心才是。】

釋義：「又彼離識無實自性，寧可執為內種依止？」此是反問六識論之部派佛教聲聞僧或外道。「彼」字是指色法及不相應行法。色法等十一法，即是五色根及內六塵，在唯識增上慧學的《大乘百法明門論》中名之為「二所現影故」，是說五色根及內六塵等十一法，是由八識心王與五十一心所法和合運作才能現行的；若離於八識心王及心所時，即無五色根及六塵的現行，所以色法與不相應行法並無常住的自性，怎麼能執著色法等可以成為所熏及內種的依止？

若是不相應行等二十四法，則是「三位差別故」才顯現出來的似有種種行之法相，亦即是由八識心王、五十一心所、十一個色法的或多或少和合運行，才能顯示出得、命根、眾同分，乃至和合性、不和合性等二十四法。即使排行在前的色法都不可能受熏及持種了，更何況排在後位「三位差別故」的不相應行法，又怎麼能受熏及持種呢？由如是二種正理而說明色等十一法，以及不相應行等二十四法，都不可能成為受熏及持種的異熟法；這是因為色法與不相應行法都不是識，沒有心的自性，當然不會是受熏及持種時所依止的法。

「轉識相應諸心所法，如識間斷，易脫起故，不自在故；非心性故，不能持種亦不受熏；」至於識陰六識相應的各類心所，就如同六識一樣很容易間斷，都是容易生起也容易脫落而間斷的緣故，並且也不是像自己本來就在的第八識心一樣，而且心所也不是六識心自性的緣故，都不能持種也不能受熏。

這便是以六識的心所特性「易脫起故」，以及心所不能自行存在，亦非心的體性故，來說明六識相應的心所等，不可能受熏以及持種，由此而證實必須有第八識才能受熏及持種，證明第八識實有。但爲何論主玄奘要作如是陳述？是因爲外道或聲聞凡夫僧的妄想有極多種類，如是妄想亦是當時部派佛教聲聞僧之所曾說，故亦一併列舉而加以評斷。然後作個結論說：

「故持種心，理應別有。」最後的結論就是：持種的心在道理上應該是外於七識心而另外眞實有才對，正是第八識阿賴耶識。也有經部論師妄想而說：「受熏及持種的道理，其實也可以由前念熏入後念，熏習及持種的道理便可無虞。」然而前念熏入後念之說，前念與後念既非同時同處，如何能受熏？既非能受熏，又焉能持種？自然也是同此一破。

第十一目　破部派佛教說無第八識的謬理

論文：「有說：『六識無始時來，依根境等前後分位，事雖轉變而類無別；是

所熏習能持種子，由斯染淨因果皆成，何要執有第八識性？』彼言無義，所以者何？執類是實，則同外道；許類是假，便無勝用，應不能持內法實種。又執識類，何性所攝？若是善惡，應不受熏；許有記故，猶如擇滅；若是無記，善惡心時無無記心，此類應斷；非事善惡，類可無記，別類必同別事性故。又無心位，此類定無；既有間斷，性非堅住，如何可執持種受熏？」

語譯：【有人說：「六識無始時以來，依於六根、六塵境界等前後分位，前後世的事相雖然有所轉變，而六識的種類並沒有前與後的差別；這樣前後分位一樣的**類**就是所熏，而能受持種子，由這個道理染淨因果皆可以成立，爲何還要執著有第八識的自性才能受熏及持種？」但他們的說法沒有眞實義，爲何如此呢？既然執著六識種子前後一**類**不變所以說**類**是實有，就同於常見外道了；若是允許同類種子的**類**是假有，便沒有殊勝的熏習作用了，應該就不能執持內法所熏的眞實存在的種子。而且，執著於前後世的六識同類不變的**類**，究竟是歸於善性、惡性或是捨性所攝而不變呢？若是有善性或有惡性，應該就不可能受熏；因爲允許是有記性的心，可就猶如擇滅無爲一樣是有擇滅的，便不能受熏及持種；若是無記性的六識，正當善或惡性生起時就沒有無記心可說，那麼無記性的**類**性就應該斷滅，依他們所說的道理時也不可能持種；如果不是在事相上有善性、惡性，說爲同**類**時就無**類**可以記別了，便不需要持種，因爲不同**類**時必定同於別的事性的緣故而不是所熏，就不能持種。而且六識在無心位時，這些**類**別一定不存在；既然六識會有間斷，**類**的體性即不是堅住法，如何可以執爲能夠受熏及持種之法呢？」

釋義：「有說：『六識無始時來，依根境等前後分位，事雖轉變而類無別；是所熏習能持種子，由斯染淨因果皆成，何要執有第八識性？』」有人這麼說：「六識覺知心無始時以來，依於每一世的六根、六塵境界等前後分位中，雖然在事相上有前世與後世的轉變，然而六識心的每一識，前後世都屬於同一種類而沒有差別；這樣前後世分位而連貫不斷的『**類**』，就是所熏而能受持種子，由這個道理而說染法與淨法的熏習持種等因果都可以成立，爲何還要執著有第八識的異熟自性才能受熏及持種呢？」此是部派佛教經部師的說法，他們由於所主張的「根是識種」被破了，於是演變成「六識前後一**類**而分位持續，**類**即可持種」的說法。他們認爲：一、六識等心是無始時來始終存在不壞之心，六識中的每一識，也都是無始以來世世相同的同一種**類**，符合受熏者「前後一**類**」不變的定義。二、由六識自身前後世的分位，前後世六識心都是同一**類**，這個「**類**」是常住而且不變異的，就可以受熏而執持前世六識心的熏習及業種，便可以成就熏習和持種的道理。

然而這種常見外道所墮的誤計與邪見，於前已破，因爲這六識心的前世與後世固然是前後一類不變，但前後世的六識心並非二個心同時同處，**類**也不是實際上存在的有功用法，是故不能受熏，當然就不能持種；一定是前世六識滅已，後世依於新的五色根而出生時，後世六識方得出生，這已經是全新的六識了；而且後世的六識心與前世的六識心之間，間隔至少四個月以上的時間是中斷的，所以後世六識與前世六識並不相干，完全沒有接觸，如是前後世的六識既非同時同處，此六識之**類**即不得成就熏習義，當然不能持種。以下則是正破：

「彼言無義，所以者何？執類是實，則同外道；許類是假，便無勝用，應不能持內法實種。」論主玄奘破曰：部派佛教經部師的說法根本就沒有眞實理，爲何如此說呢？他們執著六識心的前世與後世都是同「一類」，前世眼識種類與後世眼識種類相同，耳鼻舌身乃至意識亦復如是相同，想要援用阿賴耶識前後「一類」不變的道理，而說六識心的前後世分位是同「一類」不變而眞實有，來成就熏習持種的道理。這就同於常見外道執著的六識心自我的我所了，已經違背阿含諸經所說，因爲我見是 佛所破的邪見，更何況是我所的顯示法「類」呢。

次再破曰：能執持種子的同「一類」心第八識若是虛有，當然就不能執持種子，三界中的一切熏習都將成爲空談；持種心若是假有時如是，反之，若是允許六識的「類」是假有，熏習也一樣要落空，因爲這樣的「類」便是前世意識與後世意識同屬能熏的見分「一類」，而非所熏的異熟性「一類」，就沒有殊勝的熏習作用了，自然不會有熏習的過程以及執持內法所熏而確實存在的種子，所說一切熏習皆成無義，當然就不可能由六識心或「類」來執持內法中的各種眞實種子。

這也是說明前世與後世的六識覺知心，雖然是前後一類不變，然而六識與類並非實有，因爲前世六識不能來到此世，此世六識不能去到後世，每一世的六識都是全新而非從前世延續過來的；前後二世的六識也非同時同處，不可能有能熏與所熏同時進行熏習。只有六識時，沒有另一個受熏的心同時同處，所以單有「前後一類」不代表就能受持內法中實際存在的各類種子，因爲類只是顯示前後世同屬一類的現象而無實質。增上慧學中說的一類是依第八識心體無覆無記性的前後不變，而且都不中斷而說爲一類，並且能貫通三世方能持種；所以經部師主張前後世六識同屬一類的說法，沒有貫通三世的常住性故不能持種，所說並無實質，而其一類亦無勝用故，如是一類不能受熏與持種。

「又執識類，何性所攝？若是善惡，應不受熏；許有記故，猶如擇滅；」然後第三是反徵經部師：「而且，經部師執著於六識心的前後相同一類，依前後一類而說有熏習與持種，那麼這一個類，究竟是善性、惡性或無記性所攝呢？」這是再度依於三性來論證說，六識若是有善性或有惡性時，不論前世或後世，應該就是能熏而不可能受熏，所說的「類」也就同性而不能受熏了；若允許六識是如此的有記性心，可就猶如擇滅無爲一般成爲有記，一定會對所有種子加以選擇，就會有決定收存與決定捨棄等行爲，不會是無覆無記性心，那麼前後世相同的「類」當然一樣有善惡性，就不可能平等受熏；不能平等受熏的心就一定不會受熏，不受熏即不可能持種。意謂六識心以及祂們的一「類」，必定會與善性或惡性相應，不是純然的無記性異熟心，是造業者而非受熏者，所以是能熏而非所熏。

這便是說，熏習的過程中必須有能熏及所熏二類心同時同處，才能成就熏習與持種；「類」不是心，不能受熏。若是單有能熏的六識心以及所顯法的「類」，而無所熏的第八識心，熏習即不能成就，那麼熏習後所成就的種子應該存於何處？不可能是能熏的前世六識心熏習自己之後，再由後世的另一六識心收存種子；也不可能熏入所顯法的「類」之中，因爲「類」是同一善惡性而屬能熏，也是前後世六識的所顯法而無實質，沒有所熏的功能。如是有能熏而無所熏，前後世的六識也有間隔而不能同時同處，則「類」之熏習及持種都不能成就故。

「若是無記，善惡心時無無記心，此類應斷；」如果經部師狡辯說六識心的前後一「類」都是無記性的，可以受熏持種；然而正當六識心的善性或惡性發起時，應當就沒有無記性心可說了，那麼六識的善惡性生起時，這一「類」無記性的六識心就應該斷滅了，又是由誰來受熏及持種。然而事實上六識的無記性心在善惡性的事後依然會再度存在，也可以徵驗，因爲六識心的善惡性及無記性，是前後互變而都能出現，但並非三性同時出現的，不可將事後方才出現的無記性六識，於事後再來受熏然後持種，因爲事後的無記性六識心已經不與能熏的有記性六識心同時同處了。六識心如是，「類」亦復如是不能受熏，即不能持種。

而且八識心王同時同處而運行，八識心王互相不同的自性也都是前後「一類」而不會改變的；不但六識心如此，阿賴耶識也是如此；因此，第八識的「一類」不應移來辯稱爲六識心的前後「一類」，因爲六識永遠都是具有善惡等三性的心，不是前後「一類」永遠都是無記性。所以「一類」是在表顯阿賴耶識的識性是前後「一類」的無覆無記性，永遠都不會改變，不是在說明六識心的前後「一類」

都不改變；因爲六識心永遠都不是前後「一類」不變的無記性，當善性的六識消滅而轉變爲惡性時，祂的「類」便告隨之消滅，要改換爲其餘二性的六識與「類」了；其餘二性亦復如是，這樣生滅變易的六識及「類」如何能成爲所熏及持種呢？更何況「類」不是心，絕無可能受熏及持種。正當經部師主張說：「**六識心可以是有記性，然而『類』是無記性的，可以受熏持種。**」然而六識心既是具足三性的有記性時，六識心的「類」當然就是有記性了，怎能說爲無記呢？

「**非事善惡，類可無記，別類必同別事性故。**」一定不是在事相上顯示有善有惡，這樣的「一類」才可以記別爲前後「一類」的無記性，因爲若是不同於無記性的「一類」時，就必定同於別的事性而成爲有記性的緣故，如是有善有惡的六識心以及所顯示的「類」，就不可能成爲異熟性的所熏。意謂若有一個心，從來都不落入事相中產生善惡性時，所說的前後「一類」才可以說爲「一類」無記性；若是落入六塵事相中，所緣境界一直都是不離六塵的心或「類」，一定會與順心或違心境界相應，就會與善性或惡性相應，有時也會與捨性相應；正當有情與某一事相相應而成爲善性「一類」時，就不會成爲前後「一類」無記性的捨性了，因爲「**別類必同別事性故**」。善性不可謂爲惡性、捨性，惡性也不可謂爲善性或無記的捨性，又怎麼能說是常住法而說為前後「一類」可以受熏？又，「類」是施設法，如是之「類」依心而立，並非實有法，如是虛法的「類」焉能受熏。

但經部師又提出質疑說：「六識心與其法性『一類』都是同分，由於『一類』無記的緣故，六識便是無記識，可通三性，所以這個『一類』也可以如此，就能夠受熏。」玄奘答曰：

「又無心位，此類定無；既有間斷，性非堅住，如何可執持種受熏？」當經部師如此蠻橫無理狡辯不斷時，乾脆就不與他們辯論這個「類」的問題，直指要害說：而且在五種無心位時，六識心都滅失了，這三種善惡性的「類」一定也跟著六識消失了；既然六識心和「類」都會有間斷，體性不是堅住法，如何可以執著六識心與「類」是可以持種及受熏的法呢？因為部派佛教經部師說的「類」是依六識心而有，不外於六識而說為同分，不是指第八識的前後「一類」都是無覆無記的異熟性。所以正當六識消失時，三性的「類」就隨之滅失而無有，這時怎能說六識的「類」是無記性而可以成為所熏呢？既非所熏即不可能持種，證明經部師所說荒謬無稽。由以上多義之論辯而作證明，應信第八阿賴耶識實有。

論文：「又阿羅漢或異生心，識類同故，應爲諸染無漏法熏；許、便有失。又眼等根或所餘法，與眼等識根法類同，應互相熏；然汝不許，故不應執識類受熏。又六識身，若事若類，前後二念既不俱有，如隔念者非互相熏，能熏所熏必俱時故。執唯六識俱時轉者，由前理趣既非所熏，故彼亦無能持種義。」

語譯：【而且依經部師的說法，阿羅漢心或異生之心，由他們雙方六識的種類相同的緣故，應該就會被諸染污法或無漏法所熏習；若允許這個想像出來的類現象存在，便會有過失。此外，眼等六根與六識等相應法，也都是前後一類而無不同，同理也應該可以由六根與六識互相熏習；然而你們經部師又不許如此，所以不應該執著六識的前後同一類可以受熏。而且六識的功能差別，或者在事相上或者在同一類上，既然前後二念的六識並不是同時一起存在，猶如前後隔念的狀況就不能互相熏習，因爲能熏與所熏必須同時同處的緣故。他們否定第八識，繼續執著唯有六識同時同處運轉的人，由於前面所說的理趣證明既然六識不是所熏而是能熏，所以他們所說的六識與類也就沒有能夠持種的義理可說了。】

釋義：「又阿羅漢或異生心，識類同故，應爲諸染無漏法熏；許、便有失。」阿羅漢心或凡夫異生之心，當他們生活在一起時，由於雙方的識陰六識都是前後一「類」相同，今依部派佛教經部師的說法，六識全都是可以前後互熏的心，不必是能熏與所熏的心都屬於同一有情所有，那麼阿羅漢便應該會被同時同處的異生凡夫各種染污法所熏習而退轉，異生凡夫也應該可以被阿羅漢的無漏法所熏習而成爲阿羅漢，因爲彼此六識之「類」相同故；若是允許這個道理成立，便會有過失。這是第四再反徵經部師「類同」之義，其中有二義：第一是聖凡類同失，第二是根法類同失。如上所說是聖凡類同之失，以下是根法類同之失：

「又眼等根或所餘法，與眼等識根法類同，應互相熏；然汝不許，故不應執識類受熏。」而且阿羅漢與異生間的眼等六根或其餘相屬的諸法，例如阿羅漢的眼根與異生的眼識間，或如阿羅漢的眼識與異生的心所法間，都是所緣相同的一「類」之法，也應該要互相熏習才對。然而經部師等人又不許這樣的受熏，所以不應該執著六識同樣一「類」就可以受熏的道理。且不說聖者與凡夫間六識的一類相同可以互熏之過，單說一位有情身中，同一聚的眼根、眼識、心所法，所依所緣都是同一「類」，既是同一「類」，依經部師所說之理則應該可以互熏，那麼眼根及心所法也應當可以互熏而且持種。眼識一聚如是，耳識乃至意識等五聚亦復如是，亦應可以互熏而由意根或意識之心所受熏持種，因爲一「類」都是相同而無異故；然而經部師卻不許同理的前後一「類」可以熏習，豈不是自語相違？

「又六識身，若事若類，前後二念既不俱有，如隔念者非互相熏，能熏所熏必俱時故。」這也是破部派佛教經部師。經部師還有分出三個部派的三種說法，如《成唯識論述記》卷四所說：「今此設遮經部，兼破譬喻師。譬喻師是經部異師，即日出論者，是名經部。此有三種：一、根本，即鳩摩羅多；二、室利邏多，造經部毘婆沙，正理所言上座是；三、但名經部，以根本師造《結鬘論》廣說譬喻，名譬喻師，從所說為名也。其實總是一種經部。」可見部派佛教的分裂再分裂，狀況是很複雜的，聲聞人的佛法就這樣因為部派佛教的分裂而呈現各說各法而紛亂了，連專學聲聞法的部派佛教諸部對聲聞法都已經是各說各話，他們的學人想要實證解脫果就越來越困難，何況是對大乘法。不但如此，聲聞凡夫僧分裂後依舊不懂聲聞解脫道法義，仍不滿足而來研究大乘法義，然後不知不解而對菩薩們所說的正法提出各種不如理的質疑，所以寫出更多的邪論，造成當代及後世的大乘學法者更多的迷惑，於是佛教就因此而從像法時代走向末法時代；都因為正經正論的法教，逐漸被聲聞人以更多的相似法及外道法的廣大分量稀釋後淹沒了。

現在的CBETA電子佛典也繼續進行同樣的破法過程，因為編輯者沒有法眼，又繼續堅持密宗應成派及自續派中觀師的六識論錯誤聲聞法，不捨邪見而選擇混入更多附佛外道的論著，例如具足六識常見外道論及印度教雙身修法的二部《廣論》，已經被納入電子佛典中繼續誤導今世及後世學人了；所以越到末法時期，學習正法時就會有更多的外道法來混淆，難以接觸及熏習到正法，導致學人產生更多的遮障。言歸正傳，玄奘又從「事類雙熏計」的面向來破斥說：

而且六識的功能，不論是在事相上或種類上，都是前後種子相續不斷變更的，既然前後二念不是同時存在，如同前後念隔開的識種無法互相接觸，又是前後種子相續不斷變更，所以不是可以互相熏習的；因爲能熏與所熏必須是同一時間又在同一處所存在而有接觸，並且所熏是前後一類無記的異熟性，才能互相接觸而成就熏習的道理，才能成就新熏的種子，也才能有種子可以被所熏的異熟心執藏。

接著再破大眾部諸師，因爲他們誤計說：「其實只有六識心同時同處運行，沒有所謂的熏習可說。」玄奘破之曰：

「執唯六識俱時轉者，由前理趣既非所熏，故彼亦無能持種義。」若是像大眾部一樣執著只有六識同時一起運轉的人，他們不信受有第八識與前六識同時同處運轉，也不信大乘所反對的六識心前後同樣一「類」可以自行熏習及持種的道理；然而這時由於前面所說的理趣，這六識既然是能熏而不是所熏，所以他們說的六識當然也是沒有能夠持種的義理；又因爲前一刹那或是前世的六識心，與後一刹那或後世的六識心，都不是同時同處而有接觸，也都不能成就熏習的道理，所以他們不能再自稱六識心可以受熏及持種。

論文：「有執：『色心自類無間，前爲後種，因果義立，故先所說爲證不成。』彼執非理，無熏習故。謂彼自類既無熏習，如何可執前爲後種？又間斷者應不更生，二乘無學應無後蘊，死位色心爲後種故。亦不應執色心展轉互爲種生，轉識色等非所熏習，前已說故。」

語譯：【有人執著說：「色法與心法若是和自己同一類而前後沒有間斷，前心前色成爲後心後色的種子，這因果的道理就可以建立起來，所以你們菩薩先前所說由於所熏的道理，想要證明眞有第八識的理論是不能成立的。」但他們的執著並不是正理，因爲經部師所說的法義中並沒有熏習的正理故。這是說，他們說的色法與心法之間固然是自己同類，然而既沒有不同類的所熏來成就熏習，單有能熏，縱然是同一類，又如何可以執著前法熏習後作爲後法的種子？而且有間斷的法例如六識心，應該也不會間斷消失之後自己再度出生自己，得要有另一個不間斷的所熏才能再度出生六識心；而且二乘法中的無學聖者證果之後也應該沒有色蘊留存了，因爲在完成熏習而證果之後的色法與心法都要作爲後時的解脫果種子，而種子成就時色或心應該已經消滅的緣故。也不應該執著色法心法展轉互相作爲種子來出生，因爲轉識與色法等並不是所熏習的心，前面已經說過的緣故。】

釋義：「有執：『色心自類無間，前爲後種，因果義立，故先所說爲證不成。』」「有執」是指經部師等部派佛教的凡夫僧人，因爲天竺佛教在 佛示現入滅五百年後已經沒有實證解脫道的阿羅漢了。經部師執著說：「色法若是和自己是同一類的色法，心法若是和自己是同一類的心法，前後沒有間斷時，前色成爲後色的種子，前心成爲後心的種子，這熏習的因果道理便可以建立起來，所以你們菩薩先前所說由於熏習而想要證明眞有第八識的道理是不能成立的。」

「彼執非理，無熏習故。謂彼自類既無熏習，如何可執前爲後種？」玄奘破斥說：他們的執著並不是正理，因爲經部師所說，依然沒有熏習的正理故，持種即不可能成就。這是說，他們說的前色法與後色法之間，前心法與後心法之間，固然是自己的同一「類」，然而同屬生滅法，也沒有能受熏的功能與自性；而且前色法與後色法之間，或是六識在前念與後念之間，都是互有間隔而不是同時同處，不得成就熏習的正理；前與後之間既沒有接觸而無熏習，如何可以執著前法作爲後法的種子？以上是第一難：色陰、六識無熏習難。以下再提二難：無中生有難、無學無後蘊難：

「又間斷者應不更生，二乘無學應無後蘊，死位色心爲後種故。」玄奘又提出二個正理來破經部師：一、有間斷的法例如六識心，應該不會今晚眠熟滅失以後，明天早上自己再度出生自己，否則即是自生或無中生有，成爲「自生、無因生」的外道見；或者說會壞滅的色陰，應該不會今生死亡毀壞成爲空無之後，來世又再度無中生有，同樣成爲「自生、無因生」的外道見。既不能自生或無中生有，即不可能持種去到後世。此即是「無中生有難」。

二、他們主張前識爲後識種，那麼二乘法中的無學聖者成爲阿羅漢以後，所熏習的解脫果成就時，色法或六識心應該就轉變成爲解脫果的種子而消失了，那麼「二乘無學」聖人成爲阿羅漢或辟支佛時，應該就沒有後時的色蘊存在，證阿羅漢時也不該有六識心繼續存在，所以「應無後蘊」。而且「二乘無學」死後也應該沒有遺體色蘊遺留下來而成爲斷滅空了，因爲入無餘涅槃後是色蘊與識蘊六識全都滅失而不再生起，依經部師所說，那時色蘊是要成爲受熏之法而變成種子的，當然不能繼續存在；然而現見諸阿羅漢入無餘依涅槃以後都有色身遺留下來，色身並未變成種子而消失。他們二乘人又否定第七識及第八識存在，所以入無餘涅槃後六識俱滅時就是斷滅空。然而經部師所說是前色心與後色心的類相同，入無餘涅槃後變成仍有後色心存在，這就違背「二乘無學應無後蘊」的聖教。而且這也違背他們自己的主張，因爲前色陰要成爲後色法的種子，前六識心法也要作爲後六識心法種子的緣故，那麼阿羅漢入無餘涅槃後就不應該還有色身存在，證阿羅漢果後也不該有六識心存在，才能有種子熏習保留下來；所以他們的說法同樣違背「二乘無學應無後蘊」的道理，依他們所說二乘無學入涅槃後就應該沒有色身遺留下來，證阿羅漢果之後也不該有六識心存在了，然而現見事實並非如此。

又上座部同樣認定沒有第八識存在，那麼清淨法或涅槃法的種子也將散失不存，如何能成就無餘涅槃而解脫生死？之所以會造成這個窘境，都是因爲他們不能實證第八識而不接受有第八識恆存所致。換言之，若有熏習及持種事，必須能熏及所熏同時同處方能成就，而所熏的心必須是前後一類永遠不變的無覆無記性異熟心；如今前色心與後色心並不是同時同處，前與後之間的熏習即不能成就，當然色與六識心也就沒有持種的事可說。而且依他們所說，應該阿羅漢入涅槃後，生前的色蘊已經變成種子而消失了，便不應該留下遺體必須荼毗，這樣也是違背聖教及事實，這就是「無學無後蘊難」。因爲前六識與後六識之間若可以有熏習時，便應該熏習之時是前六識與後六識同時存在一處；而且前色陰既然可以成就熏習時，熏習後成就種子時前色陰就應該已經滅失了，那麼阿羅漢入無餘依涅槃時是成就解脫種子的具體實現，他們的色蘊於死後滅盡十八界入涅槃時，便不應該仍然有色蘊遺體繼續存在，否則就是沒有熏習解脫道所成就的種子存在，則阿羅漢就是不證解脫的凡夫了。然而從經教記錄中現見阿羅漢入涅槃後仍有遺體色蘊留下來，所以經部師將色蘊作爲所熏的主張不能成就，這便是「無學無後蘊難」。

又若後色心與前色心同時存在，則阿羅漢入無餘涅槃後的色心也應該同於前色心，這分明是六識與色蘊繼續存在，同於流轉生死的凡夫外道一般，顯然解脫果的熏習並沒有成功，又如何說是已得解脫、已證無餘涅槃？故知必應有第八識受熏及持種的心存在，熏習的因果及異熟果方能成立，入涅槃後的解脫種子仍保存在第八識心中，涅槃等正理也必然因此第八識方能成立。

《成唯識論述記》卷四說：「自下經部諸師既見上座被此難已，更方轉計，或設說：『上座部有熏習救，前解是本；恐無心時心斷故，色中有心等種；無色時色斷故，心中有色等種，更互含藏受熏，故無過失。』」論主玄奘破之曰：

「亦不應執色心展轉互爲種生，轉識色等非所熏習，前已說故。」部派佛教僧人也不應該執著色法與心法可以展轉互相作爲種子來出生，因爲七轉識都是能熏，永遠不可能成爲所熏；六轉識也是生滅法而且夜夜間斷故，第七識意根也是可滅法故，又是種子流注所成而念念生滅故，都不可能持種。而色蘊非心，猶土石聲風一般都是無情，故也不是所熏，亦不能含藏心法種子。這些道理，在前面論文中都已經說過的緣故。以下續破說一切有部等聲聞僧，其中有二：一、提出彼宗誤計之宗旨，二、正破其謬，然後會同所違一併解說：

論文：「有說：『三世諸法皆有因果感赴，無不皆成，何勞執有能持種識？然經說心爲種子者，起染淨法，勢用強故。』彼說非理，過去未來非常非現，如空花等非實有故；又無作用，不可執爲因緣性故。若無能持染淨種識，一切因果皆不得成。」

語譯：【有人說：「三世諸法全都有因果的感應與赴報，沒有不能全部成就的，何須勞動你們菩薩執著一定要有能持種的第八識？然而經中有說心是種子的聖教，是因爲生起染法、淨法時，勢力作用很強的緣故。」他們所說不是正確的道理，因爲六識心或色蘊等，在過去、未來都不是常也不是現前存在，猶如空中的花等並非眞實有的緣故；而且過去與未來的色蘊與六識心也沒有感因赴果的作用，不可以執著爲因緣性的緣故。所以如果沒有能執持雜染業種和清淨業種的另一個異熟性的識眞實存在，他們所說的一切因果全都不能成就。】

釋義：「有說：『三世諸法皆有因果感赴，無不皆成，何勞執有能持種識？然經說心爲種子者，起染淨法，勢用強故。』」聲聞部派佛教中的經部、說一切有部、上座部、大眾部都是六識論者，他們如是說：「三世中的諸法全都會有因果的感應與赴報，沒有不能全部成就因果的，你們菩薩又何須執著與建立說，一定要有個能持種的第八識來貫通三世？然而經中有說『心是種子』的聖教，是因爲生起雜染法與清淨法時，心的勢力與功能作用很強烈的緣故。」他們不但提出自己的宗旨，還引據經中聖教來證成自己所說的道理，此事猶如《成唯識論述記》卷四解釋他們所提出的道理說：「**心**（六識）**用強勝，非如色等，故唯說心，非心持種可受熏習。經部以色爲持種法，心類亦然，但說於心，以心勝故。大眾部、上座部**

俱云：雖說有色、心，心能起色，故但說心。」這是主張六識心能生起色身及六塵，正是常見外道之邪見，也違背人間所見六識心不能生起色身及六塵的現量。

「**彼說非理，過去未來非常非現，如空花等非實有故；**」論主玄奘破曰：說一切有部等四個部派的聲聞僧，所說的都沒有道理，因爲六識心在過去與未來都不是常，都是現在已滅或是未來將滅；而且依現在可見的功能而言，六識心於過去及未來也都不是能通三世的現行法，怎能受熏或持種？而六識心於目前也只是暫時的存在，猶如空中顯現出來似有實物的空花或者旋火輪一樣，並不是常住而眞實有的緣故，也不能自己出生與現行，必須有第八識無記性的心作爲其種子的所依，這六識方能夜夜斷滅之後又再度現行。五色根也是同理，要待前世死時由第八識入於母胎，方有此世的色陰現行，都不是無中生有而能「**自生**」。

「**又無作用，不可執爲因緣性故。**」而且六識心或色法，不論現在或過去與未來，都沒有受熏及持種的作用，也不能出生過去世與未來世的六識自己，更不能出生現在世的六識心或色陰，以免外道所墮「**自生**」之過失，當然更不可執著現世的六識爲未來世六識的因緣性而實現因果。

「**若無能持染淨種識，一切因果皆不得成。**」結論是：如果沒有能執持雜染業種或清淨業種的第八識常住不滅，一切因果全都不能成立，就不會有異熟果的現象被有情所經歷或體驗，現前也不會有熏習世間法及出世間法的事情存在。由此證成必有第八識受熏持種才能成就一切因果。

論文：「有執『大乘遣相空理為究竟』者，依似比量，撥無此識及一切法。彼特違害前所引經，智、斷、證、修、染淨、因果，皆執非實，成大邪見。外道『毀謗、染淨、因果』，亦不謂全無，但執非實故。若一切法皆非實有，菩薩不應為捨生死，精勤修集菩提資糧；誰有智者為除幻敵，求石女兒用為軍旅？故應信有能持種心，依之建立染淨因果，彼心即是此第八識。」

語譯：【還有一類自認為修學大乘法的人，他們執著說「大乘遣相空理便是究竟法」，依於好像是比量的道理，撥無此阿賴耶識及一切法。他們特別違害了前面所引述經典中所說的正理，把佛法中修證所得的智慧、所斷的煩惱、所證的第八識眞如、所修的種種行、染污品與清淨品、造因與受果，全部都執著為不是實有，成就了世間最大的邪見。外道們雖然也有「毀謗、染淨、因果」等不如理的事情，但他們也不是說為全部都沒有，只是執著為不眞實的緣故而說為無。如果一切法

都不是眞實有，菩薩們不應該爲了捨離生死，精進般勤修集菩提資糧；有哪一個有智慧的人爲了滅除虛幻不實的敵人，而尋求石女所生的兒子用來作爲軍隊的？所以應該信受有個能持種的常住不壞心，依這個持種心來建立染污法與清淨法的造因與受果，那個心就是這第八阿賴耶識。】

釋義：「有執『大乘遣相空理爲究竟』者，依似比量，撥無此識及一切法。」部派佛教中還有自認爲是修學大乘法的人，現代的釋印順等人就是這一類聲聞人，他們執著說：「**大乘法中所說的遣相空理便是究竟法，以外就沒有別的法了，所以第八阿賴耶識並不存在，也沒有存在的必要性。**」他們是依於清辨所造《掌珍論》而說出來的好像是比量的道理，其實並非眞正的比量，而是非量；因爲清辨論師等人都是六識論者，正是未斷我見、未證眞如的凡夫。但他們不知道事實，讀了清辨論師的《掌珍論》而被誤導了，就敢大膽撥無阿賴耶識以及一切法。「**似比量**」並非眞正的比量，只是好像比量，因爲他的比量是錯誤的推論，實質上已成爲非量。《掌珍論》是清辨論師依六識論所思惟出來自以爲的大乘勝義諦，實質上是誤會大乘法而造出來的「**似比量**」論著，所說無益於大乘法的實證，同於末法時代現今的諸大法師所寫書籍一樣，都是同樣在誤導學佛人的相似像法。

「彼特違害前所引經，智、斷、證、修、染淨、因果，皆執非實，成大邪見。」

清辨論師是密宗自續派中觀的創建者，他以及廣大的追隨者，很強烈地違害了前面所引述的說有第八識的諸種經典，例如《大般若經》或《小品般若經》中說的眞如、非心心、無心相心、不念心、無住心等聖教；也違背了第三轉法輪諸經，例如《楞伽經》、《解深密經》、《楞嚴經》以及其他多部經典中，佛所說的第八識如來藏、阿賴耶識、阿陀那識、異熟識的聖教，故說「彼特違害前所引經」。

他們那樣主張的結果是，導致菩薩如實修學大乘法之後，證悟所得的無分別智慧、所斷的二大類煩惱、所證的第八識眞如、所修的六度十度種種行、染污法品的修斷與清淨法品的實證、造作前因與後受的果報，全部都執著爲不是眞實有：撥無所證智慧、所斷煩惱等，因此成就了世間最大的邪見。現代的此類大邪見最有名者，則是密宗的應成派中觀師，即是現代釋印順門下的一群人等，較早的宗喀巴即是釋印順自己去繼承的祖師，同屬六識論的應成派假中觀；自續派假中觀的清辨論師所說，同於常見外道主張意識常住，於現代較不被崇尚學術的學人所接受，但他們兩派其實都是同屬六識論的凡夫邪見。玄奘破斥他們「成大邪見」，是因爲他們都是以凡夫的所知所見，而極力破斥佛法中最爲勝妙、能使人如實成就究竟佛道的最勝妙法第八識，這也是將佛法三乘菩提的根本加以毀謗而成就「毀謗見」，落入「損減執」中；又恐落入斷見中而不得不建立細意識常住說，又成為「增益執」而落入常見中，斷不了身見，所以說他們所有人「成大邪見」。

「**外道『毀謗、染淨、因果』，亦不謂全無，但執非實故。**」外道們由於對法界實相有所誤會而作的「毀謗、染淨、因果」等邪見，依於遣相空理的表面理解而說之為無，其實也不是像應成派假中觀論師所說全部都否定為不存在，因為在現象上的因果律確實一直在發生著，並非實無；只是他們執著這些現象為不眞實而必定要壞滅的緣故，所以說之為無；也會由於邪見執著為異因異報的緣故，例如染因不能感得惡報，淨因、善因不能感得善報，因為全部執著這些現象為非眞實有故，猶如空華或旋火輪等，所以他們在現象上還是承認因果律及染淨等事情眞實存在著，所以這些外道不同於應成派及自續派等假中觀的古時創派論師，或是繼承中觀派學說的後時乃至今時的凡夫論師全撥為無。

「**若一切法皆非實有，菩薩不應為捨生死，精勤修集菩提資糧；誰有智者為除幻敵，求石女兒用為軍旅？**」如果一切法猶如應成派假中觀的論師們所說，第八識連同其他的一切法全都不是眞實有，那麼菩薩們就不應該為了自己與眾生想要捨離生死苦惱，精進殷勤的修集各種菩提資糧，因爲所修的一切功德必將如同他們所說一樣全部落入斷滅空中。必定是所斷的煩惱賊及所證的解脫智慧，都是依第八識而眞實有，才能有所斷也有所證，才能遠離生死苦惱而證得不生不死的涅槃。有智慧的人都不會爲了滅除虛幻不實的敵人，而去尋求石女所生的兒子們來組成軍隊，去與虛妄而不存在的敵人打仗。破斥了當時諸多修學大乘遺相空理而誤會佛菩提的聲聞凡夫論師之後，玄奘作了如下的總結：

「故應信有能持種心，依之建立染淨因果，彼心即是此第八識。」此乃勸請創立自續派、應成派假中觀的清辨、佛護論師等人及其信徒，也是同時勸導後代的所有自續派、應成派等假中觀師，包括密宗紅教自續派及達賴、釋印順、廣論團體等應成派門下的固執者，要由此諸道理而對第八識成就三界一切萬法的正理生起正信。所以應該信受有這個能受持一切種子的心，依這個持種心來建立染污法與清淨法的修斷與親證的因果，而那個心就是這第八識如來藏，名爲阿賴耶識。

第十二目　再證有第八阿賴耶識

論文：**「又契經說：有異熟心、善惡業感。若無此識，彼異熟心不應有故。謂**

眼等識有間斷故，非一切時是業果故，如電光等非異熟心。異熟不應斷已更續，彼命根等無斯事故；眼等六識業所感者，猶如聲等，非恒續故，是異熟生，非眞異熟。」

語譯：【而且在相契應的經典中有說：有異熟心、也有善惡業果報的感應。若沒有此阿賴耶異熟識，那個生死過程中必須要有的異熟心就不應該有的緣故。這是說眼等六識有間斷的緣故，並非一切時中都是領受業果的緣故，所以六識猶如電光等剎那生滅、並非異熟心。異熟心不應該會間斷以後又再相續，那異熟所顯示的命根等沒有這樣常常斷滅之事，因爲是依第八識而有的緣故；至於眼等六識若是業種所感而現行時，卻猶如聲音或光明一般，並不是恆而相續的緣故，那已經是異熟生，不是眞正的異熟心了。】

釋義：「又契經說：有異熟心、善惡業感。若無此識，彼異熟心不應有故。」這是合破經部師及薩婆多師等聲聞僧：在許多與第八識相契應的經典中說，有個異熟性的心前後一類常住，能感招善業果、惡業果、淨業果，也能感招前世所熏習的世間技藝等無記法種子，亦說有極多眾生由愚癡或貪愛故，造諸惡業感招惡異熟果的生死痛苦；如是所說極多，都是在說明有一個常住的異熟心執藏業種及我愛種子，不斷流轉生死永無斷絕。所以說，如果像部派佛教那些六識論的論師說的沒有第八識，生死過程中所顯示出來必須有的那個異熟心便不應該存在，那麼就不會有五趣六道眾生不斷升沈於三界六道中了；因爲六識都不是從前世轉生過來的，也都不能去到後世，如果又無此第八異熟識常住及持種，則生死中必須有的感因應果的異熟心就不存在，便應該看不見三界六道有情流轉生死。

引述聖教說有第八異熟識之後，以下有四說：一、破斥誤計之說，二、申歸正義，三、次明身受，四、建立異熟心。初爲總破，然後別破：

「**謂眼等識有間斷故，非一切時是業果故，如電光等非異熟心。**」這是說眼等六識覺知心都是有間斷之法的緣故，而異熟果是一期生死之後才會變異成熟而受報，並非一切時都能成就所造業的異熟果故；而這六識並不領受造業當下的異熟果，因爲六識心猶如電光石火，夜夜斷滅、日日現起，正是易脫易起的生滅法，確實都不是常住的異熟心，異熟心一定是常住不滅而能受熏持種貫通三世故。

「**異熟不應斷已更續，彼命根等無斯事故；**」薩婆多部跟經部師都認爲命根、五色根就是異熟心，然而命根與五色根在生時雖然沒有「**斷已更續**」的事，但是命根與五色根都是依第八異熟識而出生及存在的，所以在死後就毀壞與斷滅了，必然會導致斷滅後異熟不再相續，有情便會成爲斷滅空，所以命根與五色根並無異熟性。也因爲命根是依前世死後已定此世的壽、色身上的煖、第八識的持身等三法和合而有，所以命根並非眞實法，只能存在一世。若沒有第八識可以成就異熟心的受熏及持種，就沒有第八識成就前後三世相續不斷的異熟生與異熟果，當然不能主張命根有異熟性而能成就異熟果。如上總破之後，以下是別破：

「**眼等六識業所感者，猶如聲等，非恒續故，是異熟生，非眞異熟。**」此起再破部派佛教小乘僧人：你們所說眼等六識中由業種所感生者，那六識心都是猶如聲音與風吹等一樣易起易脫，並不是恆而相續的緣故；既不是常住心就不會是異熟心，所以那六識心已經是異熟生，不是眞正的異熟主體了。應該說，唯有第八識恆而相續不斷，並且前後一類無覆無記，方能成爲眞正的異熟主體。這是破斥部派佛教諸聲聞僧，接著是申歸正義：

論文：「**定應許有眞異熟心，酬牽引業遍而無斷，變爲身器作有情依；身器離心，理非有故；不相應法，無實體故；諸轉識等，非恒有故。若無此心，誰變身器？復依何法，恒立有情？**」

語譯：【決定應該允許有眞正的第八識異熟心存在，於生死過程中酬報異熟果後又牽出引業，並且能遍處三界隨著所造業而處處受生沒有間斷，才能變化出受生處的有根身、器世間而作爲有情的異熟果報所依；色身及器世間若是離開了第八識異熟心，在道理上是不能存有的緣故；至於不相應行法，並沒有眞實體的緣故不能成就異熟的作用；其餘六轉識等心，並非恆時都存在的緣故也不能成就異熟的作用。如果沒有此第八識異熟心，是誰變生了有根身及器世間？又是依什麼法，來永遠建立有情的存在？】

釋義：「定應許有眞異熟心，酬牽引業遍而無斷，變爲身器作有情依；」異熟心一定是遍於十方的三界有都能存在的心，前五識就辦不到了，而第六意識則只能存在一世也辦不到，所以不能主張六識心即是異熟心。若不能遍於三界二十五有之中都能存在的心，也不是連貫三世不中斷的心，即無法成就三界法，不能成爲異熟心。現觀五色根、五塵、器世間、識陰中的前五識，皆不能遍三界有；而意根、意識都屬見分而沒有異熟性，此二雖能遍於三界中受生而存在，但也沒有異熟體的作用；至於二十四個「不相應行法」則是「三位差別故」之所顯示，並無實體，亦無異熟體之功用。然而現觀三界之中眞實存在的異熟功用，卻不是虛空、四大等之所能，亦非不相應行法及諸無爲法之所能，是故應信有第八識異熟心，此異熟體可以成就熏習持種的功能而實現異熟果，以及受果之後再引生各類世間技藝等無記業種，成就世世熏習無記業種的後後果報等引業，故說「**定應許有眞異熟心，酬牽引業遍而無斷，變爲身器作有情依**」。

三界中的一切事物皆必須依心而有，以物不能生心故，物亦不能生物故；觀乎七轉識皆無如是異熟心變生之功能，然第八異熟識具有恆相續、無覆無記性、前後一類不變、含大種性自性在內的七種性自性等，所以能變生諸色、諸識、內外六塵等功能，方可現有異熟的功能而變生各類有情成就因果，如是道理應知。

「**身器離心，理非有故；**」色身與器世間若離於眞異熟心，在道理上則不可能存有，要由第八識異熟心所變生，變生以後還要住於異熟心中方能現有；五陰身心與器世間既然都是所生法，則不可能作爲有情的最終所依，絕非異熟之體。因爲三界世間都是爲了有情的受報及流轉而有，不可能是無因而有，亦不能是某一個人間或天界的五陰有情所造，故應信有眞實的第八識異熟心。

「**不相應法，無實體故；**」五位百法中的第四位是不相應行法，這二十四個與六識心不相應的行，是依八識心王、五十一心所法，以及「**二所現影故**」的十一個色法，由這三位等七十種法或多或少的和合運作而現有的，本質上就是「三位差別故」而有；所以這二十四個不相應行法，比起七轉識及五十一心所或色法十一來說，更無實體可言，亦不可能成就異熟的內涵，當然不能受熏及持種來成就異熟的現象。

「**諸轉識等，非恒有故。**」七轉識中的識陰六識，於眠熟等五位斷滅而非常住，亦非恆有，不可能成就異熟。意根雖然無始以來恆有而不中斷，卻是從第八異熟識中持續流注意根種子而有，正當存在及運行之時，永遠都是前後刹那念念生滅，其心體並非常住法，自無異熟體變生諸法之功德；意根亦是修到阿羅漢位時可滅之法，並無常住不壞的金剛性，即非能受熏及持種者，也不能成就異熟的功能。

「**若無此心，誰變身器？復依何法，恒立有情？**」結論是，若無第八識如來藏阿賴耶識異熟心眞實存在，而且有其各種作用等功德存在而繼續運行不輟，又是誰變現了現前的有根身、六塵、六識以及器世間？又是依於何法，而能恆時建立有情的五陰身心？有情之恆存於三界中，必依第八識異熟心方得成立；由於有情的七轉識都是被生的生滅心，心不能觸物，如何能了知色法六塵？當知必有另一異熟心變生帶質境的內六塵，七識方能觸知及了別。意根亦不能生心，因爲是被生之法故，亦是剎那剎那生滅故不能出生六識，又是由誰每天早上出生了六識？唯有異熟心方能出生色陰及六識心，因爲第八識有大種性自性等，即是「**七種性自性，所謂：集性自性、性自性、相性自性、大種性自性、因性自性、緣性自性、成性自性**」故（《楞伽阿跋多羅寶經》卷一〈一切佛語心品〉），方能成就三界有情的五陰身心。器世間及四大種皆不能出生五陰身心，謂物不能生心故，七轉識亦無生心、生色之功能故，應當信有異熟心第八識。是故《瑜伽師地論》卷五十一說：「**又即此阿賴耶識能持一切法種子故，於現在世是苦諦體，亦是未來苦諦生因，又是現在集諦生因。如是能生有情世間故，能生器世間故，是苦諦體故，能生未來苦諦故，能生現在集諦故，當知阿賴耶識是一切雜染根本。**」

因爲不但一切雜染種子都保存於阿賴耶識心體中，乃至一切清淨無漏的菩提種子，同樣也都保存於此第八識心體中；而此心常恆、前後一類不變、相續常住、無覆無記性故，方能受持有情所熏習、所造作的一切善、惡、無記業的種子，死時感業而成就後世的異熟果等；然七轉識俱無此性，一切有智之人當信必有此第八異熟識。有此識故，知苦、斷集、修道、證滅之時方有功德可言，否則修行必將皆是虛言而無實義。以下再以身受門，證實眞的有第八異熟識的存在：

論文：「又在定中或不在定，有別思慮、無思慮時，理有衆多身受生起；此若無者，不應後時身有怡適或復勞損。若不恒有眞異熟心，彼位如何有此身受？非佛起餘善心等位，必應現起眞異熟心；如許起彼時，非佛有情故。由是恒有眞異熟心，彼心即是此第八識。」

語譯：【而且由於在定中或不在定中的緣故，就會產生別思慮、無思慮的差別，其中由於境界的不同，在理上就會有衆多的不同身受生起；這些不同身受的事相若是不存在的話，就不應該後來色身會有怡適或者勞損等差異。若不是恆時都有第八識眞異熟心存在，在那些狀態中如何會有這些不同種類的身受？尚未成佛的人生起其餘的善心、惡心、無記心等位中，必定應該同時現起眞異熟心第八識；如同允許生起那些境界的時候，正好確定是尚未成佛的有情故。由於這個道理證明恆時都有眞異熟心，那個心即是這第八阿賴耶識。】

釋義：「又在定中或不在定，有別思慮、無思慮時，理有衆多身受生起；此若無者，不應後時身有怡適或復勞損。」此是第三敘明「身受門」，由此亦可證明實有第八異熟識，其自性與功能迥異於七轉識，是故住於定境中或住於非定境中，二者產生「別思慮」與「無思慮」的差別時，色身就好像有所領受，導致事後色身的勞損或舒暢的感覺，依此道理即知必有眞異熟識存在，即是第八阿賴耶識。七轉識只能領納覺受，不能變生覺受；若沒有第八識變生所覺受的內六塵，七轉識就沒有這些覺受可以藉有根身來領納，受陰也就不存在了。

例如有情若不是住在定中，意識等心會有各別不同的思慮時，每當思慮之後色身即有勞損的感覺；若非住於定境中而無思慮時，其色身的勞損覺受則較輕微。若是住在定境中，後時出定，色身即有怡適的感覺；若是住於等持位中而有思慮，則會產生非勞損亦非怡適的感覺。由這些事實顯現，不論表面色身發生了怎樣的覺受，其實背後都還是由第八異熟心來領納五扶塵根的狀態，再示現於色身五勝義根之中，由識陰六識來領受勞累或怡適等覺受，是故事後會有如是勞累或怡適等覺受，這也能證明確實有眞異熟心；因爲這類身受並非七轉識所能呈現，身受之勞損或增益，都是由異熟心來示現，七轉識只能領受而無能力變生如是身受。

「**若不恒有眞異熟心，彼位如何有此身受？**」如果不是恆時都存在著眞異熟心，在定中與定外就不會由於有「別思慮」或「無思慮」，而產生事後如是各種不同的「身受」；追尋如是「身受」的緣起時，既非七轉識之所能示現，當知即是第八異熟識之所示現，是故應信第八異熟識實有。以下是以第四門，建立異熟心：

「非佛起餘善心等位，必應現起眞異熟心；如許起彼時，非佛有情故。由是恒有眞異熟心，彼心即是此第八識。」對於尚未成佛的非佛有情而言，正當生起其餘的善心、惡心、無記心等狀態時，必然應該現起眞異熟心；因爲正當有情現起善心、惡心或無記心時，往往並非有情之所欲現起，都是由第八異熟識含藏的種子與意根相應流注而現起的。如同允許生起這樣的身受狀態，或者生起善惡等三性之時，正好證明那些人都是尚未成佛的有情，非如諸佛第八識的種子純善而無異熟；所以生起如是善等三性時，當知是由異熟心依憑種子之所生起。爲何說「非佛有情故」？因爲佛地已無異熟性故，不得引以爲證。所以結論說：由於這些道理證明有眞正的異熟心，那個心就是這第八阿賴耶識。

論文：「又契經說，有情流轉五趣四生，若無此識，彼趣生體不應有故。謂要實有、恒、遍、無雜，彼法可立正實趣生。非異熟法，趣生雜亂，住此起餘趣生法故。諸異熟色，及五識中業所感者，不遍趣生，無色界中全無彼故。諸生得善，及意識中業所感者，雖遍趣生，起無雜亂而不恒有。不相應行，無實自體，皆不可立正實趣生。」

語譯：【而且在相應的經典中說，有情流轉於五趣四生之中，如果沒有此第八異熟識，那個趣生的主體識便不應該有的緣故。這是說，得要是眞實有、恆住、遍一切界、心性前後一類而沒有雜亂，那個異熟法才可以建立爲眞正實有的趣生主體。非異熟之七識等法，趣生時將會是雜亂的，因爲住在這裡也會生起其餘五道趣生之法的緣故。其他衆多的異熟色，以及五識中由業所感生的，都不能遍於一切趣生中存在，因爲無色界中全然沒有他們那些色法或五識心的緣故。而善道有情的衆多生得善，以及意識境界中由業所感生的，雖然能遍於一切五趣中出生，然而生起時雖然沒有雜亂卻不是恆有，也不是異熟的主體。不相應行法，則是沒有眞實的自體，都不可以建立爲眞正實有的趣生。】

釋義：「又契經說，有情流轉五趣四生，若無此識，彼趣生體不應有故。」此破部派佛教經量部、薩婆多部、說一切有部等聲聞凡夫僧也。契經中說「有情流轉五趣四生」，此是聖教量。由此聖教量說，有情流轉於五趣四生三界六道中，即可證明實有第八異熟識，因爲色陰與名中的七識及受想行三法，全都沒有異熟的自性，純是異熟生而非異熟性體的緣故；名色既然都是異熟生，即非自在之法，全都有生有滅，是故除了意根以外都是死後斷滅，不去未來世，意根也無異熟性，全都不得成就異熟的功能。然而未來世又復有名色重新生起，既非無中生有，亦非由不存在之名色「**自生**」或「**他生**」，若無此第八識異熟心，死後應當即告斷滅，即無有情流轉五趣四生也。故說「**若無此**（第八）**識，彼趣生體不應有故**。」以下所說有三：一、明異熟心必須具備什麼條件，二、遮止餘說之非，三、結歸根本識阿賴耶。其一：

「**謂要實有、恒、遍、無雜，彼法可立正實趣生。**」第一、異熟趣生本體之法，必須具備四條件：實有、恆住不斷、遍一切界、前後一類無覆無記而無雜亂，方可建立為異熟法，此唯第八識方有此性，餘七轉識及色法、心所等，皆不具足如是四種自性，故說唯有第八識可以建立為異熟識。由是故說，唯有第八異熟識有第一種自性，即是「**實有**」，一切證悟之諸佛菩薩、或勝義佛弟子，皆可證明其為實有。又此第八識的第二種自性是恆住不斷，無有一法可以滅之，乃名金剛心，是故演說此心之經典即名《金剛經》；一切證悟之佛弟子若是想要設法滅除此心，同樣皆不可得，是故名此第八識為「眞如」。要有如是常住而實有之異熟心，方能來往三世而成就有情之五趣四生流轉。而此第八識的第三種自性是遍一切界，即是遍於十八界法同時同處存在，故能於三界任何境界中與少法或多法共存，即能使有情於三界九地中受生無礙，成就如是諸類不同境界有情的因緣果報。而此第八識的第四種自性是前後一類「無雜」，不與善惡性相應，是始終不變的無覆無記性，故能收存一切善、惡、無記性之種子，平等執藏一切業種，成就一切後世的五趣受生而無阻礙，絲毫不爽。正由第八識具足如是四種自性，方能成就異熟，才能使有情有五趣四生的果報，三界器世間方才得以成立，故說聖教之中說有五趣四生流轉生死，然而名色虛妄，由此也可以證明確實有第八異熟識的存在。

「非異熟法，趣生雜亂，住此起餘趣生法故。」此起爲第二、遮止餘說之非。若非第八識異熟之法，例如六識等異熟生都無異熟性，趣生之後所住境界雜亂，必然要因六塵中的順心、違心、不順不違境界，產生厭捨或貪著而造善惡業，必定不會一體收存各類業種而無取捨，就不可能依業受生於五趣四生之中，因果即不得成立，三界中就不會具足五趣四生等三有。若由色陰或非異熟性的七識心來受熏持種，非異熟性的名色等法住於六塵等境界法時，也應該會生起其餘五道境界的趣生法，而非單有人間的趣生法，因爲持種的七識心體並非無記的異熟性故，人間七識有時也會愛樂欲界天、色界天或部分鬼道的境界故，則成爲天下大亂的局面了。然而生於人間造惡之後，來世趣生於三惡道；造作善業之後，來世趣生於欲界天中；造作禪定業之後，來世趣生於色界或無色界中；越往上受生則越不雜亂，越往下受生時則越雜亂，皆是七轉識之所住境界，三界中的現象都依因果律而不會雜亂無章，因爲是由異熟識受熏持種的緣故，故說「**非異熟法，趣生雜亂，住此起餘趣生法故。**」

「**諸異熟色，及五識中業所感者，不遍趣生，無色界中全無彼故。**」以下是第二遮，再遮異熟色並非眞異熟。「**諸異熟色**」是已報的異熟果，即是五色根、五塵境，若不俱意識與法塵時，即無善惡性而無趣生性故，但仍是異熟生而非異熟法，無能生起任何諸法故。「**諸異熟色**」若與意識及法塵同俱時，即有善、惡、無記性，能與「**趣生**」相應；例如中陰境界中，若聞惡聲而起惡心，聞善聲而起善心，便致後世「**趣生**」下墮或上生的差別，然而亦只在欲界中生，仍不能遍於色界、無色界，是故亦非異熟。《成唯識論述記》卷四說：「**鼻、舌色界無，餘三識，二禪以上無。**」以此證明色界中的二禪天以上的等至位中，亦無眼、耳、身等三識業所感生者，然而宜應更正爲：「**鼻、舌色界無。餘眼、耳、身等三識，二禪以上等至位無，等持位中亦有。**」原文有語病故。

「**五識中業所感者**」，即是苦樂捨受等果報相應心的前五識，皆屬於欲界的異熟生，非是異熟識性，不能持種故不能令有情遍於色界中趣生，不得成就異熟果；

因爲要依眼、耳、身三根的色界定業，方能受生於色界而成爲異熟果。但若是純屬五識中的眼、耳、身等三識之業所感者，其取捨只會與欲界相應，不會受生於色界中；必須是眼等三根三識而與色界定境法塵相應時，方得成就色界定，死後方可受生於色界中，所以五識所攝的眼耳身等三根三識業所感者是欲界法，不得趣生於色界中。又，「五識中業所感者」，亦不遍於無色界的趣生，因爲無色界中沒有「諸異熟色」，色法都不能現行，五識即不能現行，就不會有五識所造的業種現行，是故沒有能與「五識中業所感者」，自然不可能受生於無色界中。以此等緣故，說各種「異熟色」，以及「五識中業所感」的色法，都不可能感應而遍於三界中趣生，只能於欲界中趣生，當然同樣不能說爲異熟法，故不能持種，只有第八阿賴耶識方可說爲異熟法。

「諸生得善，及意識中業所感者，雖遍趣生，起無雜亂而不恒有。」此第三遮。各類「生得善」，是指受生於人中有好異熟生者；以及受生於欲界天、色界天、無色界天者，皆名「生得善」。「及意識中業所感者」，是指生在三界境界中，因業所感而與意識相應的苦、樂、捨等諸法。此各類「生得善」及「意識中業所感者」，能遍於三界一切趣生，雖然生起之時也沒有雜亂，但卻不是恒有之法，例如趣生於欲界人中或三惡道中，或者生於欲界天中者，亦有夜晚眠熟之事，意識斷滅；又如生在無想天中人，意識亦告斷滅不存，是故「**諸生得善，及意識中業所感者**」，都不可能成爲異熟之法，唯有第八異熟識常住不滅，方可成爲異熟而持種。

「不相應行，無實自體，皆不可立正實趣生。」此第四遮。謂心不相應行法，是「**三位差別故**」所顯示者，只是一種所呈現的現象，這些現象的自身並沒有眞實存在的體性，當然就不是異熟心，也不可以建立爲眞正實有的趣生之法。若有人堅持「**不相應行**」等二十四法都有眞實自體，能建立爲「**正實趣生**」的異熟體，則「**不相應行**」所依之八識心王、五十一心所、色法十一等，也應該都可以建立爲「**正實趣生**」，如是應以何法受熏持種？必將導致三界大亂，三界存在的因果悉皆不能成立故。以下是第三、結歸第八阿賴耶識。

第十三目　萬法歸結於第八異熟識

論文：「唯異熟心及彼心所，實、恒、遍、無雜，是正實趣生。此心若無，生無色界起善等位，應非趣生。設許趣生，攝諸有漏生無色界，起無漏心，應非趣生，便違正理；勿有前過及有此失，故唯異熟法是正實趣生。由是如來非趣生攝，

佛無異熟無記法故；亦非界攝，非有漏故；世尊已捨苦集諦故，諸戲論種已永斷故。正實趣生，既唯異熟心及心所，彼心心所離第八識，理不得成，故知別有此第八識。」

語譯：【只有第八識異熟心及祂的心所法，是眞實、是恆住、是遍一切界、是心性前後一類而沒有雜亂，才是眞正實有的趣生主體。這個異熟心若是眞的不存在，有情受生到無色界以及生起善心所等位中，應該就不能說爲趣生了。假設允許無色界的有情也是趣生，攝受諸多有漏位的有情生到無色界中，生起了無漏心時，就應該不是趣生，便違背正確的道理了；因爲不可以有前面所說的各種過失，以及不該有這個意識處在無色界中生起善惡性的過失，所以只有第八異熟識一法才是眞正如實的趣生主體。由這些緣故而說如來不是趣生所攝，因爲諸佛已無異熟等無記法的緣故；如來也不是三界法所攝，因爲已不是有漏的緣故；世尊已經捨棄了苦諦與集諦的緣故，各種戲論種子已經永遠斷除的緣故。眞正而實有的趣生主體，既然唯有異熟心及其心所法，而那七轉識的心與心所，若是離第八識時，於道理上便不得成立了，所以由此可知七轉識以外另有這個第八識。】

釋義：「唯異熟心及彼心所，實、恒、遍、無雜，是正實趣生。」此下第三、歸結於第八識成立異熟的主體，其中有三：一、歸結於本識，二、破斥部派佛教之非理，三、簡別佛位非「趣生」之正理。

第一、能導致「正實趣生」的法，只有異熟心及祂的心所法，因爲第八異熟識具備了四個自性：「實、恒、遍、無雜」，如是具足成就異熟性，方能成就眞正而如實的三界趣生的事實，證明第八異熟識才是趣生的眞正主體，既然如此，即可證明第八識確實存在。「實」就是眞實存在，一切證悟的菩薩都可以和第八識互動，並現觀祂能出生萬法。「恒」是常住，不論是在眠熟、悶絕等五無心位中，此第八識都仍持續運行而不中斷，亦無任何一法可以壞滅祂。「遍」就是遍十八界中都存在，才能持續流注十八界種子維護十八界功能的運行，以此緣故便能遍於三界九地中存在，方名爲「遍」。「無雜」就是永遠無覆無記性而且前後一類不變，絕對不會落入六塵境界中而產生雜亂的現象與行爲；若是有記性的七轉識，則不能受熏及持種故，不能成爲「趣生」的主體。以此第八異熟識的四種自性，顯示眞異熟心異於異熟生等七識諸法，即能顯示佛菩提道與聲聞部派佛教所說有別。

「此心若無，生無色界起善等位，應非趣生。」第二、破斥部派佛教之謬說，首破經部師。「此心若無」是破經部師所說「唯有六識即可成立異熟與受熏持種」，故說若無此第八異熟心確實存在，則唯意識受生於無色界而生起善心或無記心時，或如生無色界的有情，有時因定力退失或即將下墮之時，都會生起惡心而謗無涅槃等，無色界應該就不是「**趣生**」了；因爲無色界無色身可受苦樂受，然而第六意識雖然有時可住於無記性中，卻會因定境而有變異，可以和善性或惡性相應，並不是眞異熟，故說「**此心若無，生無色界起善等位，應非趣生**」。

「**生無色界起善等位**」一句，則是破薩婆多師所說「**不相應行**」可以是異熟果趣生的主體。今破之曰：正當有情生到無色界而生起意識時，意識因定力而與善性相應，即非前後一類的異熟無記性了；或者有時會因定力的退失而生起煩惱成爲惡性時，也會因爲警覺自己即將下墮而生起惡性心所，轉成惡性謗無涅槃，亦非無記性；但有時意識進入等至位中長住時，則又成爲無記性；意識既有如是三性變異不定的事實，則不可能成爲「**趣生**」的異熟主體。然而薩婆多部所說的「**不相應行**」，只是意識於無色界中的所顯法，即不可能成就異熟等法，故說「**生無色界起善等位，應非趣生**」，以非異熟性故。然無色界仍是「**趣生**」，並非究竟涅槃，不離三界生死苦；因爲實有第八異熟識，恆時都與意根及意識同時同處而前後一類無覆無記性故，故說「**此心若無**」無色界的受生便將不再是「**趣生**」。

「設許趣生，攝諸有漏生無色界，起無漏心，應非趣生，便違正理；勿有前過及有此失，故唯異熟法是正實趣生。」此第三破，廣破部派佛教諸部。假使允許意識在無色界的受生也是「趣生」，然而意識若能攝受有漏界的凡夫有情「趣生」於無色界中，當人間凡夫有情證得四空定之後，再受生於無色界中，然後意識有時因於人間曾經聞法及修學，此時在無色界中生起無漏心時，就會成就涅槃解脫，那意識應該就不是「趣生」主體了；因爲「趣生」的主體是前後一類不變的無記性心，否則「趣生」即不得成就，但現在意識在無色界成就無漏法時，既能變異爲善性而非異熟的無記性，從「趣生」變成非「趣生」了，當然意識不是眞正的異熟主體。所以部派佛教主張說意識可以是「趣生」的主體，便違背正理了。

將以上三種理由歸結起來，既然不能有前面所說的那四種過失，以及意識生到無色界後變成非「趣生」的這個過失，所以必然只有異熟法阿賴耶識，才是眞正實有「趣生」的所依，當然不應該否定第八識的存在，改以意識來取代。

「由是如來非趣生攝，佛無異熟無記法故；亦非界攝，非有漏故；世尊已捨苦集諦故，諸戲論種已永斷故。」此是第三，簡別佛位是否爲「趣生」。諸佛如來並非「趣生」一類所攝，因爲已無異熟果故，也因爲諸佛都已無異熟性的無記法，第八無垢識所收藏的一切種子都成為純善之法了，故名常、樂、我、淨。如來也不是三界法所攝，因為已經不是有漏法的緣故，究竟漏盡故；諸佛世尊都已捨離苦諦與集諦故，並且都已四智圓明而證得一切種智，無始無明所攝的過恆河沙數上煩惱究竟滅盡，已使一切戲論種子已經永斷的緣故。此謂有漏法方屬戲論，無漏法皆屬解脫而非繫縛，由此明證佛位斷盡二障的純無漏境界是不繫法；然而「**正實趣生**」唯屬異熟性及其心與心所，都非諸佛階位所住；故說唯有妙覺以下乃至凡夫、異生方名「**趣生**」，尚有分段生死或異熟性所攝之變易生死故。

是故諸佛若是首次成佛前的妙覺位下生成佛，其下生之時皆仍屬「**趣生**」；若是已成佛後的再次示現為凡夫而受生乃至成佛者，其所示現的凡夫位受生皆屬示現而非「**趣生**」，原成佛時已經滅盡異熟性，已無種子的變易生死故。

「**正實趣生，既唯異熟心及心所，彼心心所離第八識，理不得成，故知別有此第八識。**」由以上道理，說真正而實有的「**趣生**」，既然唯有異熟心及其心所法，而七轉識及其心所若離第八識時，七識及心所存在的道理便不能成立，所以建立七轉識為「**趣生**」體的道理都不能成立，由此知道另外還有這第八識才是異熟心。以下第四，再引經文聖教證有第八識：

論文：「又契經說：有色根身，是有執受。若無此識，彼能執受不應有故。謂五色根及彼依處，唯現在世是有執受，彼定由有能執受心。唯異熟心，先業所引非善染等，一類能遍，相續執受有色根身，眼等轉識無如是義。此言意顯：眼等轉識，皆無一類能遍相續執受自內有色根身；非顯能執受唯異熟心，勿諸佛色身無執受故。然能執受有漏色身，唯異熟心，故作是說。」

語譯：【此外，相應的經典中說：尚未毀壞的有根身，是有心在執受的。若是沒有此阿賴耶識，那個能執受的心是不應該有的緣故。這是說，五色根以及那五根所依處的五扶塵根，唯有於現在世是有執受的，那決定是由於有一個執受功能的異熟心所成就。只有異熟心，由於先世業種所引生的非善非染等，心性同樣一類前後不變而能遍一切界，相續執受有色的五根身，然而眼等六個轉識便沒有像這樣的執受有根身等道理。經中這個聖言量的意思是顯示說：眼等六個轉識，全部都沒有前後一類能遍一切界而相續不斷執受自己內法的有色根身；這不是在顯示說能執受的心唯有第八異熟心，因為不可能諸佛的色身沒有第八無垢識執受的緣故。然而能執受有漏位的色身，就只有第八識異熟心，所以才作出這樣的說法。】

釋義：「又契經說：有色根身，是有執受。若無此識，彼能執受不應有故。」

此起再引聖教，證明實有第八異熟識。此意通破所有部派佛教所言意識或「不相應行」能執持五陰身根之義。此處所謂「執受」者，謂執受內色身，非執受他人外身，亦不言及執受各類種子。「有色根」，意指可用而未壞的五色根。「有色根身」含五勝義根，以及五勝義根所依的五扶塵根等色身。

在經中有說到「有色根身」是有執受的，表示色身不是自己本然可以生存或存在的；由此證明若無此第八異熟識，那個能執受「有色根身」的現象或事實，就不應該存在，因爲七轉識都沒有執受「有色根身」的功能。至若經教所說，如《解深密經》卷一〈心意識相品第三〉：「廣慧！此識亦名阿陀那識，何以故？由此識於身隨逐執持故。亦名阿賴耶識，何以故？由此識於身攝受藏隱、同安危義故。亦名爲心，何以故？由此識『色、聲、香、味、觸』等積集滋長故。」又如《長阿含經》卷十：【「阿難！緣『識』有名色，此爲何義？若『識』不入母胎者，有名色不？」答曰：「無也。」「若『識』入胎不出者，有名色不？」答曰：「無也。」「若『識』出胎，嬰孩壞敗，名色得增長不？」答曰：「無也。」「阿難！若無『識』者，有名色不？」答曰：「無也。」「阿難！我以是緣，知名色由『識』，緣『識』有名色。我所說者，義在於此。」】

「謂五色根及彼依處，唯現在世是有執受，彼定由有能執受心。」此起有三：一、顯所執，彰能執心；二、明執心，顯唯第八；三、破異計六識，非能執受。此段論文乃初也。這個「執受」的意思是說，五色根（指五勝義根）及這五色根所依止的色身處所（即五扶塵根），只能是於現在世才有執受；若是過去世、未來世的五色根等，都不會有識來執受。這是因爲過去世色，第八識已離身故死亡；未來世色尚未出生，定無第八識來持身。既然是如此，決定是由於有能執受的心才會現前有所「執受」，而七轉識都沒有這種「執受」色身的功能，由此證明實有第八異熟識，否則色身早就爛壞了。

意識等六識全都後於色身而生，且是依附色身中的五勝義根而存在，並且六識夜夜眠熟即告斷滅，由此證知絕非意識等六識能執受五勝義根及色身五扶塵根。雖有十幾種理由可以證明意識或六識都沒有執受「有根身」之功能，增上班同修於禪三時都已考驗過了，此處不贅。然而意根是恆審思量之心，以審度意識所知及思量（作主）爲業；又因意根是心而不能觸物故不能持身，故亦不觸色法五塵，更不能觸知色法五塵所附帶的法塵，又生滅法，當知不能執受五勝義根及根依處的色身。故說唯有既是物質識又能出生四大的第八阿賴耶識，由有「**大種性**

自性」故方能觸物，如是能觸物又是能生五色根及色身之心，方能變現內六塵似色法，即是能執受五色根及根依處的心，當知即是第八阿賴耶識。如《成唯識論述記》卷四說：「此出所受，彼唯身根能生覺受（應爲執受），餘根等同聚亦名執受。其身識轉時名為執受，身識不轉亦名執受，是彼類故。此等所執受法，定由有已能執受心持令不壞。經雖但言有色根身是有執受，自非能執；自若能執，應別有所執；既無別所執，而言有執受，故知有他能執受自也。」窺基法師此說有正有訛，容於增上班中辨說之，以免長篇累牘及招來無知者毀謗賢聖，感招下墮惡業。

「唯異熟心，先業所引非善染等，一類能遍，相續執受有色根身，眼等轉識無如是義。」此第二，明執受心唯異熟識，故說：就只有第八識異熟心，依於先世的業種所引生的純無記法，非善非染，前後一類任運而爲，能出生名色故，普遍於一切十八界中存在及運行而執受「有色根身」，而此執受是長時相續不斷。反觀眼等七轉識，並沒有像這樣執受的道理。「非善染等」之「等」字，等取行住坐臥四威儀也，皆是異熟識之所執受。「相續執受」之意，謂第八異熟識執受「有根身」時是長時皆執，無有不執時，唯除捨壽。若有不執、或執持有中斷者，「有根身」即告爛壞，成無根身，不得盡壽，由此證有第八阿賴耶識。

「此言意顯：眼等轉識，皆無一類能遍相續執受自內有色根身；非顯能執受唯異熟心，勿諸佛色身無執受故。然能執受有漏色身，唯異熟心，故作是說。」

此第三，破異計六識，非能執受。這些聖言的意思顯示說，眼等六轉識，全部都沒有前後「一類」無覆無記的不變體性，亦無能相續不斷地執受自內有色根身的功能，七轉識中的意根是心而無「大種性自性」故，六識的現行晚於六根故，而且也都無法接觸五色根故。這並不是顯示能執受的唯有因地的第八異熟心，因為不可能諸佛的色身沒有被執受，是說諸佛的第八無垢識也能執受有色根，並非只有異熟識才能執受的緣故。然而能執受有漏位色身的心，就只有第八識異熟心，名為異熟識，所以才作出這樣的說法來。

論文：「謂諸轉識現緣起故，如聲風等；彼善染等，非業引故，如非擇滅。異熟生者，非異熟故，非遍依故，不相續故，如電光等，不能執受有漏色身。諸心識言，亦攝心所，定相應故，如唯識言。非諸色根、不相應行，可能執受有色根身，無所緣故如虛空等。故應別有能執受心，彼心即是此第八識。」

語譯：【這是說六個轉識是由現緣而生起的緣故，猶如聲音要藉風大等外緣才能生起；那六個轉識等心是有善法與染法、無記法，並不是業種所引生的異熟故不能執受有根身，所以六識不同於異熟識，就如同「非擇滅無爲」一樣不能執受有根身。異熟所生的六識等諸法，並非異熟性的緣故，也不是能遍依一切界的緣故，又是不能長時相續不斷的緣故，猶如閃電光、擊石火一樣易起易脫而非相續常住，不能執受有漏性的色身。而經中「諸心識」的聖言，也含攝心所法在內，因爲心所與心決定相應的緣故，猶如**一切法唯識**的聖教所說。也不是諸色根、不相應行法，可能執受有色根身，因爲諸有色根與不相應行法互相並無所緣之故而如同虛空無爲、非擇滅無爲一樣。所以六識之外應該還有能執受有色根的心，那個心即是這第八異熟識。】

釋義：「謂諸轉識現緣起故，如聲風等；彼善染等，非業引故，如非擇滅。」

此起破諸異計，初有五量，總破六識等非，後遮色等能有執受。初中有二：初破六識心無異熟性，後以例說。「謂諸轉識」者，總破六識皆不能執持有漏色身，故言：六個轉識是由根塵等現緣所引才能生起的緣故，猶如聲音的現前要有風大才會發出聲音的關係，並非常住性的異熟心；至於那六識心會與善法、染法、無記法相應，顯示是由現前的根與塵等六塵境界而引生的，並不是由先世的業種所引生的緣故並非異熟性，所以如同非擇滅無爲一樣不能執受有根身，當然不能猶如無覆無記性而前後一類相續不斷的第八識一般，來執受有根身。

意謂第八異熟識之所以受生而來到此世，是由往世的業種所引生的；然而六識覺知心會與善法、染法、無記法相應，則是由於現世眼前的六根領受六塵等境界所感而引生的，不是依業種而與善染等法相應的，所以是異熟生而非異熟性；既非異熟性，即無可能執受有根身。是故六識現行之後，必定會有善性、惡性、無記性等三性現前，不斷變換著；而且一世之中常常中斷，不能猶如第八異熟識一樣，是前後一類自性不變都是捨性的心，方能相續不斷而執受有根身。是故連同意根等七轉識，都無能執受有根身；由經中所說七轉識不能執受有根身，而仍然有心能執受有根身一事，亦可證明實有第八異熟識的存在。

「異熟生者，非異熟故，非遍依故，不相續故，如電光等，不能執受有漏色身。」接下來再提出四個特徵，說明轉識中的識陰六識不可能執受有根身：所以說，經由異熟法所生的六識及其心所都是異熟生，並非世世趣生的異熟主體本身；也不是可以遍依色身或十八界中現行的緣故；又是不能無始相續而不中斷的緣故；第四則是猶如閃電光、擊石火一般現起之後隨即中斷，易起易脫，因爲每一天都是夜夜中斷故，所以無法執受有漏性的五根身。如前所說，由異熟識執受有根身的事，並不函蓋佛地，故不能說佛地有根身也是由異熟識所執持；因爲佛地是無漏的色身，不由有漏位的異熟識所執持，而是由第八無垢識執持色身，否則諸佛在人間即無所能爲了，以無第八識持受有根身故。

「諸心識言，亦攝心所，定相應故，如唯識言。」此起兼破由六識之心所持身。「諸心識」三字的意思，已經函蓋心所法在內了；因此諸經中說，所生的諸心識不能執受有根身，即是說，不能主張是由六識的心所法執受色身；而心所法是決定會與心識相應的，就如同經中所說「一切法唯識」的聖教一樣，六識相應的心所當然也是唯依六識而有，所以六識的心所既無執受身根的功能，當然併同六識一樣不能執受身根。

「非諸色根、不相應行，可能執受有色根身，無所緣故如虛空等。」此起別破經部師與薩婆多師所說的執受，因爲經部師主張既有六識心與有色根，二者即能互持種子，亦能受熏。此如前破，不復重述。今破有色根亦不能執持有色根身，以色法非心而無能緣的功能，也不可以是有色根執受有色根自己；於現量上觀之，有色根是色法而非心與心所，當知亦無能緣功能故，猶如虛空之性。

薩婆多部主張六識心能執受有根身，如前已破，是故彼等轉救說：「命根、眾同分即能執受有根身。」今亦以「不相應行」破之：命根及眾同分都屬於「不相應行」法故，是由八識心王加上五十一心所及色陰等十一法和合運行時才能顯示出來故，與色法的有根身不相應，當知亦不能執受色身。是故說言也不是諸色根、不相應行法等無實體法，可能執受有色根身：一者有根身不能自己執持自己，二者「不相應行」等諸法也不能執受有根身，因爲這二法都是無所攀緣的；有根身必須是被無記性的第八異熟識所緣的，但「不相應行」法則是心等諸法所顯示出來的現象，並無作用亦無所緣，所以如同虛空無爲一樣不能執受有根身。

「故應別有能執受心，彼心即是此第八識。」由以上所說這些道理，說七轉識、五色根、不相應行法之外，應該另外有一個能執受有色根的心，那心就是這個第八異熟識，由此證有第八阿賴耶識。所以部派佛教諸聲聞僧及諸凡夫論師們，以及這些六識論相似佛法等邪見的繼承者釋印順與密宗四大派，乃至今時的學術界，都不應再否定第八識的眞實存在。

第二節　別從他義證有第八識

第一目　由能持壽與煖證有第八識

論文：「又契經說：『壽煖識三，更互依持，得相續住。』若無此識，能持壽煖令久住識，不應有故。謂諸轉識有間有轉，如聲風等，無恒持用，不可立爲持壽煖識。唯異熟識無間無轉，猶如壽煖，有恒持用，故可立爲持壽煖識。」

語譯：【此外，在相應的經典中說：「壽、煖、識三法，展轉互相作爲所依所持，因此而使五陰可以相續安住。」若是沒有此第八識，能執持壽與煖使令有情久住世間的識，就不應該有的緣故。這是說，六個轉識或者有間斷或者有所轉變時，猶如聲與風一般，並沒有恆住而能作爲執持的作用，不可以建立爲執持壽、煖的識。唯有第八異熟識是沒有間斷，並且是沒有分別六塵而不轉變善惡性的心，猶如壽與煖一樣，才能有常住而執持的作用，是故可以建立爲執持壽與煖的識。】

釋義：「又契經說：『**壽煖識三，更互依持，得相續住。**』**若無此識，能持壽煖令久住識，不應有故。**」謂第八阿賴耶識如來藏住於有情身中，攝藏一切種子，並且普遍執持壽命與煖觸，然後與這二法和合總共成爲三法而互相依持，才能使有情相續住於人間。所以說，若沒有此第八異熟識能執持有情的壽命與煖觸，那麼能令有情久住人間的識，就不應該有的緣故。

誠如契經中說：「**藏識住於身，攝藏諸種子，遍持壽煖識，如雲覆世間；業用曾不停，眾生莫能見。**」而此經的頌中所說「遍持壽煖識」中的「識」字，是說如來藏識住於身中，普遍執持壽命、溫煖、七識心。文字略有不同，所說義理完全相同；因爲「藏識」是能執持的識，「壽煖識」中的識是被持的識，當然不是同一個識，如是聖教證有第八異熟識。亦如《入阿毘達磨論》卷下所舉契經中說：「**壽煖及與識，三法捨身時，所捨身僵仆，如木無思覺。**」此頌中所說，則是猶如玄奘所說，由第八阿賴耶識執持命根、煖觸及七轉識；若此第八識離開時，壽命、煖觸便跟著消失了，有情即不成其爲有情，猶如木頭一般無思亦無覺。

此二契經的頌中或說，壽命、煖觸以及第八識三法和合成爲有情，或說壽命、煖觸以及七識由藏識所持而成爲有情，當這三法捨離色身時，所棄捨之色身便僵硬而跌倒在地，七識不能再於色身中現行時，猶如木頭一樣沒有能思能覺了。這二個聖教都證明確實有此第八異熟識。

「**謂諸轉識有間有轉，如聲風等，無恒持用，不可立爲持壽煖識。**」從另一方面來說，這能執持的識一定不是七識心，因爲七轉識並沒有執受身根與種子的功能；而且六識是有間斷及有轉變的心，第七識意根則是熏習之後有所轉變的心，才能修行轉成清淨末那，都是不能執受身根以及執持種子等。如果有人說意根可以持種持身，然而意根還有個自性就是刹那生滅性，亦如《楞伽經》中 世尊所說是有覆性心，有檢擇性，當知若能執受身根與持種，即應三惡道有情不能存在。

而意識等六心則是五位間斷的心，並且會有善、惡、無記等三性的轉變，同屬有檢擇的心，也都屬於有間斷、有轉變的心，猶如聲與風一般時時間斷，沒有恆時常住的執持種子、執受身根的功能；既無執持的作用，當然不可建立爲執持壽、煖及七識的異熟心。

「唯異熟識無間無轉，猶如壽煖，有恆持用，故可立爲持壽煖識。」《成唯識論述記》卷四解釋說：「此即賴耶，取第八識立爲持壽、煖識，無間轉故，許有恆持用故，猶如壽、煖。**此喻有失，以壽、煖非能持識故；又識可持煖、壽二法，**煖不持煖，壽不持壽故。今可應言，我第八識可能持煖，許無間轉故，及恆持用故如壽。或能持壽，因如前，喻如煖。」然玄奘《成唯識論》中此喻無失，窺基法師誤解其文故，言「此喻有失」。玄奘之意非謂壽、煖能持異熟識，實謂只有異熟識是無間斷而且無善惡性轉變的恆住心，就好像壽與煖一世之中都不變異其性，扶助異熟識同持有根身令得不壞，故說異熟識有恆住而執持的作用，方可建立爲能執持壽、煖與七轉識的眞識，是故玄奘此喻無失。

論文：「經說三法更互依持，而壽與煖一類相續；唯識不然，豈符正理？『雖說三法更互依持，而許唯煖不遍三界，何不許識獨有間轉？』此於前理非爲過難，謂若是處，具有三法無間轉者，可恒相持；不爾，便無恒相持用。前以此理，顯三法中所說識言，非詮轉識；舉煖不遍，豈壞前理？故前所說，其理極成。」

語譯：【經中有說壽、煖與異熟識等三法，猶如束蘆三束展轉相互依持，而壽與煖可以前後一類相續不變；你們聲聞僧獨獨不許這樣的唯識所成，豈符正理？聲聞僧答言：「雖然說三法展轉相互依持，然而大眾共許的是這三法中只有煖不遍於三界，又如何不能允許意識等也可以有間斷而運轉著來執受有根身？」答：你們這個質疑的說法，對於我前面所說的道理不能成爲過失或質難，這是說如果在人間這個處所，具有壽等三法無間斷而運轉的話，可以恆常互相扶持；若不是如此處在人間，便沒有三法恆相依存扶持的作用。前面說的是以這個道理，顯示這壽等三法在人間互相依持中所說的執持識，不是詮釋爲轉識等六識；而你們舉示煖不遍三界時，又豈能毀壞我在前面所說的壽煖識三法在人間互相依持的道理？

所以我在前面所說，它的道理極為成就。】

釋義：「經說三法更互依持，而壽與煖一類相續；唯識不然，豈符正理？」《瑜伽師地論》卷九說：「又此**異熟識**，即依**名色**而轉，由必依託六依轉故，是故經言：『名色緣識。』俱有依根曰色，等無間滅依根曰名，隨其所應，為六識所依；依止彼故乃至命終，諸識流轉。又五色根、若根所依大種、若根處所，若彼能生大種曰色，所餘曰名。由識執受諸根，墮相續法，方得流轉；故此二種依止於識，相續不斷。由此道理，於現在世，識緣名色、名色緣識，猶如束蘆，乃至命終，相依而轉。如是名為從前際，中際諸行緣起生，中際生已，流轉不絕。」此《根本論》中舉證《阿含經》中所說「名色緣識、識緣名色」證有第八識，然色不遍三界，此經論言亦可證明壽、煖、識等三法和合，方能於人間運轉，證有第八異熟識。經中、論中既然有說人間有情這三法展轉互相依持，而人間在一期生死中的壽與煖，都可以前後一類相續而不改易，與異熟識共同扶助有色根使不敗壞；然而聲聞僧眾唯獨對阿賴耶識不許如此，又豈能符合正理？這是論主玄奘反問部派佛教的聲聞僧眾。

如上所說及以下論述，是論主玄奘再難部派佛教的異說執著，此中有三：一、申難，二、反質，三、解釋及反徵。此上即是初也。以下是第二，聲聞僧反質於菩薩：

「『雖說三法更互依持，而許唯煖不遍三界，何不許識獨有間轉？』」部派佛教僧人反過來質問論主說：「雖然你說壽、煖與識三法展轉互相依持，而又可以允許唯有煖法不遍於三界，竟能成就你所說的道理；那麼也應該允許我們說的意識獨獨可以有間斷的運轉而且能持身，但你爲何又不許意識單獨有間斷地運轉而能持身？」聲聞法傳到部派佛教時已無證得解脫果的阿羅漢了，他們所有僧人都是六識論者，所以落入意識心中，偏又愛出頭與菩薩論辯他們所不懂的佛菩提，就說出這樣的話來。後世的佛學學術界人士不明就裡，便誤以爲部派佛教那些聲聞僧是空宗，無著、玄奘等人是有宗，誣稱他們之間產生了空有之爭。其實只是聲聞凡夫僧不懂佛法，又愛出頭與實證的菩薩們相諍，看來便好像是空有之爭了。

然而菩薩們的所證非空亦非有，所證是空性如來藏，是能生三界有的空性心第八識，其智慧函蓋空性眞如的常住與三界有的生滅非我性，所證又是三界有的根源與所依，怎能說爲有宗？空宗的聲聞凡夫僧們未證解脫道，更未證佛菩提道，全都落在三界有之識陰中，正應名之爲有宗，又怎能名之爲空宗？因爲他們口說空、心思有、行在有，怎會是空宗？所以說學術界諸研究者都是心行顛倒及取材錯誤，而且定義錯誤，所言不足爲憑。以下是論主玄奘反過來解釋及反徵：

「此於前理非爲過難，謂若是處，具有三法無間轉者，可恒相持；不爾，便無恒相持用。前以此理，顯三法中所說識言，非詮轉識；舉煖不遍，豈壞前理？」玄奘於論中論辯說，你們這些部派佛教的聲聞僧所說的這些理由，對於我玄奘在前面所說的道理，全都不能構成過失或質難；這是說，如果在人間這個處所，具有壽、煖、識等三種法同時無間斷的運轉時，這三法可以永遠互相依持而存在人間；若非如此而是在色界或無色界中，便沒有三法恆住而互相依持的作用，就不需要有煖，這樣與人間的這三法互相依持並無相互矛盾之處。然而前面我玄奘以這個道理，顯示人間的壽、煖、識等三法互相依持中，所說的「識」這個字，並不是詮釋爲六轉識，而是詮釋爲阿賴耶識；你們舉出煖不遍三界的道理，說的又是時常間斷的意識，又豈能毀壞我前面所說必有第八識的道理？

「故前所說，其理極成。」然後論主玄奘作了總結：所以我在前面所說必定有第八識的法義，它的道理極爲成就。謂玄奘所說三法中的識，是指第八阿賴耶識，此識恆住而有作用，前後一類無覆無記不變易自性而恆時運轉，可以成爲持身識、持種識；然而非恆的意識時常間斷，若眞是持身識，意識間斷之時色身必壞、種子必失，意識又有善惡性而非異熟性，焉能有平等持身、持種之用？當然不可附會爲此三法中所說之識。是故聲聞凡夫僧眾以煖不遍三界，指稱第八識不能遍於一切界與煖互相依持，用以質難玄奘，其理不成。而玄奘舉示經中所說三法在人間之處互相依持，其所說識爲第八異熟識，不能被聲聞凡夫僧所舉「煖不遍三界」之理所難，其道理極爲成就。玄奘接著又說：

論文：「又三法中，壽煖二種既唯有漏，故知彼識如壽與煖，定非無漏。生無色界起無漏心，爾時何識能持彼壽？由此故知有異熟識，一類恒遍，能持壽煖，彼識即是此第八識。」

語譯：【而且在壽、煖、識等三法中，壽、煖二種既然唯是有漏，所以知道聲聞凡夫僧所說的那個識猶如壽與煖，決定不是指說無漏的第八識。若「識緣名色」三法中的識眞是他們所說的意識，則死後若出生在無色界中而生起無漏心，那時有哪個識能執持無色界的壽？由於這個緣故而知道人間有情都有異熟識，前後一類不變而且是恆不中斷能遍三界的心，能執持人間有情的壽與煖，那個識就是這第八識。】

釋義：**「又三法中，壽煖二種既唯有漏，故知彼識如壽與煖，定非無漏。」**在

「壽煖識」這三法中的壽與煖都是有漏法，因爲全部都是執著人間的壽命與煖觸，當這二種有漏法與識相互依持時，聲聞凡夫僧們所說的識應當是與壽、煖同一類的有漏法，就是意識，決定不是無漏法的異熟識，因爲他們不承認有第八異熟識。

所以聲聞人所說壽、煖、識三法中的識，指的若是他們所說的識陰六識或意識，不是無覆無記性的阿賴耶識時，他們的質疑才能通。然而從現量來看就不允許他們的說法了，因爲這三法中的識若是意識時，這壽、煖與意識等三法，其實都是被阿賴耶識所執持的；如果依照他們的說法，便成爲意識不但執持壽與煖，也執持意識自己，但因明學或邏輯中不許有這樣的說法，所以他們不可以說意識執持意識，因爲普天之下沒有這種道理。

「**生無色界起無漏心，爾時何識能持彼壽？**」修定的異生凡夫將來若是受生於無色界中，後時生起了無漏心，那時的意識從有漏心轉變成爲無漏心了，不再是有漏心時就不與有漏的壽—命根—相應，也應該不會與有漏性的煖相應，應該就沒有意識可以執持無色界的壽命了，那麼那時又有哪個識能執持無色界中的壽？還是得要第八異熟性的識才能執持無色界中的壽。又，凡夫生無色界後再起無漏心時，若只有意識而沒有異熟識，那時不但無煖，亦無色身可持，因爲意識不是異熟性的平等心而不能持種及執受色身，當知不能持壽與煖；那時又是誰來持壽及意識？難道是意根？但你們又不許有意根現行識的存在，指稱意根只是意識的種子，道理就講不通了。這便是六識論者不許第七識及第八識存在的過失。

「由此故知有異熟識，一類恒遍，能持壽煖，彼識即是此第八識。」論主玄奘總結說，由於這樣的道理，證知有另一個異熟識，心性是同一類而不轉變的無覆無記性異熟，而且永遠常住又遍於十八界，能遍於三界中趣生，在人間時也能執持壽與煖，應當知道那個識就是這第八異熟識。

第二目　別引經教證有阿賴耶識

論文：「又契經說，諸有情類受生命終，必住散心，非無心定；若無此識，生死時心不應有故。謂生死時身心惛昧，如睡無夢、極悶絕時，明了轉識必不現起。又此位中，六種轉識行相所緣不可知故，如無心位必不現行；六種轉識行相所緣，有必可知，如餘時故。眞異熟識極微細故，行相所緣俱不可知；是引業果一期相續，恒無轉變，是散有心，名生死心，不違正理。」

語譯：【而且在相契應的經典中說，諸多有情種類面臨受生與命終時，必定住於散心位，不是無心定；彼時若是沒有這阿賴耶識，正當生死時的心就不應該有的緣故。這是說正當生死位時身心昏昧，猶如睡著無夢、和極度悶絕之時，對六塵明了的六個轉識必定不會現起。並且在生死位中，六種轉識的行相所緣不可知的緣故，如同無心位中六識必定不會現行一樣；此時六種轉識的行相及所緣，若是眞實有的話必定都可以知道，如同其餘清醒位時都有所緣的緣故。由於眞異熟識的了別性非常微細的緣故，祂的行相與所緣都不是凡夫與二乘愚人所能了知的；那是引生往世所造業的異熟果報而能一期相續不斷，是恆常而沒有轉變的前後一類相續，也是散有的心，名之爲有情生死位的心，就不會違背正理。】

釋義：「又契經說，諸有情類受生命終，必住散心，非無心定；」於相應的經典中有說，諸多有情種類在受生與命終之時，必定是住於散心位，然後轉成無心位，方入正死位再轉入受生位中；死時不會是住於無心定中如無想定或滅盡定，因爲若是無心時，即不得受生或命終故。此破聲聞部派佛教六識論者主張唯有六識，無第八識的邪見。然大乘及小乘經中所說有情臨命終時住於散心位，對於未來世即將受生處有所欣樂、或是有所恐怖，都不是住於無心位或無心定中。必定要有六識心的了別性正在運行時，方能轉入正死位或受生位中；直至進入正死位或受生位中，方是無心位，然非進入無心定。

《成唯識論述記》卷四：「述曰：下文有五，一、破六識非，二、顯第八是，三、破大乘異說，四、破上座部義，五、難死時漸捨之識。　初中有三，如文自顯，此即第一舉無轉識，此位身心俱太惛昧。身惛昧，硬強性；心惛昧，闇劣性。如睡無夢，即五位中無心睡眠。極悶絕時，因鬼、藥等有此事起，如〈決擇分〉無心地說。然瑜伽師生死二位既無六心，無心地中不別說者，即悶絕攝。今言悶絕、離死生，外爲鬼、藥等所悶絕故。今此二位非是住定，住散位攝有此無心，故引爲證。」此段《成唯識論述記》文字中之第一，即是破上座部、薩婆多部、經部師六識論之錯誤，是說臨命終或臨受生之時，凡夫或修欲界定者之六識心，皆必住於散心位故。

「**若無此識，生死時心不應有故。**」此第二，顯示實有第八識心，謂已過臨命終時的有心位，進入正死位開始捨身之後，既然六識都消失了，當時若沒有此第八異熟識，正死位時的心就不應該有了，即應刪除正死位，不應說爲正死位中正在捨身，而應直接說爲死透的屍體，由此證有第八識實存。

即將受生之時也是如此，於中陰身入胎受生之時，亦是有心位，六識具足；

不論是正知或不正知入胎，都必須有心位，方能入胎。然而入胎之後中陰身滅已，即成無心位，六識俱滅。直到四、五個月後胎身五根發育到具有基本的功能後，六識方才重新生起而極微劣，尚不能了別極度模糊的六塵。如是證明人間有情於正死位與正受生位中都是無心位，謂無六識心；但此時若是完全無心，又是何心進行捨身？何心住胎生長胎身？當知即是第八阿賴耶識，由此顯示實有第八識，七轉識皆無能捨身及生長胎身故。

又《攝大乘論本》卷上說：「復次，結生相續已，若離異熟識，執受色根亦不可得。其餘諸識各別依故，不堅住故，是諸色根不應離識。

若離異熟識，識與名色更互相依，譬如蘆束相依而轉，此亦不成。

若離異熟識，已生有情，識食不成；何以故？以六識中隨取一識，於三界中已生有情能作食事不可得故。

若從此沒，於等引地正受生時，由非等引染污意識結生相續，此非等引染污之心，彼地所攝，離異熟識，餘種子體定不可得。

復次，生無色界，若離一切種子異熟識，染污善心應無種子，染污善心應無依持。」聖教中在在處處皆證實有第八異熟識，無可否認。

「謂生死時身心惛昧，如睡無夢、極悶絕時，明了轉識必不現起。」此第三，破大乘其他凡夫僧之所說也，謂有大乘凡夫僧主張正當生死之時，仍有六識心在，或仍獨有意識不滅。以是緣故論主玄奘提出此說，謂一般大乘師或小乘師，皆共許眠熟無夢及悶絕時悉無六識心在，正死位及正受生位亦復如是：「**明了轉識必不現起。**」

這是說正當受生位或正死位之時，六轉識轉為昏昧而消失了，所以說是「**身心惛昧**」。正入胎受生位時，唯有羯羅藍（受精卵），尚無五色根可供六識作所依，六識即不能現行，屬於無心位；正死位中色身已不堪用，第八識離身已，六識已滅而回歸於異熟識中的種子位而不現行，同名無心位；是故正死位或正受生位中，猶如極度悶絕時或眠熟無夢時一樣，皆無識陰六識。然而能明了六塵境界的六轉識，不論有無語言文字都是有記心，於此二位中必定不會現起，轉成無心位，所以什麼都不知道。此時若無第八識異熟心，又是何心知道以及正在進行捨身？或是何時能夠執持受精卵而住胎，並開始生長胎身？證知無心位中仍有第八識也。

「又此位中，六種轉識行相所緣不可知故，如無心位必不現行；」此第四，破上座部、薩婆多部、經部等諸師所說，他們認為正死位或受生位中仍有意識。論主玄奘則謂，受生之後的前幾個月中，或如正死位中，六種轉識的行相所緣是不可能被知道的，因爲全都消失不在了，如同無心位一樣必定不會有六識生起及現行。

即使處胎到了五個月滿足時，五色根具有稍微能用的功能時，所顯現的六塵也是極模糊的，這時的六識也是只有極粗糙的了知，無法使用，所以處胎位的有情都不明了任何境界；這是一切世俗人都可以了知以及智者都能現量親見的事實，上座部等三部諸聲聞人都不應該否認或推翻之。如果能有所緣的六塵境界或五色根等被了知時，方能證明受生位及正死位有六識的存在故。但小乘師仍堅持說，正死位及受生位中，仍有意識存在，是故論主玄奘破之曰：

「**六種轉識行相所緣，有必可知，如餘時故。**」如何證明五無心位中六識不現起呢？當六種轉識若存在時，其行相及其所緣若是眞有，必定可以被意識自己所知道，如同其餘時段六識存在時的行相一樣，都是可知的緣故。由此證明，在正死位及受生後的處胎位，只會有無覆無記性的第八異熟識，以及有覆無記性的意根存在，不會有明了六塵的六轉識存在，如是推翻部派佛教聲聞僧所說。

「**眞異熟識極微細故，行相所緣俱不可了；**」此第五，質難小乘聲聞僧所說「無死時漸捨之識」。眞正異熟識的了知性極度微細，以此顯示第六意識的了知性體非微細、行相可知；異熟識的行相與所緣「極微細故」，是簡別二乘聖人及諸凡夫有所不知。所以說第八識的行相與所緣都不是凡夫異生或二乘聖者所能了知，不能因爲他們不能了別受生位及正死位中的異熟識，無有智慧可以了知異熟識的所緣與行相，就否定說受生位及正死位中沒有異熟識存在。若是從親證的菩薩來看時，五種無心位中的第八異熟識，其行相及所緣都是可以了知的。

「是引業果一期相續，恒無轉變，是散有心，名生死心，不違正理。」「是引業果」四字，以明「引業果」是異熟果總報所攝，其作用全屬第八異熟識所有。「一期相續」顯示一世之中的異熟果都無間斷故。「恒無轉變」，簡自性是前後一類無覆無記性，前後都無轉變故。「是散有心」，簡意識能專心專緣一法而有定心所，此第八識則無定心所，一時遍緣器世間及五陰身心等一切法，是故成爲「散有心」。

如是「眞異熟識」，是引生往世業行所應領受的此世異熟果報，是在一期生死之中全都相續而不中斷的心；祂的自性是「恒」，並且從前至後、始終都是同一類無覆無記性而不轉變，又是在現量上同時遍緣四大、有根身、七轉識、各類法種、器世間，也始終都不了別六塵，又沒有定心所相應，所以成爲「散有心」；如是之心，名之爲眞正生死時之心，名爲異熟果的主體識，當然不會違背正理。由以上諸多緣故，證有異熟識名爲「生死心，不違正理」。

如《成唯識論述記》卷四云：「我今此識既非轉識，體極微細，生死雖有，行相、所緣俱不可知，非同粗識可知之識，故六轉識違於正理。此中所以昏昧爲因，解生死時無轉識義，諸賢共稟，衆教同說。次，難陀論師等無量論師、正法藏、勝軍師等，時以爲住，恆用闡揚，殊增智慮；名光月氏，譽美方今，無識之儔同遵南指。唯我大師至生徵破，及其披此更益前非，如次論下及《制惡見》中正陳其義。今諸釋既備，勝義雲集，群賢敘之盛當所指。」

第三目　破大乘異說

論文：「有說：『五識，此位定無。意識取境，或因五識，或因他教，或定爲因。生位諸因，既不可得，故受生位意識亦無。』若爾，有情生無色界，後時意識應永不生，定心必由散意識引；五識他教彼界必無，引定散心無由起故。若謂『彼定由串習力，後時率爾能現在前』，彼初生時，寧不現起？『又欲色界初受生時，串習意識亦應現起』；若由惛昧初未現前，此即前因，何勞別說？有餘部執：『生死等位，別有一類微細意識，行相所緣俱不可了。』應知即是此第八識，極成意識不如是故。」

語譯：【有大乘法中的凡夫僧人說：「前五識，在這正死位中一定不存在。意識會攝取境界，有時是因爲前五識取境的緣故，或是因爲別人的教導而取境，或是以修定入定作爲取境之因。在受生位時，如是諸因既不可得，所以受生位處胎中的意識也是不存在的。」答：如果眞是這樣，那麼有情受生到無色界時，受生後的意識就應該永遠不再生起了，因爲他說定心必須由散意識修行而專注一心才能引生的緣故；而且由前五識引生意識、以及由他人的教導而引生意識的事，在無色界中也必定不存在，能引生無色定的散心在無色界中也沒理由生起的緣故。他們如果說：「那無色定是由於串習的力量，後時突然便能現在眼前。」答：那麼當他剛受生於無色界時，意識怎麼可能不會現起？「然而在欲界、色界剛剛受生時，串習意識也應該同時現起。」答：若是由於惛昧而導致剛開始未能現前，但這其實就是意識未能現起的前因，又何須勞動你們另外再來說明？另有其他的部派執著說：「生位死位等極度悶絕位中，另有前後一類不變的微細意識，祂的行相與所緣全部不可了知。」答：應該知道他們說前後一類不變的微細意識，其實就是這第八異熟識，因爲大家共同認定爲最極成就的最細意識，也不可能像這樣前

後一類而不可了知的緣故。】

釋義：「**有說：『五識，此位定無。意識取境，或因五識，或因他教，或定爲因。生位諸因，既不可得，故受生位意識亦無。』**」《成唯識論述記》卷四：「述曰：下第三，破大乘異說，有六：一、敘宗，二、正破，三、救義，四、破救，五、更救，六、復難。此敘宗也。」此初敘宗，即是佛門凡夫與外道們所敘宗旨也。

前五識在受生位的前四、五個月或正死位中一定不存在，這是大乘與小乘的共識，互無諍議；但意識部分於此二位中的有無，卻有諍議，所以大乘法中的凡夫僧眾主張說：「意識會攝取境界，有時是由於前五識取境的緣故，或者由於別人的教導而使意識攝取境界，或是以散心修定而入定作爲攝取定境之因，所以這些狀況下的意識一定會有。但是在受生位時，這三因既然都不可得，所以受生位中的意識是不存在的。」如是大乘法中的凡夫大師所說意識引生有四個原因，卻不是遍於三界意識的「引生因」，是故所說有正有訛，應辨正之，所以論主玄奘回辨：

「**若爾，有情生無色界，後時意識應永不生，定心必由散意識引；五識他教彼界必無，引定散心無由起故。**」此起第二正破。論主玄奘辨正說：如果眞的如你們說的這樣，那麼有情受生於無色界中，後時的意識應該永遠都不會生起的，因為無色界的意識是定心，而定心必須是由散意識經由修定才能引生的；如是，無色界意識便不可能生起而存在。

然而在無色界中沒有外境來引生意識，沒有五識可以引生意識，沒有他人的教導來引生意識，也沒有修定之散心意識為因來引生定境意識，那時就不該有無色界受生位的意識被引生。然而無色界中卻眞的有受生位意識生起及存在，證明意識的生起不一定要取境、五識、他教、以及對於無色界修定為因，只要前世在人間修得無色定，引生了無色界異熟果便可受生在無色界中，不必此世生在無色界後再以修定為因方起無色界意識。所以他們大乘法中的凡夫大師們，以受生位可以沒有意識，作為否定第八異熟識存在的理由，也不能成立。

大乘凡夫僧們如果主張「**此時受生的心是細意識，不是意識，所以受生位不必有意識**」，但細意識仍然是意識，一樣會與五別境相應，必定會取六塵境而成為具足三性之心，所緣及所行必定可知，不可能成為不可知的細意識；而且諸所有意識不論粗細，都不會是無覆無記心，不可能成就異熟，所以異熟心絕非意識。

又，如果眞的猶如大乘凡夫大師所說，那麼經中說受生位以及正死位中的無色界異熟心就不該存在了，因為他們和聲聞僧一樣主張人只有六識，沒有七、八二識，而前五識不能出生在無色界中，不可能來引生意識；至於他人的邪教導，在無色界中也沒有，亦不可能引生無色界的意識，顯然無色界的受生位中既沒有意識，就不應該有有情可以受生於無色界中。然而事實上並非如是，證明大乘法中的凡夫大師們所說都是邪謬之理。

「若謂『彼定由串習力，後時率爾能現在前』，彼初生時，寧不現起？」如果聲聞僧救說：「若是生在下界中，並非串習得定，可以藉散心位意識引生無色界力；但若是在下界有無色界定串習的力量，後來出生在無色界時便能使定心意識突然顯現在眼前。」這便是第三、聲聞僧回救己義。以下是第四、論主破救，所以論主玄奘答覆說：「那他們剛受生到無色界的一剎那中，意識爲何不能生起？還要等待受生一段時間以後的串習，意識才能生起？或是一樣要由無色界的散心引入定境中才能住於無色界？」

「『又欲色界初受生時，串習意識亦應現起』；」這是第五、大乘凡夫僧再度回救：「同樣的道理，如同有情剛出生在欲界天或色界天中時一樣，無色界串習意識也應該同時現起，成爲生來就有無色界定的人。」例如欲界天的乾闥婆生來人間時就會成爲音樂家，緊那羅生來人間時就會成爲歌星，所以聲聞僧以這樣的道理援用，來證明自己所說的正確性。但事實上又非如此，所以論主破之曰：

「若由惛昧初未現前，此即前因，何勞別說？」 這是第六、論主復難。如果你們主張是因爲昏昧，所以剛受生之時，無色界的定心意識未能現前，然而這不就是前面所說過的散亂昏昧故意識不能現前等原因嗎？這在前面已經被我破過了，你們又何須另外再說一遍？

「有餘部執：『生死等位，別有一類微細意識，行相所緣俱不可了。』應知即是此第八識，極成意識不如是故。」「有餘部」是指上座部，他們執著說：「在受生與正死位中，另外有一類微細意識，運行時的法相與所緣的境界全都不可了知，如是所說與薩婆多部不同，所以沒有過失。」但這只是根本計與末計的差別，其實全都錯了。根本計是誤計有二種意識：粗意識可知，細意識不可知；末計意識則是別計，意識各於不同的時節生起。

但吾人應該知道上座部所謂的細意識，其實就是這第八識心，因爲大、小二乘所共知的各種狀態的意識心性，都不能像他們所說這樣都不可知的緣故；是說只要意識生起現行時一定有所緣及行相，全部都是可知的，沒有不可知的意識，方能符合「極成意識」之理。這是以上座部所說破其誤計。

又，若眞有不可知的細意識，則平常時即應有二個意識平行運作，受生及死時亦應如是，那麼上座部諸師即應實證二個意識同住的境界，並且應向大眾說明細意識的行相與所緣，而非只是提出理論，卻又不能證得。又，既然主張另有細意識爲「受生因」，其體性同於第八阿賴耶識而不同於意識，何不直接認同第八識而求證之，何勞再立不可知、不可證之細意識，便成臆想之說的玄學而非義學。

又上座部所執有粗意識及細意識並存，然細意識亦是意識，不外於意識，如是即成粗細二意識並生、並行運作，此即有「二意識並生過」；謂意識能熏，亦是轉識，有二意識同屬能熏時，應以誰之能熏作爲所熏的異熟識所執藏之種子？又七轉識皆唯有一，不得有同一法性之轉識同時有二，不成其爲有情故，聖教中亦未有如是說故，現象界中亦未曾見有此事故。又，若意識可以有二，眼等五識亦應可以有二，即成非量，此證意識有二必成過失。

如是，即可立量云：汝等所說非意識性用之細意識者，絕非意識，謂極成意識必有「被生必滅、前後非一類、不相續住、有分別」等自性，當然不得外於意識範疇，故細意識仍屬生滅法及分別法而非異熟性。然三界中意識之最細者，唯有無色界非想非非想定中之意識，方可立爲細意識，亦可符合極成意識之理。今汝所立細意識既有持種持身等功德，復言前後一類無覆無記，而且相續不斷，當知即是第八異熟識，非細意識也，何須再勞玄想施設不可知不可證之細意識；不如直接承認第八異熟識實有，然後精勤修學參禪之法而求證之，證悟後即可成爲菩薩摩訶薩中之一員，其樂何如。

第四目　若無第八識即有死位漸捨識難

論文：「又將死時，由善惡業，下上身分冷觸漸起；若無此識，彼事不成；轉識不能執受身故，眼等五識各別依故或不行故，第六意識不住身故，境不定故；遍寄身中，恒相續故；不應冷觸，由彼漸生。唯異熟心，由先業力恒遍相續執受身分，捨執受處，冷觸便生；壽煖識三，不相離故。冷觸起處，即是非情，雖變亦緣而不執受，故知定有此第八識。」

語譯：【而且人類將死之時，由於善業或惡業的差別，從下身或上身之處有冷觸漸漸現起，最後才遍布全身；若是沒有這第八異熟識，那件冷觸現起的事情便不能成就；因爲七轉識都不能執受色身的緣故，眼等五識都有各別的所依根而不遍身故或是死時五識已經斷滅而不能運行的緣故，而第六意識也不住於全身的緣故，意識所緣的境界也不是決定不變的緣故；只有異熟心遍寄於全身中，而且恆不中斷、相續運行的緣故；由此證明，不應該死時的冷觸，是由那七轉識來漸漸產生的。只有異熟心，由於先前所造業的力量恆常而遍十八界、相續不斷執受全部身分，所以捨棄所執受的身根局部處所時，該處的冷觸便出生了；因爲壽、煖與異熟識等三法，是不能相離的緣故。正當身根中冷觸生起的處所，那所捨部分的色身就成爲無情了，捨身過程中雖然異熟心仍然會變生冷觸，然而已經不再對所捨之處的色身有所執受了，所以從捨身時身根有冷觸生起的事，就知道一定有這個第八識的存在。」

釋義：「又將死時，由善惡業，下上身分冷觸漸起；若無此識，彼事不成；轉識不能執受身故，」此乃論主再以第五難有無「死位漸捨識」，質難聲聞僧。這是由於死時身上的冷觸，開始從身根下部或從上部次第生起，來證明確有異熟心第八識正在逐漸捨身，因爲這一種冷觸的事相並非意識等心之所能生起。唯有執受色身的心，方能維持煖觸的存在；反之，此執持四大而成就色身的異熟識若是逐步捨身之時，其所捨之身分處便有冷觸生起，次第乃至全身。

《成唯識論述記》卷四：「**述曰：下第五，難『死漸捨識』。世親《無性》、《攝**

論》皆云：善業從下冷，惡業從上冷，由生勝趣惡趣別故。《瑜伽》第一云：隨下、上冷，後至於心；此處初生，最後捨故。」

《瑜伽師地論》卷一：「此羯羅藍中，有諸根大種，唯與身根及根所依處大種俱生；即由此身根俱生諸根大種力故，眼等諸根次第當生。又由此身根、俱生根所依處大種力故，諸根依處次第當生；由彼諸根及所依處具足生故，名得圓滿依止成就。又此羯羅藍色，與心、心所安危共同，故名依託。由心、心所依託力故，色不爛壞；色損益故，彼亦損益，是故說彼安危共同。又此羯羅藍識最初託處，即名肉心；如是識於此處最初託，即從此處最後捨。」

凡夫人類將死，依其生前所造業種各有差別，導致死情不一。造惡之人異熟識先捨上身，冷觸從頭部先行生起，然後往下擴散，冷觸漸次遍滿全身時全部捨已；是故亡者死後不久先捨勝義根，勝義根捨後六識已滅，進入正死位，故不能知其後冷觸現起之事，唯知頭部有冷觸起，其後色身之冷觸現起時即無所知；異熟識則於將捨至心臟時，續由腳部捨身，異熟識捨至心臟後全部捨離時，中陰身已經具足現起。行善之人死時異熟識先捨下身，冷觸從腳部最先生起，將至心臟捨時改由頭部再捨，捨離勝義根腦部時進入正死位，此時六識斷已即無覺知，即是進入正死位中，再由異熟識繼續往下而捨至心臟時最後捨之，其知覺轉至中陰身，六識已於中陰身現起故。

若是實證三乘菩提不退之人，乃至已經入地或成阿羅漢者，亦是從腳最先捨之，冷觸從腳開始生起，然後往上漸次遍滿下半身；乃至捨心臟後繼續往上捨，五勝義根是最末捨，不同凡夫是心臟最後捨；如是異熟識開始捨身時雖然已是無息無脈，然而六識仍在，最後捨離勝義根已六識方滅，故能了知捨身時全身冷觸演變情況，名爲具足正知捨身。

既然實有如是冷觸現起之事，而其冷觸亦能次第遍滿全身，即得證明確有第八異熟心阿賴耶識持身；然而七轉識是心，心不觸物故不能持身，亦無大種性自性故不能持身，又是生滅法故都不能執受有根身，如是證明冷觸的示現一事皆非七轉識之所能爲，當知即是阿賴耶識之所爲，證有第八阿賴耶識。

外道問曰：「爲何如是證明確有異熟心持身而捨身之後，竟說此異熟心並非轉識，故非轉識之所能爲？我意六識心等亦能持身。」答：

「眼等五識各別依故或不行故，」這是論主玄奘先論五識不能持身，後論意識，末論第八阿賴耶識實有；由是故說，六個轉識的功能各有差別，都是有記性或有覆性的心，也因爲都是心而無能接觸色法物質，故皆不能執受色身；意根亦是心，心不能觸物，亦不能持身。

其中眼等五識各有不同的所依根，都不能普遍執受色身全部，連各自所依的五勝義根都不能執持，只是依附於所依根而現行故，是故捨身時無能於全身次第現起冷觸；或者說前五識在正死位中已經消失而不能運行了，例如造惡業者由頭部先捨身時，六識心已經全滅，冷觸次第遍身的事，即非由前五識所爲，由此二理證明冷觸不是由前五識所生。又，初入胎時六識皆未現起，要生長到四或五個月具足五根的雛形時，極粗糙、極簡略的意識方才開始生起；然而如是前期三至四個月期間，意識及五識皆仍未能生起，而胎身仍在成長之中，證知必定有另一心名爲異熟識，都不了別六塵而繼續持身及成長胎身；以此緣故，證明持身之功能並非五識所有，屬於第八異熟識心體。五識說已，次說意識：

「第六意識不住身故，境不定故；」第六意識亦不能遍住於色身中，因爲只觸內法塵方能生起故，唯能住於勝義根中意根觸法塵之處，以意識非遍身故，捨身時當然無法遍於全身現起冷觸。又意識所緣的境界不是決定前後不變的永遠一類無覆無記，而是能與五別境心所相應，即是有時善性有時惡性的心；既非永遠無覆無記性心即無異熟性，當然不能執受色身而無法遍身生起冷觸。又意識是心，不能觸物，即不能生身，當知不能持身，捨身時遍身現起冷觸的事即非意識所為，由此證有第八異熟識。

又如初入胎後的四個月中，意識猶如前五識一般尚未生起，然而已經有識執持胎身而令成長、出生，亦可證明生身持身之識並非意識；第七識意根則是有覆性，與意識同俱之時即成能簡擇之心，非是無覆無記性心，亦不可能執持三惡道有情之色身與種子，當知定是第八異熟識執持及生長胎身，三界中才可能有三惡道有情之色身與種子存在。又捨身之時，每見有人不肯捨身，當知即是意根執著色身不捨；然而意根不肯捨身時，異熟識卻已漸次捨身，意根亦無所能為，故知色身必非意根之所執受，證明即是異熟識執受身根，由此證有第八阿賴耶識。

「**遍寄身中，恒相續故**；」七轉識都非能生身及持身者，因為能持身之異熟心所了別者是六塵以外的境界，枯燥無趣，絕非七轉識之所喜所住。又六轉識了別六塵境界時，產生順心、違心之分別，故成具足三性之心，六識俱之意根亦不例外；若是由七轉識執受色身時，所持若非人身或天身，七轉識必因有取捨之識性而捨離之，世間便無三惡道有情；然有三惡道有情，即可證明色身並非七轉識所執受，由此證有第八識執受色身。

論主玄奘今說「**遍寄身中，恒相續故**」，謂異熟心第八識普遍寄執於全身，無處不遍；並且恆而不曾間斷的持之不捨，又是前後一類無覆無記而且無始以來相續不斷，如是恆而不轉變自性的異熟性心，方能於捨身之時顯示冷觸且逐漸遍及全身。論主於此主張唯有異熟識「**遍寄身中**」而相續不斷，方能遍身顯示死後的冷觸，由此證明實有阿賴耶識執受身根，部派佛教聲聞僧不應否定第八識的存在。

「**不應冷觸，由彼漸生。**」然後結論說，七轉識既非出生色身及執受色身者，死時捨身後的遍身冷觸，便不該由七轉識逐漸變生出來。既然有異熟識於死時捨身而遍身示現冷觸，又非七轉識之所能爲，即可證實異熟識的存在與實有。

「**唯異熟心，由先業力恒遍相續執受身分，捨執受處，冷觸便生；壽煖識三，不相離故。**」繼續再作說明：唯有異熟性故無覆無記的第八識心，由於先前的業力而受生時，從一開始執取受精卵而漸次創造全身，就是恆而不斷的遍於全身存在，並且相續不斷執受全部身分，所以死時捨壽（捨命根）已，此第八識方才開始捨身；正當捨離所執受之身分時，該處身分便有冷觸生起，直到最後遍滿全身都有冷觸。然後異熟識全部離身而移至中陰境界時，全身皆冷，說名死透或死盡；

此時已過正死位，中陰身方才生起。

以下解釋其道理。壽、煖、阿賴耶識等三法，猶如三把束蘆一樣互相依倚才不會倒下，束蘆倒下譬喻死亡；正當壽、煖、阿賴耶識三法互相依持時，才能成爲一個完整的有情，因爲這三法是不能、也不曾相離的，所以人身必定有壽、有煖，也有異熟識。異熟識若開始捨離色身了，便是開始捨身而進入正死位；全身捨盡而全部冷透時，即是脫離正死位，轉入中陰位，方才有六識寄存於中陰身，再藉由中陰身去受生，除無色界及無間地獄。

「冷觸起處，即是非情，雖變亦緣而不執受，故知定有此第八識。」猶如毛髮無煖無壽並非有情，可以隨意剪之，當知異熟識已捨身處即無煖觸，即非有情；是故人死之後，自知身上有冷觸開始生起時，那些有冷觸的地方便已不是有情身，成爲非情身了；此時阿賴耶識雖仍有所緣而變生冷觸，然而已經不再執受已捨身之處，待至第八識轉移到中陰身時則亦無所緣，連冷觸亦不再現起。

例如善人捨身時由腳部先捨，隨所捨處腳部冷觸即起，那時異熟識雖然還是會變生冷觸於捨身之腳部，只是神經傳導的作用，但這時腳部的冷觸只是所緣而變生，異熟識卻不再執受該處身根，由此緣故而知道一定有這第八識心存在。

第五目　別舉聲聞經教證有阿賴耶識

論文：「又契經說：『識緣名色，名色緣識。如是二法展轉相依，譬如蘆束，俱時而轉。』若無此識，彼識自體不應有故。謂彼經中自作是釋：名謂非色四蘊，色謂羯邏藍等。此二與識相依而住，如二蘆束更互爲緣，恒俱時轉，不相捨離。眼等轉識攝在名中，此識若無，說誰爲識？亦不可說『名中識蘊謂五識身，識謂第六』，羯邏藍時無五識故。又諸轉識有間轉故，無力恒時執持名色，寧說恒與名色爲緣？故彼識言，顯第八識。」

語譯：【此外，契經中有說：「識緣名色，名色緣識。像這樣的二法展轉互相依持，就像是二個蘆束綁在一起成爲掃帚時，是同時同處而運轉著的。」若是沒有這第八識，那「識緣名色」的第八識心體就不應該有的緣故。這是說，那些經中自己作出這樣的解釋：名是說非色蘊的其餘四蘊，色是指受精卵及其中的四大。這名與色二法，與第八識相互依持而在人間安住，猶如二個蘆束綁成掃帚時，展轉互相作爲所緣，永遠都是同時同處在運轉著，不曾互相捨離。眼等七個轉識全都攝在名之中，這個第八異熟識如果是不存在，名色緣識的識究竟是說誰？也不可以說「名中的識蘊是指五識身，識則是指第六意識」，因爲在受精卵位時還沒有

五識及意識的緣故。此外，諸轉識是有間斷而且會有三性轉變的緣故，沒有能力永遠不間斷執持名色，怎麼能說是五識或意識永遠給名色作爲所緣？所以那句「名色緣識」之識的說法，正是顯現了第八識的存在。】

釋義：「又契經說：『識緣名色，名色緣識。如是二法展轉相依，譬如蘆束，俱時而轉。』若無此識，彼識自體不應有故。」此起有四：一、舉經，二、申難，三、破救，四、立量。此爲第一「舉經」：

在《長阿含經》與《雜阿含經》中都有說「識緣名色，名色緣識」，說「名、色」二法與「識」總共三法，是展轉相依相緣，才能在人間現行的。「名」即是「受、想、行、識」，如是「名」中已經函蓋七轉識了；說這「名、色」二法與「識」，就像是二個蘆束綁成掃帚一般，互相依持著，同時在運轉。此時若是沒有這異熟識阿賴耶作爲名與色的所緣，那麼那個緣於「名、色」的「識」自體，就應該不會有啊！但《阿含經》中已經明白說有此第八識了。

如《長阿含經》卷十：【「阿難！**緣識有名色**，此爲何義？若識不入母胎者，有名色不？」答曰：「無也。」「若識入胎不出者，有名色不？」答曰：「無也。」「若識**出胎**，嬰孩壞敗，名色得增長不？」答曰：「無也。」「阿難！若無識者，有名色不？」答曰：「無也。」「阿難！我以是緣，知**名色由識，緣識有名色**，我所說者，義在於此。阿難！緣名色有識，此爲何義？若識不住名色，則識無住處；若識無住處，寧有生、老、病、死、憂、悲、苦惱不？」答曰：「無也。」】由此阿含聖教證知實有第八識入胎出生名色、執持名色。

「謂彼經中自作是釋：名謂非色四蘊，色謂羯邏藍等。」在那兩部《阿含經》中說的「名」已經函蓋了七轉識及其心所，因爲意根是心，也屬於「名」所攝，當然也包含了六識及心所等。入胎位的「色」，則是指受精卵及其中的四大；胎身圓滿而出生後的「名色」，其中的「色」是指五扶塵根及五勝義根加上四大。而經中也說「名」是指非色法的其餘四蘊——受、想、行、識，「色」則是指受精卵乃至出生後的五色根及四大等。這樣看來，「名、色」所緣的識當然不是七轉識，而是指第八識阿賴耶。

「此二與識相依而住，如二蘆束更互爲緣，恒俱時轉，不相捨離。」這「名」與「色」合爲一法，其實是二法「名、色」，故說「此二」。名色是與另一法第八異熟識互相依持而住在人間，是二法和合共住；猶如兩把蘆束綁在一起成爲掃帚，一生之中都是展轉互相作爲所緣而不分離。所以「名、色」與異熟識是永遠同時同處而一起運轉的，始終不會互相捨離，這聖教當然可以證明確有第八異熟識的存在，因爲「名」中已有七轉識或至少已有六識了，而意根是剎那生滅且無大種性自性，故其功能亦不能生身及執受身根。這是另外再從部派佛教所信受的阿含部聖教，來證明確實有此異熟識。但部派佛教六識論等諸師又有邪說，如下所載：

《成唯識論述記》卷四：「《瑜伽》第九有二義解：一云：『俱有依根曰色，等無間滅依根（意根）曰名；隨其所應爲六識所依，依止彼故，乃至命終諸識流轉。』此解則通大小，非此所諍，便助彼宗，非欲自解。又復彼設：『爾但以自相望，前後爲緣。』束蘆喻不成。彼論次文亦有此喻，故知此說且隨小相，仍非同喻。第二解云：『又五色根，根所依大種及根處所，彼能生大種曰〔色〕，所餘曰〔名〕，要由有識執受諸根墮相續法，方得流轉。』即同此解，故小無解。唯上座部細意名『識』，粗意名『名』；如前已遮有二識起，故今不說。」

「眼等轉識攝在名中，此識若無，說誰爲識？」此起第二「申難」，質難部派佛教諸聲聞僧。部派佛教諸師說：「《阿含經》中所說，名色所緣的識爲眼等六識，並非菩薩所說『名色緣識』的第八識。」論主玄奘破曰：眼等六識既然都攝在「名色」的「名」之中，不可能是說六識緣於六識自己，也不會是六識執持六識；所以說，「眼等轉識攝在名中」，「名」既然已具足七轉識了，這個緣於「名、色」的第八「識」若是眞的不存在，你們聲聞僧是要說「名、色」緣於哪個識？

「亦不可說『名中識蘊謂五識身，識謂第六』，羯邏藍時無五識故。」這是繼續破斥聲聞僧的自救：聲聞僧眾也不可以說『名』中的識蘊是指五識身，所以『名』所緣的識是第六意識」，因爲在剛入胎時的受精卵位，乃至前四個月中，都還沒有前五識的緣故，連意識也都還沒有生起，當然不能說初入胎時的「名」是前五識，再由前五識緣於第六意識。而且，意識同樣也攝在「名」中，不可以由「名」緣於「名」；所以「識緣名色」的「識」，一定是指異熟性的第八阿賴耶識。

「又諸轉識有間轉故，無力恒時執持名色，寧說恒與名色爲緣？」「有間」謂有間斷而有不現起時，「轉」謂運行而有行相。此起第三「破救」，即是反質聲聞僧等人的自救：此外六個「轉識」都是有間斷，都是由六識種子剎那流注而現行的性質，剎那生滅不能持身；而且這六識的心性也會變異，並不像第八識是前後一類無覆無記而永遠不會變異，又不是恆而不會間斷，當知不能持身不壞；意根又是由阿賴耶識剎那剎那流注種子而有，不是常住法，所以七轉識並沒有能力恆常不斷的執持「名」與「色」，怎麼能說七轉識可以永遠作爲「名色」的所緣？

然而部派佛教諸聲聞僧不懂大乘法，卻又爭相對大乘法發表看法，於是各部派所說紛亂，莫衷一是，所說都成爲相似像法而非佛法，又以數量眾多而淹沒了菩薩所說正法的聲音，便成爲 佛在《阿含經》所說的破法者。如《成唯識論述記》卷四所說：【若彼言：「『名』四蘊中『識』，謂五識身；所與相依識，是第六識。」若爾，羯邏藍時無五識故，說誰爲「名中識」？大、小共許羯邏藍位，七日已來並無五識，故於此位無「名中識」。若彼難言：「汝亦七日無五識身，彼『名中識』其體是何？」第七識也。又除初念，餘時亦許第六識起，意識即是「名」中識蘊，有何所違？其大眾部：「諸識並生，七日已前身識等未起，七日已後身識等生，爲『名中識』。」遂復解云：「經言『名、色』互爲緣者，除初七日，餘長時位，如汝大乘說第六意爲『名中識』；初念許無，已後俱起說互爲緣，從多位說。我亦如是，七日猶如初念，餘位亦復長時；據長時說，亦互爲緣，無爽於理。」此亦不然！我之初念亦互爲緣，別有末那爲「名中識」，第二念後意識復生，無相違失。經中非據長時有說，故非誠證。】此外，入胎後七日，身識亦尚未出生或現行，乃至六識皆未現行；要至大約四個月以後，五勝義根粗具雛形時，極劣六識方生故，如是應知。

「故彼識言，顯第八識。」此起爲第四，「立量」也：所以經典所說「名色緣識，識緣名色」中，那個「識」的說法，是在顯示眞的有第八識。

〔《成唯識論》卷四〕：

第三節　由四食及心所等證有第八識

第一目　破部派佛教六識論的錯誤

論文：「又契經說：『一切有情皆依食住。』若無此識，彼識食體，不應有故。謂契經說，食有四種：一者段食，變壞爲相；謂欲界繫香味觸三，於變壞時能爲食事；由此色處非段食攝，以變壞時色無用故。二者觸食，觸境爲相；謂有漏觸纔取境時，攝受喜等能爲食事。此觸雖與諸識相應，屬六識者食義偏勝；觸粗顯境，攝受喜樂及順益捨，資養勝故。三、意思食，希望爲相；謂有漏思與欲俱轉，希可愛境能爲食事。此思雖與諸識相應，屬意識者食義偏勝，意識於境希望勝故。四者識食，執持爲相；謂有漏識由段觸思，勢力增長能爲食事。此識雖通諸識自體，而第八識食義偏勝，一類相續執持勝故。由是《集論》說此四食，三蘊五處十一界攝；此四能持有情身命，令不壞斷，故名為食。」

語譯：【此外，契經上說：「一切有情都是依食而住。」若是沒有這異熟識，那六識心能食的主體，便不應該有的緣故。這是說契經有說，食有四種：第一種是段食，以變壞作為食的行相；是說欲界所繫的香、味、觸等三法，於食物變壞之時能作為段食所成就的事相；由於這個緣故，說六塵中的色處並非段食所攝，因為於食物變壞之時色處沒有作用的緣故。第二種是觸食，以觸知境界作為食的法相；是說有漏觸才剛剛取受境界時，攝受了喜愛等覺受而能作為食的事相。這個觸雖然與諸識相應，但屬於六識部分的食的道理偏勝；能觸知粗顯的境界，攝受喜樂受及順益的捨受，資養食的道理殊勝的緣故。三、意思食，以希望作為此食的行相；是說有漏性的思心所與欲心所同時在運轉著，希求可愛的境界能作為此食的事相。這個思心所雖然與諸識相應，但屬於意識部分的食的道理偏勝，是因為意識對於境界的希望較為殊勝的緣故而說。第四種是識食，以執持作為食的法相；是說有漏識由於段食、觸食、意思食，使得六識勢力增長而能作為食的事相。此異熟識雖然也通於其餘七識自體，然而第八識食的道理偏勝，因為前後一類無覆無記不變，而且相續不斷，以及執持各類種子偏勝的緣故。由於這樣，《集論》說這四種食，是三蘊、五處、十一界所攝；這四種食能攝持有情的色身與命根，使他們不會間斷與毀壞，所以名之爲食。】

釋義：「又契經說：『一切有情皆依食住。』若無此識，彼識食體，不應有故。」

世尊成佛前的最後階段，示現外道苦行；於六年苦修之中，日食一麻一麥自苦其身，如是示現苦行爲諸外道之所不及。後爲表示苦行不能成佛，乃棄之而往河中沐浴其身，然後遇牧牛女，接受其乳糜供養恢復體力；又遇牧童而接受其細草，乃往詣菩提樹下平鋪細草爲座，才坐下來參禪。

是夜降四種魔之後以手按地時明心，大圓鏡智成就；日將出之前，復睹明星而眼見佛性，成所作智成就，終得成佛。但外道只知其一、不知其二，以見 世尊捨棄苦行，復受乳糜供養，遂予誹謗，謂爲破戒；然彼外道有聞 世尊證得無上之法，便於城門外等候，俟 世尊入城乞食時欲行責難。及至 世尊入城乞食時，逆而問曰：「汝言已證一法，世不能知，請爲我具陳，其義如何。」世尊爲杜絕其自餓之苦行，報之曰：「一切有情皆依食住。正覺正說，餘不能知。」外道聞已不知其法，乃責曰：「愚人亦解，何言正覺？」深加誹謗。世尊聞已即演說四食之法，此《四食經》由來也；此經雖未結集，後時大、小乘經中亦皆說之，是故另有四食等經文開示，具載於多部《阿含經》中，所示不少。

此段論文舉示經文聖教而開示說：「**而且相契應的經典中說：『一切有情全都依於四種食而得資益五陰，能使有情久住於世間。』若沒有此第八識，那六識成就食相的主體，就不應該會有的緣故。**」若無食的主體，六識既不觸色，憑何而有能食，以及食後由誰資益色身？是故說有四食。例如《雜阿含經》卷十五：【爾時，世尊告諸比丘：「有四食，資益眾生，令得住世、攝受、長養。何等為四？一、粗摶食，二、細觸食，三、意思食，四、識食。」】以下解釋經中所說四食之理：

「**謂契經說，食有四種：一者段食，變壞為相；謂欲界繫香味觸三，於變壞時能為食事；由此色處非段食攝，以變壞時色無用故。**」這是說，諸多相應的經典中有說，食有四種：「一者段食」，以食物的變壞來產生食的功用，得以長養或維持人間的有根身，乃至上二界仍有三食而缺段食，如是作為食的行相。

段食或名摶食，有解釋為人間之食皆是成段或成摶，故名。但若飲水，何名段食？謂水之飲用亦分段故，非皆如牛飲之時一飲而畢，故亦名段食。別有解釋，如人間之食，每天依早中晚三段時間分段而食，故名段食，亦可通也。然以第一解爲最正，因段食亦名摶食，摶者謂有團狀或分段故。

段食以變壞爲相，謂食物入腹之後若不轉變爛壞，即不成就段食之食相故，段食以資養色身作爲行相故。此謂欲界所繫有情，以食物之香與味而得觸，具此香、味、觸三法之後，食於腹中，於發酵轉變爛壞之時使其物質分解，方能攝取營養而令色身得以資養成長或存在故，如是要由食後爛壞方能成就食相故。由於此一原因，飲食過程中所觸六塵中的色塵及聲塵，皆非段食所攝，因色塵及聲塵於食物變壞的過程中，並無食之作用故。色塵與聲塵反而是在識食之中能有作用，謂能增長六識種子故。

「二者觸食，觸境爲相；謂有漏觸纔取境時，攝受喜等能爲食事。」第二種食即是「觸食」，是以接觸六塵境界作爲觸食的法相；這是說，有漏性的觸——例如凡夫位之觸，才剛剛攝取六塵境界時，就開始攝受了喜、樂、捨受等覺受，由有如是覺受故，能作爲此「觸食」的事相。

此「觸食」亦名更樂食，亦名細滑食，以「觸」爲主要內容，所以《增壹阿含經》卷二十一〈苦樂品第二十九〉云：「彼云何名更樂食？所謂更樂食者，衣裳、繖蓋、雜香華、熏火及香油，與婦人集聚諸餘身體所更樂者，是謂更樂之食。」

換言之，以「觸」爲因，「觸」後以「受」爲果，產生對於順心境、違心境的取捨或業行，成就「觸食」之因果。

此經文所說「觸食」，偏在身觸上說，然由卵中的境界觸而變化出生者，亦名「觸食」，例如《長阿含經》卷二十〈忉利天品第八〉：「**何等眾生觸食？卵生者，觸食。**」又如《起世因本經》卷七〈三十三天品第八〉：「**諸比丘！何等眾生以觸爲食？諸比丘！有諸眾生從卵生者，所謂鵝鴈鴻鶴、雞鴨孔雀、鸚鵡鸜鵒、鳩鴿鷰雀雉鵲等，自餘種種雜類眾生從卵生者，以其從卵有此身故，是等並皆以觸爲食。**」這是由於卵生有情處在卵中，要由境界觸而漸漸變化產生最後的五色根，方能出生爲具足的有情，由其以「觸」爲食而得長成，即以「觸」作爲其食。出生之後方有「段食」。

「**此觸雖與諸識相應，屬六識者食義偏勝；觸粗顯境，攝受喜樂及順益捨，資養勝故。**」但這個「觸食」雖然與八識心王全都相應，因爲第八識有外六入故；然而屬於六識部分的「觸食」義理最爲偏勝，以內六入能長養六識種子或功能故。此「觸食」偏在身觸上說，即如上所舉《增壹阿含經》卷二十一〈苦樂品第二十九〉所說之身觸爲食。其義則謂觸知粗顯的六塵境界時，已經攝受了喜受、樂受，亦攝受了順心而非違心之捨受時，便能資養六識心的功能，是偏在資養六識心的功能殊勝而說。反之，身「觸」苦境界時亦可名之爲食，亦可增長前五識之了別功能，然因非是眾生之愛樂，亦因眾生皆厭惡及逃離苦觸，是故不名爲食。有情亦因此「觸食」故，增長後世持續受生的一念無明種子，即是煩惱障所攝的種子，是故生死不絕。

「三、**意思食，希望爲相；謂有漏思與欲俱轉，希可愛境能爲食事。此思雖與諸識相應，屬意識者食義偏勝，意識於境希望勝故。**」第三種食是「意思食」，此食又名「念食」，因有以前所曾經歷的食相而產生憶持，所以心中產生「希望」，欲再領受其境界相，即以如是「希望」作爲食相。這是說有漏性的思心所與欲心所同時運轉時，心中希求已曾經歷之可愛飲食或身觸境界，以如是希求作爲「意思食」的行相，謂心中對美食或細滑觸有期待故。

這個「有漏思」，雖然與八識心王都能相應，但屬於第六意識的增長而成就食的義理最爲偏勝，因爲意識對於美食的香味觸等美好境界的希望，很強烈、很殊勝的緣故而產生「有漏思」。例如《增壹阿含經》卷二十一〈苦樂品第二十九〉：「彼云何名**念食**？諸意中所念、所想、所思惟者，或以口說，或以體觸，及諸所持之法，是謂名爲念食。」

「四者識食，執持爲相；謂有漏識由段觸思，勢力增長能爲食事。此識雖通諸識自體，而第八識食義偏勝，一類相續執持勝故。」第四種食是「識食」，以「執持」作爲法相；這是說有漏性的六識，經由「段食、觸食、意思食」的串習，於三界各種法不斷串習而導致六識種子的勢力增長以後，便能繼續增長六識心的各種功能，因此成爲六識的食相。

成就六識的食相時，第七識意根與第六意識皆有的遍計執性也跟著增長，於是第八異熟識便成就了能藏、所藏、我愛執藏的「執持」功能，故名阿賴耶識，亦是第八識的識食。由如是各類種子的執藏而流注故，便有來世的異熟果；異熟果現前之後，即有等流果中的四種果不斷現前，以致有情輪轉生死不斷，同時成就第八識的食相。五果者，謂異熟果、等流果、士用果、增上果、離繫果。

然而七轉識的食相之所以能成就，背後都是由於有第八識「執持」種子及有根身，方能使「四食」得以成就；擴而言之，也是由共業眾生的第八識共同執持器世間與共業種子而運行，方能使共業有情各自的五陰不斷運行而成就四食。所以說，「識食」的「識」字雖然通於八識心王自體，然而第八識由於收藏種子的「執持」義，方能執持色陰而成就四食，持種的功能在第四種「識食」上的義理偏勝，亦有等流種子的功用而能成就五果，而且前後一類無覆無記性都不改變，並且相續存在而「執持」五陰身心，如是功能顯示第八識在「四食」上面特別殊勝的緣故，亦得證明實有第八識存在。換言之，若無第八識「執持」各類種子，「四食」悉皆不能成就，故說「識食」以第八識爲最勝。

猶如《增壹阿含經》卷二十一〈苦樂品第二十九〉說：「彼云何名**識食**？所念『識』者，**意之所知**；梵天爲首，乃至有想、無想天，以『識』爲食，是謂識食。」此謂「識食」雖通七轉識，然以第八識爲勝，是因爲「觸食」及「意思食」能長養第八識的阿賴耶性故，成就阿賴耶識的識食；亦因第八識自體恆而相續，復因前後一類無覆無記性而不改易，以無覆無記性而可受熏持種，其「執持」種子之義特勝，能維持色陰及七轉識之運作，故說識食以第八識之食爲最特勝；而第八識之食遍三界有故，方是「四食」眞正之主體。（註：「意之所知」，增上班中當說之。）

若有人欲斷此「四食」而出三界，可如《大薩遮尼乾子所說經》卷七〈如來無過功德品第八之二〉所說：「又觀身念處，離於摶食；觀受念處，離於觸食；觀心念處，離於識食；觀法念處，離於思食。」綜而言之，離繫果的證得，即是滅除我與我所的愛與貪；滅除我與我所者，仍以永滅六識心的我見、我執爲要，因爲永滅六識心之後，意根與第八識即無所能爲。是故《楞伽阿跋多羅寶經》卷二〈一切佛語心品〉說：【「大慧！我所說者，妄想識滅，名爲涅槃。」大慧白佛言：「世尊！不建立八識耶？」佛言：「建立。」大慧白佛言：「若建立者，云何離意識？非七識？」佛告大慧：「彼因及彼攀緣故，七識不生。」】佛意謂六識永滅時，意根隨滅，是故不必再說滅盡意根方是無餘涅槃，只說妄想識的意識永滅即可。意識得永滅已，「識食」亦告滅盡，即出三界得離繫果。

「由是《集論》說此四食，三蘊五處十一界攝；」由於這些緣故，《集論》說有這四種食，是三蘊、五處、十一界所攝。《成唯識論述記》卷四解釋說：「由此段食三處爲性。觸、思體者，即觸、思數。識食，體通八識。《集論》第三、《雜集》第五，說三蘊、五處、十一界一分爲體；三蘊即色、行、識，五處即香、味、觸、意、法處，十一界即七心、香、味、觸、法界。然彼言一分，此處略之。彼通有漏、無漏，今唯取有漏；又彼通等流、長養、報非報、三性、三受等故。」

《集論》認爲，三蘊是說色蘊、行蘊、識蘊；然而「段食」時除此三蘊以外，必有色觸、香觸、味觸，方能成辦食義。「段食」之時同時有「觸食」等三，故「段食」屬於色蘊，「觸食、意思食」屬於行蘊，「識食」屬於識蘊，以食能增長八識心王種子故。五處是說，香、味、觸、法、意，必須有此五處方得成食；十一界是說，香、味、觸、法四界，加上第七識意根以及意識等六識，共十一種功能方能成就四食。

但《集論》這說法是依狹義而說，並非廣義所說。依狹義而說，仍應詳解之，因爲「識食」是以「執持」爲重點，偏在阿賴耶識故；若無阿賴耶識，則「四食」全部無法成就。如是「段食」時具足「四食」，可通有漏位及無漏位；無漏位謂無食繫，雖諸聖者於人間時仍示現有食，然而於食並無貪愛，故通無漏位，今此論文中所說偏取有漏位說。又，「四食」亦可通等流果，得以長養身心、報與非報果，亦通三性、三受等，如是意涵，證悟眞如之人自行思惟可知。

「**此四能持有情身命，令不壞斷，故名爲食。**」這四種食能「執持」一切有情的身根與命根，使它們不會毀壞或斷滅，所以名之爲「食」，故說「食」有其用，維持三界一切有情色身與生命。

若欲出三界、證離繫果，則當斷四食，是故《雜阿含經》卷十四說：「云何於食如實知？謂四食。何等爲四？一者粗摶食，二者細觸食，三者意思食，四者識食，是名爲食，如是食如實知。云何食集如實知？謂當來有愛，喜、貪俱，彼彼樂著，是名食集，如是食集如實知。云何食滅如實知？若當來有愛，喜、貪俱，彼彼樂著無餘斷、捨、吐、盡、離欲、滅、息、沒，是名食滅，如是食滅如實知。云何食滅道跡如實知？謂八聖道——正見、正志、正語、正業、正命、正方便、正念、正定，是名食滅道跡，如是食滅道跡如實知。」

《雜阿含經》卷十五亦說：「若比丘於此四食有喜有貪，則識住增長；識住增長故，入於名色；入名色故，諸行增長；行增長故，當來有增長；當來有增長故，生、老、病、死、憂、悲、惱、苦集，如是純大苦聚集。若於四食無貪無喜，無貪無喜故，識不住、不增長；識不住、不增長故，不入名色；不入名色故，行不增長；行不增長故，當來有不生不長；當來有不生長故，於未來世生、老、病、死、憂、悲、惱、苦不起，如是純大苦聚滅。」

欲斷「四食」出三界者，制心一處而不攀緣即是**助道**之好方法，是故學人見道之前必須修定，不論動中定或坐中定都可，而以動中定最爲得力。修定之目的是降伏對三界法之攀緣心，而使「四食」之愛著降到最低；若具足四禪四空定，即是已經最究竟的降伏三界愛著，此時只要輔以斷身見，則出三界，證離繫果，「四食」斷盡。所以《中阿含經》卷五十四〈大品嗏帝經第十〉說:「愛何因、何習,從何而生,由何有耶?愛者,**因覺、習覺,從覺而生**,由覺有也。覺何因、何習,從何而生,由何有耶?覺者,因更樂、習更樂,從更樂生,由更樂有也。」「更樂」即是「四食」中的不同種類覺受,因如是覺受,而於男女觸、食物觸、八識對外六塵及內六塵等觸產生貪愛;若欲斷除貪愛,當滅其一切觸,遠離覺受;正當滅盡之時,則三界愛盡滅,出三界生死苦也。

而其定力修成之後的最末修斷「四食」之法,即是斷身見等法,是故同一部經中說:「更樂何因、何習,從何而生,由何有耶?更樂者,因六處、習六處,從六處生,由六處有也。六處何因、何習,從何而生,由何有耶?六處者,因名色、習名色,從名色生,由名色有也。」如是應知。

由是可知,「四食」斷盡之時,縱使尚在人間而仍有飲食等,心已全無貪愛,唯是維持生命藉以利樂有情,故說「四食」亦通無漏位;然已解脫,證得離繫果,命根斷盡,已離生死苦。以上第三,釋四食之義;以下第四辨三界,以明四食:

論文:「段食唯於欲界有用,觸、意思食雖遍三界,而依識轉,隨識有無。眼

等轉識有間有轉，非遍恒時能持身命；謂無心定、熟眠、悶絕、無想天中，有間斷故。設有心位，隨所依緣性界地等有轉易故，於持身命非遍非恒。諸有執無第八識者，依何等食，經作是言一切有情皆依食住？非無心位過去未來識等爲食，彼非現常，如空花等，無體用故。設有體用，非現在攝，如虛空等非食性故。亦不可說入定心等，與無心位有情爲食；住無心時彼已滅故，過去非食已極成故。又不可說無想定等不相應行即爲彼食，段等四食所不攝故，不相應法非實有故。」

語譯：【段食只有在欲界中有作用，觸食、意思食雖然遍於三界，然而主要是依意識而運轉，隨著意識的在或不在而有或無。眼等五個轉識有間斷、有轉變，不是遍一切界恆時常住能執持色身與命根；這是說在無心定、熟眠、悶絕、無想天等位中，五識都是有間斷的緣故。假設在有心位，隨著五識的所依所緣而導致處於三性、三界、九地時有所轉變和更易的緣故，對於能執持身命的功能上並非遍、而且非恆。那些執著「沒有第八識」的人，是依什麼樣的食，而解說經中所作「一切有情皆依食住」的聖教？並非在無心位的過去、未來，而有六識等可以作爲食的功德，因爲祂們不是現前存在而且非常，猶如捏目所見的空花等一樣非實，於持身沒有實體作用的緣故。過去及未來的六識假設有實體、有作用，也不是現在所攝，猶如虛空等一樣並不存在故非食的自性的緣故。也不可以說在進入無想定後的定心等狀態下，可以給與無心位的有情作爲食的功能；因爲住在無心位時六識心都已經斷滅的緣故，而且過去的六識心也不能成就現在的食，這道理已經究竟而極度成就的緣故。也不可以說「無想定等不相應行就是當時那六識心的食」，因爲無想定等不相應行，是段食等四食所不曾含攝的緣故，不相應行法也不是實有法的緣故。】

釋義：「段食唯於欲界有用，觸、意思食雖遍三界，而依識轉，隨識有無。」

《成唯識論述記》卷四：「述曰：第四辨界。段食下界用，順欲勝故。觸、意思二，遍三界用。六相應者，隨識或無；八相應者，隨識恆有；故依識轉，隨識有無。即顯識食亦通三界，故四食體不減不增，如《大論》第六十六〈攝事分〉〈本地〉第五等卷說。此上大乘引傍乘義，且出食體。自下第二，破執諸識爲識食者，於中有四：一、總破諸部，二、別破薩婆多，三、別破上座，四、別破經部。」是故首先總破諸多部派佛教說：

「段食」只是在欲界中有其作用，欲界中人必須分成幾個時段而食故，所以有三餐或日中一食；或者必須分團而食，得用菜刀切成小段或以手捏成小團而食，此以次說團食爲勝。然旁生道中食物亦多未曾分成小段而吞食，故非絕對。至於「觸食、意思食」雖然遍於三界，然而是依意識的分別而運行的，也是依意根的執著而運行的，這是隨著意識的有無而成爲或有食或無食，不能遍一切時存在。

上面所說這段論文的法義，是總破部派佛教諸聲聞部，因爲他們執著六識論的邪見，於三界九地中即不通「四食」的正理，於四食聖教中即有所缺。以下則是別破薩婆多部、上座部、經部等：

「眼等轉識有間有轉，非遍恒時能持身命；謂無心定、熟眠、悶絕、無想天中，有間斷故。」薩婆多等部論師主張：「既有眼等五識，甚至有時還有意識在，當然可以成就四食等事。」想要以此理由來證明彼等所說仍是佛法，自認符合佛說。論主玄奘辨正說，然而眼等五個轉識有間斷、有轉變，也不是遍於三界九地都能存在，所以不能「執持」身命；例如在二無心定、熟眠、悶絕、無想天中，五識都是隨於意識有間斷而不能存在的緣故，當然不能成就其「四食」的作用。

「設有心位，隨所依緣性界地等有轉易故，於持身命非遍非恒。」「有心位」是指意識存在或六識都存在之時。當意識存在之時即可了別境界，名爲「有心位」，不論有無五識同時俱存，差別只是五識不在時不能了別五塵罷了。然而都是因「有心位」的緣故，才有各種三界境界及善、惡、無記等三性，以及有九地境界可以了知；而一切有情的生死，也都以「有心位」所了知及所作爲主。

論主玄奘說，假設是在「有心位」中，這五識也是隨著所依根、所攀緣的境界，而使祂們在三性、三界、九地中有所轉變更易的緣故，不能單獨成就「四食」；這若是從「執持」身命一事來說，前五識既不是遍三界九地，自然也不能持身；不持身者即不能持種，當然不能具足「四食」，也不能單獨成就「四食」，必須有第八異熟識現行的配合與支持。前五識連同意識，又不是恆時都能存在，常常間斷，更不能成就三界中的「四食」之用。

「諸有執無第八識者，依何等食，經作是言『一切有情皆依食住』？非無心位過去未來識等爲食，彼非現常，如空花等，無體用故。」那些部派佛教中的聲聞六識論者都執著沒有第八識，所以他們主張說：「既然都有六識心了，當然可以成就四食，不需要第八識。」然而這時他們是要以哪一種食，來解釋經中說三界中的「一切有情皆依四食而住」的聖教？因爲色界與無色界固然沒有團食，但是欲界中則有團食，藉團食資益色身，前六識既不持身則不能攝取四大，又是以什麼作爲團食之體？在色界天中雖有六識中的四識，然而四識既不持種，要以何法作爲「觸食、意思食」之體；而在無想天中，既無六識，無想天人又是以什麼爲食而得生存？如是證明要有第八識，方能成就食的道理。

《成唯識論述記》卷四：「薩婆多言，無心位中雖無有識，入定前識，爲識食體，**有何過失？我過去有故**。」他們認爲無心位中雖然沒有六識心在，然而進入無心定之前曾經有六識心的我存在，由這已經過去的六識我作爲四食之體，便沒有過失。但其實仍有大過失，因爲在無心位時即是無有心的功能運作，不能以過去或未來的六識心我作爲四食的功用；這是由於六識心的過去與未來，並非現前存在，也不是常住不間斷法，所以已經過去或是未來的六識我，都猶如空中顯示的花一樣，是沒有實體也沒有作用的緣故。爲防聲聞凡夫僧又繼續狡辯而紊亂佛法，玄奘隨即又預破之曰：

「設有體用，非現在攝，如虛空等非食性故。」假設薩婆多部主張說，過去的六識我、未來的六識我，在過去或未來都有實體作用。但那是在過去已經作爲四食之用了，作用既已過去，不可現在同時又有食的作用，否則即成一識現行二次，而有二次作用，一切因果皆將隨之全部改變而有第二次果報現行，即成大過；亦應過去識可於現前作用，亦成大過。至於未來的六識我，現在尚未現前，亦不能成就其四食之用，否則其過同前。以是故說，假設過去或未來的六識我能有作用，都已經不是現在所攝，即是無法；無法即應無有作用，猶如虛空中的花或夢中的飲食一樣，並沒有四食的法性可以成就的緣故。

「**亦不可說入定心等，與無心位有情爲食；住無心時彼已滅故，過去非食已極成故。**」「**等**」字謂生無想天中。六識論的聲聞僧們也不可以主張說，進入二種無心定或住在無想天狀態下的六識我，可以給與無心位的有情作爲食的法相；因爲剛進入無想定、滅盡定，或住在無想天時的六識心，本質上仍然是能熏的見分，並無所熏，故無法成就食的功用。而且進入滅盡定、無想定或住在無想天中，六識我都已斷滅成爲無法，當然都不能成就「四食」。

而且六識心於進入無想定時，只是串習定境而轉成無心位，此時無心，也不能熏習定境或三界中法，自然也無法成就「四食」。因爲住在無心位時，六識心都已經斷滅的緣故而不能熏習與轉變，猶如過去心對現在心來說並不能成就食相，這道理經由前面的解釋後，已經絕對成就的緣故，所以進入二無心定時的無心位，以及其他無心位的六識心，都不能成就「四食」，聲聞僧不應以此爲理而狡辯之。

薩婆多師設使狡辯言：「無想定或無想天，其自體即有食性；乃至定中、命根、衆同分等不相應行，也都有食性，非必要有第八識方能成就食性。」論主玄奘破之曰：

「又不可說『無想定等不相應行即爲彼食』，段等四食所不攝故，不相應法非實有故。」也不可以說「住於無想定等無心位的時候，不相應行就是六識心的食相」，因爲「不相應行法」是「段食」等「四食」所不含攝的緣故。而且「不相應行法」也不是實有法，並且與六識心都不相應，因爲是由八識心王與五十一心所加上十一個色法的不同位差，才顯示出來的法性故，並無實體。以上是破薩婆多部的邪說，以下破上座部及經部：

論文：「有執『滅定等猶有第六識，於彼有情能爲食事』，彼執非理，後當廣破。又彼應說『生上二界無漏心時以何爲食』，無漏識等，破壞有故，於彼身命不可爲食。亦不可執『無漏識中有有漏種能爲彼食』，無漏識等猶如涅槃，不能執持有漏種故。復不可說『上界有情身命相持即互爲食』，四食不攝彼身命故。又無色無身，命無能持故，衆同分等無實體故。」

語譯：【上座部及經部師執著說「滅盡定、無想定中還是有第六意識的，在那時能爲有情成就食的法事」，但他們的執著沒有道理，本論於後面將會加以廣破。而他們這樣主張時，就應該說明「受生到上二界的無漏心時，究竟是以什麼作爲食的法事」，因爲無漏識等心，是破壞三界有法的緣故，於上二界的色身與命根都不可能成就食的法事。也不可以執著說「無漏識中有有漏種子能作爲他們食的法事」，因爲無漏識等猶如涅槃，不可能執持有漏法種的緣故。他們也不可以說「上界有情的身根與命根互相執持時就可以互作食事」，因爲四食不含攝那身根與命根的緣故。而且無色界有情也沒有色法、沒有身根，命根也沒有能執持作用的緣故，而色界與無色界有情的眾同分等法也沒有實體的緣故，都不能成就食的法事。】

釋義：「有執『滅定等猶有第六識，於彼有情能爲食事』，彼執非理，後當廣破。」「有執」二字是指上座部師及經部師。他們執著滅盡定、無想定中仍有第六意識，能對無色界有情成就食的法事。這樣執著的原因，當然是因爲他們不承認有第八識，也因他們都無法證得，所以必須主張二無心定中仍有意識常住。

但他們的執著沒有道理，因爲滅盡定及無想定都是無心定，就是住於此二定中之時都沒有了六識心，否則不能名爲無心定；既然都已經沒有前六識而成爲無心位的狀態，當然意識也消失了，不能造作任何事相，就無法爲色界或無色界有情成就食的法事；所以論主此處預爲破之，後當再說。

「又彼應說『生上二界無漏心時以何爲食』，無漏識等，破壞有故，於彼身命不可爲食。」「又彼應說」是破經部、上座部，兼破薩婆多部。這些六識論的聲聞僧既然認爲滅盡定、無想定中仍有意識，可以爲有情成就食的法事，那麼這二定就應該仍有六識而不能稱爲無心定了，而且他們也應當要說明：證得滅盡定或無想定的人，如果受生到上二界而成爲無漏心時，究竟是以什麼來成就食的法事。因爲受生到上二界時的無漏識等心，都是破壞三界有的緣故，那時的無漏識對於他們的色身與命根都不可能成就食事。

如果是仍受生在人間或欲界天中時，可以說仍有食的法事，因爲還有六識來成就「段食」等；但受生於上二界時並無「段食」，彼時又因入無心定而使六識斷滅了，如何能成就食的法事？

「亦不可執『無漏識中有有漏種能爲彼食』，無漏識等猶如涅槃，不能執持有漏種故。」「亦不可執」是指斥經部師，所以這一段文字是破經部師的說法。他們認爲無漏識中含藏著有漏種子，可以成就「觸食、意思食、識食」，所以生在色界或無色界中住於無心定時，仍然可以成就食的法事。

玄奘破斥他們說：他們也不可以執著說「**無漏識中含藏著有漏性的法種，能成就他們食的法事**」，因爲無漏識等法猶如涅槃一樣是出三界法，不可能執持有漏法種的緣故，即不可能仍有食的法事。

經部師如果回救說：「**菩薩們這樣的主張有隨一之過失，我們認爲無漏識中仍然有執持有漏種子故，可以成就食的法事。**」此時應當立量說：既然已是無漏識，即不得執持有漏種子，因爲無漏識是無漏性故，猶如涅槃一樣排拒三界法，當然不會再執持三界中的有漏法，怎能成就食的法事。

「復不可說『上界有情身命相持即互爲食』，四食不攝彼身命故。」「復不可說」是雙破經部師及薩婆多師，因爲他們又回救說：「**有情的色身與命根既然互相執持，也就互相成爲食的法事。**」所以玄奘破之曰：他們也不可以說「**上界的色界有情以色身與命根互相執持，可以成就食的法事**」，因爲「四食」不含攝上二界有情的身根與命根的緣故，只含攝有漏八識心王的食事。

身根是無記法，人間的身根不辨香與味，不能成就食事，要由六識心來成就食的法事；因此色界天的身根也無食事，因爲色界的身根同樣不辨色界諸法，要由在人間的等持位六識，或是在色界天中的等持位四識，來分辨諸法方能成就「觸食、意思食、識食」等法事。至於色界的命根，其實是與六識心「不相應行」的法性，猶如「不相應行法」的生、住、老、無常、流轉、定異……等，皆非實有法，與六識心不相應而無作用，焉得成就食的法事？

「又無色無身，命無能持故，衆同分等無實體故。」繼續再破斥曰：假設你們聲聞僧允許所說的色身可以作爲「觸食」等食的作用，在道理上也不能成立，因爲無色界沒有色身，所以無色界有情沒有身根故不能成就食的法事，然而他們確實是存在於無色界中；而且無色界的命根既然不能與色身互相執持的緣故，依你們所說當然也不能成就食的法事。此外，無色界有情的衆同分既然是「不相應行法」，也是由八識心王等三位所成，並沒有實體法，當然也不能成就食的法事。

論文：「由此定知，異諸轉識有異熟識，一類恒遍，執持身命令不壞斷；世尊依此故作是言：『一切有情皆依食住。』唯依取蘊建立有情，佛無有漏，非有情攝；說爲有情依食住者，當知皆依示現而說。既異熟識是勝食性，彼識即是此第八識。」

語譯：【由於這些原因決定可以了知，異於六轉識而另有異熟識，是永遠無覆無記性的前後一類，而且是常、恆又是能遍於十八界存在，這樣才能執持身根與命根使有情不會毀壞或斷滅；世尊依於這個緣故而提出這樣的說法：「一切有情全部都依於食而住於三界中。」這是純粹依五取蘊來建立有情，而佛地沒有有漏法種，是故有五蘊而無五取蘊，不屬於有情所攝；若說諸佛為有情而依食住的話，當知全部都是依示現的表相來說的。既然異熟識是有殊勝的食的法性，當知那個識即是這第八阿賴耶識。

釋義：「由此定知，異諸轉識有異熟識，一類、恒、遍，執持身命令不壞斷；世尊依此故作是言：『一切有情皆依食住。』」論文由此開始是結論出「識食」之體：由於以上所說的道理，決定可以了知，異於六種會轉變善惡性的識而另有第八異熟識，無始以來自性就是無覆無記性的前後一類不變，而且是常恆不壞不斷，並且是能遍於十八界存在的心，才能「執持」有根身與命根不會毀壞或斷滅；世尊即是依這個道理而講出這樣的話來：「一切有情全部都依於四食而住在三界中。」

這是總結「識食」的主體異熟識，必須有三個條件，方能成就「識食」：前後一類無覆無記的自性都不改變，是恆、常而不斷不壞可以持種持身，可以遍十八界中存在而無阻礙。至於六識心及命根，以及其他的不相應行法，都不具足這三個特性的道理，當然不能成就「識食」，證明部派佛教的聲聞僧所說都無正理可言。

以是緣故，世尊是依第八異熟識而作是說：「一切有情皆依食住。」

復有聲聞僧難言：「佛亦是有情，既然沒有食事，然無心定等爲何竟然要廢之而言無有食事？佛所說的食事是說『一切有情』，自當函蓋諸佛，你們菩薩眾如是之言，即不遍『一切有情』故。」是故論主玄奘答言：

「**唯依取蘊建立有情，佛無有漏，非有情攝；說爲有情依食住者，當知皆依示現而說。**」只能依於有執取性的五取蘊或四取蘊來建立有情，而諸佛已滅盡四食，就沒有有漏法種，雖有五蘊而不名五取蘊，亦不名五陰，不是有情所含攝。有時方便說 世尊爲有情，而 世尊說「一切有情依四食而住」的聖教，應當知道全部都是依於有五取蘊的眾生而說的，不是依已滅五取蘊的諸佛示現而說的。

是故不能推翻「一切有情皆依食住」的聖教，但也不能因此就主張無心定中能有食的法事。於無心定中既無能熏之心造作種種行，即無觸食、意思食、識食故，單憑意根無能造業即無能成就食的法事故。

「**既異熟識是勝食性，彼識即是此第八識。**」既然異熟識有殊勝的食的法性，那個識其實即是這第八阿賴耶識，絕無可能是部派佛教聲聞僧說的第六意識。因爲不論「段食、觸食、意思食、識食」，都必須有第八阿賴耶識方能成就，一切證悟眞如之菩薩皆可現觀如是事實故。前六識縱使有時不能具足，然而不論具足六識或不具足，離第八識時皆不能成就食的法事，何況六識俱滅的無心位中，由此證有第八識。

第二目　由無心定證有異熟識亦破六識論

論文：「又契經說：『住滅定者，身語心行無不皆滅；而壽不滅，亦不離煖，根無變壞，識不離身。』若無此識住滅定者，不離身識不應有故。謂眼等識行相粗動，於所緣境起必勞慮，厭患彼故暫求止息，漸次伏除至都盡位，依此位立住滅定者，故此定中彼識皆滅。若不許有微細、一類、恒、遍、執持壽等識在，依何而說『識不離身』？若謂『後時彼識還起，如隔日瘧，名不離身』；是則不應說心行滅，識與想等，起滅同故；壽、煖、諸根，應亦如識，便成大過。故應許識如壽煖等，實不離身。」

語譯：【此外，契經中有說：「住於滅盡定中的人，身行語行心行沒有不是全部都滅失的；然而他們的壽命不滅，色身也不會離開溫暖；無心定中的身根沒有變壞，異熟識也不會離開色身。」如果沒有這第八識住於滅盡定中的話，無心定中的『不離身識』就不應該有的緣故。這是說眼等六識的行相粗大而且有動相，面對所緣的六塵境界而生起時必定有勞動與思慮，六識厭患那些行相勞累的緣故而暫時求得止息，漸次降伏與除滅粗動而到達全部都滅盡的位階時，依這位階來建立住於滅盡定的有情，所以在這個定境中那六識全部都已滅盡。這時若還不允許有微細而始終是無覆無記性、前後一類不變、又是恆住不會斷滅、而且能遍十八界存在、能執持壽命及身煖的異熟識存在，那麼他們是依什麼道理而說滅盡定中「識不離身」？如果是說「後時那六識還會重新生起，猶如隔日瘧一樣，名爲不離身識」；若眞是如此，就不應該說滅盡定中心行已滅而名爲無心定，因爲六識與想陰、受陰的了知與覺受等功能，在生起和滅失上是同時的緣故便不合理；而且依他們所說，滅盡定中的壽命、煖與諸根，也應當如同六識一樣暫時滅失，便會成爲大過失。所以應該允許這第八異熟識如同壽命、身煖一樣，確實都不離色身。」

釋義：「又契經說：『住滅定者，身語心行無不皆滅；而壽不滅，亦不離煖，根無變壞，識不離身。』」在相契應的諸經中都說，到第四禪等至位時身行、口行已滅，息脈俱斷，唯餘意識的心行了知第四禪中的定境；若是到達滅盡定位時，意識已滅故心行亦斷，此時「身語心行無不皆滅」；然而滅盡定時壽命依舊不滅，色身亦不離於溫暖，身根也不會轉變而壞滅，因爲還有異熟識不離於色身故。

誠如《菩薩從兜術天降神母胎說廣普經》卷五〈識住處品第十八〉：「菩薩行六通，身、識共俱，非識先身後，非身先識後。何以故？相法自然，**識不離身、身不離識**。」又如《瑜伽師地論》卷五十一：「何故若無阿賴耶識，處無心定不應道理？謂入無想定、或**滅盡定**，應如捨命識離於身，非不離身。如世尊說：『當於爾時，**識不離身**故。』」

這裡說的「壽」就是薩婆多部說的「命根」。但經量部師說沒有「命根」，那他們要以什麼作爲「壽」？其實「壽」是依色與六識心的不斷壞而假名說爲壽，所以壽就是命根，但都不是實體法；從眞正的實體法來說時，「壽」其實就是第八異熟識住於身中，能令色身長住而不壞死，即名爲「壽」。

這一段論文是舉出契經所說的道理，因爲不論大、小乘經都如是說，令小乘人無以推翻。即是先行舉示經中所說滅盡定中無六識心的聖教，亦舉示無心定中「識不離身」的聖教，來證明定中仍有「不離身識」，當知即是第八異熟識也。

第八識存在的事實已經明顯分說了，以下總破部派佛教諸聲聞僧：初破、以滅盡定中「識不離身」而說；再舉、無想定中「不離身識」。於初破中有四：一、以滅盡定總破諸部派佛教，二、以無想定破薩婆多部，三、論破經部師的本計，四、再破經部師的末計。

「若無此識住滅定者，不離身識不應有故。」初、總破：部派佛教中所有持六識論的聲聞僧，於此滅盡定中「識不離身」的聖教道理當然說不通，因爲若只有六識時，入滅盡定中六識俱滅即成空無，名之爲無心定，如何能說滅盡定中還有「識不離身」？

然而滅盡定中若無識住身，色身即壞；但在事實上所見，滅盡定中的色身並不曾壞，阿羅漢入定息脈俱斷幾天以後出定，色身仍然完好如初，所以論主玄奘提出契經中這個說法來質難，然後論定說：假使沒有此第八異熟識住於滅盡定中，所說滅盡定中的「不離身識」就不應該有，應該是所有入滅盡定者色身皆壞，必皆入無餘涅槃。由此反證部派佛教聲聞僧的六識論是荒謬的邪見。

這一段論文是總破部派佛教諸師主張沒有第八識存在的邪說，因爲六識論在佛法中及世間法中都不能成立，單說滅盡定位與無想定位之時已是如此，二乘涅槃及其他的事項中自然也如是。

「謂眼等識行相粗動，於所緣境起必勞慮，厭患彼故暫求止息，漸次伏除至

都盡位，依此位立住滅定者，故此定中彼識皆滅。」再依滅盡定及世間法中的無想定六識已滅來作說明：這是說眼等六識的行相是粗糙而且是動轉的，在所緣的六塵境界上一旦生起時必定有勞動與思慮，修行者由於心中討厭勞慮而求寂滅，也覺得勞慮就是災患的緣故，所以努力修定而暫求止息勞慮，漸次修習禪定之法；若能到達第四禪中的無想定時，息脈俱斷、六識全滅了；或者繼續進修到非想非非想定時，再斷我見而證得滅盡定，這時六識也全部降伏而且都滅盡了，就依這兩個位階來建立住於無想定或者滅盡定中的人，說為已證二種無心定者；由此證明證得那二種定境的人，他們入定之後的六識心全部都已滅失了。

「若不許有微細、一類、恒、遍、執持壽等識在，依何而說『識不離身』？」

前文舉示滅盡定等二無心定之中六識皆滅已，證明定中確有第八異熟識存在，於是作結：所以說，住在這個滅盡定之中，六識全部都已滅除了，這時如果仍不允許有了別性極微細而且永遠是無覆無記性而前後一類不變，並且是恆而不滅、能遍於十八界中存在，又能執持壽命、色身等法的第八異熟識存在，那麼經中是依什麼道理而說滅盡定與無想定中「識不離身」？又依什麼道理而在現量上可以看見定中色身不壞然後出定？這便是總破聲聞部派佛教。

「若謂『後時彼識還起，如隔日瘧，名不離身』；」接著再以無想定繼續破斥薩婆多部、說一切有部：如果他們部派佛教聲聞僧主張說，在無想定或滅盡定時，只是心所停止了所以沒有心行，六識還是存在的；後時六識還會再有心所現行而生起，這六識猶如隔日瘧一樣有時出現、有時消失，因此而說六識即是經中說的「不離身識」。聲聞僧如是自救，然後是論主玄奘提出第三、破經部師之邪說，同破薩婆多部、說一切有部。其中總有五破，此是第一破：

「是則不應說心行滅，識與想等，起滅同故；」論主玄奘說，那麼你們聲聞僧就不該主張無想定或滅盡定中的心行全部都已滅除，既然六識都還在，應該還會有了知定境的心行存在，就不是無心定了。因爲六識與了知性等心所法，是生起時和消滅時都同時生滅的緣故，所以只要六識存在時就一定會有心行，因爲六識與了知性等心所法，於生起或滅失時都是同時的緣故。你們部派佛教主張這兩個無心定中仍有六識存在，那就一定是在無心定中還能有所了知；既然還有心所而能了知，那就不是無想定或滅盡定等無心定了。以下是第三總共五破中的第二破，此破經量部等師：

「壽、煖、諸根，應亦如識，便成大過。」依部派佛教聲聞僧所說的六識論道理，正當進入無心定以後六識滅失之時，無識持身，壽命、煖、五色根等，也應該如同六識一樣消失或毀壞，入定者便應該成爲捨壽及捨身，轉入下一世，不應該事後又能出定而色身完好無壞；所以六識論者主張人類只有六識，遇到滅盡定及無想定時，這樣的主張便會成爲大過失了。

此時菩薩們當然可以立量說：滅盡定與無想定中，第八持身識不應有離開的事。因爲 如來於諸經中說此二無心定中仍有識在故，名爲「**不離身識**」，猶如煖及壽與身俱存一般，能使色身不壞而在事後出定；汝等聲聞僧說無第八異熟識，說唯有六識者，入此二定之時名爲無心定，定中六識應皆已滅，無心持身時，壽、煖亦將同無，即成死亡，是故汝說有誤。

「**故應許識如壽煖等，實不離身。**」然後論主玄奘總結說：所以應該允許有第八異熟識猶如壽、煖、五色根一樣常住不離，住在滅盡定與無想定中仍有異熟識眞的不曾離開色身，因爲你們聲聞僧也認爲入於二無心定時，六識雖滅而仍有壽與煖不滅故，壽、煖皆依識有，不能獨存，當知即是由第八異熟識之所持也。

論文：「又此位中，若全無識，應如瓦礫，非有情數，豈得說爲住滅定者？又

異熟識此位若無，誰能執持諸根壽煖？無執持故，皆應壞滅，猶如死屍，便無壽等。既爾，後識必不還生，說不離身，彼何所屬？諸異熟識捨此身已，離託餘身，無重生故。」

語譯：【而且在滅盡定位中，如果全然沒有識存在，色身就應該如同瓦礫一般，已經不是有情之數了，又怎能說是住在滅盡定中的「有情」？而且異熟識在滅盡定中若是不存在，又是誰能執持五色根及壽與煖？沒有心識執持的緣故，五色根與壽及煖全部應該毀壞及斷滅，猶如死屍一樣，便沒有壽、煖、五色根可言了。既然是如此，後來的六識也必定不會重新再出生於此色身中，這時說無心定中識不離身，那識又是指什麼？一切有情的異熟識捨離此色身以後，就會遠離而託質於其餘未來世的有根身，從來沒有人重新再受生於同一色身的緣故。】

釋義：「又此位中，若全無識，應如瓦礫，非有情數，豈得說爲住滅定者？」此乃第三破經部師五破中的第三破「無識無情難」。這是說有情假使只有六識心而沒有第八異熟識，那麼住在滅盡定或無想定的階位中，如果全部都沒有識心存在時，五色根便應該猶如瓦礫一樣成爲無情，色身也會開始毀壞而不能使有情再度出定，必成死人，就不屬於「有情」一類了，又怎麼能說是住在滅盡定或無想定中的「有情」？

「**又異熟識此位若無，誰能執持諸根壽煖？無執持故，皆應壞滅，猶如死屍，便無壽等。**」此乃第三破經部師五破中的第四破「無識持身難」。因爲各部派佛教聲聞僧都主張人只有六識，在滅盡定或無想定位，如果眞的沒有這第八異熟識繼續存在，而定中六識都已滅盡了，又是誰能執受五色根和壽命、溫煖？若這二種無心定中沒有心識能執持的緣故，五色根、壽命、溫煖就應該全部壞滅，那時色身應該如同死屍一般毀壞，便不會有壽、煖與有色根，就會成爲無情了，那麼後時出定又是誰執受身根而使六識出定？

「**既爾，後識必不還生，說不離身，彼何所屬？**」此爲第三破經部師五破中的第五破，「身無所屬難」：於此滅盡定及無想定中既然六識全都滅盡了，又沒有第八異熟識可以執受，是誰能執受五色根及壽、煖等？經部師既然認爲沒有第八持身識，壽、煖都跟著持身的意識消失了，後來出定時意識等六識必定不會重新再出生的；因爲入無心定後六識離身了，色身便成爲死屍，不可能再於此一色身中出定，這樣就得說進入二種無心定時即成爲捨報及死亡；那麼這時所說無心定中的「不離身識」，究竟是指什麼識呢？而無心定中的色身又是屬於誰所有？

「諸異熟識捨此身已，離託餘身，無重生故。」這是第三破，在五破後的結論說，一切有情所有的持身識捨離此色身以後，一定都是再度受生而託付於其餘新生的色身，沒有人是持身識離開後又重新受生於同一個已敗壞的色身中再出定的。同理，部派佛教說意識可以持身，不需要有第八異熟識，那麼入這兩種無心定以後意等六識消失，就是六識捨離這個色身了，色身就應該開始變壞而成爲死屍，這時六識就必定要另外受生而重新出生另一個新的色身，不可能重回此一已經敗壞的色身再來出定。而且意識的俱有依是意根與五色根，如何能持身？如果人類眞的只有六識，那麼於佛法修行的現實中，六識在入定後捨離色身，後時又能重新在色身中出定，那時是色身自己不壞的嗎？還是應該歸於第八異熟識所持而不壞的呢？此時經量部等諸部師僧，也不能主張意識離開後又再重生於同一個死後的色身中再活過來，因爲色身死壞以後不可能再由同一聚六識心來執持的。

再從六識心的自性來說，六識心從來都是心，心不觸物，又如何能執受色身；而且色身中的五勝義根是六識心的俱有依，五扶塵根又是五勝義根的俱有依，然後六識依止這樣的色身而生起、而運行，六識出生在五色根之後，何能反過來執受身根？又，六識心於處胎位前半期中尚未出現，後半期的六識又極笨拙無智，又何能造身及執受？唯有第八異熟識具有七種性自性，其中的大種性自性可以變生四大、攝取四大，方能執持受精卵並攝取母血中的四大，方能造身然後持身，是故應信有第八識執身不壞，令有情住於無心定中，然後出定而色身完好不壞。

論文：「又若此位無持種識，後識無種，如何得生？過去未來不相應法非實有體，已極成故。諸色等法離識皆無，受熏持種亦已遮故。然滅定等無心位中，如有心位，定實有識，具根壽煖，有情攝故。由斯理趣，住滅定者決定有識，實不離身。」

語譯：【此外，如果在滅盡定等無心位中沒有持種識存在，後來又生起的六識於生起之前已經沒有種子，又如何能重新再出生？而過去、未來等六識，以及所有不相應行法，都不是實有體性的法，也不能持種當然不能再出生六識，這道理已經極爲成就的緣故。五色根及六塵等色法離開異熟識時就都不存在了，由五色根與不相應行法受熏和持種的說法，在前面也已經被遮止了的緣故。然而滅盡定、無想定等無心位中，色身如同有心位一樣不壞不死，決定實有另一個根本法的異熟識存在，具足執持種子、五色根、壽命與煖，因爲入無心定時仍是有情所含攝

的緣故。由於這些道理所說的意趣，住於滅盡定及無想定中的人決定還有第八識在，確實不曾離開色身。】

釋義：「又若此位無持種識，後識無種，如何得生？」此下仍是破聲聞經部師的第三破，乃破其本計，不破別計；其中總共有二破，然而初破中有四，第二破是作結。此下乃第一種質難：

經量部諸師說有持種的識，又主張唯有六識，故論主玄奘再以「**持種**」之理而質難之：在滅盡定位中既然沒有持種識存在了，因爲依他們經部師所說必定是由意識持種，而六識在無心定中全都滅盡了，那麼後時重新再出生的六識心既沒有了六識種子，又如何能重新再度出生現行位的六識？然後提出第二難：

「**過去、未來不相應法非實有體，已極成故。**」過去、未來等六識，以及所有的不相應行法，並非眞實存在的實有體，當然不可能持身及持種，所以也無法由它們再度出生六識心；這道理極爲成就，已在前面解說過了，沒有誰能推翻。

「**諸色等法離識皆無，受熏持種亦已遮故。**」經量部與薩婆多部諸師又狡辯說：「在滅盡定位還有色身五根存在，可以持種。」論主玄奘破他說：五色根若是離開了第八異熟識時就不能存在，若改依聲聞僧所說由意識持種時，五色根離開意識時也不能存在，全都會壞滅，何能持種？而且五色根是色法，非心怎能持種？而滅盡定及無想定中受熏與持種的道理，依六識論的說法，在前面都已經被遮止了，那麼依聲聞人的說法，就表示二無心定中沒有持種、持身的心存在，故也不可能再出生六識而出定。所以結論很明確：進入兩種無心定中「**不離身識**」的識，一定是指第八異熟識，而非意識等六識心。以上是第三難，以下是第四難：

「**然滅定等無心位中，如有心位，定實有識，具根壽煖，有情攝故。**」然而在滅盡定、無想定等無心位中，猶如有心位一般，確實有第八識存在，才能保持具足完好的五色根及壽與煖，否則就成為無情物的屍體了，所以說「**如有心位，定實有識**」。因為在滅盡定等二種無心定中，只是沒有六識心故說為無心定，並非沒有別的識存在，所以定中仍然有第八識可以執受身根而具有壽命與煖，仍屬有情所攝故，方能於後時重新出定。如是初破中，雙破薩婆多部與經量部已，第二總結如下：

「**由斯理趣，住滅定者決定有識，實不離身。**」由於以上所說的義理內涵，證明住在滅盡定、無想定中的人，六識雖然滅盡了，但決定還有別的識存在而能持身及持壽、煖，無心定中確實有識不離色身，那個定中的識即是第八異熟識。

論文：「若謂此位有第六識，名不離身，亦不應理，此定亦名無心定故。若無五識名無心者，應一切定皆名無心，諸定皆無五識身故；意識攝在六轉識中，如五識身，滅定非有；或此位識行相所緣不可知故，如壽煖等非第六識。若此位有行相所緣可知識者，應如餘位，非此位攝；本爲止息行相所緣可了知識，入此定故。」

語譯：【如果說是二無心定位仍然有第六意識，名爲定中的不離身識，這也不能與正理相應，因爲這個滅盡定或無想定也是名爲無心定的緣故。如果沒有前五識就名爲無心定的話，應該一切定皆可以名爲無心定了，因爲二禪以上等至位的諸定都沒有前五識的緣故；而意識被含攝在六轉識中，猶如五識的功能一樣，在滅盡定或無想定中決定是不存在的；或者說在滅盡定、無想定中的持身識行相以及所緣不可知的緣故，猶如壽命與煖等而證明並非第六識。如果在滅盡定、無想定中仍有行相與所緣可以了知的識，應該如同其餘的有心等諸位中仍有意識存在，就不是滅盡定、無想定所含攝的了；本來就是爲了止息行相與所緣仍可了知的六識，才進入這滅盡定或無想定的緣故。】

釋義：「若謂此位有第六識，名不離身，亦不應理，此定亦名無心定故。」上面已經破斥經部師的本宗所計，接下來要破經部師的末宗別計；而上座部諸師也允許此二無心定中有**細意識**常住，是故色身不壞又能出定，一併破之。然細意識不能持身，前面所說於生死等位之中已經破斥而遮止了，因爲諸所有意識不論粗細皆名意識，也都是生滅法，皆屬根觸塵所生，依身而住故，依聖教或正理，都不能持身、持種故。以下再破經部師的末計，先破其無心定中有六識心，後則別徵其無心定中另有心所。此起初破：

所謂無心定是指入定以後六轉識全部滅盡了，若還有前五識存在即是有心定，不得名爲無心定；五識若是或多或少存在時，則必仍有意識在，例如欲界定、未到地定、初禪與二禪的等持位，意識是五識的俱有依故。二禪以上等至位中雖無前五識，但仍有意識存在，仍屬有心定。唯有無想定與滅盡定中意識皆已斷滅，方得名爲無心定。如是，意識既已證明不能持身，依意識而住的前五識當知更不能持身不壞，由此證明二無心定中的持身識絕非前六識。

若主張滅盡定或無想定中仍有第六意識，名之爲經中所說的「不離身識」，這與無心定的正理是不相應的，因爲滅盡定如同無想定一樣，都被稱爲無心定的緣故，無心即是無六識心也。所以《成唯識論述記》卷四說：「而彼救言：『如名無心定，汝本識不無。今名無心定，何妨意識有？』解云：我名無心定，無粗動識，名無心，即是六識俱無之義。汝名無心定，說何以爲無？」

「若無五識名無心者，應一切定皆名無心，諸定皆無五識身故；」以下破經部師的違理，總共有四種比量之破，此是第一破。經部師如是答言：「二無心定中，無五識故名爲無心定，非無第六識。」論主玄奘以比量而立量云：假使定中已無前五識時即可名爲無心定，那麼應該二禪以上的一切等至定中，都可以稱爲無心定了，因爲聖教中說，二禪以上的等至位中，都沒有前五識的功能存在了；猶如你們所允許的沒有五識存在的定中即可名爲無心定，那麼無心定就不只是滅盡定與無想定了，而是二禪以上的等至位全都可稱爲無心定了。

如果沒有五識時就是無心定，也會有無心定的定義不決定之過失；如此則眠熟位、悶絕位、正死位、處胎位的初期等，全都沒有前五識，應該也可以名爲無心定了。然而你們又不許這些狀態名爲無心定，但是這些狀態中同樣也都沒有五識乃至意識，亦應同名無心定，由此可證經部師所說謬誤。

「意識攝在六轉識中，如五識身，滅定非有；」此起提出第二種比量上的立量：意識被含攝在六轉識中，猶如五識只有了別功能一樣，所以在滅盡定及無想定中決定是不存在的，不可能持身不壞。論主提出此說，證明部派佛教主張滅盡定及無想定中還有意識存在，是很可笑的說法，要使他們無法提出反駁。

「**或此位識行相所緣不可知故，如壽煖等非第六識。**」此起提出第三種比量上的立量：或者說，在滅盡定及無想定中，仍有一個識存在，然而祂的行相與所緣都不可了知的緣故，猶如壽命與煖觸在滅盡定及無想定中，都不可被凡夫與二乘愚人了知一樣，則應該已經證明滅盡定、無想定中的持身識並非第六意識。

「**若此位有行相所緣可知識者，應如餘位，非此位攝；**」最後提出第四種比量上的立量：若是在滅盡定或無想定等二位中，仍然有行相和所緣可以被了知是意識的話，那麼滅盡定與無想定就應該如同其餘禪定中的諸種階位一樣，並不是滅盡定或無想定位等無心定所含攝的了，就該稱爲未到地定或初禪乃至非想非非想定，成爲有心定。

「**本爲止息行相所緣可了知識，入此定故。**」此是總結：之所以會進入滅盡定、無想定位，本是爲了止息五識的行相與所緣，也是爲了止息有行相可緣的意識心，才進入滅盡定或無想定的緣故，所以你們部派佛教諸聲聞僧，就不該再主張這兩個無心定中仍有意識存在。

以上是從有無六識心來定義滅盡定、無想定，因為兩種定都稱為無心定，卻仍有識存在，證明二無心定中第八異熟識確實存在。以下則是從有無心所法來作界定，由此來證明確有第八異熟識的存在，同時破斥部派佛教六識論的錯誤：

第三目　由心所法證明無心定中實有第八識

論文：「又若此位有第六識，彼心所法為有、為無？若有心所，經不應言住此定者心行皆滅，又不應名滅受想定。『此定加行但厭受想，故此定中唯受想滅。』受想二法資助心強，諸心所中獨名心行，說心行滅，何所相違？無想定中應唯想滅，但厭想故，然汝不許。既唯受想資助心強，此二滅時，心亦應滅。『如身行滅而身猶在，寧要責心令同行滅？』若爾，語行尋伺滅時，語應不滅，而非所許。然行於法有遍非遍，遍行滅時法定隨滅；非遍行滅，法或猶在；非遍行者謂入出息，見息滅時身猶在故。尋伺於語，是遍行攝；彼若滅時，語定無故。受想於心亦遍行攝，許如思等大地法故；受想滅時，心定隨滅，如何可說彼滅、心在？」

語譯：【此外，如果主張滅盡定位仍有第六意識，那麼在定中意識的心所法是有或是無？若是還有意識的心所運行著，經中不應該說住在滅盡定中的人心行全部斷滅了，也不應該名爲滅受想定。聲聞僧救言：「在這滅盡定中的加行只是厭惡受與想心所，所以這個定中只有受與想滅除，意識仍在。」答：意識受與想二個心所法資助心的作用很強烈，在諸心所中單獨名爲心行，像這樣說滅盡定中心行已滅而說爲無心定，又有什麼相違背的地方？依你們所說的道理，無想定中便應該只有想心所斷滅而意識仍然存在，因爲只是厭惡想心所的緣故，然而你們又不允許這樣說。既然只有受與想兩個心所資助心的作用很強，那麼在受與想斷滅時，意識心當然也會隨之斷滅，怎麼可能還有意識存在。又有聲聞僧救說：「猶如身行斷滅而色身仍然存在一樣，怎麼一定要責備說心也要同於心行一樣斷滅？」答：如果是這樣，當語行的覺觀滅除時，語行就應當仍然不滅，然而卻不被你們所認可。但是心所行於法中有遍與不遍的差別，當五遍行所攝心所的行斷滅時，法一定隨之斷滅；非遍行心所的行斷滅時，法有時仍可存在；非遍行心所的意思是指色身的出入息，誰都可以看見進入滅盡定的人出入息斷滅時，色身仍然可以繼續存在的緣故。覺、觀二個心所對於語行，是屬於遍行所含攝的；那覺與觀若是斷滅時，語行是一定跟著斷滅而不存在的。受、想心所對於心而言也屬於五遍行所攝，允許猶如思、作意、觸等三個心所法，全都是大地法所含攝的緣故；當五遍行所攝的受、想二個心所斷滅時，相應的意識心一定會隨之斷滅，如何可以說那受想心所斷滅時，意識心竟然還能存在著？」

釋義：「又若此位有第六識，彼心所法爲有、爲無？」此起是以心所法是否存在，別破部派佛教諸聲聞僧。其中有二破，初破有心所位，次破無心所位，此二破俱是經部師所轉計。初破「有心所」中有七個問答，其中第一破係「違經失」：

論主玄奘再以心所來總徵部派佛教的全部聲聞僧：此外，在滅盡定位中如果還有第六意識存在，定中意識的心所法是有或者是無呢？這便是從心所法來破斥部派佛教而提出這問題來。

經量部師僧轉計說有三種大地法：受、想、思，遍於一切所知的識中故，此三大地法亦名三種心行。若是大地法，則屬於五遍行所攝，必然遍行於八識心王，無一識遺漏；若此遍行心所是識心之遍行法時，則隨心之存而存，隨心之滅而滅，是故，當遍行心所大地法斷滅時，心必隨之而滅，這是三乘聖凡同皆認知而無異說。此處即是針對聲聞僧所說三種心行的大地法，來質問他們所認知的滅盡定中意識的心所法爲有或無，以徵無心定中意識心之存或滅。

「若有心所，經不應言住此定者心行皆滅，」論主玄奘接著提出主張：如果滅盡定中還有意識的心所法存在，經中便不該說住在滅盡定中的人，心行全部都斷滅了。這是第一個立量。此處說的心行，是指滅盡定中六識心的五遍行等心行，非指意根的遍行心所，無心定所說的心只限定六識故。

「**又不應名滅受想定。**」接著再立量說：而且此無心定也不應該名之為滅受想定。意謂：此無心定既然名為滅受想定，為何定中還能有意識的受想二個心所法存在？當這兩個屬於意識大地法的遍行心所既然消失了，當知意識亦必隨之而告斷滅，因為連意根的受、想心所也都滅失了，何況是意識的受、想心所如何不滅呢？如是，則滅盡定中是有什麼識繼續存在，而說有「**不離身識**」？自然不能再說是意識繼續存在而成為持身識，因為當意識的遍行心所消失時，意識心必定跟著這兩個大地法消失故。

「『**此定加行但厭受想，故此定中唯受想滅。**』」此是第二個問難之前，經量部師僧又辯解說：「這個滅盡定中只是厭惡受與想二個心行，所以這滅盡定中只滅除受與想心所，意識還是在的。」論主玄奘破斥說：

「**受想二法資助心強，諸心所中獨名心行，說心行滅，何所相違？**」受與想二個心所法既是遍行所攝的大地法，資助意識心的作用很強烈，在各種心所法中，

《阿含經》中獨獨把它們命名為心行，列在五陰中，是故有情五陰名為「色、受、想、行、識」，不名八陰而說「色、受、想、觸、作意、思、行、識」。

「大地法」者，謂如是心所遍於一切時都與識同時存在，例如五遍行中說的受與想心所，與意識心乃至八識心王都必定同時存在，方可名為「大地法」；若如「觸、作意、思」心所，並非隨同意識心隨時都存在，有時會中斷，故非「大地法」。以此緣故，受與想兩個心所既然必定與所依識同時生滅，成為大地法，便與色陰、識陰、行陰同時列為五陰的內容，觸等三個心所就不列入五陰之中，並非與所依識同起同滅故。

換言之，這受與想兩個心所即是「大地法」，心所若滅時意識隨滅；是故只要意識生起或存在之時，則必有受與想兩個心所的心行分明可觀。所以玄奘質難經部師說：如今聖教中說滅盡定位「心行」已滅，顯然這兩個大地法已經不存在了，是則菩薩說滅盡定中「意識已滅」又有什麼違背之處呢？

受、想兩個心所獨名「心行」，謂意識心之所行過程中，屬於意識俱的遍行心所中的大地法，只要意識生起時就必定會有這兩個心所與意識同起同滅；經量部中亦說之為「大地法」，若是遍行法或「大地法」亦名「心行」，當此二個心所滅時意識心必定隨之而滅，是故經量部師主張「滅盡定中受想滅已，意識仍在」的說法不得成立，因爲滅盡定中受與想兩個心行滅已，意識必定不得獨存，是則意識之觸、作意、思等三個心所亦告隨滅，不能再主張無心定中心所滅已意識仍在。

然而意根不同於意識，當受、想二個「心行」斷滅時，意根的觸、作意、思等三個心所無妨繼續存在及運轉，因爲意識於滅盡定中不與「觸、作意、思」心所同俱，但滅盡定中意根的觸等三個心所不運行於六塵境，無心行可觀，又並非意識之遍行故。這是因爲受與想資助意識的功能很強烈的緣故，所以必與意識俱行，成爲意識之遍行法；意識若滅，此二心所亦滅；反之，此二大地法所攝的心所滅，意識亦滅，心與心所俱是「遍行」故。聖教中略過「觸、作意、思」等三個心所，獨獨把受與想兩個心所稱之爲意識之心行，納入五陰中，即是此意。

「無想定中應唯想滅，但厭想故，然汝不許。」此是第三難。若依同一邏輯而遵照經量部的說法，同一邏輯，他們就應該說無想定中只有想滅，意識及前五識仍然不滅，因爲這六識都只是厭惡「想」的緣故，所以依他們所主張的道理，無想定中應該還是六識具足的，才能與他們主張的滅盡定中意識仍然存在的道理相符合；然而經量部師僧又不允許無想定中仍然有六識的說法，因爲想滅時意識就跟著滅了，所以他們所說成為自相矛盾。

「既唯受想資助心強，此二滅時，心亦應滅。」解說到此，論主玄奘總結說：既然唯有「受」與「想」二個心所法「資助」意識心的力量很強，當大地法所攝的「受」與「想」二個心所法斷滅時，意識心也應該同時斷滅；所以滅盡定中受與想心所滅時，意識必定跟著滅失，因此經部師不應該主張無想定與滅盡定中意識心仍繼續存在。以下第四，經部師回救，然後論主回難：

「『如身行滅而身猶在，寧要責心令同行滅？』」經部師回救說：「如同身行斷滅以後而色身仍然存在，你怎能要求及責備於心而要促使意識心於滅盡定位，如同心行一樣斷滅？」經部師如是回救而妄說，論主玄奘當然必須回應，以下即是第五，論主玄奘針對經部師的回救加以非議：

「若爾，語行尋伺滅時，語應不滅，而非所許。」「尋」與「伺」即是覺與觀，必定先有「尋」與「伺」，然後才能出之以語行，例如《雜阿含經》卷二十一說：「覺、觀已，發口語，是覺、觀名為口行。想、思是心數法，依於心、屬於心相轉，是故想、思名為意行。」所以論主回覆說，如果依你們所說的道理，那麼語行的覺與觀斷滅時，語行應該仍是不斷滅而繼續有語行，然而這又不是你們經部師所允許的。

對於玄奘此一辨正，經部師又回救言：「我以身行同於心行，汝菩薩以語行同於心行，二難之理相等無異，有誰知道究竟誰是誰非？」論主玄奘答曰：

「然行於法有遍非遍，遍行滅時法定隨滅；非遍行滅，法或猶在；」論主玄奘先提出總說：一切行都隨於所依的法，是說行若是隨於法而有無的話，即名「遍行」；如是，當大地法所攝的「遍行」心所受、想滅失之時，所依的法意識則亦隨滅，該心所的行與所依的法遍時遍處相隨而不捨離故。

所以玄奘接著說明，身、語、意三行等法有遍行，也有不遍行；大地法遍行所攝心所的行若是斷滅時，所依或所隨的法一定會隨之一同斷滅；當非大地法所攝的遍行心所行若斷滅時，心所所依的法就有可能仍然存在著。意謂受與想屬於意識之「遍行」時，此大地法亦是「心行」；是故意識「受心所的行、想心所的行」若是斷滅時，所依之法意識心即必同時斷滅。

如果屬於非遍行的心所斷滅時，例如意識五別境心所中的多分或少分滅失時，非是遍行心所故，所依的心法意識，則有可能繼續存在。所以意識入定時，住於定心所中，慧心所及意識自身都可以繼續存在，而欲、勝解、念等心所都可以滅失，不必隨同意識而繼續存在或滅失，因爲不是大地法所攝的「遍行」法故。

又如意根的「觸、作意、思」心所，也可以連同「受」心所，全部繼續在無想定中存在，不必隨著意識一同滅失。但意識這五個「遍行」心所中的受與想，一定會在滅失時使令意識跟著滅失，因爲這五個心所名爲「遍行」，而且受與想與意識之間的關係是一切時中全部「遍行」，「受」與「想」心所是大地法所攝故，所以不容許這受心所與想心所消失時意識仍然繼續存在；這是三界中法所攝意識的必然性，與意識所依法的意根不同。至於滅盡定中意根可以只滅「受」與「想」心所，而令「觸、作意、思」心所仍然存在，是因出世間法滅盡定異於三界法所致，不可比類而語。

「**非遍行者謂入出息，見息滅時身猶在故。**」此外，「非遍行」心所的另外一種很容易理解的法，例如色身的入出息，並非遍行心所所攝；因爲在正法時代的三界法中，很多人都能看見有人進入第四禪時息脈俱斷以後，他們平常呼吸所依的色身還繼續存在著，不必隨於呼吸及血脈的消失而跟著敗壞或滅失，所以呼吸並非色身的遍行，名爲「非遍行」。

然而進入第四禪以後息脈俱斷時，意識仍在而不名無心定，此時仍有第八識持身不壞，方能於後再度出定正常生活。由此亦可證明意識是生滅法，住第四禪中雖然意識未斷，然而並非持身之法；意識住於第四禪定境中，以定境法塵作為所緣，以意根及色身作為所依，是故無能持身令住，只能依根、塵境界而生而住，此亦證明實有第八識持身令住而得不壞，方能由意識安住於定境，之後再行出定。

滅盡定中亦復如是，聖者進入滅盡定以後，六識俱滅、息脈俱斷，然而色身不壞，久後又復出定，仍如平常一樣生活；住此無心定中若無第八識心持身，意識斷滅而且息脈俱斷已，無識持身，色身即壞故，意識則必無法再於色身中現行而必永遠消失，以意識於人間的所依身已經毀壞故。由此證明實有第八異熟識持身，令滅盡定中聖者的色身不壞，名為「不離身識」。

「尋伺於語，是遍行攝；彼若滅時，語定無故。」「尋」、「伺」即是覺、觀。由「尋」、「伺」能引語行之故，相對於語行來說，「尋」、「伺」即是語行的「遍行」所攝；因為只要有語行出現時，一定是有覺也有觀的。故「尋」與「伺」——覺與觀，一定是語行時的「遍行」所攝，舉凡一切語行位，皆必定會有覺與觀故；所以當「尋」、「伺」斷滅之時，語行一定會跟著消失。同理，受與想兩個心所既是意識的「遍行」所攝，當這兩個大地法心所滅失時，意識當然也會跟著消失，所以經部師等聲聞人不能主張，意識在滅盡定或無想定中仍然存在。

「受想於心亦遍行攝，許如思等大地法故；」《成唯識論述記》卷四：「述曰：如尋、伺故，比量所諍，許如思等大地法故。根本、經部說有三法遍行，大乘、薩婆多各說有二，謂即受、想，故別立蘊，作用強故。彼說三大地故，今言思『等』，等取何法？謂有二計：一、唯計有三法，如前觸即三合，無別體故。二、計有四法，即觸數故。下言三和成觸，即是前計；三和生觸，即第二計。計別有體，故今言『等』，意攝二家。又設有餘，非別有法，此論別體；若依分位，於思之上亦名爲定等，理亦無違，一念之思所望別故，然未見文。准《俱舍》云，謂通三性、有尋伺等三地，名爲大地，即更有餘法。今量云：受、想定是遍行，許是大地法故，如思等法。」

由於「受」與「想」兩個心所法也屬於意識的「遍行」所攝，應當允許猶如「觸、作意、思」等也是意識的遍行法，但受、想心所是大地法故，當此受、想二心所滅失之時，意識亦必隨滅，無有例外者。是故三界頂之非想非非想定中，意識在時，「受、想」心所則同時在；唯除進入滅受想定或無想定中，此二心所或一或二斷滅之時意識隨滅，餘三「遍行」心所亦隨同滅失，故經部師不可主張「滅盡定中受、想心所滅已，意識仍存」。

「**受想滅時，心定隨滅，如何可說彼滅、心在？**」既然如是，玄奘總結說，當意識的「受」與「想」心所斷滅時，意識心一定會隨之而斷滅，如何可以說那「受」與「想」斷滅時，意識心還能繼續存在？因為「受、想」二心所對意識而言都是「大地法」故，也是「遍行」法故。

以是緣故，《成唯識論述記》卷四說：「述曰：汝之此位，受、想滅時心應隨滅，許大地法滅故。如思等滅，心定隨滅，無心睡眠等位，心隨思滅故。既爾，受、想滅，心定隨滅，如何可說彼受、想滅而心猶在。『彼』者，彼受、想也。」

（第三目未完，詳續第四輯解說。）

佛菩提二主要道次第概要表——二道並修，以外無別佛法

佛菩提道——大菩提道

遠波羅蜜多

資糧位

十信位修集信心——一劫乃至一萬劫

初住位修集布施功德（以財施爲主）。

二住位修集持戒功德。

三住位修集忍辱功德。

四住位修集精進功德。

五住位修集禪定功德。

六住位修集般若功德（熏習般若中觀及斷我見，加行位也）。

外門廣修六度萬行

見道位

七住位明心般若正觀現前，親證本來自性清淨涅槃。

八住位起於一切法現觀般若中道。漸除性障。

十住位眼見佛性，世界如幻觀成就。

一至十行位，於廣行六度萬行中，依般若中道慧，現觀陰處界猶如陽焰，至第十行滿心位，陽焰觀成就。

一至十迴向位熏習一切種智；修除性障，唯留最後一分思惑不斷。第十迴向滿心位成就菩薩道如夢觀。

內門廣修六度萬行

初地：第十迴向位滿心時，成就道種智一分（八識心王一一親證後，領受五法、三自性、七種第一義、七種性自性、二種無我法）復由勇發十無盡願，成通達位菩薩。復又永伏性障而不具斷，能證慧解脫而不取證，由大願故留惑潤生。此地主修法施波羅蜜多及百法明門。證「猶如鏡像」現觀，故滿初地心。

二地：初地功德滿足以後，再成就道種智一分而入二地；主修戒波羅蜜多及一切種智。滿心位成就「猶如光影」現觀，戒行自然清淨。

解脫道：二乘菩提

斷三縛結，成初果解脫

薄貪瞋癡，成二果解脫

斷五下分結，成三果解脫

入地前的四加行令煩惱障現行悉斷，成四果解脫，留惑潤生。分段生死已斷，煩惱障習氣種子開始斷除，兼斷無始無明上煩惱。

圓滿成就究竟佛果

近波羅蜜多　大波羅蜜多　圓滿波羅蜜多

修道位　究竟位

三地：二地滿心再證道種智一分，故入三地。此地主修忍波羅蜜多及四禪八定、四無量心、五神通。能成就俱解脫果而不取證，留惑潤生。滿心位成就「猶如谷響」現觀及無漏妙定意生身。

四地：由三地再證道種智一分故入四地。主修精進波羅蜜多，於此土及他方世界廣度有緣，無有疲倦。進修一切種智，滿心位成就「如水中月」現觀。

五地：由四地再證道種智一分故入五地。主修禪定波羅蜜多及一切種智，斷除下乘涅槃貪。滿心位成就「變化所成」現觀。

六地：由五地再證道種智一分故入六地。此地主修般若波羅蜜多——依道種智現觀十二因緣一一有支及意生身化身，皆自心眞如變化所現，「非有似有」，成就細相觀，不由加行而自然證得滅盡定，成俱解脫大乘無學。

七地：由六地「非有似有」現觀，再證道種智一分故入七地。此地主修一切種智及方便波羅蜜多，由重觀十二有支一一支中之流轉門及還滅門一切細相，成就方便善巧，念念隨入滅盡定。滿心位證得「如犍闥婆城」現觀。

八地：由七地極細相觀成就故再證道種智一分而入八地。此地主修一切種智及願波羅蜜多。至滿心位純無相觀任運恆起，故於相土自在，滿心位復證「如實覺知諸法相意生身」故。

九地：由八地再證道種智一分故入九地。主修力波羅蜜多及一切種智，成就四無礙，滿心位證得「種類俱生無行作意生身」。

十地：由九地再證道種智一分故入此地。此地主修一切種智——智波羅蜜多。滿心位起大法智雲，及現起大法智雲所含藏種種功德，成受職菩薩。

等覺：由十地道種智成就故入此地。此地應修一切種智，圓滿等覺地無生法忍；於百劫中修集極廣大福德，以之圓滿三十二大人相及無量隨形好。

妙覺：示現受生人間已斷盡煩惱障一切習氣種子，並斷盡所知障一切隨眠，永斷變易生死無明，成就大般涅槃，四智圓明。人間捨壽後，報身常住色究竟天利樂十方地上菩薩；以諸化身利樂有情，永無盡期，成就究竟佛道。

七地滿心斷除故意保留之最後一分思惑時，煩惱障所攝色、受、想三陰有漏習氣種子全部斷盡。

← 煩惱障所攝行、識二陰無漏習氣種子任運漸斷，所知障所攝上煩惱任運漸斷。

← 斷盡變易生死成就大般涅槃

佛子蕭平實　謹製
（二〇〇九、〇二　修訂）
（二〇一二、〇二　增補）

佛教正覺同修會〈修學佛道次第表〉

第一階段

* 以憶佛及拜佛方式修習動中定力。
* 學第一義佛法及禪法知見。
* 無相拜佛功夫成就。
* 具備一念相續功夫—動靜中皆能看話頭。
* 努力培植福德資糧，勤修三福淨業。

第二階段

* 參話頭，參公案。
* 開悟明心，一片悟境。
* 鍛鍊功夫求見佛性。
* 眼見佛性〈餘五根亦如是〉親見世界如幻，成就如幻觀。
* 學習禪門差別智。
* 深入第一義經典。
* 修除性障及隨分修學禪定。
* 修證十行位陽焰觀。

第三階段

* 學一切種智真實正理—楞伽經、解深密經、成唯識論…。
* 參究末後句。
* 解悟末後句。
* 透牢關—親自體驗所悟末後句境界，親見實相，無得無失。
* 救護一切眾生迴向正道。護持了義正法，修證十迴向位如夢觀。
* 發十無盡願，修習百法明門，親證猶如鏡像現觀。
* 修除五蓋，發起禪定。持一切善法戒。親證猶如光影現觀。
* 進修四禪八定、四無量心、五神通。進修大乘種智，求證猶如谷響現觀。

佛教正覺同修會 共修現況 及 招生公告　2024/8/13

一、共修現況：（請在共修時間來電，以免無人接聽。）

台北正覺講堂 103 台北市承德路三段 277 號九樓 捷運淡水線圓山站旁
Tel..**總機** 02-25957295（晚上）（**分機：九樓**辦公室 10、11；知客櫃檯 12、13。 **十樓**知客櫃檯 15、16；書局櫃檯 14。 **五樓**辦公室 18；知客櫃檯 19。**二樓**辦公室 20；知客櫃檯 21。）
Fax..25954493

第一講堂　台北市承德路三段 277 號九樓

禪淨班：週一晚班、週三晚班、週四晚班、週五晚班、週六下午班（共修期間二年半，全程免費。皆須報名建立學籍後始可參加共修，欲報名者詳見本公告末頁。）

進階班：週六早班。

增上班：成唯識論釋：單週六晚班。雙週六晚班（重播班）。17.50～20.50。平實導師講解，2022 年 2 月末開講，預定六年內講完，僅限已明心之會員參加。

禪門差別智：每月第一週日全天　平實導師主講（事冗暫停）。

菩薩瓔珞本業經　本經說明菩薩道六度、十度波羅蜜多之修行，要先修十信位，於因位中熏習百法明門，再轉入初住位起修六種瓔珞，總共四十二位，即是十住位、十行位、十迴向位、十地位、等覺位、妙覺位，方得成就六種瓔珞成爲一生補處，然後成就佛道，名爲習種性、性種性、道種性、聖種性、等覺性、妙覺性；連同習種性前的十信位，共爲五十二階位實修完畢，方得成佛。於本經中亦說明大乘初見道的證眞如、發起般若現觀時，若有佛菩薩護持故，即得進第七住位常住不退，然後向上進發，速修佛菩提道。如是實修佛菩提道方是義學，而非學術界所說的相似佛法等玄學，皆是可修可證之法，全都屬於現法樂證樂住並且是現觀的佛法，顯示佛法眞是義學而非玄談或思想。本經已於 2024 年一月上旬起開講，由平實導師詳解。每逢週二晚上開講，第一至第七講堂都可同時聽聞，歡迎菩薩種性學人，攜眷共同參與此殊勝法會現場聞法，不限制聽講資格。本會學員憑上課證進入第一至第四、第七講堂聽講，會外學人請以身分證件換證進入聽講（此爲大樓管理處安全管理規定之要求，敬請諒解）；第五及第六講堂（B1、B2）對外開放，不需出示任何證件，請由大樓側門直接進入。

第二講堂　台北市承德路三段 267 號十樓。

禪淨班：週一晚班。

進階班：週三晚班、週四晚班、週五晚班、週六下午班。禪淨班結業後轉入共修。

增上班：成唯識論釋：單週六晚班，影音同步傳播。雙週六晚班（重播班）

菩薩瓔珞本業經：平實導師講解。每週二 18.50~20.50 影像音聲即時傳輸。

第三講堂　台北市承德路三段 277 號五樓。

增上班：成唯識論釋：單週六晚班，影音同步傳播。雙週六晚班（重播班）

進階班：週一晚班、週三晚班、週四晚班、週五晚班、週六下午班。

菩薩瓔珞本業經：平實導師講解。每週二 18.50~20.50 影像音聲即時傳輸。

第四講堂　台北市承德路三段 267 號二樓。

進階班：週一晚班、週三晚班、週四晚班（禪淨班結業後轉入共修）。

菩薩瓔珞本業經：平實導師講解。每週二 18.50~20.50 影像音聲即時傳輸。

第五、第六講堂　台北市承德路三段 267 號地下一樓、地下二樓

進階班：週一晚班、週三晚班、週四晚班。

菩薩瓔珞本業經：平實導師講解。每週二 18.50~20.50 影像音聲即時傳輸。第五、第六講堂為**開放式講堂**，不需以身分證件換證即可進入聽講，台北市承德路三段 267 號地下一樓、地下二樓。每逢週二晚上講經時段開放給會外人士自由聽經，請由大樓側面梯階逕行進入聽講。**聽講者請尊重講者的著作權及肖像權，請勿錄音錄影，以免違法；若有錄音錄影被查獲者，將依法處理。**

第七講堂　台北市承德路三段 267 號六樓。

菩薩瓔珞本業經：平實導師講解。每週二 18.50~20.50 影像音聲即時傳輸。

正覺祖師堂　大溪區美華里信義路 650 巷坑底 5 之 6 號（台 3 號省道 34 公里處 妙法寺對面斜坡道進入）電話 03-3886110　傳真 03-3881692 本堂供奉 克勤圓悟大師，專供會員每年四月、十月各兩次精進禪三共修，兼作本會出家菩薩掛單常住之用。開放參訪日期請參見本會公告。教內共修團體或道場，得另申請其餘時間作團體參訪，務請事先與常住確定日期，以便安排常住菩薩接引導覽，亦免妨礙常住菩薩之日常作息及修行。

桃園正覺講堂（第一、第二講堂）：桃園市介壽路 286、288 號 10 樓（陽明運動公園對面）電話：03-3749363（請於共修時聯繫，或與台北聯繫）

禪淨班：週一晚班（1）、週一晚班（2）、週三晚班、週四晚班、週五晚班。

進階班：週三晚班、週四晚班、週五晚班、週六上午班。

增上班：成唯識論釋。雙週六晚班（增上重播班）。

菩薩瓔珞本業經：平實導師講解。每週二晚上，以台北正覺講堂所錄 DVD 放映；歡迎會外學人共同聽講，不需出示身分證件。

新竹正覺講堂　新竹市東光路 55 號二樓之一　電話 03-5724297（晚上）

第一講堂：

禪淨班：週五晚班。

進階班：週三晚班、週四晚班、週六上午班。由禪淨班結業後轉入共修

增上班：成唯識論釋。單週六晚班。雙週六晚班（重播班）。

菩薩瓔珞本業經：平實導師講解。每週二晚上，以台北正覺講堂所錄 DVD 放映。歡迎會外學人共同聽講，不需出示身分證件。

第二講堂：

禪淨班：週一晚班、週三晚班、週四晚班、週六上午班。

菩薩瓔珞本業經：每週二晚上與第一講堂同步播放講經 DVD。

第三、第四講堂：裝修完畢，已經啓用。

台中正覺講堂　04-23816090（晚上）

第一講堂　台中市南屯區五權西路二段 666 號 13 樓之四（國泰世華銀行樓上。鄰近縣市經第一高速公路前來者，由五權西路交流道可以快速到達，大樓旁有停車場，對面有素食館）。

禪淨班：週四晚班、週五晚班。

進階班：週一晚班、週三晚班、週六上午班（由禪淨班結業後轉入共修）。

增上班：成唯識論釋。單週六晚班。雙週六晚班（重播班）。

菩薩瓔珞本業經：平實導師講解。每週二晚上，以台北正覺講堂所錄 DVD 放映。歡迎會外學人共同聽講，不需出示身分證件。

第二講堂　台中市南屯區五權西路二段 666 號 4 樓

禪淨班：週一晚班、週三晚班。

第三講堂台中市南屯區五權西路二段 666 號 4 樓

禪淨班：週一晚班。

第四講堂台中市南屯區五權西路二段 666 號 4 樓。

進階班：週三晚班、週四晚班、週五晚班、週六上午班，由禪淨班結業後轉入共修

菩薩瓔珞本業經：每週二晚上與第一講堂同步播放講經 DVD。

嘉義正覺講堂　嘉義市友愛路 288 號八樓之一　電話：05-2318228

第一講堂：

禪淨班：週四晚班、週五晚班、週六上午班。

進階班：週一晚班、週三晚班（由禪淨班結業後轉入共修）。

增上班：成唯識論釋。單週六晚班。雙週六晚班（重播班）。

菩薩瓔珞本業經：平實導師講解。每週二晚上，以台北正覺講堂所錄 DVD 放映。歡迎會外學人共同聽講，不需出示身分證件。

第二講堂　嘉義市友愛路 288 號八樓之二。

第三講堂　嘉義市友愛路 288 號四樓之七。

禪淨班：週一晚班、週三晚班。

台南正覺講堂

第一講堂　台南市西門路四段 15 號 4 樓。06-2820541（晚上）

禪淨班：週一晚班、週四晚班、週五晚班、週六下午班。

增上班：成唯識論釋。單週六晚班。雙週六晚班（重播班）。

菩薩瓔珞本業經：平實導師講解。每週二晚上，以台北正覺講堂所錄 DVD 放映。歡迎會外學人共同聽講，不需出示身分證件。

第二講堂　台南市西門路四段 15 號 3 樓。

菩薩瓔珞本業經：每週二晚上與第一講堂同步播放講經 DVD。

第三講堂　台南市西門路四段 15 號 3 樓。

進階班：週一晚班、週三晚班、週四晚班、週五晚班（由禪淨班結業後轉入共修）。

菩薩瓔珞本業經：每週二晚上與第一講堂同步播放講經 DVD。

高雄正覺講堂　高雄市新興區中正三路 45 號五樓 07-2234248（晚上）

第一講堂（五樓）：

禪淨班：週一晚班、週三晚班、週四晚班、週五晚班、週六上午班。

進階班：週六下午班（由禪淨班結業後轉入共修）。

增上班：成唯識論釋。單週六晚班。雙週六晚班（重播班）。

菩薩瓔珞本業經：平實導師講解。每週二晚上，以台北正覺講堂所錄 DVD 放映。歡迎會外學人共同聽講，不需出示身分證件。

第二講堂（四樓）：

進階班：週三晚班、週四晚班（由禪淨班結業後轉入共修）。

菩薩瓔珞本業經：每週二晚上與第一講堂同步播放講經 DVD。

第三講堂（三樓）：

進階班：週四晚班（由禪淨班結業後轉入共修）。

二、招生公告　**本會台北講堂及全省各講堂，每逢四月、十月下旬開新班，每週共修一次**（每次二小時。開課日起三個月內仍可插班）；**各班共修期間皆為二年半，全程免費，欲參加者請向本會函索報名表**（各共修處皆於共修時間方有人執事，非共修時間請勿電詢或前來洽詢、請書），**或直接從本會官方網站** (http://www.enlighten.org.tw/newsflash/class)**或成佛之道網站下載報名表**。共修期滿時，若經報名禪三審核通過者，可參加四天三夜之禪三精進共修，有機會明心、取證如來藏，發起般若實相智慧，成為實義菩薩，脫離凡夫菩薩位。

三、新春禮佛祈福　農曆**年假**期間停止共修：自農曆新年前七天起停止共修與弘法，正月 8 日起回復共修、弘法事務。新春期間正月初一～初七 9.00～17.00 開放台北講堂、正月初一~初三開放新竹、台中、嘉義、台南、高雄講堂，以及大溪禪三道場（正覺祖師堂），方便會員供佛、祈福及會外人士請書。

密宗四大派修雙身法，是外道性力派的邪法；又以生滅的識陰作為常住法，是常見外道，是假的藏傳佛教。

西藏覺囊巴以他空見弘揚第八識如來藏勝法，才是真藏傳佛教

佛教正覺同修會　弘法行事表

2024/1/02

1、**禪淨班**　以無相念佛及拜佛方式修習動中定力，實證一心不亂功夫。傳授解脫道正理及第一義諦佛法，以及參禪知見。共修期間：二年六個月。每逢四月、十月開新班，詳見招生公告表。

2、**進階班**　禪淨班畢業後得轉入此班，進修更深入的佛法，期能證悟明心。各地講堂各有多班，繼續深入佛法、增長定力，悟後得轉入增上班修學道種智，期能證得無生法忍。

3、**增上班 成唯識論釋**　詳解八識心王的唯識性、唯識相、唯識位，分說八識心王及其心所各別的自性、所依、所緣、相應心所、行相、功用等，並闡述緣生諸法的四緣：因緣、等無間緣、所緣緣、增上緣等四緣，並論及十因五果等。論中闡釋**佛法實證及成就的根本法即是第八識，由第八識成就三界世間及出世間的一切染淨諸法，方有成佛之道可修、可證、可成就，名爲圓成實性**。然後詳解末法時代學人極易混淆的見道位所函蓋的眞見道、相見道、通達位等內容，指正末法時代高慢心一類學人，於見道位前後不斷所墮的同一邪謬處。末後開示修道位的十地之中，各地所應斷的二愚及所應證的一智，乃至佛位的四智圓明及具足四種涅槃等一切種智之眞實正理。由平實導師講述，每逢一、三、五週之週末晚上開示，每逢二、四週之週末爲重播班，供作後悟之菩薩補聞所未聽聞之法。增上班課程僅限已明心之會員參加。未來每逢講完十分之一內容時，便予出書流通；總共十輯，敬請期待。(註：《瑜伽師地論》從 2003 年二月開講，至 2022 年 2 月 19 日已經圓滿，爲期 18 年整。)

4、**菩薩瓔珞本業經**　本經說明菩薩道六度、十度波羅蜜多之修行，要先修十信位，於因位中熏習百法明門，再轉入初住位起修六種瓔珞，總共四十二位，即是十住位、十行位、十迴向位、十地位、等覺位、妙覺位，方得成就六種瓔珞成爲一生補處，然後成就佛道，名爲習種性、性種性、道種性、聖種性、等覺性、妙覺性；連同習種性前的十信位，共爲五十二階位實修完畢，方得成佛。於本經中亦說明大乘初見道的證眞如、發起般若現觀時，若有佛菩薩護持故，即得進第七住位常住不退，然後向上進發，速修佛菩提道。如是實修佛菩提道方是義學，而非學術界所說的相似佛法等玄學，皆是可修可證之法，全都屬於現法樂證樂住並且是現觀的佛法，顯示佛法眞是義學而非玄談或思想。本經已於 2024 年一月上旬起開講，由平實導師詳解。不限制聽講資格。

5、**精進禪三**　主三和尚：平實導師。於四天三夜中，以克勤圓悟大師及大慧宗杲之禪風，施設機鋒與小參、公案密意之開示，幫助會員剋期取證，親證不生不滅之眞實心——人人本有之如來藏。每年四月、十月各舉辦三個梯次；平實導師主持。僅限本會會員參加禪淨班共修期滿，報名審核通過者，方可參加。並選擇會中定力、慧力、福德三條件皆已具足之已明心會員，給以指引，令得眼見自己無形無相之佛性遍佈山河大地，眞實而無障礙，得以肉眼現觀世界身心悉皆如幻，具足成就如幻觀，圓滿十住菩薩之證境。

6、**阿含經**詳解　選擇重要之阿含部經典，依無餘涅槃之實際而加以詳解，令大眾得以現觀諸法緣起性空，亦復不墮斷滅見中，顯示經中所隱說之涅槃實際—如來藏—確實已於四阿含中隱說；令大眾得以聞後觀行，確實斷除我見乃至我執，證得**見到**眞現觀，乃至**身證**……等眞現觀；已得大乘或二乘見道者，亦可由此聞熏及聞後之觀行，除斷我所之貪著，成就慧解脫果。由平實導師詳解。不限制聽講資格。

7、**精選如來藏系經典**詳解　精選如來藏系經典一部，詳細解說，以此完全印證會員所悟如來藏之眞實，得入不退轉住。另行擇期詳細解說之，由平實導師講解。僅限已明心之會員參加。

8、**禪門差別智**　藉禪宗公案之微細淆訛難知難解之處，加以宣說及剖析，以增進明心、見性之功德，啓發差別智，建立擇法眼。每月第一週日全天，由平實導師開示，僅限破參明心後，復又眼見佛性者參加(事冗暫停)。

9、**枯木禪**　先講智者大師的《小止觀》，後說《釋禪波羅蜜》，詳解四禪八定之修證理論與實修方法，細述一般學人修定之邪見與岔路，及對禪定證境之誤會，消除枉用功夫、浪費生命之現象。已悟般若者，可以藉此而實修初禪，進入大乘通教及聲聞教的三果心解脫境界，配合應有的大福德及後得無分別智、十無盡願，即可進入初地心中。親教師：平實導師。未來緣熟時將於正覺寺開講。不限制聽講資格。

註：本會例行年假，自 2004 年起，改爲每年農曆新年前七天開始停息弘法事務及共修課程，農曆正月 8 日回復所有共修及弘法事務。新春期間（每日 9.00~17.00）開放台北講堂，方便會員禮佛祈福及會外人士請書。大溪區的正覺祖師堂，開放參訪時間，詳見〈正覺電子報〉或成佛之道網站。本表得因時節因緣需要而隨時修改之，不另作通知。

佛教正覺同修會　贈閱書籍 目錄

2024/8/20

1.**無相念佛**　平實導師著　回郵 36 元
2.**念佛三昧修學次第**　平實導師述著　回郵 52 元
3.**正法眼藏—護法集**　平實導師述著　回郵 76 元
4.**真假開悟簡易辨正法&佛子之省思**　平實導師著　回郵 26 元
5.**生命實相之辨正**　平實導師著　回郵 31 元
6.**如何契入念佛法門**（**附**：印順法師否定極樂世界）平實導師著　回郵 26 元
7.**平實書箋**—答元覽居士書　平實導師著　回郵 52 元
8.**三乘唯識**—如來藏系經律彙編　平實導師編　回郵 80 元
（精裝本　長 27 cm　寬 21 cm　高 7.5 cm　重 2.8 公斤）
9.**三時繫念全集**—修正本　回郵掛號 52 元（長 26.5 cm×寬 19 cm）
10.**明心與初地**　平實導師述　回郵 31 元
11.**邪見與佛法**　平實導師述著　回郵 36 元
12.**甘露法雨**　平實導師述　回郵 36 元
13.**我與無我**　平實導師述　回郵 36 元
14.**學佛之心態**—修正錯誤之學佛心態始能與正法相應 孫正德老師著 回郵52元
附錄：平實導師著《**略說八、九識並存…等之過失**》
15.**大乘無我觀**—《悟前與悟後》別說　平實導師述著　回郵 36 元
16.**佛教之危機**—中國台灣地區現代佛教之真相（附錄：公案拈提六則）
平實導師著　回郵 52 元
17.**燈　影**—燈下黑（覆「求教後學」來函等）　平實導師著　回郵 76 元
18.**護法與毀法**—覆上平居士與徐恒志居士網站毀法二文
張正圜老師著　回郵 76 元
19.**淨土聖道**—兼評**選擇本願念佛**　正德老師著　**由正覺同修會購贈** 回郵52 元
20.**辨唯識性相**—對「紫蓮心海《辯唯識性相》書中否定阿賴耶識」之回應
正覺同修會 台南共修處法義組 著　回郵52 元
21.**假如來藏**—對法蓮法師《如來藏與阿賴耶識》書中否定阿賴耶識之回應
正覺同修會 台南共修處法義組 著　回郵 76 元
22.**入不二門**—公案拈提集錦 第一輯（於平實導師公案拈提諸書中選錄約二十則，
合輯爲一冊流通之）平實導師著　回郵 52 元
23.**真假邪說**—西藏密宗索達吉喇嘛《破除邪說論》真是邪說
釋正安法師著　上、下冊回郵各 52 元
24.**真假開悟**—真如、如來藏、阿賴耶識間之關係　平實導師述著　回郵 76 元
25.**真假禪和**—辨正釋傳聖之謗法謬說　孫正德老師著　回郵 76 元
26.**眼見佛性**—駁慧廣法師**眼見佛性的含義**文中謬說 游正光老師著 回郵52 元

27.**普門自在**—公案拈提集錦 第二輯（於平實導師公案拈提諸書中選錄約二十則，合輯爲一冊流通之）平實導師著　回郵 52 元

28.**印順法師的悲哀**—以現代禪的質疑為線索　恒毓博士著　回郵 52 元

29.**識蘊真義**—現觀識蘊內涵、取證初果、親斷三縛結之具體行門。
—依《成唯識論》及《唯識述記》正義，略顯安慧《大乘廣五蘊論》之邪謬
平實導師著　回郵 76 元

30.**正覺電子報** 各期紙版本　免附回郵　每次最多函索三期或三本。
(已無存書之較早各期，不另增印贈閱)

31.**現代人應有的宗教觀**　蔡正禮老師 著　回郵 31 元

32.**遠惑趣道**—正覺電子報般若信箱問答錄　第一輯　回郵 52 元

33.**遠惑趣道**—正覺電子報般若信箱問答錄　第二輯　回郵 52 元

34.**正覺教團電視弘法三乘菩提 DVD 光碟（一）**
由正覺教團多位親教師共同講述錄製 DVD 8 片，MP3 一片，共 9 片。有二大講題：一為「三乘菩提之意涵」，二爲「學佛的正知見」。內容精闢，深入淺出，精彩絕倫，幫助大眾快速建立三乘法道的正知見，免被外道邪見所誤導。有志修學三乘佛法之學人不可不看。(製作工本費 100 元，回郵 52 元)

35.**正覺教團電視弘法 DVD 專輯（二）**
總有二大講題：一爲「三乘菩提之念佛法門」，一爲「學佛正知見(第二篇)」，由正覺教團多位親教師輪番講述，內容詳細闡述如何修學念佛法門、實證念佛三昧，以及學佛應具有的正確知見，可以幫助發願往生西方極樂淨土之學人，得以把握往生，更可令學人快速建立三乘法道的正知見，免於被外道邪見所誤導。有志修學三乘佛法之學人不可不看。(一套 17 片，工本費 160 元。回郵 76 元)

36.**喇嘛性世界**—揭開假藏傳佛教譚崔瑜伽的面紗　張善思 等人合著
由正覺同修會購贈　回郵 52 元

37.**假藏傳佛教的神話**—性、謊言、喇嘛教　張正玄教授編著
由正覺同修會購贈　回郵 52 元

38.**隨　緣**—理隨緣與事隨緣　平實導師述　回郵 52 元。

39.**學佛的覺醒**　正枝居士 著　回郵 52 元

40.**意識虛妄經教彙編**—實證解脫道的關鍵經文　正覺同修會編印　回郵 36 元

41.**邪箭囈語**—破斥藏密外道多識仁波切《破魔金剛箭雨論》之邪說
陸正元老師著　上、下冊回郵各 52 元

42.**真假沙門**—依 佛聖教闡釋佛教僧寶之定義
蔡正禮老師著　俟正覺電子報連載後結集出版

43.**真假禪宗**—藉評論釋性廣《印順導師對變質禪法之批判
及對禪宗之肯定》以顯示真假禪宗
附論一：凡夫知見 無助於佛法之信解行證
附論二：世間與出世間一切法皆從如來藏實際而生而顯
余正偉老師著　俟正覺電子報連載後結集出版　回郵未定

★ 上列贈書之郵資，係台灣本島地區郵資，大陸、港、澳地區及外國地區，請另計酌增（大陸、港、澳、國外地區之郵票不許通用）。尚未出版之書，請勿先寄來郵資，以免增加作業煩擾。

★ 本目錄若有變動，唯於後印之書籍及「成佛之道」網站上修正公佈之，不另行個別通知。

函索書籍請寄：佛教正覺同修會　103 台北市承德路 3 段 277 號 9 樓
台灣地區函索書籍者請附寄郵票，無時間購買郵票者可以等值現金抵用，但不接受郵政劃撥、支票、匯票。大陸地區得以人民幣計算，國外地區請以美元計算（請勿寄來當地郵票，在台灣地區不能使用）。欲以掛號寄遞者，請另附掛號郵資。

親自索閱：正覺同修會各共修處。　★請於共修時間前往取書，餘時無人在道場，請勿前往索取；共修時間與地點，詳見書末正覺同修會共修現況表（以近期之共修現況表爲準）。

註：正智出版社發售之局版書，請向各大書局購閱。若書局之書架上已經售出而無陳列者，請向書局櫃台指定洽購；若書局不便代購者，請於正覺同修會共修時間前往各共修處請購，正智出版社已派人於共修時間送書前往各共修處流通。 郵政劃撥購書及 大陸地區 購書，請詳別頁正智出版社發售書籍目錄最後頁之說明。

成佛之道 網站：http://www.a202.idv.tw　正覺同修會已出版之結緣書籍，多已登載於 成佛之道 網站，若住外國、或住處遙遠，不便取得正覺同修會贈閱書籍者，可以從本網站閱讀及下載。

＊＊ 假藏傳佛教修雙身法，非佛教 ＊＊

正覺口袋書 目錄

2024/6/15

1.**如何契入念佛法門**　平實導師著　回郵 26 元
2.**明心與初地**　平實導師述著　回郵 31 元
3.**生命實相之辨正**　平實導師述著　回郵 31 元
4.**真假開悟簡易辨正法＆佛子之省思**　平實導師著　回郵 26 元
5.**現代人應有的宗教觀**　蔡正禮老師著　回郵31 元
6.**確保您的權益**—器官捐贈應注意自我保護　游正光老師 著　回郵31 元
7.**甘露法門—解脫道與佛菩提道**　佛教正覺同修會著　回郵 31 元
8.**概說密宗(一)**—認清西藏密宗(喇嘛教)的底細
正覺教育基金會著　回郵 36 元
9.**概說密宗(二)**—藏密觀想、明點、甘露、持明的真相
正覺教育基金會著　回郵 36 元
10.**概說密宗(三)**—密教誇大不實之神通證量
正覺教育基金會著　回郵 36 元
11.**概說密宗(四)**—密宗諸餘邪見(恣意解釋佛法修證上之名相)之一
正覺教育基金會著　回郵 36 元
12.**概說密宗(五)**—密宗之如來藏見及般若中觀
正覺教育基金會著　回郵 36 元
13.**概說密宗(六)**—無上瑜伽之雙身修法　正覺教育基金會著　回郵 36 元
14.**成佛之道**　正覺教育基金會著　回郵 36 元
15.**淨土奇特行門**—禪淨法門之速行道與緩行道
正覺教育基金會著　回郵 36 元
16.**如何修證解脫道**　正覺教育基金會著　回郵 36 元
17.**淺談達賴喇嘛之雙身法**—兼論解讀「密續」之達文西密碼
正覺教育基金會著　回郵 36 元
18.**密宗真相**—來自西藏高原的狂密　正覺教育基金會著　回郵 36 元
19.**導師之真實義**　正禮老師著　回郵 36 元
20.**如來藏中藏如來**　正覺教育基金會著　回郵 36 元
21.**觀行斷三縛結**—實證初果　正覺教育基金會著　回郵 36 元
22.**破羯磨僧真義**　佛教正覺同修會著　回郵 36 元
23.**一貫道與開悟**　正覺教育基金會著　回郵 36 元
24.**出家菩薩首重**—虛心求教 勤求證悟　正覺教育基金會著　回郵 36 元
25.**博愛 —愛盡天下女人**　正覺教育基金會著　回郵 36 元
26.**邁向正覺(一)**　作者趙玲子等合著　回郵 36 元
27.**邁向正覺(二)**　作者張善思等合著　回郵 36 元

28.**邁向正覺(三)**　作者許坤田等合著　回郵 36 元
29.**邁向正覺(四)**　作者劉俊廷等合著　回郵 36 元
30.**邁向正覺(五)**　作者林洋毅等合著　回郵 36 元
31.**繫念思惟念佛法門**　正覺教育基金會著　回郵 36 元
32.**邁向正覺(六)**　作者倪式谷等合著　回郵 36 元
33.**廣論之平議(一)~(七)**—宗喀巴《菩提道次第廣論》之平議
作者正雄居士　每冊回郵 36 元
34.**俺曚你把你哄**—六字大明咒揭密　作者正玄教授　回郵 36 元
35.**如何契入念佛法門(中英日文版)**　平實導師著　回郵 36 元
36.**明心與初地(中英文版)**　平實導師述著　回郵 36 元
37.**您不可不知的事實**—揭開藏傳佛教真實面之報導(一)
正覺教育基金會著　回郵 36 元
38.**外道羅丹的悲哀(一)~(三)**—略評外道羅丹等編《佛法與非佛法判別》
之邪見 正覺教育基金會著　每冊回郵 36 元
39.**與《廣論》研討班學員談心**　正覺教育基金會著　回郵 36 元
40.**證道歌略釋**　平實導師著　回郵 36 元
41.**甘願做菩薩**　郭正益老師　回郵 36 元
42.**恭祝達賴喇嘛八十大壽**—做賊心虛喊抓賊~喇嘛不是佛教徒
張正玄教授著　回郵 36 元
43.**從一佛所在世界談宇宙大覺者**　高正齡老師著　回郵 36 元
44.**老去人間萬事休，應須洗心從佛祖**—達賴權謀，可以休矣
正覺教育基金會編印　回郵 36 元
45.**表相歸依與實義歸依**—真如為究竟歸依處
正覺同修會編印　回郵 36 元
46.**我為何離開廣論？**　正覺同修會編印　回郵 36 元
47.**三乘菩提之佛典故事(一)**　葉正緯老師講述　回郵 36 元
48.**佛教與成佛—總說**　師子苑居士著　回郵 36 元
49.**三乘菩提概說(一)**　余正文老師講述　回郵 36 元
50.**一位哲學博士的懺悔**　泰洛著　回郵 36 元
51.**三乘菩提概說（二）**　余正文老師講述　回郵 36 元
52.**三乘菩提之佛典故事(二)**　郭正益老師講述　回郵 36 元
53.**尊師重道**　沐中原著　回郵 50 元
54.**心經在說什麼？**　平實導師講述　回郵 36 元

正智出版社 籌募弘法基金發售書籍目錄　2024/04/10

1.**宗門正眼**—公案拈提 第一輯 重拈　平實導師著　500 元
因重寫內容大幅度增加故，字體必須改小，並增爲 576 頁 主文 546 頁。比初版更精彩、更有內容。初版《禪門摩尼寶聚》之讀者，可寄回本公司免費調換新版書。免附回郵，亦無截止期限。（2007 年起，每冊附贈本公司精製公案拈提〈超意境〉CD 一片。市售價格 280 元，多購多贈。）

2.**禪淨圓融**　平實導師著　200 元（第一版舊書可換新版書。）

3.**真實如來藏**　平實導師著　400 元

4.**禪—悟前與悟後**　平實導師著　上、下冊，每冊 250 元

5.**宗門法眼**—公案拈提 第二輯　平實導師著　500 元
（2007 年起，每冊附贈本公司精製公案拈提〈超意境〉CD 一片）

6.**楞伽經詳解**　平實導師著　全套共 10 輯　每輯 250 元

7.**宗門道眼**—公案拈提 第三輯　平實導師著　500 元
（2007 年起，每冊附贈本公司精製公案拈提〈超意境〉CD 一片）

8.**宗門血脈**—公案拈提 第四輯　平實導師著　500 元
（2007 年起，每冊附贈本公司精製公案拈提〈超意境〉CD 一片）

9.**宗通與說通**—成佛之道 平實導師著 主文 381 頁 全書 400 頁售價 300 元

10.**宗門正道**—公案拈提 第五輯　平實導師著　500 元
（2007 年起，每冊附贈本公司精製公案拈提〈超意境〉CD 一片）

11.**狂密與真密 一～四輯**　平實導師著　西藏密宗是人間最邪淫的宗教，本質不是佛教，只是披著佛教外衣的印度教性力派流毒的喇嘛教。此書中將西藏密宗密傳之男女雙身合修樂空雙運所有祕密與修法，毫無保留完全公開，並將全部喇嘛們所不知道的部分也一併公開。內容比大辣出版社喧騰一時的《西藏慾經》更詳細。並且函蓋藏密的所有祕密及其錯誤的中觀見、如來藏見……等，藏密的所有法義都在書中詳述、分析、辨正。每輯主文三百餘頁　每輯全書約 400 頁　售價每輯 300 元

12.**宗門正義**—公案拈提 第六輯　平實導師著　500 元
（2007 年起，每冊附贈本公司精製公案拈提〈超意境〉CD 一片）

13.**心經密意**—心經與解脫道、佛菩提道、祖師公案之關係與密意　平實導師述　300 元

14.**宗門密意**—公案拈提 第七輯　平實導師著　500 元
（2007 年起，每冊附贈本公司精製公案拈提〈超意境〉CD 一片）

15.**淨土聖道**—兼評「選擇本願念佛」　正德老師著　200 元

16.**起信論講記**　平實導師述著　共六輯　每輯三百餘頁　售價各 250 元

17.**優婆塞戒經講記**　平實導師述著 共八輯 每輯三百餘頁 售價各 250 元

18.**真假活佛**—略論附佛外道盧勝彥之邪說（對前岳靈犀網站主張「盧勝彥是證悟者」之修正）　正犀居士（岳靈犀）著　流通價 140 元

19.**阿含正義**—唯識學探源　平實導師著　共七輯　每輯 300 元

20.**超意境 CD** 以平實導師公案拈提書中超越意境之頌詞，加上曲風優美

的旋律，錄成令人嚮往的超意境歌曲，其中包括正覺發願文及平實導師親自譜成的黃梅調歌曲一首。詞曲雋永，殊堪翫味，可供學禪者吟詠，有助於見道。內附設計精美的彩色小冊，解說每一首詞的背景本事。每片 280 元。【每購買公案拈提書籍一冊，即贈送一片。】

21.**菩薩底憂鬱** CD 將菩薩情懷及禪宗公案寫成新詞，並製作成超越意境的優美歌曲。 1.主題曲〈菩薩底憂鬱〉，描述地後菩薩能離三界生死而迴向繼續生在人間，但因尚未斷盡習氣種子而有極深沈之憂鬱，非三賢位菩薩及二乘聖者所知，此憂鬱在七地滿心位方才斷盡；本曲之詞中所說義理極深，昔來所未曾見；此曲係以優美的情歌風格寫詞及作曲，聞者得以激發嚮往諸地菩薩境界之大心，詞、曲都非常優美，難得一見；其中勝妙義理之解說，已印在附贈之彩色小冊中。 2.以各輯公案拈提中直示禪門入處之頌文，作成各種不同曲風之超意境歌曲，值得玩味、參究；聆聽公案拈提之優美歌曲時，請同時閱讀內附之印刷精美說明小冊，可以領會超越三界的證悟境界；未悟者可以因此引發求悟之意向及疑情，眞發菩提心而邁向求悟之途，乃至因此眞實悟入般若，成眞菩薩。 3.正覺總持咒新曲，總持佛法大意；總持咒之義理，已加以解說並印在隨附之小冊中。本 CD 共有十首歌曲，長達 63 分鐘。每盒各附贈二張購書優惠券。每片 320 元。

22.**禪意無限** CD 平實導師以公案拈提書中偈頌寫成不同風格曲子，與他人所寫不同風格曲子共同錄製出版，幫助參禪人進入禪門超越意識之境界。盒中附贈彩色印製的精美解說小冊，以供聆聽時閱讀，令參禪人得以發起參禪之疑情，即有機會證悟本來面目而發起實相智慧，實證大乘菩提般若，能如實證知般若經中的眞實意。本 CD 共有十首歌曲，長達 69 分鐘，每盒各附贈二張購書優惠券。每片 320 元。

23.**我的菩提路**第一輯　釋悟圓、釋善藏等人合著　售價 300 元

24.**我的菩提路**第二輯　郭正益等人合著　售價 300 元

（初版首刷至第四刷，都可以寄來免費更換爲第二版，免附郵費）

25.**我的菩提路**第三輯　王美伶等人合著　售價 300 元

26.**我的菩提路**第四輯　陳晏平等人合著　售價 300 元

27.**我的菩提路**第五輯　林慈慧等人合著　售價 300 元

28.**我的菩提路**第六輯　劉惠莉等人合著　售價 300 元

29.**我的菩提路**第七輯　余正偉等人合著　售價 300 元

30.**鈍鳥與靈龜**—考證後代凡夫對大慧宗杲禪師的無根誹謗。

平實導師著　共 458 頁　售價 350 元

31.**維摩詰經講記**　平實導師述　共六輯　每輯三百餘頁　售價各 250 元

32.**眞假外道**—破劉東亮、杜大威、釋證嚴常見外道見　正光老師著　200 元

33.**勝鬘經講記**—兼論印順《勝鬘經講記》對於《勝鬘經》之誤解。

平實導師述　共六輯　每輯三百餘頁　售價 250 元

34.**楞嚴經講記**—平實導師述 共**15**輯，每輯三百餘頁 售價300元
35.**明心與眼見佛性**—駁慧廣〈蕭氏「眼見佛性」與「明心」之非〉文中謬說
正光老師著 共448頁 售價300元
36.**見性與看話頭** 黃正倖老師 著，本書是禪宗參禪的方法論。
內文375頁，全書416頁，售價300元。
37.**達賴真面目**—玩盡天下女人 白正偉老師 等著 中英對照彩色精裝大本800元
38.**喇嘛性世界**—揭開假藏傳佛教譚崔瑜伽的面紗 張善思 等人著 200元
39.**假藏傳佛教的神話**—性、謊言、喇嘛教 正玄教授編著 200元
40.**金剛經宗通** 平實導師述 共九輯 每輯售價250元。
41.**末代達賴**—性交教主的悲歌 張善思、呂艾倫、辛燕編著 售價250元
42.**霧峰無霧**—給哥哥的信 辨正釋印順對佛法的無量誤解
游宗明 老師著 售價250元
43.**霧峰無霧**—第二輯—救護佛子向正道 細說釋印順對佛法的各類誤解
游宗明 老師著 售價250元
44.**第七意識與第八意識？**—穿越時空「超意識」
平實導師述 每冊300元
45.**黯淡的達賴**—失去光彩的諾貝爾和平獎
正覺教育基金會編著 每冊250元
46.**童女迦葉考**—論呂凱文〈佛教輪迴思想的論述分析〉之謬。
平實導師 著 定價180元
47.**人間佛教**—實證者必定不悖三乘菩提
平實導師 述，定價400元
48.**實相經宗通** 平實導師述 共八輯 每輯250元
49.**真心告訴您(一)**—達賴喇嘛在幹什麼？
正覺教育基金會編著 售價250元
50.**中觀金鑑**—詳述應成派中觀的起源與其破法本質
孫正德老師著 分為上、中、下三冊，每冊250元
51.**藏傳佛教要義**—《狂密與真密》之簡體字版 平實導師 著 上、下冊
僅在大陸流通 每冊300元
52.**法華經講義**—平實導師述 共二十五輯 每輯三百餘頁 售價300元
53.**西藏「活佛轉世」制度**—附佛、造神、世俗法
許正豐、張正玄老師合著 定價150元
54.**廣論三部曲**—郭正益老師著 定價150元
55.**真心告訴您(二)**—達賴喇嘛是佛教僧侶嗎？
—補祝達賴喇嘛八十大壽
正覺教育基金會編著 售價300元
56.**次法**—實證佛法前應有的條件
張善思居士著 分為上、下二冊，每冊250元
57.**涅槃**—解說四種涅槃之實證及內涵 平實導師著 上、下冊 各350元

58.**佛藏經講義**—平實導師述 共二十一輯 每輯三百餘頁 售價 300 元。
59.**成唯識論**—大唐 玄奘菩薩所著鉅論。重新正確斷句，並以不同字體及標點符號顯示質疑文，令得易讀。全書 288 頁，精裝大本 400 元。
60.**大法鼓經講義**—平實導師述 共六輯 每輯三百餘頁 售價 300 元
61.**成唯識論釋**—詳解大唐玄奘菩薩所著《成唯識論》，平實導師著述。共十輯，每輯內文四百餘頁，12 級字編排，於每講完一輯的分量以後即予出版，2023 年五月底出版第一輯，以後每七到十個月出版一輯，每輯 400 元。
62.**不退轉法輪經講義**—平實導師述 2024 年 1 月 30 日開始出版 共十輯 每二個月出版一輯，每輯 300 元
63.**中論正義**—釋龍樹菩薩《中論》頌正理。孫正德老師著 共上下二冊 下冊於 2024/6/30 出版 每冊 300 元
64.誰是 **師子身中蟲**—平實導師述著 2024 年 5 月 30 出版，每冊 110 元。
65.**解深密經講義**—平實導師述 輯數未定 將於《不退轉法輪經講義》出版後整理出版。
66.**菩薩瓔珞本業經講義**—平實導師述 約○輯 將於《解深密經講義》出版後整理出版。
67.**假鋒虛焔金剛乘**—揭示顯密正理，兼破索達吉師徒《般若鋒兮金剛焔》釋正安法師著 簡體字版 即將出版 售價未定
68.**廣論之平議**—宗喀巴《菩提道次第廣論》之平議 正雄居士著 約二或三輯 俟正覺電子報連載後結集出版 書價未定
69 **八識規矩頌**詳解 ○○居士 註解 出版日期另訂 書價未定。
70.**中觀正義**—註解平實導師《中論正義頌》。 ○○法師（居士）著 出版日期未定 書價未定
71.**中國佛教史**—依中國佛教正法史實而論。 ○○老師 著 書價未定。
72.**印度佛教史**—法義與考證。依法義史實評論印順《印度佛教思想史、佛教史地考論》之謬說 正偉老師著 出版日期未定 書價未定
73.**阿含經講記**—將選錄四阿含中數部重要經典全經講解之，講後整理出版。平實導師述 約二輯 每輯 300 元 出版日期未定
74.**實積經講記** 平實導師述 每輯三百餘頁 優惠價 300 元 出版日期未定
75.**修習止觀坐禪法要講記** 平實導師述 每輯三百餘頁 將於正覺寺建成後重講、以講記逐輯出版 出版日期未定
76.**無門關**—《無門關》公案拈提 平實導師著 出版日期未定
77.**中觀再論**—兼述印順《中觀今論》謬誤之平議。 正光老師著 出版日期未定
78.**輪迴與超度**—佛教超度法會之真義。 ○○法師（居士）著 出版日期未定 書價未定
79.《**釋摩訶衍論**》**平議**—對偽稱龍樹所造《釋摩訶衍論》之平議 ○○法師（居士）著 出版日期未定 書價未定
80.**正覺發願文**註解—以真實大願為因 得證菩提 正德老師著 出版日期未定 書價未定

81.**正覺總持咒**—佛法之總持　　正圜老師著　出版日期未定　書價未定
82.**三自性**—依四食、五蘊、十二因緣、十八界法，說三性三無性。
作者未定　出版日期未定
83.**道品**—從三自性說大小乘三十七道品　　作者未定　出版日期未定
84.**大乘緣起觀**—依四聖諦七真如現觀十二緣起 作者未定　出版日期未定
85.**三德**—論解脫德、法身德、般若德。　　作者未定　出版日期未定
86.**真假如來藏**—對印順《如來藏之研究》謬說之平議　作者未定 出版日期未定
87.**大乘道次第**　　作者未定　出版日期未定　書價未定
88.**四緣**—依如來藏故有四緣。　作者未定　出版日期未定
89.**空之探究**—印順《空之探究》謬誤之平議　作者未定 出版日期未定
90.**十法義**—論阿含經中十法之正義　　作者未定　出版日期未定
91.**外道見**—論述外道六十二見　　作者未定　　出版日期未定

正智出版社有限公司 書籍介紹

禪淨圓融：言淨土諸祖所未曾言，示諸宗祖師所未曾示；禪淨圓融，另闢成佛捷徑，兼顧自力他力，闡釋淨土門之速行易行道，亦同時揭櫫聖教門之速行易行道；令廣大淨土行者得免緩行難證之苦，亦令聖道門行者得以藉著淨土速行道而加快成佛之時劫。乃前無古人之超勝見地，非一般弘揚禪淨法門典籍也，先讀為快。平實導師著 200元。

宗門正眼—公案拈提第一輯：繼承克勤圜悟大師碧巖錄宗旨之禪門鉅作。先則舉示當代大法師之邪說，消弭當代禪門大師鄉愿之心態，摧破當今禪門「世俗禪」之妄談；次則旁通教法，表顯宗門正理；繼以道之次第，消弭古今狂禪；後藉言語及文字機鋒，直示宗門入處。悲智雙運，禪味十足，數百年來難得一睹之禪門鉅著也。平實導師著 500元（原初版書《禪門摩尼寶聚》，改版後補充為五百餘頁新書，總計多達二十四萬字，內容更精彩，並改名為《宗門正眼》，讀者原購初版《禪門摩尼寶聚》皆可寄回本公司免費換新，免附回郵，亦無截止期限）（2007年起，凡購買公案拈提第一輯至第七輯，每購一輯皆贈送本公司精製公案拈提〈超意境〉CD一片，市售價格280元，多購多贈）。

禪—悟前與悟後：本書能建立學人悟道之信心與正確知見，圓滿具足而有次第地詳述禪悟之功夫與禪悟之內容，指陳參禪中細微淆訛之處，能使學人明自真心、見自本性。若未能悟入，亦能以正確知見辨別古今中外一切大師究係真悟？或屬錯悟？便有能力揀擇，捨名師而選明師，後時必有悟道之緣。一旦悟道，遲者七次人天往返，便出三界，速者一生取辦。學人欲求開悟者，不可不讀。　平實導師著。上、下冊共500元，單冊250元。

真實如來藏：如來藏眞實存在，乃宇宙萬有之本體，並非印順法師、達賴喇嘛等人所說之「唯有名相、無此心體」。如來藏是涅槃之本際，是一切有智之人竭盡心智、不斷探索而不能得之生命實相；是古今中外許多大師自以爲悟而當面錯過之生命實相。如來藏即是阿賴耶識，乃是一切有情本自具足、不生不滅之眞實心。當代中外大師於此書出版之前所未能言者，作者於本書中盡情流露、詳細闡釋。眞悟者讀之，必能增益悟境、智慧增上；錯悟者讀之，必能檢討自己之錯誤，免犯大妄語業；未悟者讀之，能知參禪之理路，亦能以之檢查一切名師是否眞悟。此書是一切哲學家、宗教家、學佛者及欲昇華心智之人必讀之鉅著。　平實導師著　售價400元。

宗門法眼—公案拈提第二輯：列舉實例，闡釋土城廣欽老和尚之悟處；並直示這位不識字的老和尚妙智橫生之根由，繼而剖析禪宗歷代大德之開悟公案，解析當代密宗高僧卡盧仁波切之錯悟證據，並例舉當代顯宗高僧、大居士之錯悟證據（凡健在者，爲免影響其名聞利養，皆隱其名）。藉辨正當代名師之邪見，向廣大佛子指陳禪悟之正道，彰顯宗門法眼。悲勇兼出，強捋虎鬚；慈智雙運，巧探驪龍；摩尼寶珠在手，直示宗門入處，禪味十足；若非大悟徹底，不能爲之。禪門精奇人物，允宜人手一冊，供作參究及悟後印證之圭臬。本書於2008年4月改版，增寫爲大約500頁篇幅，以利學人研讀參究時更易悟入宗門正法，以前所購初版首刷及初版二刷舊書，皆可免費換取新書。平實導師著　500元（2007年起，凡購買公案拈提第一輯至第七輯，每購一輯皆贈送本公司精製公案拈提〈超意境〉CD一片，市售價格280元，多購多贈）。

宗門道眼—公案拈提第三輯：繼宗門法眼之後，再以金剛之作略、慈悲之胸懷、犀利之筆觸，舉示寒山、拾得、布袋三大士之悟處，消弭當代錯悟者對於寒山大士……等之誤會及誹謗。　亦舉出民初以來與虛雲和尚齊名之蜀郡鹽亭袁煥仙夫子——南懷瑾老師之師，其「悟處」何在？並蒐羅許多眞悟祖師之證悟公案，顯示禪宗歷代祖師之睿智，指陳部分祖師、奧修及當代顯密大師之謬悟，作爲殷鑑，幫助禪子建立及修正參禪之方向及知見。假使讀者閱此書已，一時尚未能悟，亦可一面加功用行，一面以此宗門道眼辨別眞假善知識，避開錯誤之印證及歧路，可免大妄語業之長劫慘痛果報。欲修禪宗之禪者，務請細讀。平實導師著　售價500元（2007年起，凡購買公案拈提第一輯至第七輯，每購一輯皆贈送本公司精製公案拈提〈超意境〉CD一片，市售價格280元，多購多贈）。

楞伽經詳解：本經是禪宗見道者印證所悟眞僞之根本經典，亦是禪宗見道者悟後起修之依據經典；故達摩祖師於印證二祖慧可大師之後，將此經典連同佛缽祖衣一併交付二祖，令其依此經典佛示金言、進入修道位，修學一切種智。由此可知此經對於眞悟之人修學佛道，是非常重要之一部經典。此經能破外道邪說，亦破佛門中錯悟名師之謬說，亦破禪宗部分祖師之狂禪：不讀經典、一向主張「一悟即成究竟佛」之謬執。並開示愚夫所行禪、觀察義禪、攀緣如禪、如來禪等差別，令行者對於三乘禪法差異有所分辨；亦糾正禪宗祖師古來對於如來禪之誤解，嗣後可免以訛傳訛之弊。此經亦是法相唯識宗之根本經典，禪者悟後欲修一切種智而入初地者，必須詳讀。平實導師著，全套共十輯，已全部出版完畢，每輯主文約320頁，每冊約352頁，定價250元。

宗門血脈—公案拈提第四輯：末法怪象—許多修行人自以爲悟，每將無念靈知認作眞實；崇尚二乘法諸師及其徒衆，則將外於如來藏之緣起性空—無因論之無常空、斷滅空、一切法空—錯認爲　佛所說之般若空性。這兩種現象已於當今海峽兩岸及美加地區顯密大師之中普遍存在；人人自以爲悟，心高氣壯，便敢寫書解釋祖師證悟之公案，大多出於意識思惟所得，言不及義，錯誤百出，因此誤導廣大佛子同陷大妄語之地獄業中而不能自知。彼等書中所說之悟處，其實處處違背第一義經典之聖言量。彼等諸人不論是否身披袈裟，都非佛法宗門血脈，或雖有禪宗法脈之傳承，亦只徒具形式；猶如螟蛉，非眞血脈，未悟得根本眞實故。禪子欲知　佛、祖之眞血脈者，請讀此書，便知分曉。平實導師著，主文452頁，全書464頁，定價500元（2007年起，凡購買公案拈提第一輯至第七輯，每購一輯皆贈送本公司精製公案拈提〈超意境〉CD一片，市售價格280元，多購多贈）。

宗通與說通：古今中外，錯誤之人如麻似粟，每以常見外道所說之靈知心，認作眞心；或妄想虛空之勝性能量爲眞如，或錯認物質四大元素藉冥性（靈知心本體）能成就吾人色身及知覺，或認初禪至四禪中之了知心爲不生不滅之涅槃心。此等皆非通宗者之見地。復有錯悟之人一向主張「宗門與教門不相干」，此即尚未通達宗門之人也。其實宗門與教門互通不二，宗門所證者乃是眞如與佛性，教門所說者乃說宗門證悟之眞如佛性，故教門與宗門不二。本書作者以宗教二門互通之見地，細說「宗通與說通」，從初見道至悟後起修之道、細說分明；並將諸宗諸派在整體佛教中之地位與次第，加以明確之教判，學人讀之即可了知佛法之梗概也。欲擇明師學法之前，允宜先讀。平實導師著，主文共381頁，全書392頁，只售成本價300元。

宗門正道—公案拈提第五輯：修學大乘佛法有二果須證—解脫果及大菩提果。二乘人不證大菩提果，唯證解脫果；此果之智慧，名爲聲聞菩提、緣覺菩提。大乘佛子所證二果之菩提果爲佛菩提，故名大菩提果，其慧名爲一切種智—函蓋二乘解脫果。然此大乘二果修證，須經由禪宗之宗門證悟方能相應。而宗門證悟極難，自古已然；其所以難者，咎在古今佛教界普遍存在三種邪見：1.以修定認作佛法，2.以無因論之緣起性空—否定涅槃本際如來藏以後之一切法空作爲佛法，3.以常見外道邪見（離語言妄念之靈知性）作爲佛法。如是邪見，或因自身正見未立所致，或因邪師之邪教導所致，或因無始劫來虛妄熏習所致。若不破除此三種邪見，永劫不悟宗門眞義、不入大乘正道，唯能外門廣修菩薩行。平實導師於此書中，有極爲詳細之說明，有志佛子欲摧邪見、入於內門修菩薩行者，當閱此書。主文共496頁，全書512頁。售價500元（2007年起，凡購買公案拈提第一輯至第七輯，每購一輯皆贈送本公司精製公案拈提〈超意境〉CD一片，市售價格280元，多購多贈）。

狂密與眞密：密教之修學，皆由有相之觀行法門而入，其最終目標仍不離顯教經典所說第一義諦之修證；若離顯教第一義經典、或違背顯教第一義經典，即非佛教。西藏密教之觀行法，如灌頂、觀想、遷識法、寶瓶氣、大聖歡喜雙身修法、喜金剛、無上瑜伽、大樂光明、樂空雙運等，皆是印度教兩性生生不息思想之轉化，自始至終皆以如何能運用交合淫樂之法達到全身受樂爲其中心思想，純屬欲界五欲的貪愛，不能令人超出欲界輪迴，更不能令人斷除我見；何況大乘之明心與見性，更無論矣！故密宗之法絕非佛法也。而其明光大手印、大圓滿法教，又皆同以常見外道所說離語言妄念之無念靈知心錯認爲佛地之眞如，不能直指不生不滅之眞如。西藏密宗所有法王與徒衆，都尚未開頂門眼，不能辨別眞僞，以依人不依法、依密續不依經典故，不肯將其上師喇嘛所說對照第一義經典，純依密續之藏密祖師所說爲準，因此而誇大其證德與證量，動輒謂彼祖師上師爲究竟佛、爲地上菩薩；如今台海兩岸亦有自謂其師證量高於 釋迦文佛者，然觀其師所述，猶未見道，仍在觀行即佛階段，尚未到禪宗相似即佛、分證即佛階位，竟敢標榜爲究竟佛及地上法王，誑惑初機學人。凡此怪象皆是狂密，不同於眞密之修行者。近年狂密盛行，密宗行者被誤導者極衆，動輒自謂已證佛地眞如，自視爲究竟佛，陷於大妄語業中而不知自省，反謗顯宗眞修實證者之證量粗淺；或如義雲高與釋性圓…等人，於報紙上公然誹謗眞實證道者爲「騙子、無道人、人妖、癩蛤蟆…」等，造下誹謗大乘勝義僧之大惡業；或以外道法中有爲有作之甘露、魔術……等法，誑騙初機學人，狂言彼外道法爲眞佛法。如是怪象，在西藏密宗及附藏密之外道中，不一而足，舉之不盡，學人宜應愼思明辨，以免上當後又犯毀破菩薩戒之重罪。密宗學人若欲遠離邪知邪見者，請閱此書，即能了知密宗之邪謬，從此遠離邪見與邪修，轉入眞正之佛道。平實導師著 共四輯 每輯約400頁（主文約340頁）每輯售價300元。

宗門正義—公案拈提第六輯：佛教有六大危機，乃是藏密化、世俗化、膚淺化、學術化、宗門密意失傳、悟後進修諸地之次第混淆；其中尤以宗門密意之失傳，爲當代佛教最大之危機。由宗門密意失傳故，易令 世尊本懷普被錯解，易令 世尊正法被轉易爲外道法，以及加以淺化、世俗化，是故宗門密意之廣泛弘傳與具緣佛弟子，極爲重要。然而欲令宗門密意之廣泛弘傳予具緣之佛弟子者，必須同時配合錯誤知見之解析、普令佛弟子知之，然後輔以公案解析之直示入處，方能令具緣之佛弟子悟入。而此二者，皆須以公案拈提之方式爲之，方易成其功、竟其業，是故平實導師續作宗門正義一書，以利學人。 全書500餘頁，售價500元（2007年起，凡購買公案拈提第一輯至第七輯，每購一輯皆贈送本公司精製公案拈提〈超意境〉CD一片，市售價格280元，多購多贈）。

心經密意—心經與解脫道、佛菩提道、祖師公案之關係與密意。 二乘菩提所證之解脫道，實依第八識心之斷除煩惱障現行而立解脫之名；大乘菩提所證之佛菩提道，實依親證第八識如來藏之涅槃性、清淨自性、及其中道性而立般若之名；禪宗祖師公案所證之眞心，即是此第八識如來藏；是故三乘佛法所修所證之三乘菩提，皆依此如來藏心而立名也。此第八識心，即是《心經》所說之心也。證得此如來藏已，即能漸入大乘佛菩提道，亦可因證知此心而了知二乘無學所不能知之無餘涅槃本際，是故《心經》之密意，與三乘佛菩提之關係極爲密切、不可分割，三乘佛法皆依此心而立名故。今者平實導師以其所證解脫道之無生智及佛菩提之般若種智，將《心經》與解脫道、佛菩提道、祖師公案之關係與密意，以演講之方式，用淺顯之語句和盤托出，發前人所未言，呈三乘菩提之眞義，令人藉此《心經密意》一舉而窺三乘菩提之堂奧，迥異諸方言不及義之說；欲求眞實佛智者、不可不讀！ 主文317頁，連同跋文及序文…等共384頁，售價300元。

宗門密意—公案拈提第七輯：佛教之世俗化，將導致學人以信仰作爲學佛，則將以感應及世間法之庇祐，作爲學佛之主要目標，不能了知學佛之主要目標爲親證三乘菩提。大乘菩提則以般若實相智慧爲主要修習目標，以二乘菩提解脫道爲附帶修習之標的；是故學習大乘法者，應以禪宗之證悟爲要務，能親入大乘菩提之實相般若智慧中故，般若實相智慧非二乘聖人所能知故。此書則以台灣世俗化佛教之三大法師，說法似是而非之實例，配合眞悟祖師之公案解析，提示證悟般若之關節，令學人易得悟入。平實導師著，全書五百餘頁，售價500元（2007年起，凡購買公案拈提第一輯至第七輯，每購一輯皆贈送本公司精製公案拈提〈超意境〉CD一片，市售價格280元，多購多贈）。

淨土聖道—兼評選擇本願念佛：佛法甚深極廣，般若玄微，非諸二乘聖僧所能知之，一切凡夫更無論矣！所謂一切證量皆歸淨土是也！是故大乘法中「聖道之淨土、淨土之聖道」，其義甚深，難可了知；乃至眞悟之人，初心亦難知也。今有正德老師眞實證悟後，復能深探淨土與聖道之緊密關係，憐憫眾生之誤會淨土實義，亦欲利益廣大淨土行人同入聖道，同獲淨土中之聖道門要義，乃振奮心神、書以成文，今得刊行天下。主文279頁，連同序文等共301頁，總有十一萬六千餘字，正德老師著，成本價200元。

起信論講記：詳解大乘起信論心生滅門與心眞如門之眞實意旨，消除以往大師與學人對起信論所說心生滅門之誤解，由是而得了知眞心如來藏之非常非斷中道正理；亦因此一講解，令此論以往隱晦而被誤解之眞實義，得以如實顯示，令大乘佛菩提道之正理得以顯揚光大；初機學者亦可藉此正論所顯示之法義，對大乘法理生起正信，從此得以眞發菩提心，眞入大乘法中修學，世世常修菩薩正行。平實導師演述，共六輯，都已出版，每輯三百餘頁，售價各250元。

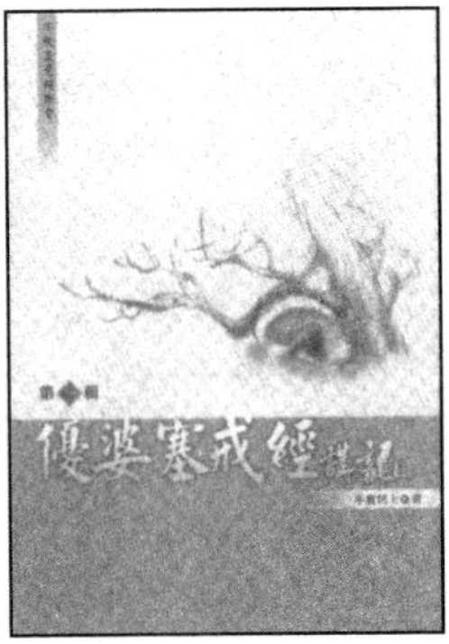

優婆塞戒經講記：本經詳述在家菩薩修學大乘佛法，應如何受持菩薩戒？對人間善行應如何看待？對三寶應如何護持？應如何正確地修集此世後世證法之福德？應如何修集後世「行菩薩道之資糧」？並詳述第一義諦之正義：五蘊非我非異我、自作自受、異作異受、不作不受……等深妙法義，乃是修學大乘佛法、行菩薩行之在家菩薩所應當了知者。出家菩薩今世或未來世登地已，捨報之後多數將如華嚴經中諸大菩薩，以在家菩薩身而修行菩薩行，故亦應以此經所述正理而修之，配合《楞伽經、解深密經、楞嚴經、華嚴經》等道次第正理，方得漸次成就佛道；故此經是一切大乘行者皆應證知之正法。　平實導師講述，每輯三百餘頁，售價各250元；共八輯，已全部出版。

真假活佛—略論附佛外道盧勝彥之邪說：人人身中都有眞活佛，永生不滅而有大神用，但衆生都不了知，所以常被身外的西藏密宗假活佛籠罩欺瞞。本來就眞實存在的眞活佛，才是眞正的密宗無上密！諾那活佛因此而說禪宗是大密宗，但藏密的所有活佛都不知道、也不曾實證自身中的眞活佛。本書詳實宣示眞活佛的道理，舉證盧勝彥的「佛法」不是眞佛法，也顯示盧勝彥是假活佛，直接的闡釋第一義佛法見道的眞實正理。眞佛宗的所有上師與學人們，都應該詳細閱讀，包括盧勝彥個人在內。正犀居士著，優惠價140元。

阿含正義—唯識學探源：廣說四大部《阿含經》諸經中隱說之眞正義理，一一舉示佛陀本懷，令阿含時期初轉法輪根本經典之眞義，如實顯現於佛子眼前。並提示末法大師對於阿含眞義誤解之實例，一一比對之，證實唯識增上慧學確於原始佛法之阿含諸經中已隱覆密意而略說之，證實 世尊確於原始佛法中已曾密意而說第八識如來藏之總相；亦證實 世尊在四阿含中已說此藏識是名色十八界之因、之本—證明如來藏是能生萬法之根本心。佛子可據此修正以往受諸大師（譬如西藏密宗應成派中觀師：印順、昭慧、性廣、大願、達賴、宗喀巴、寂天、月稱、……等人）誤導之邪見，建立正見，轉入正道乃至親證初果而無困難；書中並詳說三果所證的心解脫，以及四果慧解脫的親證，都是如實可行的具體知見與行門。全書共七輯，已出版完畢。平實導師著，每輯三百餘頁，售價300元。

超意境CD：以平實導師公案拈提書中超越意境之頌詞，加上曲風優美的旋律，錄成令人嚮往的超意境歌曲，其中包括正覺發願文及平實導師親自譜成的黃梅調歌曲一首。詞曲雋永，殊堪翫味，可供學禪者吟詠，有助於見道。內附設計精美的彩色小冊，解說每一首詞的背景本事。每片280元。【每購買公案拈提書籍一冊，即贈送一片。】

我的菩提路第一輯：凡夫及二乘聖人不能實證的佛菩提證悟，末法時代的今天仍然有人能得實證，由正覺同修會釋悟圓、釋善藏法師等二十餘位實證如來藏者所寫的見道報告，已爲當代學人見證宗門正法之絲縷不絕，證明大乘義學的法脈仍然存在，爲末法時代求悟般若之學人照耀出光明的坦途。由二十餘位大乘見道者所繕，敘述各種不同的學法、見道因緣與過程，參禪求悟者必讀。全書三百餘頁，售價300元。

我的菩提路第二輯：由郭正益老師等人合著，書中詳述彼等諸人歷經各處道場學法，一一修學而加以檢擇之不同過程以後，因閱讀正覺同修會、正智出版社書籍而發起抉擇分，轉入正覺同修會中修學；乃至學法及見道之過程，都一一詳述之。**本書已改版印製重新流通**，讀者原購的初版書，不論是第一刷或第二、三、四刷，都可以寄回換新，免附郵費。

我的菩提路第三輯：由王美伶老師等人合著。自從正覺同修會成立以來，每年夏初、冬初都舉辦精進禪三共修，藉以助益會中同修們得以證悟明心發起般若實相智慧；凡已實證而被平實導師印證者，皆書具見道報告用以證明佛法之眞實可證而非玄學，證明佛法並非純屬思想、理論而無實質，是故每年都能有人證明正覺同修會的「實證佛教」主張並非虛語。特別是眼見佛性一法，自古以來中國禪宗祖師實證者極寡，較之明心開悟的證境更難令人信受；至2017年初，正覺同修會中的證悟明心者已近五百人，然而其中眼見佛性者至今唯十餘人爾，可謂難能可貴，是故明心後欲冀眼見佛性者實屬不易。黃正倖老師是懸絕七年無人見性後的第一人，她於2009年的見性報告刊於本書的第二輯中，爲大眾證明佛性確實可以眼見；其後七年之中求見性者都屬解悟佛性而無人眼見，幸而又經七年後的2016冬初，以及2017夏初的禪三，復有三人眼見佛性，希冀鼓舞四眾佛子求見佛性之大心，今則具載一則於書末，顯示求見佛性之事實經歷，供養現代佛教界欲得見性之四眾弟子。全書四百頁，售價300元，已於2017年6月30日發行。

我的菩提路第四輯：由陳晏平等人著。中國禪宗祖師往往有所謂「見性」之言，所言多屬看見如來藏具有能令人發起成佛之自性，並非《大般涅槃經》中 如來所說之眼見佛性。眼見佛性者，於親見佛性之時，即能於山河大地眼見自己佛性，亦能於他人身上眼見自己佛性及對方之佛性，如是境界無法為尚未實證者解釋；勉強說之，縱使真實明心證悟之人聞之，亦只能以自身明心之境界想像之，但不論如何想像多屬非量，能有正確之比量者亦是稀有，故說眼見佛性極為困難。眼見佛性之人若所見極分明時，在所見佛性之境界下所眼見之山河大地、自己五蘊身心皆是虛幻，自有異於明心者之解脫功德受用，此後永不思證二乘涅槃，必定邁向成佛之道而進入第十住位中，已超第一阿僧祇劫三分有一，可謂之為超劫精進也。今又有明心之後眼見佛性之人出於人間，將其明心及後來見性之報告，連同其餘證悟明心者之精彩報告一同收錄於此書中，供養真求佛法實證之四眾佛子。全書380頁，售價300元，已於2018年6月30日發行。

我的菩提路第五輯：林慈慧老師等人著，本輯中所舉學人從相似正法中來到正覺同修會的過程，各人都有不同，發生的因緣亦是各有差別，然而都會指向同一個目標——證實生命實相的源底，確證自己生從何來、死往何去的事實，所以最後都證明佛法真實而可親證，絕非玄學；本書將彼等諸人的始修及末後證悟之實例，羅列出來以供學人參考。本期亦有一位會裡的老師，是從1995年即開始追隨 平實導師修學，1997年明心後持續進修不斷，直到2017年眼見佛性之實例，足可證明《大般涅槃經》中世尊開示眼見佛性之法正真無訛，第十住位的實證在末法時代的今天仍有可能，如今一併具載於書中以供學人參考，並供養現代佛教界欲得見性之四眾弟子。全書四百頁，售價300元，已於2019年12月31日發行。

我的菩提路第六輯：劉惠莉老師等人著，本輯中舉示劉老師明心多年以後的眼見佛性實錄，供末法時代學人了知明心之異於見性本質，足可證明《大般涅槃經》中世尊開示眼見佛性之法正真無訛。亦列舉多篇學人從各道場來到正覺學法之不同過程，以及如何發覺邪見之異於正法的所在，最後終能在正覺禪三中悟入的實況，以證明佛教正法仍在末法時代的人間繼續弘揚的事實，鼓舞一切真實學法的菩薩大眾思之：我等諸人亦可有因緣證悟，絕非空想白思。約四百頁，售價300元，已於2020年6月30日發行。

我的菩提路第七輯：余正偉老師等人著，本輯中舉示余老師明心二十餘年以後的眼見佛性實錄，供末法時代學人了知明心異於見性之本質，並且舉示其見性後與平實導師互相討論眼見佛性之諸多疑訛處；除了證明《大般涅槃經》中世尊開示眼見佛性之法正眞無訛以外，亦得一解明心後尙未見性者之所未知處，甚爲精彩。此外亦列舉多篇學人從各不同宗教進入正覺學法之不同過程，以及發覺諸方道場邪見之內容與過程，最終得於正覺精進禪三中悟入的實況，足供末法精進學人借鑑，以彼鑑己而生信心，得以投入了義正法中修學及實證。凡此，皆足以證明不唯明心所證之第七住位般若智慧及解脫功德仍可實證，乃至第十住位的實證與當場發起如幻觀之實證，於末法時代的今天皆仍有可能。本書約四百頁，售價300元。

鈍鳥與靈龜：鈍鳥及靈龜二物，被宗門證悟者說爲二種人：前者是精修禪定而無智慧者，也是以定爲禪的愚癡禪人；後者是或有禪定、或無禪定的宗門證悟者，凡已證悟者皆是靈龜。但後者被人虛造事實，用以嘲笑大慧宗杲禪師，說他雖是靈龜，卻不免被天童禪師預記「患背」痛苦而亡：「鈍鳥離巢易，靈龜脫殼難。」藉以貶低大慧宗杲的證量。同時將天童禪師實證如來藏的證量，曲解爲意識境界的離念靈知。自從大慧禪師入滅以後，錯悟凡夫對他的不實毀謗就一直存在著，不曾止息，並且捏造的假事實也隨著年月的增加而越來越多，終至編成「鈍鳥與靈龜」的假公案、假故事。本書是考證大慧與天童之間的不朽情誼，顯現這件假公案的虛妄不實；更見大慧宗杲面對惡勢力時的正直不阿，亦顯示大慧對天童禪師的至情深義，將使後人對大慧宗杲的誣謗至此而止，不再有人誤犯毀謗賢聖的惡業。書中亦舉證宗門的所悟確以第八識如來藏爲標的，詳讀之後必可改正以前被錯悟大師誤導的參禪知見，日後必定有助於實證禪宗的開悟境界，得階大乘眞見道位中，即是實證般若之賢聖。全書459頁，售價350元。

維摩詰經講記：本經係　世尊在世時，由等覺菩薩維摩詰居士藉疾病而演說之大乘菩提無上妙義，所說函蓋甚廣，然極簡略，是故今時諸方大師與學人讀之悉皆錯解，何況能知其中隱含之深妙正義，是故普遍無法爲人解說；若強爲人說，則成依文解義而有諸多過失。今由平實導師公開宣講之後，詳實解釋其中密意，令維摩詰菩薩所說大乘不可思議解脫之深妙正法得以正確宣流於人間，利益當代學人及與諸方大師。書中詳實演述大乘佛法深妙不共二乘之智慧境界，顯示諸法之中絕待之實相境界，建立大乘菩薩妙道於永遠不敗不壞之地，以此成就護法偉功，欲冀永利娑婆人天。已經宣講圓滿整理成書流通，以利諸方大師及諸學人。全書共六輯，每輯三百餘頁，售價各250元。

真假外道：本書具體舉證佛門中的常見外道知見實例，並加以教證及理證上的辨正，幫助讀者輕鬆而快速的了知常見外道的錯誤知見，進而遠離佛門內外的常見外道知見，因此即能改正修學方向而快速實證佛法。游正光老師著　。成本價200元。

勝鬘經講記：如來藏爲三乘菩提之所依，若離如來藏心體及其含藏之一切種子，即無三界有情及一切世間法，亦無二乘菩提緣起性空之出世間法；本經詳說無始無明、一念無明皆依如來藏而有之正理，藉著詳解煩惱障與所知障間之關係，令學人深入了知二乘菩提與佛菩提相異之妙理；聞後即可了知佛菩提之特勝處及三乘修道之方向與原理，邁向攝受正法而速成佛道的境界中。平實導師講述，共六輯，每輯三百餘頁，售價各250元。

楞嚴經講記：楞嚴經係大乘祕密教之重要經典，亦是佛教中普受重視之經典；經中宣說明心與見性之內涵極爲詳細，將一切法都會歸如來藏及佛性—妙眞如性；亦闡釋五陰區宇及五陰盡的境界，作諸地菩薩自我檢驗證量之依據，旁及佛菩提道修學過程中之種種魔境，以及外道誤會涅槃之狀況，亦兼述明三界世間之起源，具足宣示大乘菩提之奧祕。然因言句深澀難解，法義亦復深妙寬廣，學人讀之普難通達，是故讀者大多誤會，不能如實理解佛所說之明心與見性內涵，亦因是故多有悟錯之人引爲開悟之證言，成就大妄語罪。今由平實導師詳細講解之後，整理成文，以易讀易懂之語體文刊行天下，以利學人。全書十五輯，全部出版完畢。每輯三百餘頁，售價每輯300元。

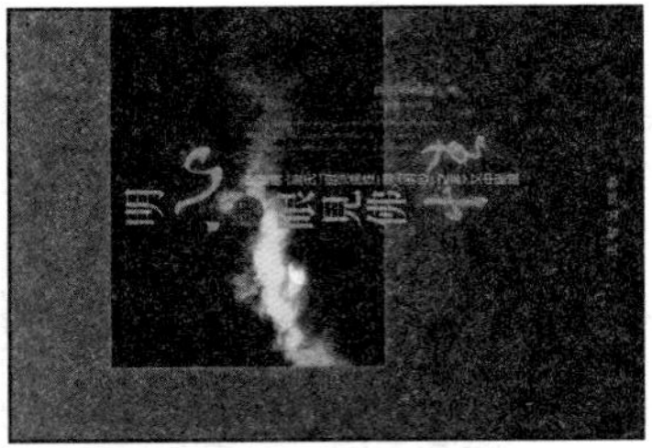

明心與眼見佛性：本書細述明心與眼見佛性之異同，同時顯示了中國禪宗破初參明心與重關眼見佛性二關之間的關聯；書中又藉法義辨正而旁述其他許多勝妙法義，讀後必能遠離佛門長久以來積非成是的錯誤知見，令讀者在佛法的實證上有極大助益。也藉慧廣法師的謬論來教導佛門學人回歸正知正見，遠離古今禪門錯悟者所墮的意識境界，非唯有助於斷我見，也對未來的開悟明心實證第八識如來藏有所助益，是故學禪者都應細讀之。 游正光老師著　共448頁　售價300元。

菩薩底憂鬱CD：將菩薩情懷及禪宗公案寫成新詞，並製作成超越意境的優美歌曲。　1.主題曲〈菩薩底憂鬱〉，描述地後菩薩能離三界生死而迴向繼續生在人間，但因尚未斷盡習氣種子而有極深沈之憂鬱，非三賢位菩薩及二乘聖者所知，此憂鬱在七地滿心位方才斷盡；本曲之詞中所說義理極深，昔來所未曾見；此曲係以優美的情歌風格寫詞及作曲，聞者得以激發嚮往諸地菩薩境界之大心，詞、曲都非常優美，難得一見；其中勝妙義理之解說，已印在附贈之彩色小冊中。2.以各輯公案拈提中直示禪門入處之頌文，作成各種不同曲風之超意境歌曲，值得玩味、參究；聆聽公案拈提之優美歌曲時，請同時閱讀內附之印刷精美說明小冊，可以領會超越三界的證悟境界；未悟者可以因此引發求悟之意向及疑情，眞發菩提心而邁向求悟之途，乃至因此眞實悟入般若，成眞菩薩。3.正覺總持咒新曲，總持佛法大意；總持咒之義理，已加以解說並印在隨附之小冊中。本CD共有十首歌曲，長達63分鐘，附贈二張購書優惠券。每片320元。

金剛經宗通：三界唯心，萬法唯識，是成佛之修證內容，是諸地菩薩之所修；般若則是成佛之道（實證三界唯心、萬法唯識）的入門，若未證悟實相般若，即無成佛之可能，必將永在外門廣行菩薩六度，永在凡夫位中。然而實相般若的發起，全賴實證萬法的實相；若欲證知萬法的眞相，則必須探究萬法之所從來，則須實證自心如來—金剛心如來藏，然後現觀這個金剛心的金剛性、眞實性、如如性、清淨性、涅槃性、能生萬法的自性性、本住性，名爲證眞如；進而現觀三界六道唯是此金剛心所成，人間萬法須藉八識心王和合運作方能現起。如是實證《華嚴經》的「三界唯心、萬法唯識」以後，由此等現觀而發起實相般若智慧，繼續進修第十住位的如幻觀、第十行位的陽焰觀、第十迴向位的如夢觀，再生起增上意樂而勇發十無盡願，方能滿足三賢位的實證，轉入初地；自知成佛之道而無偏倚，從此按部就班、次第進修乃至成佛。第八識自心如來是般若智慧之所依，般若智慧的修證則要從實證金剛心自心如來開始；《金剛經》則是解說自心如來之經典，是一切三賢位菩薩所應進修之實相般若經典。這一套書，是將平實導師宣講的《金剛經宗通》內容，整理成文字而流通之；書中所說義理，迥異古今諸家依文解義之說，指出大乘見道方向與理路，有益於禪宗學人求開悟見道，及轉入內門廣修六度萬行。已於2013年9月出版完畢，總共9輯，每輯約三百餘頁，售價各250元。

禪意無限CD：平實導師以公案拈提書中偈頌寫成不同風格曲子，與他人所寫不同風格曲子共同錄製出版，幫助參禪人進入禪門超越意識之境界。盒中附贈彩色印製的精美解說小冊，以供聆聽時閱讀，令參禪人得以發起參禪之疑情，即有機會證悟本來面目，實證大乘菩提般若。本CD共有十首歌曲，長達69分鐘，每盒各附贈二張購書優惠券。每片320元。

霧峰無霧—給哥哥的信　本書作者藉兄弟之間信件往來論義，略述佛法大義；並以多篇短文辨義，舉出釋印順對佛法的無量誤解證據，並一一給予簡單而清晰的辨正，令人一讀即知。久讀、多讀之後即能認清楚釋印順的六識論見解，與眞實佛法之牴觸是多麼嚴重；於是在久讀、多讀之後，於不知不覺之間提升了對佛法的極深入理解，正知正見就在不知不覺間建立起來了。當三乘佛法的正知見建立起來之後，對於三乘菩提的見道條件便將隨之具足，於是聲聞解脫道的見道也就水到渠成；接著大乘見道的因緣也將次第成熟，未來自然也會有親見大乘菩提之道的因緣，悟入大乘實相般若也將自然成功，自能通達般若系列諸經而成實義菩薩。作者居住於南投縣霧峰鄉，自喻見道之後不復再見霧峰之霧，故鄉原野美景一一明見，於是立此書名爲《霧峰無霧》；讀者若欲撥霧見月，可以此書爲緣。游宗明　老師著　已於2015年出版　售價250元。

霧峰無霧—第二輯—救護佛子向正道　本書作者藉釋印順著作中之各種錯謬法義提出辨正，以詳實的文義一一提出理論上及實證上之解析，列舉釋印順對佛法的無量誤解證據，藉此教導佛門大師與學人釐清佛法義理，遠離岐途轉入正道，然後知所進修，久之便能見道明心而入大乘勝義僧數。被釋印順誤導的大師與學人極多，很難救轉，是故作者大發悲心深入解說其錯謬之所在，佐以各種義理辨正而令讀者在不知不覺之間轉歸正道。如是久讀之後欲得斷身見、證初果，即不爲難事；乃至久之亦得大乘見道而得證眞如，脫離空有二邊而住中道，實相般若智慧生起，於佛法不再茫然，漸漸亦知悟後進修之道。屆此之時，對於大乘般若等深妙法之迷雲暗霧亦將一掃而空，生命及宇宙萬物之故鄉原野美景一一明見，是故本書仍名《霧峰無霧》，爲第二輯；讀者若欲撥雲見日、離霧見月，可以此書爲緣。游宗明　老師著　已於2019年出版　售價250元。

假藏傳佛教的神話—性、謊言、喇嘛教：本書編著者是由一首名爲「阿姊鼓」的歌曲爲緣起，展開了序幕，揭開假藏傳佛教—喇嘛教—的神秘面紗。其重點是蒐集、摘錄網路上質疑「喇嘛教」的帖子，以揭穿「假藏傳佛教的神話」爲主題，串聯成書，並附加彩色插圖以及說明，讓讀者們瞭解西藏密宗及相關人事如何被操作爲「神話」的過程，以及神話背後的眞相。作者：張正玄教授。售價200元。

達賴真面目─玩盡天下女人：假使您不想戴綠帽子，請記得詳細閱讀此書；假使您不想讓好朋友戴綠帽子，請您將此書介紹給您的好朋友。假使您想保護家中的女性，也想要保護好朋友的女眷，請記得將此書送給家中的女性和好友的女眷都來閱讀。本書爲印刷精美的大本彩色中英對照精裝本，爲您揭開達賴喇嘛的眞面目，內容精彩不容錯過，爲利益社會大眾，特別以優惠價格嘉惠所有讀者。編著者：白志偉等。大開版雪銅紙彩色精裝本。售價800元。

童女迦葉考─論呂凱文〈佛教輪迴思想的論述分析〉之謬：童女迦葉是佛世率領五百大比丘遊行於人間的歷史事實，是以童貞行而依止菩薩戒弘化於人間的大菩薩，不依別解脫戒（聲聞戒）來弘化於人間。這是大乘佛教與聲聞佛教同時存在於佛世的歷史明證，證明大乘佛教不是從聲聞法中分裂出來的部派佛教的產物，卻是聲聞佛教分裂出來的部派佛教聲聞凡夫僧所不樂見的史實；於是古今聲聞法中的凡夫都欲加以扭曲而作詭說，更是末法時代高聲大呼「大乘非佛說」的六識論聲聞凡夫極力想要扭曲的佛教史實之一，於是想方設法扭曲迦葉菩薩爲聲聞僧，以及扭曲迦葉童女爲比丘僧等荒謬不實之論著便陸續出現，古時聲聞僧寫作的《分別功德論》是最具體之事例，現代之代表作則是呂凱文先生的〈佛教輪迴思想的論述分析〉論文。鑑於如是假藉學術考證以籠罩大眾之不實謬論，未來仍將繼續造作及流竄於佛教界，繼續扼殺大乘佛教學人法身慧命，必須舉證辨正之，遂成此書。平實導師 著，每冊180元。

末代達賴─性交教主的悲歌：簡介從藏傳僞佛教（喇嘛教）的修行核心─性力派男女雙修，探討達賴喇嘛及藏傳僞佛教的修行內涵。書中引用外國知名學者著作、世界各地新聞報導，包含：歷代達賴喇嘛的祕史、達賴六世修雙身法的事蹟，以及《時輪續》中的性交灌頂儀式……等；達賴喇嘛書中開示的雙修法、達賴喇嘛的黑暗政治手段；達賴喇嘛所領導的寺院爆發喇嘛性侵兒童；新聞報導《西藏生死書》作者索甲仁波切性侵女信徒、澳洲喇嘛秋達公開道歉、美國最大假藏傳佛教組織領導人邱陽創巴仁波切的性氾濫，等等事件背後眞相的揭露。作者：張善思、呂艾倫、辛燕。售價250元。

黯淡的達賴—失去光彩的諾貝爾和平獎：本書舉出很多證據與論述，詳述達賴喇嘛不爲世人所知的一面，顯示達賴喇嘛並不是眞正的和平使者，而是假借諾貝爾和平獎的光環來欺騙世人；透過本書的說明與舉證，讀者可以更清楚的瞭解，達賴喇嘛是結合暴力、黑暗、淫欲於喇嘛教裡的集團首領，其政治行爲與宗教主張，早已讓諾貝爾和平獎的光環染污了。 本書由財團法人正覺教育基金會寫作、編輯，由正覺出版社印行，每冊250元。

第七意識與第八意識？—穿越時空「超意識」：「三界唯心，萬法唯識」是佛教中應該實證的聖教，也是《華嚴經》中明載而可以實證的法界實相。唯心者，三界一切境界、一切諸法唯是一心所成就，即是每一個有情的第八識如來藏，不是意識心。唯識者，即是人類各各都具足的八識心王——眼識、耳鼻舌身意識、意根、阿賴耶識，第八阿賴耶識又名如來藏，人類五陰相應的萬法，莫不由八識心王共同運作而成就，故說萬法唯識。依聖教量及現量、比量，都可以證明意識是二法因緣生，是由第八識藉意根與法塵二法爲因緣而出生，又是夜夜斷滅不存之生滅心，即無可能反過來出生第七識意根、第八識如來藏，當知不可能從生滅性的意識心中，細分出恆審思量的第七識意根，更無可能細分出恆而不審的第八識如來藏。本書是將演講內容整理成文字，細說如是內容，並已在《正覺電子報》連載完畢，今彙集成書以廣流通，欲幫助佛門有緣人斷除意識我見，跳脫於識陰之外而取證聲聞初果；嗣後修學禪宗時即得不墮外道神我之中，得以求證第八識金剛心而發起般若實智。平實導師 述，每冊300元。

中觀金鑑—詳述應成派中觀的起源與其破法本質：學佛人往往迷於中觀學派之不同學說，被應成派與自續派所迷惑；修學般若中觀二十年後自以爲實證般若中觀了，卻仍不曾入門，甫聞實證般若中觀者之所說，則茫無所知，迷惑不解；隨後信心盡失，不知如何實證佛法；凡此，皆因惑於這二派中觀學說所致。自續派中觀所說同於常見，以意識境界立爲第八識如來藏之境界，應成派所說則同於斷見，但又同立意識爲常住法，故亦具足斷常二見。今者孫正德老師有鑑於此，乃將起源於密宗的應成派中觀學說，追本溯源，詳考其來源之外，亦一一舉證其立論內容，詳加辨正，令密宗雙身法祖師以識陰境界而造之應成派中觀學說本質，詳細呈現於學人眼前，令其維護雙身法之目的無所遁形。若欲遠離密宗此二大派中觀謬說，欲於三乘菩提有所進道者，允宜具足閱讀並細加思惟，反覆讀之以後將可捨棄邪道返歸正道，則於般若之實證即有可能，證後自能現觀如來藏之中道境界而成就中觀。本書分上、中、下三冊，每冊250元，全部出版完畢。

人間佛教—實證者必定不悖三乘菩提：「大乘非佛說」的講法似乎流傳已久，卻只是日本人企圖擺脫中國正統佛教的影響，而在明治維新時期才開始提出來的說法；台灣佛教、大陸佛教的淺學無智之人，由於未曾實證佛法而迷信日本人錯誤的學術考證，錯認爲這些別有用心的日本佛學考證的講法爲天竺佛教的眞實歷史；甚至還有更激進的反對佛教者提出「釋迦牟尼佛並非眞實存在，只是後人捏造的假歷史人物」，竟然也有少數佛教徒願意跟著「學術」的假光環而信受不疑，亦導致部分台灣佛教界人士，造作了反對中國大乘佛教而推崇南洋小乘佛教的行爲，使台灣佛教的信仰者難以檢擇，亦導致一般大陸人士開始轉入基督教的盲目迷信中。在這些佛教及外教人士之中，也就有一分人根據此邪說而大聲主張「大乘非佛說」的謬論，這些人以「人間佛教」的名義來抵制中國正統佛教，公然宣稱中國的大乘佛教是由聲聞部派佛教的凡夫僧所創造出來的。這樣的說法流傳於台灣及大陸佛教界凡夫僧之中已久，卻非眞正的佛教歷史中曾經發生過的事，只是繼承六識論的聲聞法中凡夫僧，以及別有居心的日本佛教界，依自己的意識境界立場，純憑臆想而編造出來的妄想說法，卻已經影響許多無智之凡夫僧俗信受不移。本書則是從佛教的經藏法義實質及實證的現量內涵本質立論，證明大乘佛法本是佛說，是從《阿含正義》尚未說過的不同面向來討論「人間佛教」的議題，證明「大乘眞佛說」。閱讀本書可以斷除六識論邪見，迴入三乘菩提正道發起實證的因緣；也能斷除禪宗學人學禪時普遍存在之錯誤知見，對於建立參禪時的正知見有很深的著墨。平實導師 述，內文488頁，全書528頁，定價400元。

喇嘛性世界—揭開假藏傳佛教譚崔瑜伽的面紗：這個世界中的喇嘛，號稱來自世外桃源的香格里拉，穿著或紅或黃的喇嘛長袍，散布於我們的身邊傳教灌頂，吸引了無數的人嚮往學習；這些喇嘛虔誠地爲大衆祈福，手中拿著寶杵（金剛）與寶鈴（蓮花），口中唸著咒語：「唵．嘛呢．叭咪．吽……」，咒語的意思是說：「我至誠歸命金剛杵上的寶珠伸向蓮花寶穴之中」！「喇嘛性世界」是什麼樣的「世界」呢？本書將爲您呈現喇嘛世界的面貌。當您發現眞相以後，您將會唸：「嗅！喇嘛．性．世界，譚崔性交嘛！」作者：張善思、呂艾倫。售價200元。

見性與看話頭：黃正倖老師的《見性與看話頭》於《正覺電子報》連載完畢，今結集出版。書中詳說禪宗看話頭的詳細方法，並細說看話頭與眼見佛性的關係，以及眼見佛性者求見佛性前必須具備的條件。本書是禪宗實修者追求明心開悟時參禪的方法書，也是求見佛性者作功夫時必讀的方法書，內容兼顧眼見佛性的理論與實修之方法，是依實修之體驗配合理論而詳述，條理分明而且極爲詳實、周全、深入。本書內文375頁，全書416頁，售價300元。

實相經宗通：學佛之目的在於實證一切法界背後之實相，禪宗稱之爲本來面目或本地風光，佛菩提道中稱之爲實相法界；此實相法界即是金剛藏，又名佛法之祕密藏，即是能生有情五陰、十八界及宇宙萬有（山河大地、諸天、三惡道世間）的第八識如來藏，又名阿賴耶識心，即是禪宗祖師所說的眞如心，此心即是三界萬有背後的實相。證得此第八識心時，自能瞭解般若諸經中隱說的種種密意，即得發起實相般若——實相智慧。每見學佛人修學佛法二十年後仍對實相般若茫然無知，亦不知如何入門，茫無所趣；更因不知三乘菩提的互異互同，是故越是久學者對佛法越覺茫然，都肇因於尙未瞭解佛法的全貌，亦未瞭解佛法的修證內容即是第八識心所致。本書對於修學佛法者所應實證的實相境界提出明確解析，並提示趣入佛菩提道的入手處，有心親證實相般若的佛法實修者，宜詳讀之，於佛菩提道之實證即有下手處。平實導師述著，共八輯，已於2016年出版完畢，每輯成本價250元。

真心告訴您(一)—達賴喇嘛在幹什麼？這是一本報導篇章的選集，更是「破邪顯正」的暮鼓晨鐘。「破邪」是戳破假象，說明達賴喇嘛及其所率領的密宗四大派法王、喇嘛們，弘傳的佛法是仿冒的佛法；他們是假藏傳佛教，是坦特羅(譚崔性交)外道法和藏地崇奉鬼神的苯教混合成的「喇嘛教」，推廣的是以所謂「無上瑜伽」的男女雙身法冒充佛法的假佛教，詐財騙色誤導眾生，常常造成信徒家庭破碎、家中兒少失怙的嚴重後果。「顯正」是揭櫫眞相，指出眞正的藏傳佛教只有一個，就是覺囊巴，傳的是 釋迦牟尼佛演繹的第八識如來藏妙法，稱爲他空見大中觀。正覺教育基金會即以此古今輝映的如來藏正法正知見，在眞心新聞網中逐次報導出來，將箇中原委「眞心告訴您」，如今結集成書，與想要知道密宗眞相的您分享。售價250元。

法華經講義：此書爲平實導師始從2009/7/21演述至2014/1/14之講經錄音整理所成。世尊一代時教，總分五時三教，即是華嚴時、聲聞緣覺教、般若教、種智唯識教、法華時；依此五時三教區分爲藏、通、別、圓四教。本經是最後一時的圓教經典，圓滿收攝一切法教於本經中，是故最後的圓教聖訓中，特地指出無有三乘菩提，其實唯有一佛乘；皆因眾生愚迷故，方便區分爲三乘菩提以助眾生證道。世尊於此經中特地說明如來示現於人間的唯一大事因緣，便是爲有緣眾生「開、示、悟、入」諸佛的所知所見——第八識如來藏妙眞如心，並於諸品中隱說「妙法蓮花」如來藏心的密意。然因此經所說甚深難解，眞義隱晦，古來難得有人能窺堂奧；平實導師以知如是密意故，特爲末法佛門四眾演述《妙法蓮華經》中各品蘊含之密意，使古來未曾被古德註解出來的「此經」密意，如實顯示於當代學人眼前。乃至〈藥王菩薩本事品〉、〈妙音菩薩品〉、〈觀世音菩薩普門品〉、〈普賢菩薩勸發品〉中的微細密意，亦皆一併詳述之，可謂開前人所未曾言之密意，示前人所未見之妙法。最後乃至以〈法華大義〉而總其成，全經妙旨貫通始終，而依佛旨圓攝於一心如來藏妙心，厥爲曠古未有之大說也。平實導師述，共有25輯，已於2019/05/31出版完畢。每輯300元。

西藏「活佛轉世」制度—附佛、造神、世俗法：歷來關於喇嘛教活佛轉世的研究，多針對歷史及文化兩部分，於其所以成立的理論基礎，較少系統化的探討。尤其是此制度是否依據「佛法」而施設？是否合乎佛法眞實義？現有的文獻大多含糊其詞，或人云亦云，不曾有明確的闡釋與如實的見解。因此本文先從活佛轉世的由來，探索此制度的起源、背景與功能，並進而從活佛的尋訪與認證之過程，發掘活佛轉世的特徵，以確認「活佛轉世」在佛法中應具足何種果德。定價150元。

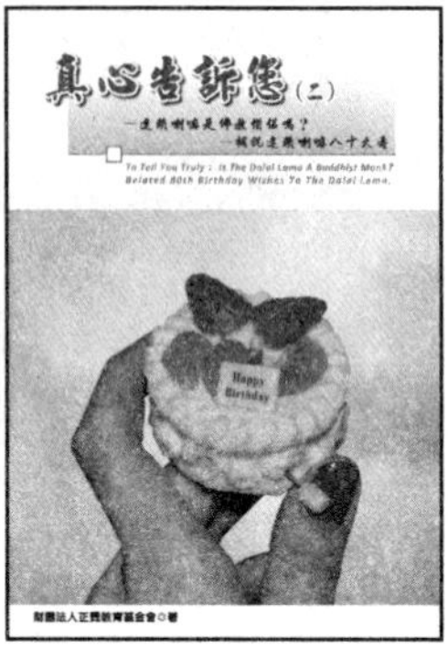

真心告訴您(二)—達賴喇嘛是佛教僧侶嗎？補祝達賴喇嘛八十大壽：這是一本針對當今達賴喇嘛所領導的喇嘛教，冒用佛教名相、於師徒間或師兄姊間，實修男女邪淫，而從佛法三乘菩提的現量與聖教量，揭發其謊言與邪術，證明達賴及其喇嘛教是仿冒佛教的外道，是「假藏傳佛教」。藏密四大派教義雖有「八識論」與「六識論」的表面差異，然其實修之內容，皆共許「無上瑜伽」四部灌頂爲究竟「成佛」之法門，也就是共以男女雙修之邪淫法爲「即身成佛」之密要，雖美其名曰「欲貪爲道」之「金剛乘」，並誇稱其成就超越於（應身佛）釋迦牟尼佛所傳之顯教般若乘之上；然詳考其理論，則或以意識離念時之粗細心爲第八識如來藏，或以中脈裡的明點爲第八識如來藏，或如宗喀巴與達賴堅決主張第六意識爲常恆不變之眞心者，分別墮於外道之常見與斷見中；全然違背 佛說能生五蘊之如來藏的實質。售價300元。

涅槃——解說四種涅槃之實證及內涵：真正學佛之人，首要即是見道，由見道故方有涅槃之實證，證涅槃者方能出生死，但涅槃有四種：二乘聖者的有餘涅槃、無餘涅槃，以及大乘聖者的本來自性清淨涅槃、佛地的無住處涅槃。大乘聖者實證本來自性清淨涅槃，入地前再取證二乘涅槃，然後起惑潤生捨離二乘涅槃，繼續進修而在七地心前斷盡三界愛之習氣種子，依七地無生法忍之具足而證得念念入滅盡定；八地後進斷異熟生死，直至妙覺地下生人間成佛，具足四種涅槃，方是真正成佛。此理古來少人言，以致誤會涅槃正理者比比皆是，今於此書中廣說四種涅槃、如何實證之理、實證前應有之條件，實屬本世紀佛教界極重要之著作，令人對涅槃有正確無訛之認識，然後可以依之實行而得實證。本書共有上下二冊，每冊各四百餘頁，對涅槃詳加解說，每冊各350元。

佛藏經講義：本經說明為何佛菩提難以實證之原因，都因往昔無數阿僧祇劫前的邪見，引生此世求證時之業障而難以實證。即以諸法實相詳細解說，繼之以念佛品、念法品、念僧品，說明諸佛與法之實質；然後以淨戒品之說明，期待佛弟子四眾堅持清淨戒而轉化心性，並以往古品的實例說明歷代學佛人在實證上的業障由來，教導四眾務必滅除邪見轉入正見中，不再造作謗法及謗賢聖之大惡業，以免未來世尋求實證之時被業障所障；然後以了戒品的說明和囑累品的付囑，期望末法時代的佛門四眾弟子皆能清淨知見而得以實證。平實導師於此經中有極深入的解說，總共21輯，已於2022/11/30出版完畢，每輯三百餘頁，售價300元。

大法鼓經講義：本經解說佛法的總成：法、非法。由開解法、非法二義，說明了義佛法與世間戲論法的差異，指出佛法實證之標的即是法——第八識如來藏；並顯示實證後的智慧，如實擊大法鼓、演深妙法，演說如來祕密教法，非二乘定性及諸凡夫所能得聞，唯有具足菩薩性者方能得聞。正聞之後即得依於 世尊大願而拔除邪見，入於正法而得實證；深解不了義經之方便說，亦能實解了義經所說之真實義，得以證法——如來藏，而得發起根本無分別智，乃至進修而發起後得無分別智；並堅持布施及受持清淨戒而轉化心性，得以現觀真我真法如來藏之各種層面。此為第一義諦聖教，並授記末法最後餘八十年時，一切世間樂見離車童子以七地證量而示現為凡夫身，將繼續護持此經所說正法。平實導師於此經中有極深入的解說，總共六輯，已於2023/11/30出版完畢，每輯三百餘頁，售價每輯300元。

成唯識論釋：本論係大唐玄奘菩薩揉合當時天竺十大論師的說法加以辨正而著成，攝盡佛門證悟菩薩及部派佛教聲聞凡夫論師對佛法的論述，並函蓋當時天竺諸大外道對生命實相的錯誤論述加以辨正，是由玄奘大師依據無生法忍證量加以評論確定而成爲此論。平實導師弘法初期即已依於證量略講過一次，歷時大約四年，當時正覺同修會規模尚小，聞法成員亦多尚未證悟，是故並未整理成書；如今正覺同修會中的證悟同修已超過六百人，鑑於此論在護持正法、實證佛法及悟後進修上的重要性，已於2022年初重講，並已經預先註釋完畢編輯成書，名爲《成唯識論釋》，總共十輯，每輯目次41頁、序文7頁、每輯內文多達四百餘頁，並將原本13級字縮小爲12級字編排，以增加其內容；於增上班宣講時的內容將會更詳細於書中所說，涉及佛法密意的詳細內容只於增上班中宣講，於書中皆依佛誡隱覆密意而說，然已足夠所有學人藉此一窺佛法堂奧而進入正道、免入岐途。重新判教後編成的〈目次〉已經詳盡判定論中諸段句義，用供學人參考；是故讀者閱完此論之釋，即可深解成佛之道的正確內涵。本書總共十輯，預定每一輯內容講述完畢時即予出版，第一輯於2023年五月底出版，然後每七至十個月出版下一輯，每輯定價400元。

不退轉法輪經講義：世尊弘法有五時三教之別，分爲藏、通、別、圓四教之理，本經是大乘般若期前的通教經典，所說之大乘般若正理與所證解脫果，通於二乘解脫道，佛法智慧則通大乘般若，皆屬大乘般若與解脫甚深之理，故其所證解脫果位通於二乘法教；而其中所說第八識無分別法之正理，即是世尊降生人間的唯一大事因緣。如是第八識能仁而且寂靜，恆順眾生於生死之中從無乖違，識體中所藏之本來無漏性的有爲法以及眞如涅槃境界，皆能助益學人最後成就佛道；此謂釋迦意爲能仁，牟尼意爲寂靜，此第八識即名釋迦牟尼，釋迦牟尼即是能仁寂靜的第八識眞如；若有人聽聞如是第八識常住、如來不滅之正理，信受奉行之人皆有大乘實證之因緣，永得不退於成佛之道，是故聽聞釋迦牟尼名號而解其義者，皆得不退轉於無上正等正覺，未來世中必有實證之因緣。如是深妙經典，已由平實導師詳述圓滿並整理成書，於2024/01/30開始，每二個月發行一輯，總共十輯，每輯300元。

中論正義：本書是依龍樹菩薩之《中論》詳解而成，《中論》是依第八識眞如心常處中道的自性而作論議，亦是依此眞如心與所生諸法之間的非一非異、非俱非不俱等中道自性而作論議；然而自從 佛入滅後四百餘年的部派佛教開始廣弘之時起，本論已被部派佛教諸聲聞凡夫僧以意識的臆想思惟而作思想層面之解釋，此後的中論宗都以如是錯誤的解釋廣傳天下，**積非成是**以後便成爲現在佛教界的應成派中觀與自續派中觀的六識論思想，成爲邪見而荼毒廣大學人，幾至全面荼毒之局面。今作者孫正德老師以其所證第八識眞如的中道性現觀，欲救末法大師與學人所墮之意識境界中道邪觀，而造作此部《中論正義》，詳解《中論》之正理，欲令廣大學人皆得轉入正見中修學，而後可有實證之機緣成爲實義菩薩，眞可謂悲心深重也。本書分爲上下兩冊，下冊將於上冊出版後兩個月再行出版，每冊售價300元。

誰是師子身中蟲：本書是平實導師歷年來於會員大會中，闡述佛教界的**師子身中蟲**的開示文，今已全部整理成文字並結集成書，昭告佛教界所有大師與學人，欲普令佛教界所有人都能遠離師子身中蟲，使正法得以廣傳而助益更多佛弟子四衆得以遠離師子身中蟲等人所說之邪見，迴心於如來所說的八識論大乘法教，則大衆實證第八識眞如，實相般若智慧的生起即有可望，亦令天界大得利益。今已出版，每冊110元。

解深密經講義：本經是所有尋求大乘見道及悟後欲入地者所應詳讀串習的三經之一，即是《楞伽經》、《解深密經》、《楞嚴經》三經中的一經，亦可作爲見道眞假的自我印證依據。此經是 世尊晚年第三轉法輪時，宣說地上菩薩所應熏修之無生法忍唯識正義經典；經中總說眞見道位所見的智慧總相，兼及相見道位所應熏修的七眞如等法；亦開示入地應修之十地眞如等義理，乃是大乘一切種智增上慧學，以阿陀那識—如來藏—阿賴耶識爲成佛之道的主體。禪宗之證悟者，若欲修證初地無生法忍乃至八地無生法忍者，必須修學《楞伽經、解深密經、楞嚴經》所說之八識心王一切種智。此三經所說正法，方是眞正成佛之道；印順法師否定第八識如來藏之後所說萬法緣起性空之法，墮於六識論中而著作的《成佛之道》，乃宗本於密宗宗喀巴六識論邪思而寫成的邪見，是以誤會後之二乘解脫道取代大乘眞正成佛之道，承襲自古天竺部派佛教聲聞凡夫論師的邪見，尙且不符二乘解脫道正理，亦已墮於斷滅見及常見中，所說全屬臆想所得的外道見，不符本經、諸經中佛所說的正義。平實導師曾於本會郭故理事長往生時，於喪宅中從**首七**開始宣講此經，於每一七起各宣講三小時，至**十七**而快速略講圓滿，作爲郭老之往生後的佛事功德，迴向郭老早證八地、速返娑婆住持正法。茲爲今時後世學人故，已經開始重講《解深密經》，以淺顯之語句講畢後，將會整理成文並梓行流通，用供證悟者進道；亦令諸方未悟者，據此經中佛語正義修正邪見，依之速能入道。平實導師述著，全書輯數未定，每輯三百餘頁，預定於《不退轉法輪經講義》發行圓滿之後逐輯陸續出版。

菩薩瓔珞本業經講義：本經是律部經典，依之修行可免誤犯大妄語業。成佛之道總共有五十二階位，前十階位爲十信位，是對佛法僧三寶修學正確的信心，如實理解三寶的實質都是依第八識如來藏而成就的；然後轉入四十二個位階修學，才是正式修學佛道，即是十住、十行、十迴向、十地、等覺、妙覺，分別名爲習種性、性種性、道種性、聖種性、等覺性、妙覺性，所應修習完成的是銅寶瓔珞、銀寶瓔珞、金寶瓔珞、琉璃寶瓔珞、摩尼寶瓔珞、水精瓔珞，依於如是所應修學的內容及階位而實修，方是眞正的成佛之道。此經中亦對大乘菩提的見道提出了判位，名爲「第六般若波羅蜜正觀現在前」，說明正觀現時應該如何方能成爲眞見道菩薩，否則皆必退轉。平實導師述著，全書輯數未定，每輯三百餘頁，預定於《解深密經講義》出版發行圓滿之後逐輯陸續出版。

修習止觀坐禪法要講記：修學四禪八定之人，往往錯會禪定之修學知見，欲以無止盡之坐禪而證禪定境界，卻不知修除性障之行門才是修證四禪八定不可或缺之要素，故智者大師云「性障初禪」；性障不除，初禪永不現前，云何修證二禪等？又：行者學定，若唯知數息，而不解六妙門之方便善巧者，欲求一心入定，未到地定極難可得，智者大師名之爲「事障未來」：障礙未到地定之修證。又禪定之修證，不可違背二乘菩提及第一義法，否則縱使具足四禪八定，亦不能實證涅槃而出三界。此諸知見，智者大師於《修習止觀坐禪法要》中皆有闡釋。作者平實導師以其第一義之見地及禪定之實證證量，曾加以詳細解析。將俟正覺寺竣工啓用後重講，不限制聽講者資格；講後將以語體文整理出版。欲修習世間定及增上定之學者，宜細讀之。平實導師述著。

阿含經講記—小乘解脫道之修證：小乘解脫道之修證：數百年來，南傳佛法所說證果之不實，所說解脫道之虛妄，所弘解脫道法義之世俗化，皆已少人知之；阿含解脫道從南洋傳入台灣與大陸之後，所說法義虛謬之事，亦復少人知之；今時台灣全島印順系統之法師居士，多不知南傳佛法數百年來所說解脫道之義理已然偏斜、已然世俗化、已非眞正之二乘解脫正道，猶極力推崇與弘揚。彼等南傳佛法近代所謂之證果者皆非眞實證果者，譬如阿迦曼、葛印卡、帕奧禪師、一行禪師……等人，悉皆未斷我見故。近年更有台灣南部大願法師，高抬南傳佛法之二乘修證行門爲「捷徑究竟解脫之道」者，然而南傳佛法縱使眞修實證，得成阿羅漢，至高唯是二乘菩提解脫之道，絕非究竟解脫，無餘涅槃中之實際尚未得證故，法界之實相尚未了知故，習氣種子待除故，一切種智未實證故，焉得謂爲「究竟解脫」？即使南傳佛法近代眞有實證之阿羅漢，尚且不及三賢位中之七住明心菩薩本來自性清淨涅槃智慧境界，則不能知此賢位菩薩所證之無餘涅槃實際，仍非大乘佛法中之見道者，何況彼等普未實證聲聞果乃至未斷我見之人？謬充證果已屬逾越，更何況是誤會二乘菩提之後，以未斷我見之凡夫知見所說之二乘菩提解脫偏斜法道，焉可高抬爲「究竟解脫」？而且自稱「捷徑之道」？又妄言解脫之道即是成佛之道，完全否定般若實智、否定三乘菩提所依之如來藏心體，此理大大不通也！平實導師爲令修學二乘菩提欲證解脫果者，普得迴入二乘菩提正見、正道中，是故選錄四阿含諸經中，對於二乘解脫道法義有具足圓滿說明之經典，預定未來十年內將會加以詳細講解，令學佛人得以了知二乘解脫道之修證理路與行門，庶免被人誤導之後，未證言證，梵行未立，干犯道禁自稱阿羅漢或成佛，成大妄語，欲升反墮。本書首重斷除我見，以助行者斷除我見而實證初果爲著眼之目標，若能根據此書內容，配合平實導師所著《識蘊眞義》《阿含正義》內涵而作實地觀行，實證初果非爲難事，行者可以藉此三書自行確認聲聞初果爲實際可得現觀成就之事。此書中除依二乘經典所說加以宣示外，亦依斷除我見等之證量，及大乘法中道種智之證量，對於意識心之體性加以細述，令諸二乘學人必定得斷我見、常見，免除三縛結之繫縛。次則宣示斷除我執之理，欲令升進而得薄貪瞋痴，乃至斷五下分結…等。平實導師將擇期講述，然後整理成書。共二冊，每冊三百餘頁。每輯300元。

＊喇嘛教修外道雙身法，墮識陰境界，非佛教＊

＊弘揚如來藏他空見的覺囊派才是眞正藏傳佛教＊

總經銷： 聯合發行股份有限公司

231 新北市新店區寶橋路 235 巷 6 弄 6 號 4F

Tel.02－2917-8022（代表號） Fax.02－2915-6275（代表號）

零售：1.**全台連鎖經銷書局：**

三民書局、誠品書局、何嘉仁書店

敦煌書店、紀伊國屋、金石堂書局、建宏書局

諾貝爾圖書城、墊腳石圖書文化廣場

2.**台北市：**佛化人生 **大安區**羅斯福路 3 段 325 號 6 樓之 4 台電大樓對面

3.**新北市：**春大地書店 **蘆洲區**中正路 117 號

4.**桃園市：**御書堂 **龍潭區**中正路 123 號

5.**新竹市：**大學書局 **東區**建功路 10 號

6.**台中市：**瑞成書局 **東區**雙十路 1 段 4 之 33 號

佛教詠春書局 **南屯區**永春東路 884 號

文春書店 **霧峰區**中正路 1087 號

7.**彰化市：**心泉佛教文化中心 南瑤路 286 號

8.**高雄市：**政大書城 **前鎮區**中華五路 789 號 2 樓（高雄夢時代店）

明儀書局 **三民區**明福街 2 號

青年書局 **苓雅區**青年一路 141 號

9.**台東市：**東普佛教文物流通處 博愛路 282 號

10.**其餘鄉鎮市經銷書局：**請電詢總經銷**聯合**公司。

11.**大陸地區請洽：**

香港：樂文書店

銅鑼灣店 :香港銅鑼灣駱克道 506 號 2 樓

電話 : (852) 2881 1150 email: luckwinbs@gmail.com

廈門：廈門外圖臺灣書店有限公司

地址：廈門市思明區湖濱南路809 號 廈門外圖書城3 樓 郵編：361004

電話：0592-5061658（臺灣地區請撥打 86-592-5061658）

E-mail：JKB118＠188.COM

12.**美國：世界日報圖書部：**紐約圖書部 電話 7187468889#6262

洛杉磯圖書部 電話 3232616972#202

13.**國內外地區網路購書：**

正智出版社 書香園地 http://books.enlighten.org.tw/

（書籍簡介、經銷書局可直接聯結下列網路書局購書）

三民 網路書局 http://www.sanmin.com.tw

誠品 網路書局 http://www.eslitebooks.com

博客來 網路書局 http://www.books.com.tw

金石堂 網路書局 http://www.kingstone.com.tw

聯合 網路書局 http:// www.nh.com.tw

附註：1.請儘量向各經銷書局購買：郵政劃撥需要八天才能寄到（本公司在您劃撥後第四天才能接到劃撥單，次日寄出後第二天您才能收到書籍，此六天中可能會遇到週休二日，是故共需八天才能收到書籍）若想要早日收到書籍者，請劃撥完畢後，將劃撥收據貼在紙上，旁邊寫上您的姓名、住址、郵區、電話、買書詳細內容，直接傳眞到本公司 02-28344822，並來電 02-28316727、28327495 確認是否已收到您的傳眞，即可提前收到書籍。 2.因台灣每月皆有五十餘種宗教類書籍上架，書局書架空間有限，故唯有新書方有機會上架，通常每次只能有一本新書上架；本公司出版新書，大多上架不久便已售出，若書局未再叫貨補充者，書架上即無新書陳列，則請直接向書局櫃台訂購。 3.若書局不便代購時，可於晚上共修時間向正覺同修會各共修處請購（共修時間及地點，詳閱**共修現況表**。每年例行年假期間請勿前往請書，年假期間請見共修現況表）。 4.郵購：郵政劃撥帳號 19068241。 5.正覺同修會會員購書都以八折計價（戶籍台北市者爲一般會員，外縣市爲護持會員）都可獲得優待，欲一次購買全部書籍者，可以考慮入會，節省書費。入會費一千元（第一年初加入時才需要繳），年費二千元。 **6.尚未出版之書籍，請勿預先郵寄書款與本公司，謝謝您！** 7.若欲一次購齊本公司書籍，或同時取得正覺同修會贈閱之全部書籍者，請於正覺同修會共修時間，親到各共修處請購及索取；**台北市讀者**請洽：103 台北市承德路三段 267 號 10 樓（捷運淡水線 圓山站旁）請書時間：週一至週五爲 18.00~21.00，第一、三、五週週六爲 10.00~21.00，雙週之週六爲 10.00~18.00 請購處專線電話：25957295-分機 14（於請書時間方有人接聽）。

敬告大陸讀者：

大陸讀者購書、索書捷徑（尚未在大陸出版的書籍，以下二個途徑都可以購得，電子書另包括結緣書籍）：

1.廈門外國圖書公司：廈門市思明區湖濱南路 809 號 廈門外圖書城 3F
郵編：361004　電話：0592-5061658　網址：http://www.xibc.com.cn/

2.電子書：正智出版社有限公司及正覺同修會在台灣印行的各種局版書、結緣書，已有『**正覺電子書**』陸續上線中，提供讀者於手機、平板電腦上購書、下載、閱讀正智出版社、正覺同修會及正覺教育基金會所出版之電子書，詳細訊息敬請參閱『正覺電子書』專頁：http://books.enlighten.org.tw/ebook

關於平實導師的書訊，請上網查閱：

成佛之道　http://www.a202.idv.tw

正智出版社 書香園地　http://books.enlighten.org.tw/

中國網採訪佛教正覺同修會、正覺教育基金會訊息：

http://foundation.enlighten.org.tw/newsflash/20150817_1

http://video.enlighten.org.tw/zh-CN/visit_category/visit10

★ 正智出版社有限公司售書之稅後盈餘，全部捐助財團法人正覺寺籌備處、佛教正覺同修會、正覺教育基金會，供作弘法及購建道場之用；懇請諸方大德支持，功德無量。

★ 聲 明 ★

本社於 2015/01/01 開始調整本目錄中部分書籍之售價，以因應各項成本的持續增加。

＊ 喇嘛教修外道雙身法、墮識陰境界，非佛教 ＊

＊ 弘揚如來藏他空見的覺囊派才是真正藏傳佛教 ＊

售後服務—換書啓事（免附回郵） 2017/12/05

《楞伽經詳解》第三輯初版免費調換新書啓事：茲因 平實導師弘法早期尚未回復往世全部證量，有些法義接受他人的說法，寫書當時並未察覺而有二處（同一種法義）跟著誤說，如今發現已將之修正。茲爲顧及讀者權益，已開始免費調換新書；敬請所有讀者將以前所購第三輯（不論第幾刷），攜回或寄回本公司免費換新；郵寄者之回郵由本公司負擔，不需寄來郵票。因此而造成讀者閱讀、以及換書的不便，在此向所有讀者致上萬分的歉意，祈請讀者大眾見諒！

《楞嚴經講記》第 14 輯初版首刷本免費調換新書啓事：本講記第 14 輯出版前因 平實導師諸事繁忙，未將之重新閱讀而只改正校對時發現的錯別字，故未能發覺十年前所說法義有部分錯誤，於第 15 輯付印前重閱時才發覺第 14 輯中有部分錯誤尚未改正。今已重新審閱修改並已重印完成，煩請所有讀者將以前所購第 14 輯初版首刷本，寄回本公司免費換新（初版二刷本無錯誤），本公司將於寄回新書時同時附上您寄書來換新時的郵資，並在此向所有讀者致上最誠懇的歉意。

《心經密意》初版書免費調換二版新書啓事：本書係演講錄音整理成書，講時因時間所限，省略部分段落未講。後於再版時補寫增加 13 頁，維持原價流通之。茲爲顧及初版讀者權益，自 2003/9/30 開始免費調換新書，原有初版一刷、二刷書籍，皆可寄來本公司換書。

《宗門法眼》已經增寫改版爲 464 頁新書，2008 年 6 月中旬出版。讀者原有初版之第一刷、第二刷書本，都可以寄回本公司免費調換改版新書。改版後之公案及錯悟事例維持不變，但將內容加以增說，較改版前更具有廣度與深度，將更能助益讀者參究實相。

換書者**免附回郵**，亦無截止期限；舊書請寄：111 台北郵政 73-151 號信箱 或 103 台北市承德路三段 267 號 10 樓 正智出版社有限公司。舊書若有塗鴨、殘缺、破損者，仍可換取新書；但缺頁之舊書至少應仍有五分之三頁數，方可換書。所有讀者不必顧念本公司是否有盈餘之問題，都請踴躍寄來換書；本公司成立之目的不是營利，只要能眞實利益學人，即已達到成立及運作之目的。若以郵寄方式換書者，免附回郵；並於寄回新書時，由本公司附上您寄來書籍時耗用的郵資。造成您不便之處，再次致上萬分的歉意。

正智出版社有限公司 啓

免費換書公告 2023/7/15

《法華經講義》第十三輯初版免費調換新書啓事：本書因謄稿、印製等相關人員作業疏失，導致該書中的經文及內文用字將「**親近**」誤植成「清淨」。茲爲顧及讀者權益，自 2017/8/30 開始免費調換新書；敬請所有讀者將以前所購第十三輯初版首刷及二刷本，攜回或寄回本公司免費換新。錯誤更正說明如下：

一、第 256 頁第 10 行~第 14 行：【就是先要具備「**法親近處**」、「**眾生親近處**」；法**親近**處就是在實相之法有所實證，如果在實相法上有所實證，他在二乘菩提中自然也能有所實證，以這個作爲第一個**親近**處——第一個基礎。然後還要有第二個基礎，就是瞭解應該如何善待眾生；對於眾生不要有排斥或者是貪取之心，平等觀待而攝受、親近一切有情。以這兩個**親近**處作爲基礎，來實行其他三個安樂行法。】。

二、第 268 頁第 13 行：【具足了那兩個「**親近處**」，使你能夠在末法時代，如實而圓滿的演述《法華經》時，那麼你作這個夢，它就是如理作意的，完全符合邏輯去完成這個過程，就表示你那個晚上，在那短短的一場夢中，已經度了不少眾生了。

《大法鼓經講義》第一輯初版免費調換二版新書啓事：本書因校對相關人員作業疏失錯失別字，導致該書中的內文 255 頁倒數 5 行有二字錯植而無發現，乃「『**智慧**』的滅除不容易」應更正爲「『**煩惱**』的滅除不容易」。茲爲顧及讀者權益，自 2023/4/1 開始免費調換新書，或請自行更正其中的錯誤之處；敬請所有讀者將以前所購第一輯初版首刷及二刷本，攜回或寄回本公司免費換新。

《涅槃》下冊初版一刷至六刷**免費調換新書啓事**：本書因法義上有少處疏失而重新印製，乃第 20 頁倒數 6 行的「法智忍、法智」更正爲「**法智、類智**」，同頁倒數 4 行的「類智忍、類智」更正爲「**法智忍、類智忍**」；並將書中引文重新標點後重印。敬請讀者攜回或寄回本公司免費換新。

換書者免附回郵，郵寄者之回郵由本公司負擔，不需寄來郵票，亦無截止期限；同時對因此而造成讀者閱讀、以及換書的困擾及不便，在此向所有讀者致上最誠懇的歉意，祈請讀者大眾見諒！

正智出版社有限公司 敬啓

國家圖書館出版品預行編目(CIP)資料

成唯識論釋. 第三輯 / 平實導師著述. --初版.
-- 臺北市 : 正智出版社有限公司, 2024.11
面 ; 公分

ISBN 978-626-96703-7-6(第一輯;平裝)
ISBN 978-626-97355-9-4(第二輯;平裝)
ISBN 978-626-7517-07-9(第三輯;平裝)

1. CST:瑜伽部

222.13 113018024

成唯識論釋——第三輯

作　　者：平實導師
校　　對：章乃鈞 孫淑貞 陳介源 王美伶 張善思
出 版 者：**正智出版社**有限公司
電話：〇二 28327495　28316727（白天）
傳眞：〇二 28344822
111 台北郵政 73-151 號信箱
郵政劃撥帳號：一九〇六八二四一
正覺講堂：總機〇二 25957295（**夜間**）
總 經 銷：聯合發行股份有限公司
231 新北市新店區寶橋路 235 巷 6 弄 6 號 4 樓
電話：〇二 29178022（代表號）
傳眞：〇二 29156275
初版首刷：二〇二四年十一月三十日　二千冊
初版三刷：二〇二四年十二月二日　二千冊
定　　價：四〇〇元